# Wahlkampf in den Bundesländern

David Christoph Lerch

# Wahlkampf in den Bundesländern

Der Einfluss der KandidatInnen
und der regionalen politischen Kultur

David Christoph Lerch
Düsseldorf, Deutschland

Zgl. Dissertation an der Universität Koblenz-Landau, 2013

ISBN 978-3-658-06268-2         ISBN 978-3-658-06269-9 (eBook)
DOI 10.1007/978-3-658-06269-9

Die Deutsche Nationalbibliothek verzeichnet diese Publikation in der Deutschen Nationalbibliografie; detaillierte bibliografische Daten sind im Internet über http://dnb.d-nb.de abrufbar.

Springer VS
© Springer Fachmedien Wiesbaden 2014
Das Werk einschließlich aller seiner Teile ist urheberrechtlich geschützt. Jede Verwertung, die nicht ausdrücklich vom Urheberrechtsgesetz zugelassen ist, bedarf der vorherigen Zustimmung des Verlags. Das gilt insbesondere für Vervielfältigungen, Bearbeitungen, Übersetzungen, Mikroverfilmungen und die Einspeicherung und Verarbeitung in elektronischen Systemen.

Die Wiedergabe von Gebrauchsnamen, Handelsnamen, Warenbezeichnungen usw. in diesem Werk berechtigt auch ohne besondere Kennzeichnung nicht zu der Annahme, dass solche Namen im Sinne der Warenzeichen- und Markenschutz-Gesetzgebung als frei zu betrachten wären und daher von jedermann benutzt werden dürften.

Gedruckt auf säurefreiem und chlorfrei gebleichtem Papier

Springer VS ist eine Marke von Springer DE. Springer DE ist Teil der Fachverlagsgruppe Springer Science+Business Media.
www.springer-vs.de

Dieses Buch ist meiner Frau Eva gewidmet, die mich in den zahlreichen Stunden nach Feierabend er- und getragen hat, sowie meinen Eltern Annemarie und Helmut, die mich stets interessiert bei diesem Projekt begleitet haben. Besonderer Dank gilt meinem Doktorvater Prof. Dr. Ulrich Sarcinelli für seine Unterstützung und sein Vorbild. Prof. Dr. Karl-Rudolf Korte danke ich für die Übernahme des Zweitgutachtens.

# Inhalt

Abbildungsverzeichnis ................................................................. 11

Tabellenverzeichnis ................................................................... 15

1. Einleitung ........................................................................ 17

    1.1 Ziele der Arbeit .............................................................. 20
    1.2 Leitfragen der Arbeit ......................................................... 23
        1.2.1 Leitfragen der Theoriebildung ......................................... 24
        1.2.2 Leitfragen der methodischen Umsetzung ................................. 24
        1.2.3 Leitfragen der empirischen Überprüfung ................................ 24
    1.3 Aufbau der Arbeit ............................................................. 25

2. Der Wahlkampf: Vermessung eines Forschungsfeldes ................................. 27

    2.1 Das Forschungsobjekt Wahlkampf ................................................ 27
        2.1.1 Akteure des Wahlkampfs ................................................ 29
        2.1.2 Rahmenbedingungen des Wahlkampfs ...................................... 35
    2.2 Blickwinkel der Wahlkampfforschung ............................................ 42
        2.2.1 Wirkungsforschung ..................................................... 43
        2.2.2 Führungsforschung ..................................................... 46
        2.2.3 Parteienorganisationsforschung ........................................ 50
    2.3 Einordnung der Arbeit ......................................................... 55

3. Die Länder: Vermessung einer Forschungslandschaft ................................ 59

    3.1 Landespolitik: eine „anders ausgeleuchtete Bühne" ............................. 60
        3.1.1 Politisch-mediale Sphäre .............................................. 60
        3.1.2 Politisch-institutionelle Sphäre ...................................... 63
        3.1.3 Politisch-inhaltliche Sphäre .......................................... 64
    3.2 Regionale politische Kultur: ein potentiell erklärender Faktor ................ 70
        3.2.1 Die Bundesländer: ein Mosaik regionaler Heimatgefühle ................. 73
        3.2.2 Die Landesparteien: Ausdruck der politischen Kultur ................... 76
    3.3 Landtagswahlen und Bundespolitik: ein Forschungsüberblick ..................... 81

4. Methodische Hinweise: ein Blick in den Werkzeugkasten ............................ 85

    4.1 Zur Genese von Modell und Hypothesen .......................................... 85
        4.1.1 Typenbildung .......................................................... 87
        4.1.2 Zweiphasenmodell des Forschungsprozesses .............................. 90
    4.2 Auswahl der Fallstudien: Most similar cases design ............................ 91

4.3 Wahlkämpfe in der Retrospektive: ein Lernprozess.............................95
    4.3.1 Wiesbadener Interviews im Mai 2010 ........................................95
    4.3.2 Methodenmix: Gespräche, Dokumente, Artikel .......................97
    4.3.3 Wahlkampfmaterialien: strukturierte Inhaltsanalyse ................99
    4.3.4 Wahlkampfberichterstattung: Medieninhaltsanalyse ..............100

5. **Kandidat und Kampagne: Zur Modellierung von Wahlkämpfen ...........105**

    5.1 Drei Faktoren einer Kampagne ..............................................................105
        5.1.1 Kommunikationsstil des Kandidaten .......................................106
            5.1.1.1 Merkmale des Kommunikationsstils ..........................108
            5.1.1.2 Idealtypen der Kommunikationsstile .........................113
                Typ I: „Der Fachmann" ...............................................114
                Typ II: „Die Rampensau" ............................................114
                Typ III: „Der Landesvater" ..........................................115
                Typ IV: „Der Streitbare" ..............................................116
                Typ V: „Die Problemlöserin" .......................................116
        5.1.2 Status quo ..................................................................................117
        5.1.3 Zustand der Partei ....................................................................120
    5.2 Der Kampagnenkreislauf .......................................................................123
        5.2.1 Phase der Wahlkampfformulierung ........................................124
        5.2.2 Phase des Wahlkampfhandelns ...............................................125
        5.2.3 Phase der Wahlkampfkontrolle ...............................................125
    5.3 Entwicklung der Hypothesen: 17 allgemeine Aussagen......................127

6. **Variablen der Macht: Zur Operationalisierung von Wahlkämpfen ...........147**

    6.1 Unabhängige Variablen .........................................................................147
        6.1.1 Wirtschaftlicher Erfolg .............................................................149
        6.1.2 Umfragewerte ...........................................................................151
        6.1.3 Koalitionsoptionen ...................................................................152
        6.1.4 Beteiligung an der Bundesregierung .......................................154
        6.1.5 Popularität der Kandidaten .....................................................155
        6.1.6 Bekanntheit der Kandidaten ....................................................156
    6.2 Abhängige Variablen ..............................................................................157
        6.2.1 Wahlkampfintensität ................................................................157
        6.2.2 Einbindung der Bundespolitiker .............................................158
        6.2.3 Exkurs: Klassifizierung von Wahlplakaten .............................159
        6.2.4 Gewichtung Person versus Inhalt ............................................165
        6.2.5 Konzentration auf Landesthemen ...........................................166
        6.2.6 Kommunikationsmuster „Konfrontation" ..............................167
        6.2.7 Kommunikationsmuster „Amtsträger" ...................................167
        6.2.8 Kommunikationsmuster „Kollektive Erfolge" ........................168
        6.2.9 Kommunikationsmuster „Ignorieren" ....................................170
        6.2.10 Persönlicher Aufwand ............................................................171
    6.3 Mobilisierung: ein kommunales Forschungsdesiderat .......................172

7. **Acht Länder, acht Wahlkämpfe: das regionale Analyseumfeld ..................175**

   7.1 Hamburg .................................................................................................176
       7.1.1 Politisch-kulturelle und parteipolitische Prägung ....................176
       7.1.2 Wahlkampf zur Bürgerschaftswahl am 20. Februar 2011 ..........178
       7.1.3 Hypothetisches Wahlkampfverhalten ........................................180
   7.2 Sachsen-Anhalt ......................................................................................181
       7.2.1 Politisch-kulturelle und parteipolitische Prägung ....................182
       7.2.2 Wahlkampf zur Landtagswahl am 20. März 2011 .....................185
       7.2.3 Hypothetisches Wahlkampfverhalten ........................................186
   7.3 Baden-Württemberg ..............................................................................189
       7.3.1 Politisch-kulturelle und parteipolitische Prägung ....................189
       7.3.2 Wahlkampf zur Landtagswahl am 27. März 2011 .....................192
       7.3.3 Hypothetisches Wahlkampfverhalten ........................................194
   7.4 Rheinland-Pfalz ......................................................................................197
       7.4.1 Politisch-kulturelle und parteipolitische Prägung ....................197
       7.4.2 Wahlkampf zur Landtagswahl am 27. März 2011 .....................200
       7.4.3 Hypothetisches Wahlkampfverhalten ........................................201
   7.5 Bremen ...................................................................................................203
       7.5.1 Politisch-kulturelle und parteipolitische Prägung ....................203
       7.5.2 Wahlkampf zur Bürgerschaftswahl am 22. Mai 2011 ................204
       7.5.3 Hypothetisches Wahlkampfverhalten ........................................205
   7.6 Mecklenburg-Vorpommern ..................................................................207
       7.6.1 Politisch-kulturelle und parteipolitische Prägung ....................207
       7.6.2 Wahlkampf zur Landtagswahl am 4. September 2011 .............209
       7.6.3 Hypothetisches Wahlkampfverhalten ........................................211
   7.7 Berlin ......................................................................................................213
       7.7.1 Politisch-kulturelle und parteipolitische Prägung ....................213
       7.7.2 Wahlkampf ums Abgeordnetenhaus am 18. Sept. 2011 ...........216
       7.7.3 Hypothetisches Wahlkampfverhalten ........................................217
   7.8 Nordrhein-Westfalen ............................................................................219
       7.8.1 Politisch-kulturelle und parteipolitische Prägung ....................220
       7.8.2 Wahlkampf zur Landtagswahl am 13. Mai 2012 .......................224
       7.8.3 Hypothetisches Wahlkampfverhalten ........................................226

8. **Faktencheck: Länderspezifische Befunde in acht Wahlkämpfen ........229**

   8.1 Wahlkampf zur Bürgerschaftswahl in Hamburg ................................229
       8.1.1 Erklärungskraft der Hypothesen ...............................................230
       8.1.2 Erklärungskraft politisch-kultureller Faktoren .........................234
       8.1.3 Erklärungskraft der Kommunikationsstile ...............................235
   8.2 Wahlkampf zur Landtagswahl in Sachsen-Anhalt .............................236
       8.2.1 Erklärungskraft der Hypothesen ...............................................236
       8.2.2 Erklärungskraft politisch-kultureller Faktoren .........................239
       8.2.3 Erklärungskraft der Kommunikationsstile ...............................240

8.3 Wahlkampf zur Landtagswahl in Baden-Württemberg ..........241
    8.3.1 Erklärungskraft der Hypothesen ..........241
    8.3.2 Erklärungskraft politisch-kultureller Faktoren ..........244
    8.3.3 Erklärungskraft der Kommunikationsstile ..........245
8.4 Wahlkampf zur Landtagswahl in Rheinland-Pfalz ..........248
    8.4.1 Erklärungskraft der Hypothesen ..........248
    8.4.2 Erklärungskraft politisch-kultureller Faktoren ..........252
    8.4.3 Erklärungskraft der Kommunikationsstile ..........253
8.5 Wahlkampf zur Bürgerschaftswahl in Bremen ..........254
    8.5.1 Erklärungskraft der Hypothesen ..........255
    8.5.2 Erklärungskraft politisch-kultureller Faktoren ..........257
    8.5.3 Erklärungskraft der Kommunikationsstile ..........258
8.6 Wahlkampf zur Landtagswahl in Mecklenburg-Vorpommern ..........259
    8.6.1 Erklärungskraft der Hypothesen ..........259
    8.6.2 Erklärungskraft politisch-kultureller Faktoren ..........263
    8.6.3 Erklärungskraft der Kommunikationsstile ..........264
8.7 Wahlkampf zur Abgeordnetenhauswahl in Berlin ..........265
    8.7.1 Erklärungskraft der Hypothesen ..........265
    8.7.2 Erklärungskraft politisch-kultureller Faktoren ..........268
    8.7.3 Erklärungskraft der Kommunikationsstile ..........270
8.8 Wahlkampf zur Landtagswahl in Nordrhein-Westfalen ..........272
    8.8.1 Erklärungskraft der Hypothesen ..........272
    8.8.2 Erklärungskraft politisch-kultureller Faktoren ..........273
    8.8.3 Erklärungskraft der Kommunikationsstile ..........275

**9. Ergebnisse: Blick zurück und nach vorn ..........279**

9.1 Fazit I: Wie hat sich das Modell empirisch bewährt? ..........279
9.2 Fazit II: Was ergeben sich für Erkenntnisse? ..........286
9.3 Fazit III: Acht Regeln der Wahlkämpfer ..........290
9.4 Einsicht: Was kann das Modell leisten – und was nicht? ..........292
9.5 Aussicht: Wie kann das Modell weiterentwickelt werden? ..........293

**Literatur ..........297**

**Anhang ..........331**

# Abbildungsverzeichnis

| Nummer | Inhalt | Seite |
|---|---|---|
| Abbildung 1 | Professionalisierte Politikvermittlungsexperten (Tenscher 2003: 113) | 49 |
| Abbildung 2 | Stufen der Typenbildung (Kluge/Kelle 2010: 92) | 89 |
| Abbildung 3 | Ablauf eines Wahlkampfes im öffentlich-medialen Raum (eigene Darstellung) | 105 |
| Abbildung 4 | Einflussfaktoren einer Kampagne (eigene Darstellung) | 106 |
| Abbildung 5 | Phasen des Kampagnenkreislaufs (eigene Darstellung) | 124 |
| Abbildung 6 | Personalisiertes Identitätsplakat (SPD, Nordrhein-Westfalen 2012) | 331 |
| Abbildung 7 | Symbolisches Identitätsplakat (Grüne, Europawahl 1979) | 331 |
| Abbildung 8 | Argumentplakat I (Linke, NRW 2012) | 331 |
| Abbildung 9 | Argumentplakat II (Grüne, Sachsen-Anhalt 2011) | 331 |
| Abbildung 10 | Argumentplakat III (FDP, BW 2011) | 332 |
| Abbildung 11 | Moderates Angriffsplakat I (SPD, Bundestagswahl 2009) | 332 |
| Abbildung 12 | Moderates Angriffsplakat II (CDU, Hamburg, 1997) | 332 |
| Abbildung 13 | Aggressives Angriffsplakat I (SPD, Europawahl 2009) | 332 |
| Abbildung 14 | Aggressives Angriffsplakat II (Grüne, Bundestagswahl 2009) | 333 |
| Abbildung 15 | Kommunikationsmuster Amtsträger (CDU, Hamburg 2011): „Unser Bürgermeister" | 333 |
| Abbildung 16 | Kommunikationsmuster Kollektive Erfolge (CDU, Hamburg 2011): „Bilanz für Hamburg" | 333 |
| Abbildung 17 | Kommunikationsmuster Konfrontation I (CDU, Hamburg 2011): „Teure Versprechen" | 333 |
| Abbildung 18 | Kommunikationsmuster Konfrontation II (CDU Hamburg 2011): „Citymaut und Schulchaos" | 334 |
| Abbildung 19 | Kommunikationsmuster Konfrontation III (Linke, Hamburg 2011): „Millionäre zur Kasse" | 334 |
| Abbildung 20 | Wahlplakat „Weder Bundes- noch Landespolitik" (FDP, Hamburg 2011) | 334 |
| Abbildung 21 | Wahlplakat „Wirtschaftsaffin" (SPD, Hamburg 2011) | 334 |
| Abbildung 22 | Wahlplakat „Persönlich-emotionale Botschaft" (FDP, Hamburg 2011) | 335 |
| Abbildung 23 | Wahlplakat „Inhaltlicher Fokus" (Linke, Sachsen-Anhalt 2011) | 335 |
| Abbildung 24 | Wahlplakat „Atomausstieg" (Grüne, Sachsen-Anhalt 2011) | 335 |
| Abbildung 25 | Wahlplakat „Weder Bundes- noch Landespolitik" (FDP, Sachsen-Anhalt 2011) | 335 |

| Abbildung 26 | Wahlplakat „Persönliche Übergabe" (CDU, Sachsen-Anhalt 2011) | 336 |
|---|---|---|
| Abbildung 27 | Kommunikationsmuster Amtsträger (CDU, Baden-Württemberg 2011): „Unser Ministerpräsident" | 336 |
| Abbildung 28 | Kommunikationsmuster Kollektive Erfolge (CDU, Baden-Württemberg 2011): „Nr.1" | 336 |
| Abbildung 29 | Kommunikationsmuster Konfrontation I (Grüne, Baden-Württemberg 2011): „Nicht verlängern" | 336 |
| Abbildung 30 | Kommunikationsmuster Konfrontation II (CDU, Baden-Württemberg 2011): „Nicht mit links" | 337 |
| Abbildung 31 | Kommunikationsmuster Konfrontation III (Linke, Baden-Württemberg 2011): „Arroganz der Macht" | 337 |
| Abbildung 32 | Wahlplakat „Bürgerbeteiligung" (SPD, Baden-Württemberg 2011) | 337 |
| Abbildung 33 | Wahlplakat „Volksabstimmung" (Grüne, Baden-Württemberg 2011) | 337 |
| Abbildung 34 | Kommunikationsmuster Amtsträger (SPD, Rheinland-Pfalz 2011): „Der Ministerpräsident" | 338 |
| Abbildung 35 | Kommunikationsmuster Kollektive Erfolge I (SPD, Rheinland-Pfalz 2011): „Beschäftigung" | 338 |
| Abbildung 36 | Kommunikationsmuster Konfrontation I (CDU, Rheinland-Pfalz 2011): „Ohne Bart" | 338 |
| Abbildung 37 | Kommunikationsmuster Konfrontation II (CDU, Rheinland-Pfalz 2011): „16 Jahre sind genug" | 338 |
| Abbildung 38 | Schlagzeile Spiegel Online (FDP, Rheinland-Pfalz, 2011): „Verzichten auf Westerwelle" | 339 |
| Abbildung 39 | Wahlplakat „Landespolitischer Fokus" (CDU, Rheinland-Pfalz 2011) | 339 |
| Abbildung 40 | Wahlplakat „Symbolische Aussage" (FDP, Rheinland-Pfalz 2011) | 339 |
| Abbildung 41 | Wahlplakat „Kreative Kommunikation" (Grüne, Rheinland-Pfalz 2011) | 339 |
| Abbildung 42 | Kommunikationsmuster Konfrontation (CDU, Bremen 2011): „Rote Laterne" | 340 |
| Abbildung 43 | Wahlplakat „Persönlich-emotionale Ansprache" (FDP, Bremen 2011) | 340 |
| Abbildung 43 | Wahlplakat „Schöner Urlaub" (Linke, Mecklenburg-Vorpommern 2011) | 340 |
| Abbildung 45 | Wahlplakat „C wie Zukunft" (CDU, Mecklenburg-Vorpommern 2011) | 340 |
| Abbildung 46 | Wahlplakat „Supranationaler Fokus" (FDP, Mecklenburg-Vorpommern 2011) | 341 |
| Abbildung 47 | Wahlplakat „Lokaler Fokus" (Grüne, Mecklenburg-Vorpommern 2011) | 341 |
| Abbildung 48 | Wahlplakat „Inhaltlicher Fokus" I (CDU, Berlin 2011): „Nur nicht in Berlin" | 341 |

| | | |
|---|---|---|
| Abbildung 49 | Wahlplakat „Inhaltlicher Fokus" II (Grüne, Berlin 2011): „Da müssen wir ran" | 341 |
| Abbildung 50 | Kommunikationsmuster Konfrontation I (CDU, Berlin 2011): „Verbranntes Auto" | 342 |
| Abbildung 51 | Kommunikationsmuster Konfrontation II (FDP, Berlin 2011): „Mit dem Fahrrad zum Kreißsaal" | 342 |
| Abbildung 52 | Wahlplakat „Berlin verstehen: Wowereit und Schnappi" (SPD, Berlin 2011) | 342 |
| Abbildung 53 | Wahlplakat „Soja und Soljanka" (Grüne, Berlin 2011) | 342 |
| Abbildung 54 | Kommunikationsmuster Konfrontation III (Linke, Berlin 2011): „Wild-West" | 343 |
| Abbildung 55 | Wahlplakat „Köfte und Klopse" (Grüne, Berlin 2011) | 343 |
| Abbildung 56 | Wahlplakat „Medienaffin" (Piratenpartei, Berlin 2011) | 343 |
| Abbildung 57 | Wahlplakat „Systemkritik" (Piratenpartei, Berlin 2011) | 343 |
| Abbildung 58 | Kommunikationsmuster Konfrontation I (FDP, Nordrhein-Westfalen 2012): „Teure Ideologie" | 344 |
| Abbildung 59 | Kommunikationsmuster Konfrontation II (FDP, Nordrhein-Westfalen 2012): „Nicht gleicher" | 344 |
| Abbildung 60 | Wahlplakat „Kämpfen für Arbeitsplätze" (SPD, Nordrhein-Westfalen 2012) | 344 |
| Abbildung 61 | Wahlplakat „Currywurst" (SPD, Nordrhein-Westfalen 2012) | 344 |
| Abbildung 62 | Wahlplakat „Industriestandort" (SPD, Nordrhein-Westfalen 2012) | 345 |
| Abbildung 63 | Wahlplakat „Rot-grünes Projekt" (Grüne, Nordrhein-Westfalen 2012) | 345 |
| Abbildung 64 | Wahlplakat „Frauen machen den Haushalt" (Grüne, Nordrhein-Westfalen 2012) | 345 |
| Abbildung 65 | Wahlplakat „Aus den Augen unserer Kinder" (CDU, Nordrhein-Westfalen 2012) | 345 |

# Tabellenverzeichnis

| Nummer | Inhalt | Seite |
|---|---|---|
| Tabelle 1 | Wahlkampfformen und Modernisierungsetappen (nach Norris 1997: 3) | 47 |
| Tabelle 2 | Kriterien der Fallauswahl (eigene. Darstellung, in Anlehnung an Neumann 2012: 50) | 93f. |
| Tabelle 3 | Analysematerial: Neun Zeitungen (eigene Darstellung) | 101 |
| Tabelle 4 | Merkmalsraum der Kommunikationsstile, Teil 1 (eigene Darstellung) | 117 |
| Tabelle 5 | Merkmalsraum der Kommunikationsstile, Teil 2 (eigene Darstellung) | 117 |
| Tabelle 6 | Hypothese 1: wirtschaftlicher Erfolg I (eigene Darstellung) | 129 |
| Tabelle 7 | Hypothese 2: wirtschaftlicher Erfolg II (eigene Darstellung) | 129f. |
| Tabelle 8 | Hypothese 3: wirtschaftlicher Erfolg III (eigene Darstellung) | 131 |
| Tabelle 9 | Hypothese 4: Umfragewerte I (eigene Darstellung) | 132 |
| Tabelle 10 | Hypothese 5: Umfragewerte II (eigene Darstellung) | 133 |
| Tabelle 11 | Hypothese 6: Koalitionsoptionen I (eigene Darstellung) | 134 |
| Tabelle 12 | Hypothese 7: Koalitionsoptionen II (eigene Darstellung) | 135 |
| Tabelle 13 | Hypothese 8: Beteiligung an der Bundesregierung I (eigene Darstellung) | 135f. |
| Tabelle 14 | Hypothese 9: Beteiligung an der Bundesregierung II (eigene Darstellung) | 136 |
| Tabelle 15 | Hypothese 10: Popularität (eigene Darstellung) | 137 |
| Tabelle 16 | Hypothese 11: Bekanntheit I (eigene Darstellung) | 138 |
| Tabelle 17 | Hypothese 12: Bekanntheit II (eigene Darstellung) | 139 |
| Tabelle 18 | Hypothese 13: Bekanntheit III (eigene Darstellung) | 139f. |
| Tabelle 19 | Hypothese 14: Mobilisierung I (eigene Darstellung) | 141 |
| Tabelle 20 | Hypothese 15: Mobilisierung II (eigene Darstellung) | 142 |
| Tabelle 21 | Hypothese 16: Mobilisierung III (eigene Darstellung) | 144 |
| Tabelle 22 | Hypothese 17: Mobilisierung IV (eigene Darstellung) | 145 |
| Tabelle 23 | Analysierte Ländertrends von Infratest dimap (eigene Darstellung) | 148 |
| Tabelle 24 | Wirtschaftlicher Erfolg der Bundesländer (eigene Darstellung) | 346 |
| Tabelle 25 | Koalitionsoptionen der Landesparteien (eigene Darstellung) | 347 |
| Tabelle 26 | Zeitreihe der Sonntagsfrage auf Bundesebene (eigene Darstellung) | 348 |

| Tabelle 27 | Bekanntheit der Spitzenkandidaten (eigene Darstellung) | 350 |
| --- | --- | --- |
| Tabelle 28 | Umfragewerte der Landesparteien (eigene Darstellung) | 351 |
| Tabelle 29 | Popularität der Spitzenkandidaten (eigene Darstellung) | 352 |
| Tabelle 30 | PP-Index der Landesparteien (eigene Darstellung) | 353 |
| Tabelle 31 | Ergebnisse der Hypothesenprüfung (eigene Darstellung) | 354 |
| Tabelle 32 | Regionale politische Klimata (eigene Darstellung) | 355 |
| Tabelle 33 | Kommunikationstypen der Spitzenkandidaten (eigene Darstellung) | 356 |

# 1. Einleitung

Selbst ist das Volk: Souverän, Herrscher und Beherrschter in einem. Dieser Grundsatz, von *Abraham Lincoln* einst in der Formulierung „government of the people, by the people, for the people"[1] transportiert, gilt nach wie vor als „Grundrecht des freien Menschen" (Sänger 1965: 1) und als „Grundlage liberaler Demokratie" (Oberreuter 2012: 168). Das Volk übt seine Souveränität über Wahlen aus, den „grundlegenden Legitimationsakt", wie es die Richter des Bundesverfassungsgerichts[2] bezeichnen, der direkten oder indirekten Teilhabe der Bürger an der politischen Entscheidungsfindung (vgl. von Alemann 2002: 79-80).

Freie Wahlen gelten demnach als die Essenz einer demokratischen Ordnung und stehen insofern zu Recht und von jeher im Fokus politikwissenschaftlicher Forschung. Wahlen verleihen und entziehen politische Macht und demokratische Legitimation, sie wirken als zentraler Akt politischer Partizipation und wichtigster Mechanismus, um politisches Personal zu rekrutieren. Kurz gesagt: Wahlen sind „Schlüsselphasen demokratischer Legitimation im repräsentativen System" (Sarcinelli 2009: 217) und die „höchste Stufe der Demokratie" (Stauss 2013: 12).

So unbestritten und unverändert diese Beschreibung auch in Zeiten bleibt, in denen mehrheitsdemokratischen Verfahren entzogene Institutionen wie Verfassungsgerichte oder Zentralbanken hohe Reputation genießen (vgl. Zürn 2013), so unverkennbar und unabänderlich ist jedoch das Umfeld, in dem Wahlen heute und in den letzten Jahren in Deutschland stattfinden, einem umfassenden Wandel unterworfen. Zu konstatieren ist die weitreichende Erosion sozialer Milieus und gesellschaftlicher Schichten, wodurch die prägende Wirkung der eigenen Abstammung abgenommen hat. Gleichzeitig verlieren kollektive Institutionen wie Kirchen oder Gewerkschaften als lebensbegleitende „Sinnvermittler für normative Orientierungen" an Bedeutung (Sarcinelli 2009: 227). In einer immer durchlässigeren Welt erscheint die Zugehörigkeit zu Gruppen, Klassen und Ständen immer unwichtiger.

---

[1] Die Formulierung stammt aus dem überlieferten Schlusssatz von Lincolns berühmter Gettysburg-Rede vom 19. 11.1863.
[2] BVerfG, 2 BvC 3/07, Urteil vom 3.3.2009.

Die moderne Gesellschaft zerfasert in zunehmend individualisierte Lebenswelten, einhergehend mit durchschnittlich höherem Bildungsniveau, vielfältigeren Lebensstilen bis hin zu einem gewissen Druck zu einer reflexiven Lebensführung (vgl. Beck 2001; Beck/Beck-Gernsheim 1994; Beck e.a. 1996). Die persönlichen Vorlieben, der Gusto des Einzelnen, Selbstentfaltung und Selbstgestaltung (vgl. Beck 2001: 3) haben in den letzten Jahren und Jahrzehnten an Relevanz gewonnen. Noch tiefer hinter der Fassade steckt ein Wertewandel, eine Entwicklung von gesellschaftlichen wie individuellen Normen und Vorstellungen. Dort lässt sich seit den 1970er Jahren tendenziell eine Abwendung von sog. materiellen Werten und eine Zuwendung zu postmateriellen Werten nachvollziehen (vgl. Inglehart 1977; 1998). Als Gründe gelten für die Masse gelöste existenzielle Sorgen und technologische Entwicklungen, die grundlegende Bedürfnisse stillen.

Selbstbestimmtheit und Selbstsuche des Individuums spiegeln sich selbstverständlich auch in seinem politischen Bewusstsein und seinem politischen Verhalten. Der Wähler als zunehmend individuelles und dadurch unbekanntes Wesen: Das bestätigen führende Umfrageinstitute, deren Aussagen vor Wahlen immer mehr Fragezeichen beinhalten. So bekannte Richard Hilmer, Geschäftsführer von *Infratest dimap*, im *Handelsblatt*-Interview (2009: 32):

> „Wenn sich immer mehr Wähler immer später entscheiden, (…) können wir in Vorwahlzeiten nur Stimmungen messen, nicht tatsächliche Wahlergebnisse. Es wird auf jeden Fall immer schwerer, ein Ergebnis vorherzusagen."

Das bedeutet, „politisches Verhalten und ganz besonders das Anonymität gewährleistende Wahlverhalten wird situations- und damit kommunikationsabhängiger" (Sarcinelli 2009: 227). Oder wie es Kurt Kister in der Süddeutschen Zeitung formulierte (2012: 4):

> „Es regiert der Wechselwähler, der tendenziell auch ein Nichtwähler ist."

Diese Entwicklung hat die Lebenswirklichkeit von Parteien auf den Kopf gestellt. Es geht heute längst nicht mehr um die Frage, ob ein Dealignment stattgefunden hat und weiter stattfindet, sondern nur darum, wie weit die Auflösung traditioneller Parteibindungen bereits gediehen ist (vgl. Plasser/Plasser 2003: 381) und vor allem wie man damit umgeht.[3]

---

[3] „Dealignment" versteht die Wahlforschung als die Entkoppelung sozialstruktureller Merkmale vom Wahlverhalten. Aus soziologischer Sicht drückt sich darin aus, dass die strukturelle Verankerung politischer Parteien abnimmt. Und aus Perspektive des sozialpsy-

Wahlkämpfer quer durch alle Parteien sind verunsichert, fragen sich und andere: Wie kann ich neue Wählergruppen ansprechen? Wie kann ich zuletzt gewonnene Wähler halten? Wer sind meine Stammwähler von morgen oder stirbt diese Spezies gar aus? Über welche Mittel und Methoden erreiche ich den individualisierten Wähler von heute? Und wie weit muss und darf ich dabei gehen?

Diese Skepsis speist sich besonders aus zwei Gewissheiten, die der moderne Wahlkämpfer in den letzten Monaten und Jahren erkennen und zum Teil schmerzlich erlernen musste. Erstens: Du musst den Wähler heute neu erobern, ihn möglicherweise anders an- und ihm möglichweise anderes versprechen. Zweitens: Du kannst ihn bis unmittelbar vor dem Urnengang gewinnen, aber eben auch verlieren.

Bei den Bundestagswahlen 2005 und 2009 gab es 40 Prozent sog. „Spätentscheider" (Schmitt-Beck e.a. 2010: 1). Bei Landtagswahlen laufen die Veränderungen auf dem Wählermarkt sogar mit einer noch höheren Schlagzahl. Zwar nahmen Abstimmungen auf Länderebene immer schon auch den Charakter von Laborversuchen an. Dennoch unterstreichen gerade die völlig unterschiedlichen Landtagswahlergebnisse der letzten Jahre, inklusive des Einzugs der Piratenpartei in eine Hand voll Landesparlamente, eine neue Dimension der Volatilität. Wahlkämpfe sind spannender geworden, offener im Ausgang und damit freier und vielfältiger in der Wahl der Instrumente. Der Wahlkämpfer von heute hat mehr zu verlieren, aber auch mehr zu gewinnen: Es steht eben schlicht mehr auf dem Spiel (vgl. Bukow/Rammelt 2003: 62; Holtz-Bacha 2002: 42ff.). Oder wie Uwe Jun es formuliert (2010: 156f.):

> „Der Wähler ist beweglicher, unberechenbarer und inkonstanter geworden, seine Stimmabgabe muss jedes Mal aufs Neue erkämpft werden."[4]

Deshalb verdienen Wahlkämpfe heute eine erhöhte – auch wissenschaftliche – Aufmerksamkeit. Sarcinelli begründet das so (2009: 227):

---

chologischen Ansatzes zeigt sich darin die Erosion langfristiger gefühlter Identifikationen mit einer bestimmten Partei (vgl. Plasser/Plasser 2003: 381; Unger 2012: 33).

[4] Diesen Befund bestätigt auch Bundeskanzlerin Angela Merkel. In einem Interview mit der *FAZ* am 17.8.2013 (Leithäuser/Lohse 2013: 3) erklärte sie: „Die Wähler sind ohne Zweifel flexibler und mobiler als früher, und keine Partei kann sich ganz selbstverständlich einfach so auf Wähler verlassen, die sie über Generationen hinweg immer wählen. Wir müssen vielmehr jedes Mal aufs Neue alle Menschen thematisch und personell überzeugen (...). Ich sehe darin aber auch etwas Gutes, denn Milieus werden durchlässiger. Das ist wichtig für eine Gesellschaft, die sich fortentwickelt."

„Wo langfristige Bindungen brüchig geworden sind, werden Wähler empfänglicher für Botschaften. Hier können Wahlkampagnen tatsächlich etwas bewirken."

## 1.1 Ziele der Arbeit

Irreführend wäre m.E. der Anschein, veränderten gesellschaftlichen und soziologischen Koordinaten mit einfachen Antworten begegnen zu können. Diese versprechen aus Sicht des Autors weder der verstärkte Einsatz von „Politainment", also der bewussten und engen Koppelung von politischer und unterhaltender Kommunikation (vgl. Dörner/Vogt 2002: 12; Unger 2012: 29), noch der Verweis auf die Möglichkeiten des Internets, dem spätestens seit der bahnbrechenden Kampagne von Barack Obama 2008 auch hierzulande das Mantra des Allheilmittels anheftet, insbesondere seit die Piratenpartei in einem verwandten Umfeld Erfolge feierte.

Auch diese Arbeit bietet keine einfachen Antworten, aber sie versucht Anhaltspunkte über das Wesen von Wahlkämpfen zu bieten sowie eine Hilfestellung für Protagonisten und Beobachter von künftigen Kampagnen. Ziel und Anspruch der Arbeit ist es, ein Analysemodell für Wahlkampfhandeln zu entwickeln, mit deren Hilfe sich verallgemeinerbare Aussagen über Kampagnen treffen lassen und so Schritte und Schriftzüge, Auftritte und Argumente der handelnden Personen ex ante wie ex post verstanden und erklärt werden können. Der entsprechende theoretische Rahmen soll dabei helfen, Prognosen über Kampagnenverläufe zu erstellen und diese über Partei- und Bundesländergrenzen hinweg zielgenau zu vergleichen.

Ein solches Muster erkennen zu wollen hinter mannigfaltigen Paraden und Parolen, ist zunächst einmal eine ungeheuerliche Behauptung. Schließlich gibt es durchaus gute Gründe, an der grundsätzlichen Vergleichbarkeit von Wahlkämpfen zu zweifeln. So diagnostizierte Christina Holtz-Bacha (2006a: 12) im Nachgang zur Bundestagswahl 2005:

> „Wahlkämpfe fallen je nach Konstellation – Spitzenkandidaten, wirtschaftliche und politische Lage – unterschiedlich aus und sind nur bedingt vergleichbar."

Die US-Forscher Judith Trent, Robert Friedenberg und Robert Denton (2011: 69) machen so viele unterschiedliche und manchmal ungeheuerliche Wahlkampfstrategien aus, wie Kandidaten, die diese angewendet haben, und schlussfolgern:

„Perhaps because of this, there has been relatively little systematic investigation or analysis of the communication strategies and styles that have been, and continue to be, used by all manners of incumbents and challengers."

Ihrem Plädoyer für einen präzisen Blick auf den Einzelfall und dessen spezifische Begebenheiten schließt sich auch Sarcinelli (2009: 28) an:

„Politische Kommunikation findet nicht im Labor statt, sondern in konkreten historisch-politischen Situationen, in kaum wiederholbaren Akteurskonstellationen und unter spezifischen institutionellen Kontextbedingungen."

Es ist offensichtlich: Jeder Wahlkampf ist unterschiedlich, weil die Ausgangssituation vor jeder Wahl unterschiedlich ausfällt.[5] Dennoch vertritt die vorliegende Arbeit die Auffassung, dass strukturelle wie situative Ähnlichkeiten im Ringen um möglichst positive Wahlergebnisse ein allgemeines Muster für Wahlkampfverhalten rechtfertigen.

Als vorläufige Begründung sollen an dieser Stelle drei Thesen genügen, die im Laufe der Arbeit generiert werden: Erstens agieren Wahlkampagnen stets im gleichen dreieckigen Spannungsfeld von erstens der Person des Spitzenkandidaten oder der Spitzenkandidatin, zweitens der Analyse des konkreten Status quo und drittens den Strukturen der eigenen Partei. Zudem – so eine weitere Arbeitsthese – funktionieren Wahlkampagnen im Kleinen wie im Großen im immer gleichen Turnus aus Formulierung von Wahlkampfzielen, Wahlkampfhandeln und Kontrolle der Ergebnisse. Und schließlich – auch das eine Arbeitsthese – orientieren sich Wahlkampagnen stets an vergleichbaren Indikatoren wie exemplarisch ökonomischem Erfolg, potentiellen Koalitionsoptionen oder publizierten Popularitätswerten.

---

[5] Politiker neigen dazu, Wahlen und Wahlkämpfe nur dann zu vergleichen oder deren Vergleiche für zulässig zu erklären, wenn es für sie und ihre Partei spricht. Ein m.E. repräsentatives Beispiel liefert die folgende Anekdote: Im Juni 2009 nahm der FDP-Politiker und stellvertretende Ministerpräsident von Nordrhein-Westfalen Andreas Pinkwart an der Redaktionskonferenz einer großen deutschen Tageszeitung teil. Die Frage eines Redakteurs, ob denn bei der Bundestagswahl im September 2009 ein ähnlich schlechtes Ergebnis seiner Partei nach zuvor guten Umfragewerten drohe wie 2005, konterte er mit dem Satz: „Wahlen kann man nicht vergleichen". Nur um kurz darauf zu erklären, dass seiner Meinung nach von dem guten Abschneiden bei der Europawahl im Mai 2009 auf ein entsprechendes Ergebnis im Herbst zu schließen sei.

Mit diesen Eckpfeilern werden im Folgenden ein verallgemeinerbares Modell für die Analyse von Wahlkampfverhalten entwickelt, daraus anschließend Erwartungen an konkretes Wahlkampfhandeln abgeleitet und dieses in der Realität überprüft. Den Rahmen dafür bilden die Landtagswahlen in den ersten zwei Jahren der schwarz-gelben Bundesregierung, also von Oktober 2009 bis Oktober 2011. Ein solcher Fokus bietet verschiedene Vorzüge: Die Kampagnen finden statt in einem vergleichbaren systemischen und parteipolitischen Umfeld. Das bedeutet, ähnliche föderale und institutionelle Konditionen einerseits und eine in der politischen Farbenlehre gleich besetzte Regierungskoalition andererseits begrenzen verzerrende externe Effekte und ermöglichen es, die unterschiedlichen Ausprägungen der dem Modell inhärenten Merkmale zielgenauer zu erfassen.[6]

Gleichzeitig bietet ein Vergleich von Bundesländern die Möglichkeit, in einem überschaubaren zeitlichen Korridor mehrere Wahlkämpfe zu analysieren, bei unterschiedlichen personellen, parteipolitischen und sozio-ökonomischen Ausgangsvoraussetzungen. Es wurden gleichermaßen Kampagnen in Stadtstaaten (Hamburg, Bremen, Berlin) und in rural geprägten Flächenstaaten (Rheinland-Pfalz, Mecklenburg-Vorpommern) untersucht, in neuen (Sachsen-Anhalt) wie in alten Bundesländern (Nordrhein-Westfalen, Baden-Württemberg), in ökonomisch stärkeren wie schwächeren sowie in charakteristischen Bundesländern aller Himmelrichtungen dieser Republik. Dabei liegt ein weiterer Reiz dieser Fallauswahl darin, auf mögliche Ausprägungen einer spezifischen regionalen politischen Kultur zu stoßen, die sich in besonderen Stilen und Formen von Wahlkampf äußert.

Insgesamt wurde das Modell auf acht Landtagswahlkämpfe angewendet. So viele Urnengänge auf Länderebene sah die gewählte Zeitspanne über die erste Hälfte der Legislaturperiode vor. Das bedeutet, die jeweils vorgezogenen Neuwahlen im Saarland (Februar 2012) und in Schleswig-Holstein (Mai 2012) wurden nicht mehr berücksichtigt. Auch nicht die Wahlen im Januar 2013 in Niedersachsen. Eine Ausnahme bildete Nordrhein-Westfalen. Dort fand im Mai 2010 die erste Landtagswahl unter der schwarz-gelben Bundesregierung statt, die entsprechend ins zeitliche Raster fiel. Doch bekanntlich wurde diese theoretische Festlegung von der Realität überholt: Die Neuwahlen im Mai 2012 sorgten m.E. zwingend dafür, den Blickwinkel auf die aktuelleren Kampagnen zu

---

[6] Das entspricht dem methodischen Vergleichsansatz des „most similar systems design", also dem Vorhaben, möglichst gleiche Fälle zu wählen, um die wenigen vorhandenen Unterschiede besser kenntlich zu machen (siehe Kapitel 4).

verschieben. Um zum einen mit der Arbeit aktuellere Forschungsergebnisse zu liefern und zweitens um in Gesprächen mit konstanten Akteuren Verwechslungen zu vermeiden.

## 1.2 Leitfragen der Arbeit

Für die Entwicklung des theoretischen Modells erscheint es besonders wichtig, möglichst präzise den Forschungsgegenstand und die Untersuchungsproblematik zu erfassen und daraus sukzessive die Leitfragen dieser Arbeit zu gewinnen.

Ganz am Anfang steht das Grundinteresse:

- Wie funktioniert Wahlkampf?

Das führt zu den etwas konkreteren Fragen:

- Welche Akteure und Prozesse lassen sich extrapolieren?
- Kann man wiederkehrende Elemente feststellen?

In einem weiteren Schritt nimmt man diese Regelmäßigkeiten genauer unter die Lupe und hakt nach:

- Was für verallgemeinerbare Konstellationen und Mechanismen gibt es?

Schließlich geht es noch weiter ins Detail:

- Welche Gegebenheiten liegen in jedem Wahlkampf in unterschiedlichen Ausprägungen vor?
- In welcher Weise reagieren Wahlkämpfer auf diese Situationen?

Ausgehend von diesen Grundfragen ergibt sich ein Set von konkreten Theorie- und Forschungsfragen, in den drei grundsätzlichen Dimensionen: Theorie, Methodik und Empirie.

## 1.2.1 Leitfragen der Theoriebildung

- Wie lassen sich die Einflussfaktoren einer einzelnen Wahlkampfkampagne wissenschaftlich definieren? Welche Ausprägungen können diese Einflussfaktoren annehmen? Zu welchen Annahmen für die Gestaltung der Kampagne führen diese?
- Wie lässt sich analysieren, dass einzelne Kampagnen nicht für sich alleine, sondern in der Interaktion mit anderen Kampagnen, Medien und Öffentlichkeit handeln?
- Welche unabhängigen Variablen finden Wahlkämpfer vor und welches sind die abhängigen Variablen, mit denen sie reagieren? Wie können aus den theoretischen Annahmen Hypothesen für konkretes Wahlkampfhandeln abgeleitet werden?

## 1.2.2 Leitfragen der methodischen Umsetzung

- Wie kann ein Modell zur Erklärung von Wahlkampfhandeln entwickelt und anschließend empirisch untersucht werden?
- Auf welchen Wegen lassen sich gesicherte Erkenntnisse darüber gewinnen, wie Wahlkampf tatsächlich umgesetzt wird? Welches Methodendesign ist zu wählen, um der Komplexität von Wahlkämpfen gerecht zu werden?
- Welche Wahlkampfmaterialien eignen sich als aussagekräftige Dokumente? In welchem Umfang sind diese realistisch zu überschauen und zu recherchieren? Welche Akteure sind die passenden Ansprechpartner?

## 1.2.3 Leitfragen der empirischen Überprüfung

- Inwiefern finden sich theoretisch generierte Aussagen über die Einflussfaktoren einer Wahlkampfkampagne in der Realität? Inwieweit lassen sich theoretische Annahmen über konkretes Wahlkampfhandeln in verifizieren oder falsifizieren?
- Als wie wertvoll erweist sich das theoretische Modell? Kann die komplexe Wirklichkeit eines Wahlkampfs ausreichend erfasst werden?
- Wie sind die Aussagen von Gesprächspartnern einzuschätzen? Haben die Auskünfte von unterschiedlichen Hierarchieebenen unterschiedliche Aussagekraft?

- Wie können mögliche Differenzen zwischen Theorie und Praxis erklärt werden? Gibt es bundesland- oder regionenspezifische Faktoren?
- Wie kann oder muss das theoretische Modell weiterentwickelt werden?

## 1.3 Aufbau der Arbeit

Nachdem nun Erkenntnisinteresse, Ziele und Forschungsfragen dieser Arbeit aufgezeigt wurden, soll der folgende Abschnitt kurz den Aufbau der Arbeit skizzieren. Zunächst (Kapitel 2) wird ein Überblick vermittelt über Bandbreite und Blickwinkel der Wahlkampfforschung und dabei der spezifische Ansatz dieser Arbeit erklärt und verortet. Danach (Kapitel 3) sollen die unterschiedlichen „Bühnen" beleuchtet werden, auf denen Bundestagswahlkämpfe einerseits und Landtagswahlkämpfe andererseits stattfinden. Auch die vorhandene Forschung zu den Wechselwirkungen beider Ebenen kommt dabei zur Sprache. So weit dies möglich ist, sollen in diesem Abschnitt auch politisch-kulturelle Unterschiede zwischen einzelnen Regionen und Bundesländern thematisiert werden.

Kapitel 4 stellt den methodischen Aufbau dieser Arbeit vor und erläutert den verwendeten Methodenmix bzw. begründet, wie sich die Wahl der entsprechenden Instrumente in der Genese der Arbeit entwickelt hat. Danach (Kapitel 5) wird das theoretische Modell zur Analyse von Wahlkampfverhalten vor- und in seinen unterschiedlichen Facetten dargestellt – zunächst anhand einer einzelnen Kampagne, dann in der Interaktion mit anderen Akteuren. Dieser Teil endet mit den Hypothesen für konkretes Wahlkampfhandeln, die aus der Theorie abgeleitet werden.

Anschließend wird erläutert, wie die Hypothesen im einzelnen verstanden und operationalisiert werden (Kapitel 6). Die entsprechenden Abschnitte erklären zunächst die unabhängigen Variablen und definieren Grenzwerte für deren Auftreten in der Realität. Im Anschluss geht es um die abhängigen Variablen, d.h. um die Bedingungen, die der Wahlkämpfer im Sinne der Hypothesen erfüllen müsste.

Ab Kapitel 7 bewegt sich die Arbeit auf dem Feld acht realer Landtagswahlkämpfe, deren Vorzeichen zunächst kursorisch dargestellt werden. Den konkreten Faktencheck in der Realität liefert ein umfangreiches achtes Kapitel mit detaillierten Ergebnissen pro Bundesland und Parteikampagne. Das abschließende Kapitel 9 fasst die Ergebnisse der empirischen Überprüfung zusammen und zieht ein Resümee über Praxistauglichkeit des theoretischen Modells. Darüber hinaus gibt es – bei aller Bescheidenheit – den Versuch einer praktischen Handlungsempfehlung für künftige Wahlkämpfer.

## 2. Der Wahlkampf: Vermessung eines Forschungsfeldes

In der *ZDF*-Sendung „Heute Show" am 23.3.2012 zog der Comedian „Gernot Hassknecht" einen unterhaltsamen Vergleich: Wahlkampf sei für ihn das „drittschlimmste Event des Jahres – nach Hämorrhoidenverödung und Hochzeitstag". Solche Assoziationen werden wohl nur die wenigsten mit dem Phänomen Wahlkampf in Verbindung bringen. Aber das Zitat demonstriert, wie Wahlkampf in unserer heutigen Gesellschaft häufig wahrgenommen wird: als regelmäßig wiederkehrende, zumeist ähnlich ablaufende Phase, ohne großen Informations- und/oder Unterhaltungswert. Als Ausnahmen können hier wohl allenfalls noch die Bundestagswahlen gelten.

Das schlechte Image mag einer gewissen Abnutzungserscheinung oder der dauerhaft hohen Quantität politischer Kommunikation geschuldet sein, aber es sagt natürlich wenig darüber aus, was wir heute unter Wahlkämpfen verstehen, schon gar nicht in einem wissenschaftlichen Sinn. Rahmenbedingungen für Wahlen und Wahlkämpfe haben sich wie erwähnt gewandelt und damit auch die Mittel und Methoden seiner Akteure. Was ist ein zeitgemäßer Wahlkampf? Worin drückt sich die technologische und gesellschaftliche Entwicklung im Wahlkampf aus? Wie reagiert ein modernes Kampagnenmanagement darauf? Antworten auf diese Fragen sucht die Wahlkampfforschung, deren grundlegende Themen und Ansätze im Folgenden dargestellt werden sollen.

### 2.1 Das Forschungsobjekt Wahlkampf

Jeder weiß, was Wahlkampf ist. Der Begriff befindet sich im medialen und alltagssprachlichen Dauergebrauch. Umso wichtiger erscheint es, ihn wissenschaftlich präzise zu beschreiben. Das ist nicht ganz leicht, auch weil mehrere Definitionen auf dem Markt sind. Lutter und Hickersberger (2000: 12) verstehen Wahlkampf als „Sammelbegriff für verschiedene kommunikative Interaktionen" im Vorfeld von Wahlen, die zwischen unterschiedlichen Akteuren stattfinden, mit dem Ziel, die anderen am Kommunikationsprozess beteiligten Akteure von einer politischen Richtung zu überzeugen. Christian Schicha (2003: 30) zufolge soll ein

Wahlkampf dabei idealtypischer Weise nicht nur informieren und mobilisieren, sondern zudem ein „Gefühl der Inklusion" vermitteln, „das die Stabilität des politischen Systems stärkt". Andere sprechen von „Phasen verdichteter Politikvermittlungsleistungen" (Bethscheider 1987: 29), in denen die Wahlkämpfer „über den Politikalltag hinausgehende, organisatorische, inhaltliche und kommunikative Leistungen erbringen, um Wähler für sich zu mobilisieren und Stimmen zu gewinnen" (Jun/Pütz 2010: 198; vgl. Fengler/Jun 2003: 170; Timm 1999).

Der Begriff Wahlkampf umfasst also die Aktion des Einzelnen genauso wie das Auftreten aller beteiligten Akteure und bezieht sich stets auf kommunikatives Handeln. Wahlkämpfe sind in erster Linie Kommunikationsereignisse (vgl. Schulz 2008), „prototypisch verdichtete Formen politischer Kommunikation", „Kristallisationspunkte" (Geise 2011: 139), an denen kommunikative Funktionen, Prozesse und Medienwirkungen prägnant zum Ausdruck kommen. Oder zusammengefasst: Der Wahlkampf ist politische Kommunikation und manifestiert sich über politische Kommunikation (vgl. Radunski 1980: 7; vgl. Kamps 2007: 161f.). Wahlkampf als Teil – und sei es ein besonders exponierter – von politischer Kommunikation zu begreifen, rückt deren Wesen, Bedeutung und Entwicklung in den Vordergrund. Was ist politische Kommunikation? Was macht politische Kommunikation aus, insbesondere wenn sie im Wahlkampf erfolgt?

Ganz grundlegend kann man Kommunikation definieren als „Bedeutungsvermittlung zwischen Lebewesen" bzw. „Vermittlungs- und Austauschprozesse von Bedeutungsinhalten" (Maletzke 1963: 18). Den eigenen Begriff Politikvermittlung hat Sarcinelli (1987: 19) geprägt. Er verweist darauf, dass jede Demokratie spezifischer Verfahren und Institutionen bedarf, durch die „Politik (...) zwischen den politischen Führungseliten und den Bürgern vermittelt werde (...), denn ohne Verbindung und Vermittlung, ohne Information und Kommunikation ist eine Kenntnisnahme und -gabe von Wünschen, Forderungen, von Meinungen und Widerständen nicht möglich, ist gesellschaftliches Zusammenleben schwer vorstellbar" (Sarcinelli 1998b: 11f.).

Mit politischer Kommunikation im Allgemeinen befasst sich eine Vielzahl von Forschungsliteratur, die den Gegenstand auf verschiedene Art versucht zu greifen: als politischer Prozess (vgl. Graber/Smith 2005: 479), als Ort des politischen Diskurses (vgl. Wolton 1990: 12f.), als inhärente Antriebskraft von Politik (vgl. Saxer 1998: 25; Marcinkowski 2001: 242; Geise 2011: 111) oder als Handeln der politischen Akteure (vgl. McNair 1995: 4). In Zeiten des Wahlkampfs erscheint m.E. ein akteurszentrierter Ansatz angemessen, nach dem politische Kommunikation die kommunikativen Aktionen umfasst, die von Politikern bzw. politischen

Akteuren ausgehen, an sie gerichtet sind oder Politiker bzw. politische Akteure und ihr Handeln zum Gegenstand haben (vgl. ebd.).

Sarcinelli beschreibt am Begriff der Politikvermittlung, wie sich deren unterschiedliche Ziele zu Wahlkampfzeiten auf zwei Motive reduzieren: das der Information und das der Persuasion (vgl. Sarcinelli 1987a: 30f.; 1998a: 12). Beide Stoßrichtungen zusammen machen das wechselhafte Wesen der Wahlkampfkommunikation aus. Auch Niedermayer (vgl. 2007: 21) beschreibt ein Spannungsfeld aus Überzeugung und Überredung, in dem Wahlkampfkommunikation nach Lazarsfeld, Berelson und Gaudet (vgl. 1969: 140) grundsätzlich drei Wirkungen entfalten kann: Verstärkung, Aktivierung und Meinungsänderung.

Der erste Effekt gibt dem Wähler Sicherheit und Orientierung, mobilisiert ihn somit bzw. verhindert vor allem, dass er zu Hause bleibt oder sich einer anderen Partei zuwendet (vgl. ebd.: 124f.). Zweitens kann Kommunikation im Wahlkampf helfen, unterschwellig vorhandene Einstellungen der Wähler zu aktivieren und damit eine latente Neigung in eine handfeste Stimmabsicht zu verwandeln. In diesem Fall müssen die Wahlkämpfer Interesse und besonders Aufmerksamkeit wecken und aufrechterhalten (vgl. ebd: 110f.). Schließlich kann und soll Wahlkampfkommunikation persuasiv wirken und Meinungsänderungen auslösen, was jedoch wohl in der Realität eher Ausnahme denn Regel sein wird (vgl. ebd: 131f.).

### 2.1.1 Akteure des Wahlkampfs

Damit sind wir bereits bei den unterschiedlichen handelnden Akteuren, bei Kommunikatoren und Rezipienten des Wahlkampfes. Bei ihnen wird übereinstimmend zwischen drei Gruppen unterschieden: den *Parteien*, den *Medien* und den *Wählern* (vgl. Schoen 2005: 505). Das Beziehungsgeflecht dieser Gruppen charakterisiert einen Wahlkampf, wobei alle drei Lager unterschiedliche Interessen verfolgen und wechselseitig aufeinander einwirken.

Als Initiatoren des Wahlkampfs richten die Akteure der Parteien ihre Botschaften direkt an die Wähler, die Adressaten politischer Kommunikation, oder an die Medien, die als Mittler auftreten. Diese besondere Funktion zwischen Wählern und Parteien versetzt die Medien in die Position eines eigenständigen Akteurs mit autonomer Entscheidungsmacht. Besonders mit den Parteien verbindet die Medien dabei eine wechselseitige Abhängigkeit.

Für den Wähler stehen damit drei potentielle Informationsquellen zur Verfügung: Er kann für ihn wahlrelevante Informationen aus direkter Beobachtung der politischen Akteure gewinnen, aus der sozialen

Interaktion mit anderen Wählern beziehen oder über die Medien erfahren (vgl. Brettschneider 2002b: 36). Dem Elektorat kommt innerhalb der Trias somit eine eher passive Rolle zu, allerdings mit entscheidenden Rückkopplungseffekten: Die Medien berichten über Einstellungen, Stimmungen und Reaktionen im Wahlkampf. Von den Medien oder den Parteien beauftragte Institute erstellen repräsentative Studien dazu. Parteien versuchen zunehmend auch über interaktive Online-Kanäle an Feedback der Bevölkerung zu kommen. Des Volkes Stimme, unabhängig von der Erhebungs- oder Verbreitungsmethode kann also die danach folgende Wahlkampfkommunikation signifikant beeinflussen.

Im Folgenden sollen die drei Akteursgruppen, ihr Wesen und Wirken im Wahlkampf noch ein wenig intensiver beleuchtet werden.

*Parteien*

Parteien oder politische Akteure werden im Wechselspiel mit Medien und Wählern als eine einheitliche Gruppe wahrgenommen und dargestellt. Dadurch verharmlost man ein zentrales Spannungsfeld, nämlich das zwischen Parteien und politischen Akteuren. Um das zu beleuchten, muss man einen Schritt zurücktreten und Wahlkampfhandeln aus der metatheoretischen Perspektive von akteurszentrierten oder strukturalistischen Ansätzen betrachten. Dabei gilt der allgemeine Grundsatz von Korte und Fröhlich (2009: 25):

> „Jede Entscheidung ist sowohl von der Interessenlage des politischen Akteurs als auch von seinem institutionellen Umfeld abhängig."

Insofern ist politisches Handeln stets durch einen „Mikro-Makro-Dualismus" von „Akteur" und „System/Struktur" geprägt (ebd.), wobei die theoretische Grundfrage lautet (ebd.: 26):

> „Bestimmen eher die vorgefundenen gesellschaftlichen Strukturen (...) das Handeln der Akteure oder ist es nicht gerade umgekehrt das menschliche Handeln – die politische Entscheidung – aus der heraus sich die gesellschaftlichen Prozesse und Strukturen ableiten lassen?"

Sarcinelli (2010a: 14) zufolge sind Institutionen „in der Regel geronnener Ausdruck von Einstellungen, Verhaltensweisen und Erwartungen der Menschen". Das gelte für staatliche Institutionen, aber auch für Parteien. Doch wie äußert sich dieser Dualismus im Wahlkampf? Auf Akteursseite liegt es nahe, der Person des Spitzenkandidaten oder der Spitzenkandidatin eine entscheidende Rolle zuzubilligen. Schwieriger erscheint es, die strukturellen und systemischen Wahlkampffaktoren zu benennen.

Dafür bedarf es m.E. eines kurzen Exkurses in den Institutionalismus. Dessen klassische Form konzentriert sich auf Verfassungsorgane und formal bestehende Regeln, basierend auf der Annahme, dass politische Institutionen von externen Umständen bestimmt sind, etwa der Größe des Landes, und weniger durch menschliches Handeln.[7] Spätere Ansätze vertraten einen weiteren Institutionenbegriff. Zunehmend wurden Ergebnisse der policy-Forschung auch mit institutionellen Faktoren begründet (vgl. von Beyme 1988: 75ff.). Das neue Forscherinteresse an Institutionen, der Neoinstitutionalismus, erweiterte den Blickwinkel von den Verfassungsorganen im engeren Sinn auf informelle Gremien und Konventionen. Auch ging man inzwischen davon aus, dass interagierende Akteure im politischen Raum Institutionen schaffen.

Schon aus einer klassisch-institutionellen Sicht finden sich Effekte auf den Wahlkampf: etwa aus dem System der Verhältniswahl bis hin zur grundgesetzlich verbrieften Pressefreiheit und Menschenwürde. Niemand würde daran zweifeln, dass diese Eckpfeiler auch in modernen Wahlkampagnen gelten, dennoch bieten sie für die Wahlkampfforschung wenig praktische Relevanz. Mit dem neoinstitutionellen Blickwinkel erscheinen dagegen die Parteien und dabei genauer die Parteiorganisationen als der zentrale institutionelle Einfluss auf den Wahlkampf. Sie stehen in einem Spannungsfeld zu den Spitzenkandidaten, die auf verschiedenen Ebenen und zu verschiedenen Anlässen einer Kampagne von der Parteiorganisation abhängig sind. Ein Kandidat wird von der Partei nominiert, er muss die Interessen der Mitglieder, auch unterschiedlicher Flügel, berücksichtigen und er ist auf eine aktive Parteiarbeit an der Basis angewiesen.

Insofern arbeitet sich der strukturalistische bzw. behavioristische Aspekt des Wahlkampfes an der Frage ab, inwiefern das Lager des Spitzenkandidaten mit der Parteiorganisation zusammenarbeitet. Dieses Verhältnis kann wahlentscheidend sein, gleichwohl erkennen Jun und Pütz (2010: 199) eine Forschungslücke bei exemplarischen und praxisbezogenen Einblicken in „interne Koordination, Kooperation und Synchronisation der Kampagnenstruktur". Der Handlungsspielraum der für die Führung einer Wahlkampagne maßgeblichen Akteure will mitunter hart

---

[7] Ein so verstandener Institutionalismus kann als die dominante Schule zumindest der deutschen Politikwissenschaft in den 1950er und 1960er Jahren angesehen werden, als man die Entwicklung von Demokratie, natürlich im Licht der Lehren der jungen Bundesrepublik aus der Verfassung von Weimar, besonders an der Machart ihrer Institutionen bemaß.

erkämpft sein. So resultieren Form, Inhalt und organisatorische Gestaltung von Wahlkämpfen aus der Fähigkeit einzelner Akteure, „vor dem Hintergrund organisatorischer Rahmenbedingungen ihre Interessen und strategischen Ziele in Machtkämpfen durchzusetzen" (Krebs 1996: 158).

Diese Kämpfe, so die Diagnose bereits Mitte der 1990er Jahre, würden jedoch zunehmend schwieriger. Eine fortschreitende Fragmentierung der Partei, verstärkte Flügelbildung und eine Abkopplung der Gebietsverbände bewirkten einen Verlust der Parteidisziplin und damit einhergehend der organisatorischen Schlagkraft. Dennoch oder gerade deshalb geraten besonders Spitzenkandidaten in den Fokus der Wahlkampfforschung, weil sie über die Kampagnenführung entscheiden und diese gegenüber dem Wahlvolk verkörpern (vgl. Schoen 2007a: 39).

*Medien*

Medien sind im Wahlkampf Mittler und eigenständiger Akteur zugleich. Ihre Bedeutung bemisst sich schon daran, dass die Bevölkerung das Gros an Informationen zum politischen Geschehen nicht unmittelbar, sondern medienvermittelt erhält, was Medien zu „ebenso machtvollen wie unkontrollierbaren Beschleunigern und Trendverstärkern werden lässt" (von Alemann 2003: 122). An diesem Punkt setzt die Agenda-Setting-Forschung an, die ausgehend von den medial-publizierten Inhalten deren Einflüsse auf Leser und Zuschauer bzw. mittel- bis langfristige kognitive Effekte untersucht. Dabei hat sich gezeigt, dass die Rangfolge der relevanten Themen in den medialen Nachrichten (Media Agenda) nachhaltig auf die in der Bevölkerung als relevant erachteten Themen wirkt (Public Agenda). Damit nehmen die Medien zunächst einmal Einfluss darauf, über welche Themen die Wähler nachdenken, auch wenn sie vielleicht ihre eigene Meinung zum Thema anders bilden. Diese Agenda-Setting-Funktion[8] der Massenmedien fasst Cohen (1963: 13) so zusammen:

---

[8] Das Phänomen Agenda-Setting wurde erstmals in 1970er Jahren in den USA erforscht. Dabei wurde eine Liste der wichtigsten Themen in der Berichterstattung über den Präsidentschaftswahlkampf mit einer Wählerbefragung zur subjektiv empfundenen Themenrelevanz verglichen (McCombs/Shaw 1972). Konkret sollten 100 noch unentschlossene Wähler am Telefon berichten, welche Themen ihnen aktuell am wichtigsten erscheinen. Im Ergebnis bekam man eine fast vollständige Übereinstimmung von Medien-Agenda und Bevölkerungs-Agenda (ebd.: 180f.). Auch andere Untersuchungen (Funkhouser 1973; Kepplinger e.a. 1989) bestätigten die grundsätzliche Agenda-Setting-Funktion.

"The press is significantly more than a purveyor of information and opinion. It may not be successful much of the time in telling people what to think, but it is stunningly successful in telling people what to think about."

Doch nicht nur auf die Themensetzung haben Medien einen großen Einfluss, auch auf die Bewertung und Beurteilung von wahlentscheidenden Inhalten und Personen. Iyengar und Kinder (1987) fanden heraus, dass Medien insbesondere politisch orientierungsbedürftigen Wählern die Themen vorgeben, die diese zur Beurteilung der Kandidaten und Parteien heranziehen. Abgeleitet aus der im Englischen gebräuchlichen Bezeichnung für die beste Sendezeit („Prime Time") entwickelten sie für diesen Effekt den Begriff „Priming" (Iyengar/Kinder 1987: 5):

> „By priming certain aspects of national life while ignoring others, television news sets the trends by which judgement are rendered and political choices are made."

Geise (2011: 149f.) illustriert diesen Effekt mit einem Beispiel: Dominierten in der aktuellen Medienberichterstattung Nachrichten zum Bereich Sicherheitspolitik, führten diese zu einer Aktualisierung der damit verbundenen semantischen Netzwerke beim Rezipienten, der in der Folge zur Bewertung von Politikern eher sicherheitspolitische Aspekte heranziehen wird als etwa Umweltschutz-Aspekte. Das gewinnt umso mehr an Bedeutung, desto individueller und desto situationsabhängiger Wahlentscheidungen getroffen werden.

Auch die Forschung hierzulande konnte in den letzten Jahren nachweisen, dass sich Priming auf die Beurteilung von Politikern auswirken kann. Exemplarisch zeigen Brettschneiders (2002b) Untersuchungen der Bundestagswahl 2002, dass der Wahlerfolg von SPD und Grüne erst dadurch möglich wurde, dass die Außenpolitik die Wirtschaftspolitik von der Medien-Agenda verdrängte. Gleichzeitig gelang es den Sozialdemokraten, „Agenda-Surfing" und „Agenda-Cutting" zu betreiben, also zu ihren Kompetenzfeldern passende Themen zu bedienen (Solidarität für die Opfer der Elbe-Flut, Frieden statt Krieg im Irak) und unpassende Themen abzuwenden (Wirtschaftspolitik, Finanzpolitik, Bildungspolitik). Brettschneiders Fazit lautete (ebd.: 47):

> „Ohne ein aktives Gestalten des kommunikativen Umfelds – ohne Agenda-Setting, Agenda-Cutting und Agenda-Surfing – lässt sich die Wahl nicht gewinnen; selbst dann nicht, wenn man (...) in den langfristig wichtigsten Themenfeldern als die kompetentere Partei angesehen wird."

Das führt dazu, dass die (Massen-)Medien in Wahlkampfzeiten zur zentralen Plattform der Politikdarstellung für politische Führungseliten und gleichermaßen zur zentralen Plattform der Politikwahrnehmung für Bürger avancieren (vgl. Sarcinelli 2007: 121; 2010b: 286).

*Wähler*

Die Wähler nehmen im Konzert der drei Akteursgruppen wie erwähnt den mehrheitlich passiven Part ein, indem Wahlkampfkommunikation direkt und medial rezipiert sowie später die Stimme für Parteien abgegeben wird. Das führt dazu, dass die Forschung auch eher das Verhalten des Wählers an der Wahlurne unter die Lupe nimmt als das Verhalten der Menschen im Wahlkampf. Die Erforschung von Wählerverhalten gehört zu den tiefgründig beackerten Feldern der Politikwissenschaft, deren Früchte hier nur ganz kurz gestreift werden sollen.

Zu den grundlegenden Strömungen zur Erklärung von Wahlverhalten zählen Rational-Choice-Ansätze, die ursprünglich auf Anthony Downs (1957) zurückgehen und den Wähler als rational handelnden Akteur auf dem Markt der Parteien begreifen, sowie sozialpsychologische Ansätze (vgl. Campbell e.a. 1960; 1964; Schoen/Weins 2005; Brettschneider/Rettich 2005), die eine Stimmabgabe anhand von drei Parametern erklären: erstens der Parteiidentifikation als langfristige affektive Bindung des Wählers; zweitens anhand von kurzfristigen Kandidatenpräferenzen und drittens mit kurzfristigen Issue-Präferenzen. Im Zuge der bereits beschriebenen Entwicklung von Wertewandel und Individualisierung ist ein deutlicher Rückgang der Parteiidentifikation zu beobachten (Bürklin/Klein 1998), wodurch der Einfluss der beiden kurzfristigen Faktoren für die Wahlentscheidung zunimmt.

Dadurch gewinnt der Wähler auch für die Wahlkampfforschung wieder mehr an Bedeutung. Damit ein Thema kurzfristig wahlentscheidend wirken kann, muss es erstens als persönlich oder gesellschaftlich relevant wahrgenommen werden, zweitens muss der Wähler über eine Position zum Thema verfügen und er muss drittens unterschiedliche entsprechende Lösungsansätze der Parteien erkennen können (vgl. Schoen/Weins 2005). Innerhalb des Elektorats muss nach Bildungsgrad und politischen Interesse unterschieden werden. Der gebildete und interessierte Wähler kann inhaltlich über die im Wahlkampf dominierenden Themen und der den Parteien dabei zugebilligten Sachkompetenz überzeugt werden (vgl. Brettschneider/Rettich 2005: 167ff.). Der Wähler mit niedriger formaler Bildung und einem geringen Interesse ist dagegen eher über Stimmungen und Sympathien direkt vor der Wahl oder über Einzelthemen zu erreichen, die ihn direkt betreffen (vgl. ebd.: 169).

Neben der Position als Empfänger von Wahlbotschaften, können zudem schon angedeutete Rückkopplungseffekte des Wählers auf die politischen und medialen Akteure interessant sein. Die Bedeutung von Umfrageergebnisse für den Fortgang der Wahlkampagne wird im Zuge dieser Arbeit untersucht. Mit der Analyse etwaiger Effekte der veröffentlichten Umfragen auf die weitere Berichterstattung wurde ein künftiges Forschungsfeld der Publizistik bereits angestoßen (vgl. Jandurra/Petersen 2009). Eine weitere Rückkopplung könnte sich künftig über die Möglichkeiten des Internet-Wahlkampfs ergeben. Besonders die sozialen Netzwerke wie Facebook und Twitter, die alle relevanten Parteien spätestens seit dem Bundestagswahlkampf 2009 nutzen (vgl. Unger 2012), bieten sich dafür an.

*2.1.2 Rahmenbedingungen des Wahlkampfs*

Von Joseph Schumpeter (1987: 428) stammt der allgemeine Satz:

> „Die Psychotechnik der Parteireklame, der Schlagworte und der Marschmusik sind kein bloßes Beiwerk. Sie gehören zum Wesen der Politik."[9]

Doch trotz dieser zeitlosen Beschreibung bilden natürlich die Charakteristika unserer heutigen Gesellschaft und die daraus resultierenden „Trends politischer Kommunikation" (Geise 2011: 109) den übergeordneten Rahmen, in dem Wahlkämpfe gleich auf welcher Ebene ausgetragen werden. Wie diese Trends aussehen, woher sie stammen, wie neu und wie verbreitet sie wirklich sind, ist Gegenstand umfangreicher Forschungsliteratur, die im Folgenden überblicksartig dargestellt werden soll. Ein Wandel in der Wahlkampfführung gilt inzwischen als Faktum (Baumhauer 2009: 12), als „common sense der Wahlkampfforschung" (Tenscher 2007: 67), aber über dessen Inhalt, Ursache und Begrifflichkeit (vgl. Baumhauer 2009; Schoen 2005) herrscht wenig Klarheit. Zumeist werden unter dem Wandelbegriff die unterschiedlichsten Phänomene subsumiert. Bisher liegen keine einheitlichen Theorien für die Modernisierung der politischen Kommunikation vor (vgl. Sarcinelli 2009: 30), sondern eher Ansätze und Konzepte, die Veränderungen im Rahmen von Wahlkämpfen beschreiben und erklären sollen.

---

[9] Als Beispiel dafür, wie Alltagskultur mit politischen Phrasen verbunden wird, kann ein skurriles Motto dienen, das die Regensburger DKP 1980 am Bierstand eines örtliches Bürgerfestes befestigte: „Maßkriag san bessa wia Weltkriag" (zitiert nach Mergel 2010: 156).

*Medialisierung*

Dabei spielt das inzwischen vorherrschende Medien- und Kommunikationssystem eine zentrale Rolle (vgl. Merten 2005: 21). Nicht ohne Grund ist der Begriff der Mediengesellschaft geprägt worden. Er drückt aus, dass der mediale Einfluss „immer stärker und engmaschiger" (Jarren/Donges 2006: 28f.) die Informations- und Kommunikationspraxis aller gesellschaftlichen Bereiche erreicht, durchdringt und dadurch verändert (vgl. Jarren 1998: 74f.).

Das zieht zwangsläufig Konsequenzen für die politischen Akteure nach sich, für die sich in der Folge zwei unterschiedliche „Kommunikationswelten" (Sarcinelli 2009: 28) auftun: die *Darstellungs-* und die *Entscheidungspolitik* (vgl. Sarcinelli 1987b: 66; Sarcinelli 1994: 23ff.; Sarcinelli/Tenscher 2003: 9ff.; Sarcinelli 2009: 115ff.). In der ersten Sphäre ist politisches Handeln durch gezielte Nutzung kommunikativer Mittel und Instrumente primär darauf ausgerichtet, öffentliche Aufmerksamkeit vornehmlich auf dem Wege massenmedialer Resonanz zu erzeugen (Jun 2004: 311). Entscheidungspolitik hingegen zielt auf den konkreten Prozess der Gesetzgebung und bleibt weitgehend unbeeinflusst von den Aufmerksamkeitsregeln der Medien (vgl. Korte 2004: 201).

Für Parteien und einzelne politische Akteure wird es zur mittelschweren Managementleistung, diese beiden Dimensionen in Einklang zu bringen. Umso mehr, da Ungleichbehandlung in jedem Fall ins Abseits führt. Laut Karl-Rudolf Korte (ebd.) wird „Darstellungspolitik, der keine Entscheidungspolitik folgt, (…) schnell vom Wahlbürger entlarvt". Umgekehrt bleibt „Entscheidungspolitik, die nie inszeniert daherkommt, (…) nicht nur unentdeckt vom Bürger, sie wird ebenso wenig am Wahltag honoriert. Die Mischung muss stimmen." (ebd.: 201f.).

Ein Wahlkampf, in dem die „expressive Dimension der öffentlichen Präsentation politischer Prozesse" (Meyer e.a. 2002: 25) besonders hervorsticht, spielt zweifellos in der Welt der Darstellungspolitik. Insofern kommen dann die grundsätzlichen Kennzeichen und Folgen dieser Kommunikationslogik (vgl. Sarcinelli 2009: 101ff.) besonders zum Tragen: Ein professionelles Kommunikationsmarketing und eine ständige Medienpräsenz stehen im Vordergrund. Der politische Stil wird zunehmend expressiv, d.h. es wird nach dem passenden Ausdruck, dem richtigen Eindruck, einer gelungenen Inszenierung, einem unterhaltsamen Witz oder einem schönen Foto gesucht, das den Zuschauern medial vermittelt werden kann. Talkshows werden mehr als zuvor zu einem stilbildenden politischen Diskursmodell. Telegenität und Medienwirksamkeit entwickeln sich zu einem entscheidenden Kriterium der Kandidatennominierung, mit dem Risiko, die „Starqualitäten" eines Politikers als Ersatz für mangelnde politische Kompetenz anzusehen (vgl. Sarcinelli 2002: 13f.; Sarcinelli 2009: 110ff.).[10] In welchem Ausmaß der Zeitgeist inzwischen eine adäquate Inszenierung erfordert, dokumentiert die folgende bewusst überspitzte Aussage aus dem Nachrichtenmagazin *Spiegel*:

> „Selbst Jesus von Nazareth käme heute kaum darum herum, sich zu *Beckmann* oder *Maybrit Illner* zu setzen, um für seine Sache zu werben – vorausgesetzt, die wollten ihn überhaupt. Simultanübersetzungen gelten in Talkshows als Quotengift" (Tuma 2011: 136).

*Professionalisierung*

In engem Zusammenhang mit der Anforderung und der Notwendigkeit, mehr und gezielter zu kommunizieren, steht die Debatte um eine zunehmende Professionalisierung politischer Kommunikation. Eine Art nationales Erweckungserlebnis stellte diesbezüglich die SPD-Kampagne im Bundestagswahlkampf 1998 dar, mit der „KAMPA" genannten Schaltzentrale. Seither kann Wahlkampf in Theorie und Praxis bisweilen nicht professionalisiert genug über die Bühne gehen. Dabei versteht man unter Professionalisierung zunächst, dass die Organisation der Wahlkampagne ausgelagert wird und sich statt den Parteigremien entsprechende Kommunikationsspezialisten darum kümmern. Dazu werden Werbe- und Medienagenturen angeheuert, spezielle Wahlkampfberater und „Spin Doctors" (vgl. Holtz-Bacha 1999: 10f.).

Es findet also eine Umorganisation der Parteistruktur statt, durch die mehr oder weniger ausdifferenzierte, innerhalb oder außerhalb etablierter Parteiebenen angesiedelte Kampagnenzentralen die Steuerung und Koordination der Politikvermittlung übernehmen. Matthias Machnig (2001: 39), einst Chef der KAMPA und heute Wirtschaftsminister von Thüringen, erklärt die veränderten Strukturen so:

> „Organisation ist Politik, und Politik ist Organisation. Parteien können nur dann modern und erfolgreich sein, wenn sie über eine moderne und professionelle Or-

---

[10] Aus der Diskussion um diese Symptome haben sich auch Diskussionen um jedes einzelne Phänomen entsponnen. In der Folge war in Teilen des wissenschaftlichen Diskurses auch von einer Entertainisierung, Theatralisierung oder Talkshowisierung von Politik die Rede (eine Übersicht liefert Geise 2011: 121-129). Für die vorliegende Arbeit spielen diese spezifischen Aspekte über die oben geschilderten Zusammenhänge hinaus keine Rolle.

ganisation verfügen. Diese Tatsache mag nicht allen gefallen. Wahr bleibt sie gleichwohl."

Ein anderes Erfolgsrezept der KAMPA beruhte laut internen Angaben auf einem Marketingansatz, nämlich der „konsequenten Anwendung einer für Markenprodukte üblichen Vorgehensweise" auf den Wahlkampf (Ristau 1998: 16). Das bedeutet, dass der professionalisierte Wahlkampf auch interdisziplinäre Scheuklappen aufgibt, sich zunehmend öffnet für Marketingprinzipien, Strategien der Produktwerbung und damit Erkenntnissen der Werbepsychologie. PR- und Marketingstrategen, Medienberater und Meinungsforscher werden unter dem Begriff der „professionalisierten Politikvermittlungsexperten" (Tenscher 2003: 72) subsumiert und gewinnen zunehmend an Bedeutung.

Die steigende Nachfrage hat auch hierzulande das Angebot einer lebendigen Berater-Branche wachsen lassen, die seit einigen Jahren Einfluss nimmt auf das politische Procedere und das Miteinander der Akteure verändert (vgl. Balzer/Gelich 2006: 18; Tenscher 2003: 19f.). Von einer etablierten „dritten Kraft" (Manheim 1998) im politisch-medialen Machtverhältnis war bereits die Rede sowie von „demokratiekonstitutiven Funktionen" der Politikvermittlungsexperten, ohne die eine „Arena der Öffentlichkeit" nicht funktionieren könne (Bentele 2002: 58). Sicher ist, dass die Sphäre der beruflichen Politikvermittlung in den letzten Jahren in einer Weise gewachsen ist, die mit keinem anderen politisch-medialen Umfeld zu vergleichen ist (vgl. Sarcinelli 1998a: 292; Tenscher 2002: 120f.).[11]

Jun und Pütz (2010: 200f.) unterscheiden resümierend vier Ausprägungen der Professionalisierung in der politischen Kommunikation:

- Ein professioneller Stil bzw. eine professionelle Form der Kommunikation im Sinne einer wissens- und evidenzbasierten sowie strategischen Kommunikation.
- Eine professionelle Organisation bzw. Struktur der kommunikativen Aktivitäten im Hinblick auf das Erkennen einer hohen Relevanz von Kommunikation für politische Prozesse.

---

[11] Natürlich sind auch zu früheren Zeiten Arbeits- und Rahmenbedingungen von politischer Arbeit professionalisiert worden. Überliefert ist ein Modernisierungsprozess der CDU nach der verlorenen Bundestagswahl 1972 (Plasser/Plasser 2003: 387). Der Unterschied ist, dass damals Parteien von innen heraus reformiert wurden, und nicht durch professionelle und standardisierte externe Hilfe.

- Ein stärkeres Hineinwirken von externen ausgebildeten Kommunikationsspezialisten in politischen Institutionen und Organisationen mit konkreter Umsetzung von Beratungsexpertise.
- Eine steigende Nachfrage der politischen Institutionen nach eigenen Vermittlungsexperten mit verbesserten Beschäftigungschancen von Medien- und Kommunikationsberatern.

Es gibt keine Erkenntnisse, inwieweit und vor allem wie flächendeckend Wahlkampagnen in Deutschland inzwischen unter professionalisierten Umständen erfolgen. Als sicher gilt, dass besonders unterhalb der Bundesebene noch Nachbesserungsbedarf besteht. Für die Europa- und Bundestagswahl 2009 konstatierte Tenscher (2011: 88) „kaum Defizite im Professionalitätsgrad der Parteien". Einzelne Befunde zu Landtagswahlkämpfen (vgl. Geisler/Tenscher 2001) deuten jedoch daraufhin, dass die Professionalisierung auf regionaler Ebene deutlich hinter der bei nationalen Wahlen zurückhinkt (vgl. Tenscher 2007: 72) und sich ein „Prozess der zeitlich abgestuften Professionalisierung bei Haupt- und Nebenwahlkämpfen" (Tenscher 2011: 88) ergeben hat.[12]

*Personalisierung*

Als Ausweis einer modernen Kampagne gilt es darüber hinaus, die Person des Spitzenkandidaten besonders in den Vordergrund zu stellen. Dass dessen Führungsstärke, politische Kompetenz und persönliche Integrität eine größere Rolle spielen als Sachthemen und politische Programmatik, wird allgemein als Personalisierung bezeichnet.[13] Der Kandidat selbst fungiert dabei als Botschaft. Sein Image und Mediencharisma bestimmen den Charakter einer Kampagne und wirken potenziell wahlentscheidend (vgl. Falter/Römmele 2002: 51; Römmele 2005: 37f.).

Ein neues Phänomen zeigt sich darin jedoch nur bedingt. Politische Kommunikation, insbesondere im Wahlkampf, bedient sich seit jeher der Personalisierung. Das belegen zahlreiche plakatierte und kommunizierte Botschaften aus der Historie bundesrepublikanischer Wahl-

---

[12] Tenscher (2012) konnte diese Differenz zwischen nationalen und supranationalen Wahlkämpfen in Deutschland und mit Abstrichen in Österreich nachweisen, bezeichnet die empirische Unterfütterung seiner Annahmen jedoch selbst als „vergleichsweise schwach" (ebd.: 115). Das gilt insbesondere für die Nebenwahlkämpfe auf subnationaler Ebene.

[13] Häufig wird eine Personalisierung einhergehend auch mit einer Entideologisierung beschrieben (vgl. Schulz 1998: 378; Niedermayer 2000: 194ff.).

kämpfe[14]. Zumindest Bundestagswahlen enthielten schon immer Elemente von Personalisierung (vgl. Linden 2003: 1214f.). Und auch fernab von Wahlkämpfen wird politisch personalisiert, etwa bei der Zuordnung von Sachthemen oder Institutionen. Man denke nur an die „Riester-Rente" oder die „Gauck-Behörde". Sarcinelli (2009: 167) weist darauf hin, dass aus „demokratietheoretischen und politisch-praktischen Gründen (...) die personale Zuordnung politischer Verantwortlichkeit öffentlich wahrnehmbarer Eliten" eine Voraussetzung für politische Legitimationsprozesse darstellt und immer dargestellt hat. Dennoch hat Personalisierung heute eine neue Qualität gewonnen, wenn sie auch als „Identifikations-, Integrations- und Mobilisierungsfaktor" in der Politik keineswegs neu ist (Jun/Pütz 2010: 202). Das liegt daran, dass Personalisierung und Medialisierung sich wechselseitig bestärken. Der mediale Selektionsmechanismus funktioniert über Personen, getreu dem alten journalistischen Motto: „Menschen interessieren sich vor allem für Menschen".

Tatsächlich stehen Personalisierungstendenzen in engem Zusammenhang zu ihrer medialen Vermittlung (vgl. Swanson/Mancini 1996: 10f.), denn besonders über den Fernsehbildschirm kann sich ein Kontakt zwischen dem politischen Führungspersonal und den Wählern entwickeln. So wird Mediencharisma zu einer „eigenständigen und häufig dominanten Machtressource" (Meyer 2001: 98), die den Gesetze des Fernsehens folgt (Swanson/Mancini 1996: 13):

> „Typically, ads create and disseminate images of individual candidates, and thus increase the personalization of politics. In general, the format of television favors personalization for formal and structural reasons. Formally, the medium favors representation of human figures over complex institutions such as political parties, while structurally the medium's commercial logic favors offering acess to all candidates who can pay the cost of advertising, passing over the parties."

Das Aufkommen der TV-Duelle hierzulande, seit 2002 auf Bundesebene und in der Folge auch bei Landtagswahlkämpfen, trägt der beschriebenen Liaison von TV-Medium und Politikern Rechnung. Gleichwohl dient Personalisierung auch dazu, Verbindlichkeit gegenüber dem Wähler herzustellen, sich erkennbar und zurechenbar zu positionieren in einem

---

[14] Berühmte Beispiele wären: „„Deutschland wählt Adenauer" (CDU, 1953), „Keine Experimente! Konrad Adenauer" (CDU, 1957), „Voran mit Willy Brandt" (SPD, 1961), „Auf den Kanzler kommt es an" (CDU, 1969), „Willy wählen!" (SPD, 1972), „Den Besten für Deutschland: Johannes Rau" (SPD, 1987).

unübersichtlicher und unverbindlicher gewordenen politischen Betrieb. So verstanden erscheint Personalisierung als eine Antwort auf den eingangs beschrieben Wandel (Jun/Pütz 2010: 202):

> „Personen und Symbole sollen helfen, Loyalitäten aufzubauen oder zu erhalten, wofür in früheren Jahrzehnten die Zugehörigkeit zu einer sozialen Großgruppe oder affektive Bindungen ideologischer Art standen."

Dabei sollen Personen – ähnlich wie Symbole – komplexe Prozesse vereinfachen und auf klare Botschaften verengen. Personalisierung bedeutet also auch eine Reduktion von Komplexität – und zwar für alle drei Akteursgruppen (Holtz-Bacha 2000a: 183):

> „Auf Seiten der Politik in ihrer Selbstdarstellung, auf Seiten der Medien, wenn sie über Politik berichten, und auf Seiten des Publikums, wenn es mit den Angeboten der Politik umgeht".

Medialisierung, Professionalisierung und Personalisierung können als die drei zentralen Strömungen angesehen werden, die das Koordinatensystem für aktuelle Wahlkämpfe verschieben. Nur der Vollständigkeit halber sei erwähnt, dass die wissenschaftliche Debatte auch die Herkunft dieser Veränderungen umfasst. In diesem Zusammenhang ist von der „Amerikanisierungthese" die Rede.

Demnach sollen Wahlkampagnen in Deutschland inzwischen Züge annehmen, wie sie für Wahlkämpfe in den USA typisch sind (vgl. Schulz 2008: 244; Tenscher 2003: 55). Holtz-Bacha (1996: 11) spricht von einer „allmählichen Angleichung europäischer Wahlkampfführung an die Art und Weise, wie in den USA Wahlkampf betrieben wird" und fasst darunter ebenfalls die überwiegende Ausrichtung der Kampagne auf die Massenmedien, die systematische, strategische und von Profis organisierte Wahlkampfkonzeption sowie die Dominanz von Images über Issues, also mit anderen Worten: Medialisierung, Professionalisierung und Personalisierung. Auch David Farrell (2002: 77ff.) vertritt die Meinung, dass die US-amerikanische Kampagnenpraxis einen Einfluss auf die Wahlkampfaktivitäten der westeuropäischen Parteien ausübte.

Kritiker dieser These führen dagegen diverse und auch deutliche Unterschiede zwischen deutscher und US-amerikanischer Wahlkampfrealität ins Feld: Das amerikanische System ist sehr stark auf die Person des Kandidaten fixiert, während Parteien nur eine untergeordnete Rolle spielen. Anders als hierzulande, was sich alleine am System der Verhältniswahl dokumentiert. Wahlkämpfe in Deutschland fallen in der Folge parteienzentrierter, organisationsorientierter und arbeitsintensiver aus als in den USA. Dort werden sie auf die Person des Spitzenkandidaten individuell zugeschnitten und in einer kapitalintensiven Dimension geführt, die im Land der staatlichen Parteien- und Wahlkampffinanzierung für regelmäßiges Kopfschütteln sorgt. Ähnliche Unterschiede zeigen sich im Mediensystem, das bei uns wenigstens zu einem wichtigen Teil gebührenfinanziert ist.

Insgesamt führen diese Unterschiede zu einer verbreiteten wissenschaftlichen Skepsis gegenüber der Amerikanisierungsthese. Die politischen und medialen Systeme dies- und jenseits des Atlantischen Ozeans werden als zu unterschiedlich empfunden, um als einfache Transferprozesse angesehen zu werden (vgl. Farrell 1998: 174; Kleinsteuber/Kutz 2008: 37). Allerdings, so könnte man mit Jens Tenscher (2003: 58) resümieren, erscheinen die USA wenn schon nicht als „Vorbild", dann zumindest in Teilen als ein „Vorreiter" auf dem Weg zu einer „postmodernen Logik der politischen Kommunikation". Ob man diesem Weg jedoch in jeder Nuance folgen muss und wird, darf m.E. bezweifelt werden.

## 2.2 Blickwinkel der Wahlkampfforschung

Das Erkenntnisinteresse der Wahlkampfforschung unterteilt sich in unterschiedliche Bereiche. Zum einen werden in sogenannten Case-Studies spezifische Wahlkämpfe beschrieben und/oder mehrere Einzelstudien miteinander verglichen. Dies entspricht einem „zeitgeschichtlich-deskriptiven Ansatz" (Bethscheider 1987: 23ff.), der möglichst genau und meist chronologisch den generellen Verlauf von Wahlkämpfen beschreibt, aber häufig auf eine theoretische Einordnung verzichtet.

Bei theoriegeleiteten Arbeiten hingegen kann zwischen faktorspezifischen und prozessanalytischen Studien differenziert werden. Erstere konzentrieren sich auf die umfassende Untersuchung eines einzelnen Faktors, etwa den Einfluss von Medien im Wahlkampf. Die Prozessanalytiker versuchen, alle für die Wahlentscheidung relevanten Faktoren kausal zu erfassen, wobei dafür „vermutlich aufgrund forschungspraktischer Erwägungen auf regionaler, lokaler und länderspezifischer Ebene" (ebd.: 26) angesetzt wird. Darüber hinaus erkannte Bethscheider die Strömung funktionalistischer Wahlkampfstudien, die Elemente der anderen Ansätze kombinieren, häufig praktische Fragestellungen der Politikvermittlung thematisieren und sich aus Sicht der handelnden Personen mit der Modernisierung von Wahlkämpfen auseinandersetzen.

Etwas trennschärfer lässt sich m.E. die Wahlkampfforschung in zwei grundsätzliche Stoßrichtungen unterteilen: die *Wahlkampfwirkungsforschung* und die *Wahlkampfführungsforschung*. Man könnte auch sagen, unterschiedliche wissenschaftliche Blickwinkel konzentrieren sich auf die unterschiedlichen Pole des Wahlkampfs: das Ergebnis oder die Planung und Durchführung (vgl. Schoen 2007a: 43f.). Demnach wird entweder die Wirkung von Kampagnen auf den Wähler untersucht oder die Ausgestaltung und Führung von Kampagnen.

### 2.2.1 Wirkungsforschung

Dieser Forschungszweig hat notwendigerweise eine große Schnittmenge zur Untersuchung von Wählerverhalten. Seine Leitfragen lauten: Wirkt Wahlkampf auf die Wahlentscheidung? Und wenn ja: wie? Dazu ist zunächst festzustellen, dass hierzulande der Beeinflussung des Wählers ein grundsätzlicher „Verdacht manipulativer Intentionen" (Müller 1996: 231) anhaftet. Wahlwerbung im allgemeinen hat ein tendenziell schlechtes Image, das mit dem Vorwurf der „Politikentleerung" einhergeht (Dörner/Schicha 2008: 9). Diese Kritik wurde erstmals von Abromeit (1972: 184ff.) artikuliert, der politischer Werbung gar einen „antidemokratischen Effekt" attestierte.

Elementarer Gegenstand der Wirkungsforschung ist natürlich die Frage, ob und inwieweit ein tatsächlicher Einfluss auf Wählerverhalten erfolgt. Skeptiker stellen dies in Frage (vgl. Strohmeier 2002: 139f.), andere erkennen sowohl kognitive wie emotionale Wirkungen beim Rezipienten. Emotionale Effekte kann man demnach erzielen, indem man positive affektive Assoziationen vermittelt (vgl. Maurer 2007: 130) und so das Image und die Sympathiewahrnehmung des Kandidaten verbessert (vgl. Holtz-Bacha/Kaid 1996: 187). Auch kann belegt werden, dass Wahlwerbung Wissen vermittelt (Atkin/Heald 1976: 227):

> „The evidence indicates that political advertising exposure is functionally related to knowledge, agenda, interest, affect and polarization."

Damit erscheint es plausibel (vgl. Geise 2011: 161), dass Wahlkampagnen ähnlich wie bei Massenmedien beobachtet Effekte von Agenda-Setting und Priming auslösen können. Dem Wähler zu vermitteln, welche Themen besonders wichtig sind und welche besonders unwichtig, kann wahlentscheidend sein und sich auf die Einstellungen des Elektorats persuasiv auswirken.

Die politik- und kommunikationswissenschaftliche Forschung hat bisher wenig auf die praktische Auswirkung von Wahlwerbung reagiert. Anders als im US-amerikanischen Raum, wo insbesondere die Wirkung von Wahlwerbespots in einer Vielzahl von Studien untersucht worden sind. Gezielte Forschung zur Wirkung von Mitteln und Methoden des Wahlkampfs liegt hierzulande nur in geringem Maß vor und wenn konzentriert sie sich auf punktuelle Fragestellungen. So wurde etwa untersucht, wie sich die Darstellung von Kandidaten auf Wahlplakaten auf deren Bewertung auswirkt (vgl. Brosius e.a. 1987), welche emotionalen und assoziativen Reaktionen Kandidatenplakate auslösen (vgl. Lessinger/Holtz-Bacha 2010), wie und mit welcher Aufmerksamkeitsstärke Wahlplakate visuell wahrgenommen bzw. wie sie erinnert und bewertet werden (vgl. Geise/Brettschneider 2010; Lessinger/Moke 1999) oder wie die Inhalte von Wahlwerbespots rezipiert werden (vgl. Holtz-Bacha 2010; Holtz-Bacha/Kaid 1996). Auch der Einfluss über Online-Kommunikation und Soziale Netzwerke wird inzwischen analysiert (vgl. Kushin/Kitchener 2009; Zeh 2010; Unger 2012).

Eine grundlegende Untersuchung zur Wirkung von Wahlkampf führten Podschuweit und Dahlem (2007) am Beispiel der Bundestagswahl 2002 durch. Es wurde evaluiert, wozu Wahlwerbung auf den vier Wirkungsebenen Aufmerksamkeit, Verarbeitung, Erinnerung und Verhalten führt. Unter dem Strich bilanzierten die Autoren ein Paradoxon der Wahlwerbung: Parteien erzeugen enorme Aufmerksamkeit, konnten sich aber nicht ausreichend vom politischen Gegner differenzieren. Ein „Verarbeitungsproblem" von Wahlwerbung wurde konstatiert (Podschuweit 2007: 150). Zudem zeigte sich, dass auch andere Faktoren dazu beitrugen, dass eine Botschaft des Wahlkampfs als glaubwürdig eingestuft wurde (Podschuweit/Dahlem 2007: 230):

> „Findet die Werbung keine ausreichende Entsprechung in der politischen Realität sowie in der Berichterstattung der Massenmedien, wird sie mehrheitlich als unglaubwürdig empfunden und schreckt Wähler eher von der Entscheidung für die werbende Partei ab."

Durchaus umstritten wird in der Forschung beurteilt, was Formen der negativen Wahlwerbung, des sog. Negative Campaignings, beim Wähler bewirken, ob sie eher Aufmerksamkeit erzeugen oder Wähler verprellen. Lau e.a. (1999: 851) fassen die Debatte so zusammen:

> „Negative political ads appear to be no more effective than positive ads and do not seem to have especially detrimental effects on the political system."

Einschränkend sei darauf verwiesen, dass dieses Zitat schon einige Zeit her ist und sich Konventionen sowie Einstellungen, wie ein politischer Stil wahrgenommen wird, durchaus verschieben können. Aktueller ist der originelle Versuch, den Einsatz von Humor beim Negative Campaigning zu untersuchen (Klimmt e.a. 2008). Das Ergebnis scheint eine verstärkende Wirkung zu offenbaren: Während die eigene Anhängerschaft sich besonders überzeugt zeigt, reagierten Anhänger des angegriffenen politischen Lagers auf humorvolles Negative Campaigning sogar noch ablehnender als auf herkömmliche Angriffswerbung.

Insgesamt demonstriert der Überblick über den Forschungsstand jedoch, dass wenig systematische Untersuchungen zur Wirkung von Wahlkampf vorliegen. Das gilt auch für das spezielle Medium des Wahlplakats, das im späteren Teil dieser Arbeit eine wichtige Rolle spielen wird. Bereits in den 1980er Jahren wurde moniert, dass die Wirkungsforschung das politische Plakat nicht systematisch in ihre Untersuchungen einbezogen habe (Wasmund 1986: 12):

> „Jeder geht davon aus, dass politische Plakate Effekte erzielen, wir wissen nur nicht, wie wirkungsvoll sie sind."

Ähnlich beanstandete Langguth (1995: 10) zehn Jahre später, dass die Politikwissenschaft „bisher das politische Plakat fast gänzlich ignoriert" habe. Den aktuellen Stand fasst Geise (2011: 175ff.) sehr anschaulich zusammen. Ihr Fazit lautet (ebd.: 176):

> „Bis heute hat sich an der defizitären Forschungslage nur wenig geändert."

Zu den wenigen gesicherten Erkenntnissen gehört, dass Plakate über eine recht hohe gesellschaftliche Akzeptanz verfügen (vgl. Siegert/Brecheis 2005: 181) und insbesondere von der Gruppe der Mobilen relativ viel beachtet werden (vgl. Schulz 2008: 289). Damit erreichen Plakate besonders die sonst eher schwer zu erreichenden Zielgruppen der Vollberufstätigen bzw. der jungen Gebildeten, insbesondere wenn diese mit öffentlichen Verkehrsmitteln unterwegs sind (vgl. Kamps 1999: 82). Umstritten ist dagegen, was wahrgenommene Wahlplakate bewirken, ob sie tatsächlich Meinungen bilden oder lediglich verstärkend auf bereits vorhandene Prädispositionen wirken (vgl. Radunski 1980: 112). Eine der wenigen Studien (Brosius e.a. 1987), die tatsächlich die Effekte der konkreten Darstellung von Kandidaten (am Beispiel der hessischen Kommunalwahl 1985) untersucht hat, kommt zu dem Ergebnis (ebd.: 352):

„Zumindest bei politisch wenig interessierten oder bei unentschlossenen Personen kann die Darstellung der Kandidaten auf Wahlplakaten eine Grundlage der Entscheidungsfindung sein."

### 2.2.2 Führungsforschung

Auch dieser Blickwinkel der Wahlkampfforschung ist keineswegs ein wissenschaftlich erschlossenes Feld. Im Gegenteil, die Forschung zur Wahlkampfführung ist gerade erst den „Kinderschuhen entwachsen" (Schoen 2007a: 43). In welchem Umfeld Wahlkämpfe heute stattfinden und geführt werden, wurde umfangreich dargestellt. Darauf aufbauend bemessen sich die Techniken der Wahlkampfführung im Spiegel der beschriebenen Entwicklungen von Medialisierung, Professionalisierung und Personalisierung.

Tatsächlich geführt wird eine Kampagne, die daher zunächst einmal begrifflich zu schärfen ist. Das Wort Kampagne wurde im 17. Jahrhundert aus dem französischen „campagne" ins Deutsche übernommen. Ursprünglich leitet es sich aus dem lateinischen Wort „campus" (übersetzt: das Feld) ab. Doch schon im alten Rom wurde darunter primär ein militärischer Feldzug verstanden. Heute wird eine Kampagne, wenn man so will, auf vielen Einflussfelder geführt. Der verbreitete Terminus „Campaigning" wird definiert als „dramaturgisch angelegte, thematisch begrenzte, zeitlich befristete kommunikative Strategien zur Erzeugung öffentlicher Aufmerksamkeit" (Pfetsch/Mayerhöfer 2006: 12; vgl. Röttger 1997: 13f.). Bei einer expliziten Wahlkampagne handelt es sich um „Kommunikationsaktivitäten, die auf eine bestimmte politische Wahl ausgerichtet sind mit dem Ziel, Wähler zu aktivieren und ihr Abstimmungsverhalten zu beeinflussen" (Schulz 2008: 314). Jede Partei versucht dies in ihrem Sinne zu tun, weshalb in einem Wahlkampf mehrere eigenständige Kampagnen parallel laufen und wechselseitig interagieren.

Wie sich die Führung einer Kampagne verändert hat, veranschaulicht Norris (1997: 2ff.) mit einer historischen Typologie. Sie unterscheidet zwischen vormodernen, modernen und postmodernen Kampagnen (Tabelle 1; grafische Umsetzung bei Sarcinelli 2009: 231).

| | Vormodern | Modern | Postmodern |
|---|---|---|---|
| Wahlkampf-organisation | Lokal und dezentral | National koordiniert | Nationale Koordination, dezentrale Ausführung |
| Vorbereitungs-phase | Kurzfristige bzw. ad-hoc Wahlkämpfe | Langer Wahlkampf | Permanenter Wahlkampf |
| Zentrale Koordination | Parteiführung | Wahlkampfzentralen, Rückgriff auf spezielle Berater und Parteifunktionäre | Auslagerung von Umfrageforschung, Beratern und spezialisierte Wahlkampfabteilungen |
| Rückkopplungen | Örtliche Hausbesuche („Klinkenputzen") | Bevölkerungsumfragen | Bevölkerungsumfragen, Beobachtung sog. Fokusgruppen, Internet |
| Medien | Regionale und überregionale Presse lokal: Handzettel, Poster und Wahlkampfschriften, Radioansprachen | Fernsehpräsenz in breitenwirksamen Kanälen | Zielgruppenspezifische Medienarbeit durch fragmentierte Medienkanäle, gezielte Werbung, gezielte Ansprache des Publikums (Direct-Mailings) |
| Wahlkampf-events | Örtliche Versammlungen, eingeschränkte Wahlkampftourneen | Medienmanagement, tägliche Pressekonferenzen, TV-Werbung, Phototermine | Ausweitung des Medienmanagements auf „Routine"-Politik, Reden und politische Initiativen |
| Kosten | Niedriges Wahlkampfbudget | Höhere Produktionskosten für Fernsehspots | Kostensteigerung für Beratung, Forschung und Fernsehspots |

(vgl. Norris 1997: 3)

Tabelle 1: Wahlkampfformen und Modernisierungsetappen

- Der vormoderne Stil (1920 bis 1945) setzt vor allem auf den direkten Kontakt zwischen Parteien und Wählern. Mediale Kommunikation beschränkt sich auf wenige Printmedien, darunter die Parteipresse. Plakate, Aufkleber, Broschüren und Zeitungsinserate sowie Radioansprachen zählen zum Arsenal der Kampagne, die innerhalb der Partei stattfindet und besonders auf freiwillige Gefolgsleute setzt.

- Der moderne Stil (1945 bis 1990) setzt bereits mehr auf Kandidaten und wird durch das Fernsehen dominiert, so dass die Parteien bewusst inszenierte Ereignisse schaffen. Dabei kommen Parteimanager und externe „campaign professionals" (z. B. Medienberater, Werbexperten und Meinungsforscher) zum Einsatz.

- Der postmoderne Stil (seit Anfang der 1990er Jahre) ist stark marketing-orientiert. Die Parteien investieren in politische Kommunikation (TV-Werbung, Image- und Medienberatung). Es kommen professionelle Politikvermittlungsexperten zum Einsatz, die das Themen- und Ereignismanagement der Parteien „koordinieren", Personalisierungsstrategien entwickeln und gezielt Öffentlichkeitsarbeit für die Parteien betreiben. Die Fernsehwerbung findet immer zielgruppengerichteter statt und neue Techniken des „E-Campaigning" kommen nach und nach hinzu.

Diese drei Phasen mit ihren spezifischen Kommunikationsmodi, -strukturen und -strategien stießen auch auf wissenschaftliche Kritik, weil sie länder-, parteien- und wahlebenenspezifische Charakteristika vernachlässigten (Tenscher 2011: 69). So sei es durchaus denkbar, dass unterschiedliche Parteien in unterschiedlichen Wahlkämpfen gleichzeitig auf als „postmoderne", „moderne" und „vormoderne" klassifizierte Kommunikationsmodi zurückgreifen, dass sie auf manche Kommunikationsmittel bewusst verzichten und andere bevorzugen. Tatsächlich, so Jens Tenscher, scheint gerade ein „Mix an strategischen und strukturellen Kommunikationskomponenten das Kennzeichen professioneller Kampagnenführung" (ebd.).

Die Sphären von Strategie und Struktur hat Tenscher (2007; 2011) theoretisch erschlossen und operationalisiert. Indizes für insgesamt acht Komponenten der Kampagnenstruktur (etwa das Ausmaß einer zentralisierten Organisation oder die Größe des Mitarbeiterstabs) und für insgesamt neun Komponenten der Kampagnenstrategien (etwa das Ausmaß an Personalisierung oder an Zielgruppenorientierung) erlauben es, einzelne Wahlkampagnen unabhängig von Zeit, Raum oder Wahlebene entlang der Achse „professionell" versus „defizitär" zu verorten und diese zu vergleichen (vgl. Tenscher 2011: 70ff.).

Unter defizitären Kampagnen versteht Tenscher, dass die primären Ziele der Kampagne, Aufmerksamkeit in der Öffentlichkeit und Unterstützung bei den Wählern zu generieren, nur unzureichend erfolgen. Von der Notwendigkeit einer professionelle Kampagnenführung ist er überzeugt, insbesondere weil sich die „Massen- und Neuen Medien immer eigenwilliger zeigen und sich immer stärker gegen politische Instrumentalisierungsversuche sperren" (ebd.: 88). Empirisch beobachtet Tenscher einen Professionalisierungsvorsprung der großen gegenüber den kleinen Parteien, insbesondere bei Wahlen auf Bundesebene. Namentlich bei allen landesweiten Wahlen seit 2005 sei die strategische Professionalität bei CDU und SPD deutlich höher gewesen als bei den kleineren Mitstreitern (vgl. ebd.: 85). Dies spreche dafür, dass das Ausmaß des Budgets und die Größe der Mitarbeiterstäbe die Strategien der Parteien signifikant beeinflussen.

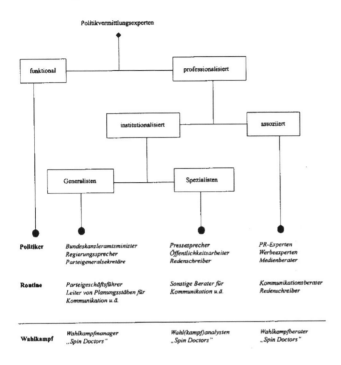

Abbildung 1: Professionalisierte Politikvermittlungsexperten

Eine weitere Stoßrichtung der aktuelleren Wahlkampfführungsforschung beschäftigt sich mit dem Miteinander der Politikvermittlungsexperten innerhalb einer Kampagne. Dies haben etwa Jun und Pütz (2010) am Einzelfall der SPD-Kampagne bei der Bundestagswahl 2009 erkundet. Dabei verweisen sie auf eine Forschungslücke bei exemplarischen und praxisbezogenen Einblicken in interne Kampagnenstrukturen und vermissen in einem allgemein „theoriearmem Umfeld" Einblicke in das „Zusammenspiel der professionalisierten Politikvermittlungsexperten" (ebd.: 199). Die funktionale Ausdifferenzierung dieser Expertenschar hat Tenscher (2003: 113) grafisch dargestellt (Abbildung 1).

Dabei firmieren alle zentralen Akteure der Kampagnenkommunikation unter dem Sammelbegriff der professionalisierten Politikvermittlungsexperten. Diese Gruppe lässt sich zunächst in institutionalisierte und assoziierte Kommunikationsexperten unterteilen und die erste Gattung noch einmal in Generalisten und Spezialisten. Bei der SPD-Kampagne 2009 kam es besonders zwischen institutionalisierten und assoziierten Expertem zu „zahlreichen kommunikativen Differenzen" (Jun/Pütz 2010: 198). Das könnte auf einen potentiellen Grundkonflikt zwischen temporären (externen) und internen Kampagnenmitarbeitern hindeuten.

### 2.2.3 Parteiorganisationsforschung

Ein weiteres Forschungsdefizit besteht m.E. mit Blick auf den Einfluss der Partei auf die Führung des Wahlkampfes[15]. Dabei geht es weniger um die parteiinternen Mitglieder der Kampagnenführung, als um die allgemeinen Parteistrukturen, Zahl und Beschaffenheit der Flügel sowie die Einbindung der Mitglieder an der Basis. Hier offenbart sich der „Grundwiderspruch" (Eilfort 2006: 207), der Parteien insbesondere in einem föderalen Staat innewohnt:

> „Zum einen gelten Parteien als (relativ homogene) strategische Akteure, die auf flexibler und komplexer werdende Wählermärkte reagieren, zum anderen sind Parteien hochkomplexe, mit unterschiedlichsten Mitgliederinteressen ausgestattete Einrichtungen, in denen mikropolitische Grabenkriege an der Tagesordnung sind" (BOGUMIL/SCHMID 2001: 78).

Mit Schmid und Zolleis (2005: 10) könnte man auch sagen, moderne Parteiorganisationen unterliegen dem „Spannungsbogen zwischen Strategie und Anarchie". Zu den Fragen, wie sich dieser Bogen im Wahlkampf gestaltet und wie er sich auf das Team des Spitzenkandidaten auswirkt, versucht die vorliegende Arbeit einen kleinen theoretischen Beitrag zu leisten. Grundsätzlich hat sich insbesondere ein Teil der Parteienforschung mit dem Verständnis von Parteien und dem Verhältnis zu ihren Mitgliedern und Wählern befasst, was hier im Folgenden kurz ausgeführt werden soll.

---

[15] Erkenntnisse über den Zusammenhang zwischen Parteiorganisation und Wahlkampfführung wie auch zwischen Parteiorganisation, Partizipationsverhalten der Parteimitglieder und Wahlverhalten auf lokaler und regionaler Ebene bieten etwa diese etwas älteren Studien: Immerfall 1991; Niedermayer 1989; Greven 1987; Meyenberg 1978; Schmidt-Urban 1981; Roth/Wiesendahl 1986; Suckow 1989; Koch 1994; Becker/Hombach 1983.

Die Organisation einer Partei dient nicht als Selbstzweck, sondern als „institutionelle Klammer" (ebd.: 9), die das innerparteiliche Leben regelt, um sich verändernden sozialen, kulturellen und politischen Umweltbedingungen anzupassen. „Organisiert zu sein" ist somit zentral für die strategische Ausrichtung einer Partei (Schmid/Zolleis 2009: 271) und wirkt als „a substantive connection between rulers and ruled" (Lawson 1980: 3).

Durchaus umstritten erscheint, wie sich die Strukturen von Parteien in Folge der neuen Umweltbedingungen darstellen, welche Formen das Dreieck von Parteispitze, Mitgliedern und Wählern annimmt. Herkömmlich entsprach eine Partei dem Typus der Mitgliederpartei, was sich zunächst einmal in aktiver Mitgliederwerbung äußerte (vgl. Wiesendahl 2006: 21f.). Diesen bot sich eine Reihe von Rechten und Pflichten: Sie zahlen Beiträge, engagieren sich im Wahlkampf und bei der programmatischen Kommunikation nach außen. Dafür belohnt sie die Partei mit Privilegien, etwa einem partiellen Recht der Führungsauslese, individuelle Karrierechancen oder die Mitwirkung an der Programmgestaltung. Eine Mitgliederpartei legitimiert sich selbst durch den Input der Mitglieder.

Ein Forschungszweig vertritt die These, diese Mitgliederpartei sei seit den 1970er Jahren von neuen Organisationstypen abgelöst worden. Weil Parteien immer weniger gesellschaftlich getragen werden, konzentrieren sie sich hauptsächlich auf den Staat und nutzen die staatlichen Parteienfinanzierung als primäre Geldquelle (vgl. Katz/Mair 1994; 1995; 1996; 2009). Dieser Parteitypus wird als Kartellpartei bezeichnet, schon weil die enge Bindung an den Staat ein Parteienkartell hervorgebracht haben soll, das neue Kräfte ausschließt. In der empirischen Anwendung auf Westeuropa bestätigte sich die These von Katz und Mair vor allem für CDU und SPD (vgl. Detterbeck 2002), allerdings ließen sich in den letzten Jahrzehnten keine neuerlichen Veränderungen nachweisen. Zudem zeigte sich, dass die CDU ihren Mitgliedern heute mehr Mitsprache bei der Kandidatenauswahl einräumt als in den 1960er Jahren, was einem gegenläufigen Trend entspräche (vgl. Neumann 2012: 21f.).

Andere Forscher beschreiben eine ähnliche Entwicklung wie Katz und Mair mit dem Begriff der wahlprofessionellen oder der Rahmenpartei. Die wahlprofessionelle Partei erkennt nicht die Integration potenzieller neuer Mitglieder als ihre Kernaufgabe, sondern stattdessen die Mobilisierung potenzieller Wähler (vgl. Panebianco 1988: 226ff.). Dieser Organisationstyp ist nach von Beyme (2000) durch entsprechende Merkmale gekennzeichnet: Zuspitzung auf den Spitzenkandidaten, Beauftragung von eigenen Experten und/oder professionellen Agenturen mit der Wahlkampfführung sowie kontinuierlicher Anstieg des Budgets für Öffentlichkeitsarbeit und Wahlkampfführung. Parteimitglieder stellen in dieser Wahrnehmung keine strategische Ressource mehr dar, sondern hindern im Gegenteil Spitzenpolitiker eher daran, ihre professionelle Wahlmaschinerie zu betreiben.

Wiesendahl (2002: 201f.) verwendete dafür das Bild des Stellungskrieges zwischen Parteiführung und Basis, in dem sich „widerborstige Ehrenamtliche und Aktivisten (...), die sich nicht vor den Karren einer ihnen aufgepfropften Parteistrategie spannen lassen, (...) Parteispitzen und Top-Managern als Generälen" entgegenstellen. Ähnlich ist die Rahmenpartei an der reinen Stimmenmaximierung orientiert. Sie wird von oben kontrolliert, finanziert und besitzt kein gesteigertes Interesse daran, Mitglieder zu werben (vgl. Duverger 1959; Kitschelt 1989).[16]

Konträr zu Katz und Mair, Panebianco und anderen wird jedoch auch an dem Prinzip der Mitgliederpartei festgehalten. Scarrow (1993) betont etwa, dass Parteiorganisation und Parteimitglieder insbesondere in lokalen Wahlkämpfen eine wichtige Rolle spielen. Dieser auch organisationstheoretische Fokus auf die lokale und regionale Ebene entspricht dem Erkenntnisinteresse dieser Arbeit. Ähnlich sieht das auch Schroeder (2001: 255f.):

> „Parteien sind heterogene Gebilde, in denen konkurrierende Gruppen um strategische Hegemonie ringen. (...) Somit ist auch die Frage, für welche Strategie eine Partei sich entscheidet, keinesfalls einfach ein bloßer Reflex auf Wählermarkt oder Umfragen, sondern vor allem das Ergebnis innerparteilicher Macht- und Entscheidungskämpfe, bei denen auch Traditionen, Werthaltungen und politische Präferenzen jenseits der Märkte zum Tragen kommen, um längerfristige Überlebens- und Identifikationsfähigkeit der Partei zu sichern. Wie diese Balance definiert wird, spiegelt auch innerparteiliche Kräfteverhältnisse wider."

Immer mehr Wahlkampf- und Organisationsforscher erkennen auch auf der Basis von internationalen Befunden wieder den Wert lokaler, mitgliederzentrierter Kampagnen, wie Wiesendahl (vgl. 2009a: 243) anhand zahlreicher Studien (exemplarisch 2009b) darstellt.[17] Detterbeck (2009:

---

[16] Grabow (2000: 295) zeigt in einem Ost-West-Vergleich der Parteiorganisationen von SPD und CDU, dass für die alten Bundesländer die Typen der Volkspartei und der wahlprofessionellen Partei charakteristisch sind, während der Typus der Rahmenpartei in den neuen Bundesländern relativ häufig vorkommt.

[17] Auch einige Spitzenpolitiker erkennen an, wie sehr sie in Wahlkämpfen von der eigenen Basis abhängen, oder formulieren dies zumindest öffentlich. So betonte etwa Renate Künast

296) bemerkt bei den Parteimitgliedern eine differenzierte Entwicklung: einerseits haben sie bei Arbeitseinsatz und Finanzierung an Relevanz verloren, andererseits verfügen sie nach wie vor über eine große Bedeutung für die demokratische Legitimation und gesellschaftliche Repräsentation von Parteien. Bei der Rekrutierung des politischen Personals sei der Stellenwert der einfachen Mitglieder sogar gewachsen, weil die Basis zahlenmäßig immer kleiner werde und weiterhin eine Vielzahl von Mandaten besetzt werden müsse.

Beim organisatorischen Blick auf die Parteien diagnostiziert Neumann (2012: 23) einen ausgeprägten Mangel an empirischen Studien, insbesondere seit die meisten deutschen Parteien in den 1990er Jahren ihre Strukturen umfassend reformiert haben. Die Ergebnisse der Reformen werden mehrheitlich kritisch gesehen (vgl. Wiesendahl 2006: 150ff.; Jun 2009) oder gar als „unvollständig, ineffizient und fruchtlos" eingestuft (Schmid/Zolleis 2009: 281). Besonders scharf kritisiert Wiesendahl das strategische Handeln von Parteien als „nichts Weiteres als Gaukelei in einem Spiel, bei dem es sich gut macht, wenigstens so zu tun, als ob man bei dem, was man tut und vorhat, strategisch durchdachte Absichten und Pläne verfolgen würde" (Wiesendahl 2002: 187f.).

Neumann und andere vertreten dagegen die These einer prinzipiellen Steuerungsfähigkeit von Parteien. So folgt Raschke (2002) der Annahme des akteurszentrierten Institutionalismus, nachdem sich Institutionen und ihre Ergebnisse nur zur Hälfte aus beschränkenden und prägenden Effekten institutioneller Strukturen und institutionalisierter Normen erklären lassen (vgl. Scharpf 2000: 72). Daneben existieren durchaus, auch in einer Parteiorganisation, Handlungsmöglichkeiten für Akteure, die sich strategisch nutzen lassen. Strategien sind nach Raschke (2002: 210) „situationsübergreifende, erfolgsorientierte Ziel-Mittel-Umwelt-Kalküle". Als strategisches Handeln versteht er das darauf bezogene Vorgehen in Abgrenzung zu „traditionellem, emotionalem, spontanem, situativem Handeln" (Raschke/Tils 2007: 137). Für eine Strategie in diesem Sinn benötigt es nach Raschke (2002: 218) eines effektiven Zentrums, bzw. eines „informellen Netzwerk aus drei bis fünf Personen, die in Führungspositionen platziert sind und über privilegierte Chancen verfügen, die Strategie einer Partei zu bestimmen".

Bei aller strategischen Ausrichtung an der Spitze werden die Handlungsspielräume von Parteien dennoch auch durch pfadabhängige

---

im Interview mit der Süddeutschen Zeitung im August 2012: „Letzten Endes sind es die fast 60.000 grünen Mitglieder, die den Wahlkampf vor Ort führen."

Entwicklungen beeinflusst. Das heißt schlicht, dass „in der Vergangenheit getroffene politische Entscheidungen, geschaffene Institutionen und eingebürgerte Denkweisen und Routinen in die Gegenwart hinein wirken" (Mayntz 2002: 27f.). Angewandt auf das Feld der Landesparteien bedeutet Pfadabhängigkeit, „dass sowohl die Rahmenbedingungen, wie politische Kultur und Parteienwettbewerb, als auch die bisherige Entwicklung der Landesparteien deren Handlungsrahmen und damit auch deren Strategiefähigkeit beeinflussen" (Neumann 2012: 41). Als mögliche Knackpunkte, die einmal eingeschlagene Pfade verändern können, gelten so genannte „critical junctures". Darunter versteht man „a period of significant change, which typically occurs in distinct ways in different countries (or in other units of analysis), and which in hypothesized to produce distinct legacies" (Collier/Collier 1991: 27). Neumann (2012: 42) zufolge können Landtagswahlen als solche critical junctures fungieren, sofern in ihrem Vorfeld ein Regierungswechsel zumindest möglich erscheint.

Ein weiterer Aspekt im Verhältnis zwischen Parteispitze und Mitgliedern scheint aus forschungstheoretischer Sicht heraus interessant und bisher wenig entwickelt: die gezielte Mitgliedermobilisierung. Dieser Bereich könnte künftig auch deshalb an Bedeutung gewinnen, weil u.a. neue Möglichkeiten des Online-Wahlkampfes die grundsätzliche Wirkungsrichtung von Kampagnenkommunikation in Frage stellen. Eine klassische Kampagne wird nach dem Top-Down-Ansatz geführt. Das bedeutet, die Kontrolle über Ausrichtung und Steuerung der Kampagne bleibt vollständig in zentraler Hand. Inhaltliche Brüche oder deutliche Neuausrichtungen sind unwahrscheinlich (vgl. Brauckmann 2007: 65).

Das andere Extrem verfolgt der Bottom-Up-Ansatz. Hier geht die Wirkungsrichtung von der politischen Basis aus. Der Grundgedanke dieser Kampagnensteuerung liegt in der Mobilisierung möglichst vieler Unterstützer, die gemeinsam eine bestimmte Position zu den Entscheidungsträgern transportieren und von diesen gehört werden. Die eigene Basis hat so die Möglichkeit, die Ausgestaltung der Kampagne aktiv zu beeinflussen, weshalb man auch gerne von einer Graswurzelbewegung spricht (vgl. Meier 2009: 127ff.).

Eine moderne Kampagnenführung ist nun versucht, neben einer Top-Down- auch eine Bottom-Up-Säule zu installieren. *Barack Obama* ist dies in seiner Kampagne im US-Präsidentschaftswahlkampf 2008 sehr gut gelungen, der SPD-Kampagne im Bundestagswahlkampf 2009 nicht. Für Aufsehen sorgte damals ein anonymer Erlebnisbericht einer Mitarbeiterin (Jun/Pütz 2010: 210 nennen ihren Klarnamen), der zwei Tage vor der Bundestagswahl auf der Titelseite der Wochenzeitung *Freitag* erschien. Unter der Überschrift „No, we can't" berichtete die Insiderin vor allem, wie der Onlinewahlkampf an einem strukturellen Problem scheiterte, nämlich dass die Mitarbeiter nichts selbst entscheiden durften, sondern immer auf die Freigabe von einigen wenigen (zumeist Wahlkampfleiter *Kajo Wasserhövel*) warten mussten. Das verdeutlicht, dass es für diesen neuen Ansatz der Kampagnenkommunikation den Mut und die Bereitschaft der Parteien erfordert, eigene Machtpotentiale abzugeben (vgl. Fliegauf/Novy 2009: 197).

Grundsätzlich scheint bei aller Theorie eine gewisse Skepsis angebracht, mit der perfekt geführten Kampagne den Wahlerfolg am Reißbrett entwerfen zu können. Darauf verweist der praxiserfahrene Thomas Steg (2009:: 30), indem er Wahlkampfkommunikation als einen „auch mit noch so ausgefeilten Methoden bestenfalls relativ zu steuernden Prozess" bezeichnet. Und dafür plädiert das sogenannte „Wahlparadoxon" (Tenscher e.a. 2010): Demnach sind es nicht zwangsläufig die professionellsten Kampagnen, die die größte Aufmerksamkeit in den Massenmedien und der allgemeinen Öffentlichkeit finden oder gar die besten Wahlergebnisse erzielen:

> „Die Professionalisierung des Kampagnenmanagements wird hier immer an quasi-natürliche Grenzen stoßen. Sie bleibt nur eine Voraussetzung für Wahlerfolge, ohne diese garantieren zu können" (Tenscher 2011: 87).

## 2.3 Verortung dieser Arbeit

Die vorliegende Arbeit begreift sich als *theoretischer Beitrag zur Wahlkampfführungsforschung*, der aus einem Modell bestehen soll, das Verhalten von Wahlkampfakteuren simuliert, dadurch eine Prognosefähigkeit besitzt und Aussagen über die Rationalität von tatsächlichen Wahlkampfschritten ermöglicht. In diesem Sinne soll dazu beigetragen werden, eine wissenschaftliche Lücke zu schließen, auf die zuletzt Steffen Baumhauer (2009: 19) gezielt hinwies:

> „Theoretische Modelle für die Beschreibung von Wahlkämpfen existieren in der Politikwissenschaft bisher nicht."

Das hier entwickelte Modell wird bereits einer ersten empirischen Prüfung auf der landespolitischen Bühne unterzogen. Gleichwohl soll und muss es sich künftig in anderen Praxistests beweisen, die breiter und insbesondere tiefer angelegt sein werden, als dies im Zuge der vorliegenden Arbeit möglich war.

Den Untersuchungsgegenstand in dieser Arbeit bilden die strategischen Wahlkampfzentren, die sich stets aus einem *Zusammenspiel von Spitzenkandidat und Parteiorganisation* herauskristallisieren. Dabei sind in den Führungspositionen prinzipiell ganz unterschiedliche Personalkonstellationen denkbar: funktional organisierte Parteiangestellte, externe professionalisierte Politikvermittlungsexperten, zentrale unabhängige Entscheider rund um den Spitzenkandidaten, dezentrale Entscheider mit starker Einbindung von Parteiflügeln und Parteibasis. Das entscheidende Kriterium ist dabei, wie Wahlkämpfe strategisch und inhaltlich konzipiert und umgesetzt werden. Dabei soll allen Akteuren ein rationales Handlungsmuster unterstellt werden, dass sie also mit dem Ziel handeln und entscheiden, die Zahl der für die eigene Partei abgegebenen Stimmen zu maximieren (vgl. Downs 1968: 27; vgl. Lewandowsky 2009: 3).

Der Verlauf der Untersuchung bietet darüber hinaus die Möglichkeit, aktuelle Aspekte zu diversen angrenzenden Forschungsfragen beizutragen. Das betrifft:

- *Fragen der Parteiorganisationsforschung* (Wie unterscheiden sich die Wahlkämpfe der Landesverbände einer Partei? Wie wirkt sich starke Flügelbildung in Parteien auf den Wahlkampf aus?)
- *Fragen des Neoinstitutionalismus* (Wie prägend sind die persönlichen Kommunikationsstile der Spitzenkandidatin oder des Spitzenkandidaten im Wahlkampf? Wie einschneidend wirken dagegen bestehende Regeln oder Konventionen?)
- *Fragen der Wahlkampfführungsforschung* (Wie professionalisiert treten Wahlkampagnen auf der Länderebene auf? Gibt es signifikante Unterschiede zwischen einzelnen Ländern und gegenüber der Bundesebene?)
- *Fragen der Umfrageforschung* (Inwiefern beeinflussen die in Meinungsumfragen erhobenen Einschätzungen der Bevölkerung den weiteren Fortgang eines Wahlkampfs?)
- *Fragen der visuellen Wahlkampfkommunikation* (Wie rational oder strategisch kohärent fallen die Plakatkampagnen aus?).
- *Fragen der Föderalismusforschung* (Wie wirkt sich das Erscheinungsbild der Bundesregierung auf Landesebene aus? Wie arbeiten Landtagswahlkämpfer mit der Bundespolitik zusammen?)

Der besondere Reiz dieser Arbeit liegt gleichwohl in ihrem regionalen Blickwinkel. Es wird nicht nur die Landespolitik bewusst ins Visier genommen, sondern auch versucht, das jeweils Spezifische der einzelnen Regionen herauszuarbeiten. Die historische Identität, die gewachsene *regionale politische Kultur* soll explizit analysiert und als potentiell intervenierende Variable in Wahlkämpfen untersucht werden.

Dabei steht zu prüfen, ob und inwieweit politisch-kulturelle Faktoren etwaige Unterschiede in Wahlkampfführung und Wahlkampfklima zwischen den Bundesländern tatsächlich und nachweisbar erklären können. Auch bei der Rekrutierung des politischen Spitzenpersonals kann die regionale Herkunft eine prägende Rolle spielen. Inwiefern sich dies auf angewendete Konfliktmuster im landespolitischen Wahlkampf oder vielleicht sogar auf spätere Tätigkeiten in nationalstaatlichen oder supranationalen Ämtern fern der Heimat auswirkt, erscheint darüber hinaus eine sehr spannende Forschungsfrage.

Die vorliegende Arbeit untersucht in acht von 16 deutschen Bundesländern die Verbindung von regionaler politischer Kultur einerseits und aktuellen Wahlkämpfen andererseits. Damit sollen zusätzlich zu dem theoretischen Modell auch ein kleines Stück Grundlagenforschung über den aktuellen Einfluss kultureller Faktoren geleistet werden sowie ein originärer und origineller Beitrag zur Kommunikationsforschung im Wahlkampf.

# 3. Die Länder: Vermessung einer Forschungslandschaft

Man könnte sich auf den Standpunkt stellen: Ein Wahlkampf ist ein Wahlkampf, ob auf Bundes-, Landes- oder kommunaler Ebene. Diese Aussage ist schwerlich zu widerlegen, aber sie unterschlägt die spezifischen Charakteristika von Landespolitik und Landesparteien, deren besondere regionale Ausprägungen sowie deren Zusammenspiel mit der Bundespolitik, um die es in diesem Abschnitt gehen soll.

Die Politikwissenschaft im Allgemeinen hat den expliziten Blick auf die Bundesländer lange vernachlässigt. Das galt für die Parteienforschung, die föderale Aspekte „stiefmütterlich" (Holtmann 1998: 65) behandelte und sich dessen immer wieder bewusst wurde (vgl. Kaltefleiter/Nissen 1980; Schmid 1990b; Patzelt 1998; Boll/Holtmann 2001; Eilfort 2006). Lange galten Parteien vor allem als einheitliche politische Kraft, weil sie jenseits ihrer föderalen Strukturen programmatische Inhalte teilten (vgl. Neumann 2012: 17). Dabei wurden „wahrnehmbare Unterschiede" (Detterbeck 2010a: 206f.) zwischen den Landesverbänden der Parteien weitgehend ignoriert. Das wissenschaftliche Desinteresse galt mit Blick auf die Regierungssysteme der Bundesländer auch für spezifische institutionelle Analysen (vgl. Leunig 2012).

Der nationalstaatliche Fokus erscheint gerade bei der Untersuchung von Wahlkämpfen eine zu Unrecht verkürzte Sichtweise, wie Eilfort (2006: 210) pointiert ausführt:

> „Selbst bei Bundestags- und Europawahlkämpfen, wenn die Musik in Berlin gemacht wird, wird sie in starkem Maß von den Landesparteien und dort besonders von lokalen Parteigliederungen gespielt (...). Wahlkampfslogans sind das eine, das Kleben und Aufstellen von Plakaten, das Verteilen von Prospekten und die Stände in Fußgängerzonen das andere. Und bei allem Interesse für immer effektiver inszenierte Auftritte von Kanzlerkandidaten in überfüllten Messehallen oder auf Marktplätzen: Politikvermittlung und -werbung ist vor allem persönliche Diskussion und Überzeugungsarbeit. (...) Auch wenn über die Medien (...) die Bundespolitik und die Bundespolitiker oder Landespolitiker allenfalls zu bundespolitischen Themen wahrgenommen werden: Soweit die Bürger Politiker persönlich kennen und unmittelbar wahrnehmen, geschieht dies auf lokaler und

dann auf Landesebene. Auch für Parteimitglieder beginnt das eigene Erleben, die erste Prägung erst im Ort oder der Stadt, dann im Land."

Mittlerweile hat sich der Blickwinkel ein wenig verschoben. Die Forschungslage zu landespolitischen Themen hat sich insbesondere in den letzten Jahren etwas verändert, was im Folgenden dargestellt werden soll: Zunächst geht es dabei um allgemeine Unterschiede zwischen Bund und Bundesländern, dann um regionale politisch-kulturelle Einflussfaktoren und schließlich um die Rolle der Bundespolitik bei Landtagswahlkämpfen.

### 3.1 Landespolitik: eine „anders ausgeleuchtete Bühne"

Die Eigenständigkeit der Bundesländer betonte einst ein zentraler Akteur sehr prononciert. *Dieter Althaus*, früherer Ministerpräsident von Thüringen, zog es vor, von „Ländern" an Stelle von „Bundesländern" zu sprechen. Schließlich handele es sich um „gewachsene regionale Identitäten" und nicht um eine „Verwaltungsprovinz des Bundes" (2005: 10). Damit hat Althaus zweifellos Recht. Darüber hinaus unterscheiden sich Bund und Länder in zahlreichen institutionellen wie informellen Aspekten.

*3.1.1 Politisch-mediale Sphäre*

Zu den letzteren zählt die Art und Weise, wie politische und mediale Klasse miteinander umgehen. Dies rückten zuletzt zwei prominente Fälle ins öffentliche Bewusstsein: Zum einen die zweijährige Amtszeit (2006 bis 2008) des Landespolitikers *Kurt Beck* (SPD) als Bundesvorsitzender seiner Partei, zum zweiten die Vergangenheit des Landespolitikers *Christian Wulff* (CDU), die ihm als Bundespräsident vorgehalten wurde und letztlich zu seinem Rücktritt im Februar 2012 führte.

Zur Begründung für diesen Schritt verwies Kurt Kister, Chefredakteur der *Süddeutschen Zeitung*, in einem Leitartikel (2012: 4) damals explizit auf die unterschiedlichen politischen Kulturen auf Landes- und auf Bundesebene. *Wulff* habe in seiner Zeit als niedersächsischer Ministerpräsident (2003 bis 2010) „hundert Kleinigkeiten angehäuft, von denen fast jede einzelne für sich genommen eine Lächerlichkeit war". Zu seinem Verhängnis wurde, „dass solche Dinge auf Landesebene keine Folgen haben – da ist die Opposition behäbiger, die Presse freundlicher, und die Leute sind angenehmer." In der Bundespolitik dagegen, „auf der großen, grell ausgeleuchteten Bühne", sei das anders:

> „Da wird gewühlt, intrigiert, durchgestochen. Lobbyisten freuen sich darüber, wenn sie anderen Lobbyisten eins auswischen können; in jeder Partei finden sich Dutzende, die einem ‚völlig vertraulich' Tatsachen und noch lieber Gerüchte über Parteifreunde auftischen; Journalisten enthüllen mehr als Staatsanwälte, und manchmal auch Dinge, die nicht stimmen. ‚Leben und leben lassen', wie das in alten Bonner Zeiten war (und noch in mancher Landeshauptstadt so ist), gilt nicht mehr. Das Motto des Konkurrenz-, aber auch des Wahrheitskampfes lautet, um mit James Bond zu sprechen: Live and let die."

Das Haifischbecken Berlin, die dort vorherrschende Ellenbogenmentalität und das vornehmlich taktische Verhältnis von Politikern und Journalisten kritisierte auch *Kurt Beck* mehrfach, vor und nach seinem Rücktritt vom SPD-Bundesvorsitz im September 2008. Er sprach sogar von einem „Vernichtungsfeldzug" (Feldenkirchen/Nelles 2008: 22) gegen sich. Dabei kommen deutlich die zumindest von Beck am Beispiel Rheinland-Pfalz empfundenen Unterschiede zwischen Bundes- und Landespolitik zum Ausdruck, hier dokumentiert anhand einiger Aussagen *Becks* in einem *Spiegel*-Interview (9/2011):

> „Probleme werden in Berlin schnell unlösbar, weil es dort das bisschen Grundvertrauen nicht gibt, das es unter Demokraten geben sollte. Wenn man nach einer Lösung sucht, muss man auch mal einen Schritt aufeinander zugehen. In Berlin wird das dann aber sofort als Schwäche der anderen Seite öffentlich gemacht. (...) Wenn ich sehe, was sich dort an Hahnenkämpfen abspielt, kann ich nur mit dem Kopf schütteln. Da will die eine Seite nicht in der Landesvertretung von Sachsen-Anhalt verhandeln und die andere sich nicht von einem Ministerpräsidenten einladen lassen, der immerhin Vorsitzender der Ministerpräsidentenkonferenz ist. Das sind doch alles Kindereien. (...) Es wird deutlich zu viel taktiert, und am Ende sind alle in diesem taktischen Unterholz so verirrt und verwirrt, dass sie nicht mehr rechts von links unterscheiden können. Da wird es dann schwer, Kompromisse zu finden. Ich habe ja selbst zweieinhalb Jahre versucht, es auf der Berliner Ebene anders zu machen. Aber ich habe gemerkt, wie schwierig das ist. (...) In Ih-

rer Frage steckt jener rein taktische Blickwinkel, den ich an der Berliner Politik genauso kritisiere wie an der Berliner Berichterstattung über Politik."[18]

Bei seiner ersten Pressekonferenz in der Mainzer Staatskanzlei nach dem Rückzug erzählte *Beck* eine Anekdote, um die Sitten der Berliner Politik zu charakterisieren. Er berichtete von einer Journalistin, die ihn zu den näheren Umständen seines Rücktritts am Rande der SPD-Klausurtagung am Brandenburger Schwielowsee befragt und ihn aufgefordert habe, die Wahrheit zu verraten. Als er verneinte, habe sie ihm geraten:

> „Dann sagen Sie halt mal, dass fünf plus fünf elf ist, dann sind alle zufrieden."

*Beck* empörte sich auf der Mainzer Pressekonferenz darüber und sagte (zitiert nach Monath/Mück-Raab 2008: 4):

> „Das wird niemand erleben."

Bei *Becks* Beschreibungen mag eine Portion verletzte Eitelkeit mitspielen, doch seine Sicht deckt sich mit anderen Schilderungen. So erkennt Eilfort (2006: 212) einen „vornehmlichen Unterschied" zwischen den föderalen Bühnen darin, dass Landespolitik auf „wesentlich niedrigerem Niveau öffentlicher Aufmerksamkeit wie Aufgeregtheit" geschehe. Leunig (2012: 248) betont übereinstimmend das geringere Medieninteresse auf der Ebene der Bundesländer und begründet es mit der in der Bevölkerung und bei regionalen wie überregionalen Medien vorherrschenden Einschätzung, die Gestaltungsmöglichkeiten der Landespolitik seien geringer als die der Bundespolitik. Landtagswahlkämpfe laufen die allermeiste Zeit ohne Hauptstadtmedien ab, zudem mit deutlich weniger professionalisierten Politikvermittlungsexperten. Daher steht zu vermuten, dass Landtagswahlkämpfe in der Regel unaufgeregter und sachlicher erfolgen (vgl. Mielke 2005).

---

[18] Hintergrund des im *Spiegel* als Wortlaut-Interview erschienenen Gesprächs (Überschrift: „In Berlin wird zu viel taktiert") war die Einigung im Bundesrat zur Neuregelung der Hartz IV-Sätze, zu der Kurt Beck gemeinsam mit den Ministerpräsidentenkollegen aus Bayern und Sachsen-Anhalt, Horst Seehofer (CSU) und Wolfgang Böhmer (CDU) maßgeblich beigetragen hatte.

## 3.1.2 Politisch-institutionelle Sphäre

Kisters Formulierung von der „grell ausgeleuchteten Bühne" kann auch auf die politikwissenschaftliche Forschung übertragen werden. Bei der Analyse von Parteien wie politischen Systemen wurde die nationalstaatliche Ebene besonders intensiv beleuchtet, während in landes- und kommunalpolitischen Fragen manches im Dunkeln blieb. Das erscheint umso misslicher, weil sich zwischen Bund und Ländern sowie zwischen einzelnen Ländern große Unterschiede auftun, die im Folgenden dargestellt werden sollen.

Ein erster Blick richtet sich dabei auf den Verfassungstext. Da das sog. Homogenitätsgebot des Grundgesetzes (Art. 28 Abs. 1, Satz 1) lediglich allgemeine Grundsätze des „republikanischen, demokratischen und sozialen Rechtsstaates" vorschreibt, verbleibt den Ländern entgegen landläufiger Meinung ein durchaus üppiger konstitutioneller Spielraum[19], der durchaus auch genutzt wird. Keineswegs kommen die einzelnen Landesverfassungen als „eineiige Zwillinge" (Leunig 2012: 22) daher und schon gar sind sie identisch mit dem großen Bruder auf Bundesebene, auch wenn man, je nach Land, die Verwandtschaft in unterschiedlich großem Grade erkennt.

Es sind nicht nur Marginalien, in denen sich die Regierungssysteme in den Ländern und dem Bund unterscheiden. Das lässt sich exemplarisch am Procedere aufzeigen, nach dem Regierungsmitglieder bestellt und entlassen werden (vgl. Decker 2004: 5). Abweichend vom Modell des Grundgesetzes sehen hier die meisten Landesverfassungen vor, dass das Parlament das gesamte Kabinett bestätigt. Auch die Entlassung einzelner Minister muss in einigen Ländern (Bayern, Hessen, Niedersachsen, Rheinland-Pfalz und Saarland) der Landtag absegnen. In Berlin und Bremen müssen die einzelnen Senatoren vor Amtsantritt von Abgeordnetenhaus und Bürgerschaft gewählt werden. In Hamburg gilt dies seit der Verfassungsreform von 1996 nur noch für Regierungsmitglieder, die im Laufe der Legislaturperiode neu hinzukommen. Ursprünglich sahen die beiden norddeutschen Stadtstaaten nicht einmal die Wahl des Regierungschefs (also des Senatspräsidenten bzw. Ersten Bürgermeisters) durch die Bürgerschaft vor. Stattdessen stimmte der Landtag über einen Senat als Ganzes ab, der anschließend seinen Anführer

---

[19] Wie Frank Decker (2004: 3ff.) ausführt, erlaubt das Grundgesetz den Ländern sowohl eine Veränderung des Wahlrechts zu einer reinen Mehrheitswahl wie auch die Abkehr von der parlamentarischen zu einer präsidentiellen Regierungsform, nach dem kommunalen Muster mit direktgewählten Bürgermeistern.

ernannte. Diese Praxis endete mit den Verfassungsreformen 1994 (Bremen) und 1996 (Hamburg).

Andere mannigfaltig ausgestaltete Aspekte betreffen das Misstrauensvotum, die notwendigen Mehrheiten bei der Wahl des Ministerpräsidenten oder das Selbstauflösungsrecht des Landtags (vgl. Leunig 2012: 145f.; Decker 2004: 5). Unterschiede offenbaren sich auch in den Wahlsystemen der Länder, auch wenn sie in den letzten Jahren abgenommen haben. Eine Reihe von Ländern hat mit der Zeit ein Zwei-Stimmen-Wahlrecht nach bundespolitischem Vorbild eingeführt, was insbesondere den Wahlkampf der kleinen Parteien veränderte. Gleichwohl halten einige Länder daran fest, dem Wähler nur eine Stimme zu geben. Demgegenüber hat sich zum Beispiel Hamburg zur letzten Wahl ein neues Wahlsystem gegeben, das pro Wähler 20 Stimmen vorsieht.

### 3.1.3 Politisch-inhaltliche Sphäre

Inhaltlich gibt zunächst die spezifische Ausgestaltung des deutschen Föderalismus enge Grenzen vor: Die Länder haben wesentliche legislative Elemente an die Bundesebene abgegeben und im Gegenzug über den Bundesrat ein elementares Werkzeug erhalten, um bei der Gesetzgebung des Bundes mitzumischen. Dadurch kommt den Ländern einerseits bundespolitische Bedeutung zu, während sie andererseits wenig eigenen Gestaltungsspielraum[20] besitzen (Kilper/Lhotta 1996: 102). Der Begriff des „unitarischen Bundesstaates" (Hesse 1962; Abromeit 1992) reflektiert diese Entwicklung und betont zugleich die prägende Kraft der Bundesebene.[21]

---

[20] Wie Mielke und Reutter (2011: 49ff.) darstellen, ist der legislative Output der Landesparlamente signifikant geringer als der des Bundestages. Er liegt in der Summe aller Länder bei etwa einem Viertel: Während der Bundestag etwas mehr als 400 Gesetze pro Legislaturperiode verabschiedet, sind dies in den Landtagen zusammen zwischen 70 und 160.

[21] Die föderale Policy-Forschung ist vergleichsweise länger etabliert als die Landesparteienforschung (vgl. Neumann 2012: 28). Bereits vor mehr als 30 Jahren untersuchte Schmidt (1980) aus dem Blickwinkel der vergleichenden Staatstätigkeitsforschung die Bilanz von Landesregierungen und diagnostizierte einen Korridor für politisches Handeln, der größer sei, je mehr und je länger die SPD in einem Land regiere, je weiter der Einfluss der Gewerkschaften reichte und je mehr Geld für Reformen der Landeshaushalt bot (ebd.: 133ff.). Später legten Hildebrandt und Wolf (2008) einen Überblick über 15 Felder der Landespolitik vor. Sie weisen einen deutlichen Einfluss der pfadabhängigen Entwicklung der jeweili-

Aus der föderalen Aufgabenteilung folgt, dass sich Länderpolitik eher auf Verwaltung konzentriert und dadurch eher der kommunalen als der bundesstaatlichen Ebene ähnelt (vgl. Bryde 1997; von Arnim 2000; Lehmbruch 1998). Mit diesem Argument wurde lange die These vertreten, dass Landespolitik weitgehend ohne parteipolitische Auseinandersetzung auskommt (vgl. Eschenburg 1960; Hennis 1956) – zugespitzt in der Aussage von Wilhelm Hennis (zitiert nach Decker 2004: 4), es gebe „keinen christlich-demokratischen Straßenbau und keine sozialdemokratische Wasserwirtschaft". Das ist sicher ein wenig simpel und ignoriert insbesondere erbitterten und stark ideologisierten Streit in der Schulpolitik (vgl. ebd)[22]. Dennoch erscheint es plausibel, dass die parteipolitische Durchdringung auf Landesebene geringer ausfällt als im Bund und inhaltliche Auseinandersetzungen in und zwischen Landesparteien etwas weniger schnell zu Glaubensfragen stilisiert werden (vgl. Eilfort 2006: 220). Wie Eilfort anmerkt, liegt dies auch an einem engeren persönlichen Kontakt auf den kleineren Landesbühnen, der eine Portion Schärfe aus dem politischen Streit nehme.

Damit nähern wir uns den Differenzen, die weniger qua Verfassungstext, sondern in der Verfassungsrealität auftreten. Sie zeigen sich insbesondere, wenn man die Landesparteien unter die Lupe nimmt. Nach dem jeweiligen Verfassungstext ergeben sich für die Parteien nur wenige Unterschiede: Artikel 21 des Grundgesetzes[23] adelt die Parteien als hervorgehobene Mittler zwischen Staat und Gesellschaft. Vergleichbare Bestimmungen finden sich in den meisten Landesverfassungen.[24] In der Verfassungsrealität nehmen die Parteien im Bund und in den Ländern aber durchaus unterschiedliche Funktionen an. Als wichtigste Aufgaben von Parteien gelten allgemein (vgl. von Alemann 2002; Falter/Schoen 2005) die *Transmissions-* bzw. *Artikulationsfunktion*, die *Sozialisationsfunktion*, die *Legitimationsfunktion*, die *Rekrutierungsfunktion* und die *Regierungs-* bzw. *Machtausübungsfunktion*. In der föderalen Praxis werden diese Aufgaben ganz unterschiedlich gelebt (vgl. Eilfort 2006: 208ff.).

---

gen Bundesländer nach, sowie der sozioökonomischen Gegebenheiten und ebenfalls der regierenden Parteien (ebd.: 369).

[22] Bezeichnend in diesem Zusammenhang ist die Einigung von SPD, CDU und Grünen in Nordrhein-Westfalen im Juli 2011, die von beiden Seiten als „Schulfrieden" tituliert wurde.

[23] Dort heißt es in Art. 21, Abs. 1, Satz 1: „Die Parteien wirken bei der politischen Willensbildung des Volkes mit."

[24] Auch konstitutionelle Grundpfeiler wie das Gebot der innerparteilichen Demokratie oder etwa Regelungen zur Parteienfinanzierung gelten wie für die Bundesparteien auch für die entsprechenden Gliederungen auf Landes-, Bezirks-, Kreis- und Ortsebene.

Das beginnt mit der *Transmissionsfunktion*: Parteien nehmen Anliegen und Sichtweisen der Bevölkerung auf, bündeln sie und bringen sie in den politischen Prozess ein. Das fällt umso leichter, je kleiner die Bezugsgröße ausfällt und je homogener die Interessen. Entsprechend einseitiger werden sich Landesparteien im Vergleich zu ihren Bundesparteien positionieren. Die Landesgliederungen in Hamburg und Bremen werden sich nachhaltiger als die Landesverbände in Nordrhein-Westfalen für Fischfang und Werft-Subventionen interessieren. Die Landesparteien in Baden-Württemberg mit vier laufenden Atomkraftwerken waren von dem plötzlichen Ausstieg im März 2011 ungleich mehr betroffen als Länder ohne aktive Meiler wie etwa Sachsen-Anhalt oder Rheinland-Pfalz. Insofern ist diese Aufgabe zunächst einmal regional unterschiedlich ausgeprägt, während die Bundesparteien schließlich alle Interessen aggregieren und artikulieren müssen.

Bei der *Sozialisations-* bzw. *Mobilisierungsfunktion* sind die Landesparteien und darüber hinaus die kommunalen Akteure besonders gefragt. So sehr, dass die Bundesparteien als „Damen ohne Unterleib" (ebd.: 210) erscheinen: „politikfähig, aber nicht lebensfähig und vor allem nicht wahlkampfbereit". Auch bei Bundestags- oder Europawahlen mag es zentrale Gremien geben, in denen die strategischen Linien festgelegt werden. Das tägliche Klein-klein des Wahlkampfs (Plakate, Infostände) geschieht auf lokaler und dann auf Landesebene. In diesen Strukturen wird auch die *Legitimationsfunktion* der Parteien, also für Akzeptanz politischer Entscheidungen zu sorgen, besonders effizient, nämlich durch persönliche Begegnungen und Gespräche erfüllt.

Wenn es darum geht, die Führungskräfte von morgen zu finden, sind die Bundesparteien ganz besonders auf ihre Organisationsebenen angewiesen. Die Kreisverbände gewinnen die meisten neuen Parteimitglieder und die Landesverbände sind die größte Stütze bei der *Rekrutierung* und Qualifikation des künftigen Führungspersonals. Das Gros bedeutender Bundespolitiker entstammt der Landespolitik bzw. hat an der Spitze eines Landesverbandes ihr oder sein Handwerkszeug gelernt. Diese Rolle als Kaderschmiede verdeutlicht ein Blick auf die Bundestagswahlen zwischen 1976 und 2009: Sieben Mal[25] trat ein amtierender

---

[25] Helmut Kohl (CDU) als Ministerpräsident von Rheinland-Pfalz (1976), Franz-Josef Strauß (CSU) als Ministerpräsident von Bayern (1980), Johannes Rau (SPD) als Ministerpräsident von Nordrhein-Westfalen (1987), Oskar Lafontaine (SPD) als Ministerpräsident des Saarlandes (1990), Rudolf Scharping (SPD) als Ministerpräsident von Rheinland-Pfalz (1994), Gerhard Schröder (SPD) als Ministerpräsident von Niedersachsen (1998) und Edmund Stoiber (CSU) als bayerischer Ministerpräsident (2002).

Ministerpräsident als Spitzen- oder Kanzlerkandidat der großen Oppositionspartei an, nur in zweieinhalb Fällen[26] forderte ein ausgesprochener Bundespolitiker die Kanzlerin oder den Kanzler heraus. Von den deutschen Regierungschefs selbst sammelten immerhin *Kurt-Georg Kiesinger* (Baden-Württemberg), *Willy Brandt* (Berlin), *Helmut Schmidt*[27] (Hamburg), *Helmut Kohl* (Rheinland-Pfalz) und *Gerhard Schröder* (Niedersachsen) Regierungserfahrung auf Länderebene. Ähnlich verhält es sich bei der ältesten deutschen Volkspartei, der SPD: Von zehn Parteivorsitzenden nach *Willy Brandt* kamen im Grunde sieben[28] als Ministerpräsidenten ins Amt, nur *Hans-Jochen Vogel*, *Franz Müntefering* und *Sigmar Gabriel* wurden als gestandene Bundespolitiker gewählt, wobei streng genommen auch diese drei früher Landesregierungen angehörten. Die Bedeutung der Landesregierungen betont auch Wehling (2006: 94):

> „Wem Gott ein (Ministerpräsidenten-) Amt gibt, dem gibt er auch eine Bühne, sich bundesweit zu präsentieren und zu profilieren, was bis zur Kanzler-Kandidatur reichen kann."

Der klassische Rekrutierungsweg verlief ausschließlich einseitig vom Land zum Bund. Diejenigen, die in Berlin oder früher Bonn oben angekommen waren, der Spitze von Bundesparteien und/oder Bundesregierungen angehörten, führte es fast nie in die Landespolitik zurück. Doch dieser Befund galt nur bis vor ein paar Jahren. Seither zieht es immer mehr Berliner Spitzenkräfte in die Provinz. Die politische Landflucht

---

[26] Hans-Jochen Vogel (SPD) trat 1983 streng genommen als Parlamentarier des Berliner Abgeordnetenhauses an, mit eindeutigem Länderbezug als zumindest kurzzeitig Regierender Bürgermeister von Berlin und zuvor langjähriger Landesvorsitzender von Bayern. Allerdings kann er als langjähriger Bundesminister der Kanzler Brandt und Schmidt auch als veritabler Bundespolitiker gelten. Eindeutiger sind die Fälle bei Angela Merkel (CDU), die 2005 als Fraktionsvorsitzende und ehemalige Bundesministerin zur Kanzlerkandidatin berufen wurde, und bei Frank-Walter Steinmeier (SPD), der 2009 als amtierender Außenminister und Vizekanzler ins Rennen ging.

[27] Helmut Schmidt amtierte von 1961 bis 1965 als Innensenator der Hansestadt und damit als einziger der genannten Kanzler nicht an der Spitze einer Landesregierung.

[28] Björn Engholm (Schleswig-Holstein), Johannes Rau (Nordrhein-Westfalen), Rudolf Scharping (Rheinland-Pfalz), Oskar Lafontaine (Saarland), Gerhard Schröder (Niedersachsen), Matthias Platzeck (Brandenburg) und Kurt Beck (Rheinland-Pfalz). Eine kleine Einschränkung muss für Schröder gelten, der bei seiner Wahl in das höchste Parteiamt bereits seit etwas mehr als vier Monaten Bundeskanzler war.

verläuft quer durch alle Parteien und zeitigt in Landtagswahlkämpfen höchst unterschiedliche Erfolge, wie sich allein für die in dieser Arbeit untersuchten Wahlen aufzeigen lässt: der ehemalige Bundesminister *Olaf Scholz* (SPD) wurde im Februar 2011 zum Ersten Bürgermeister von Hamburg gewählt; die ehemalige Staatsekretärin auf Bundesebene *Julia Klöckner* (CDU) unterlag im März 2011 als Spitzenkandidatin bei der Landtagswahl in Rheinland-Pfalz; die stellvertretende Bundesvorsitzende *Manuela Schwesig* (SPD) kandidierte im September 2011 für den Landtag in Mecklenburg-Vorpommern und wurde danach erneut zur Landesministerin ernannt; *Renate Künast* (Grüne), Fraktionsvorsitzende im Bundestag und ehemalige Bundesministerin zog ohne Erfolg im September 2011 als Spitzenkandidatin in den Wahlkampf ums Berliner Abgeordnetenhaus; der ehemalige Generalsekretär der Bundespartei *Christian Lindner* (FDP) schaffte im Mai 2012 als Spitzenkandidat den Einzug in den Düsseldorfer Landtag; der damals amtierende Bundesminister *Norbert Röttgen* (CDU) ließ sich ebenfalls als Spitzenkandidat im Landtagswahlkampf von Nordrhein-Westfalen aufstellen, was schließlich sogar für seine Karriere auf Bundesebene schwerwiegende Folgen hatte.

Nach der Rekrutierung verbleibt noch die klassische Parteienaufgabe der *Regierungsbildung*. Hier fungieren die Länder nicht nur als „Personalreservoir", sondern bieten auch „Innovationspotential" (Eilfort 2006: 212). Gerade in einem zunehmenden Multiparteiensystem können die unterschiedlichen Länder ein breites Angebot strategischer Optionen liefern, die je nach Erfolg für Berlin beispielhaften oder abschreckenden Charakter entwickeln. Es finden sich zahlreiche Fälle gerade auch in der jüngeren Vergangenheit, in denen Länder als koalitionspolitische „Testfelder" (Leunig 2012: 21) neuartige Konstellationen ausprobierten.

Zumeist ließ sich daraus wenig landesübergreifende Strahlkraft entfachen, weil die Koalitionen entweder scheiterten (Schwarz-Grün in Hamburg 2008 bis 2010, „Jamaika"-Koalition im Saarland 2009 bis 2012, rot-grüne Minderheitsregierung in Nordrhein-Westfalen 2010 bis 2012) oder zu sehr regionale Verhältnisse spiegelten („Magdeburger Modell" einer von der damaligen PDS tolerierten Minderheitsregierung in Sachsen-Anhalt 1994 bis 2002, Dreierbündnis von CDU, FDP und der Partei Rechtsstaatliche Offensive („Schill-Partei") in Hamburg 2001 bis 2004, Dreierbündnis von SPD, Grünen und dem Südschleswigschen Wählerverband in Schleswig-Holstein seit 2012).

Wer in der koalitionspolitischen Historie der Bundesrepublik kramt, stößt jedoch auch auf erfolgreiche Beispiele für das Innovationspotential der Länder. So wurde die erste sozial-liberale Koalition auf Bundesebene (1969 bis 1972) zuvor bereits in Nordrhein-Westfalen, Hamburg, Bremen, Berlin und Niedersachsen ausprobiert. Auch der ersten rot-grünen Bundesregierung gingen entsprechende Landesregierungen in Hessen, Berlin, Niedersachsen, Sachsen-Anhalt, Nordrhein-Westfalen, Schleswig-Holstein und Hamburg voraus.[29] Eine besondere Wechselbeziehung zu Landtagswahlen umgibt die Kanzlerschaft von *Gerhard Schröder*, dessen Kandidatur 1998 maßgeblich mit dem Ausgang mit der Wahl in Niedersachsen und dessen vorzeitige Abwahl 2005 maßgeblich mit der Wahl in Nordrhein-Westfalen zusammenhing.

Vor dem Hintergrund dieser grundsätzlichen Unterschiede zwischen Landes- und Bundespartei haben sich den letzten Jahren eine zunehmende Zahl von Parteienforschern der Länderebene zugewandt (vgl. Jun/Haas/Niedermayer 2008; Niedermayer 2010; Bräuninger 2012) und eine neuerliche „Regionalisierung" des deutschen Parteiensystems festgestellt (Niedermayer 2010: 182). Demnach sind die Länderparlamente trotz des vertikal integrierten Parteiensystems keinesfalls reine Miniaturausgaben des Bundestags, sondern folgen eigenen Regeln (vgl. Galonska 1999; Jun e.a. 2008). Laut Benz (vgl. 2003: 35ff.) wird der Trend zur Regionalisierung (vgl. Hough/Jeffery 2003: 89f.) daran deutlich, dass Vertreter von Landesparteien gegenüber den Bundespolitikern zunehmend divergierende Interessen artikulieren.[30] Debus (2007) und Bräuninger (2012) haben gezeigt, dass sich Landesparteien in wirtschafts- und gesellschaftspolitischen Fragen programmatisch von der Bundesebene unterscheiden. Sie positionieren sich nicht konträr zur Ideologie der Gesamtpartei, nutzen aber ihre Handlungsspielräume aus. Mit Hilfe des Wor-

---

[29] Gleichwohl finden sich natürlich auch Landesregierungen, die sich in ihren Koalitionsbildungen erkennbar an der herrschenden Konstellation auf Bundesebene orientierten. Als Beispiel sei Baden-Württemberg genannt, wo sich 1964 eine christlich-liberale Koalition bildete (drei Jahre nach der Bundesebene), 1968 eine große Koalition übernahm (zwei Jahre nach der Bundesebene) und 1996 erneut eine schwarz-gelbe Regierung ins Amt kam (zwei Jahre nach der Bestätigung auf Bundesebene). In einer Analyse der Landesregierungen zwischen 1949 und 2003 kommen Pappi, Becker und Herzog (2005: 454) zu dem Ergebnis, dass die parteipolitische Zusammensetzung der Landesregierung entscheidend von der Konstellation der jeweiligen Bundesregierung abhängt.

[30] Der Trend entspricht auch einer europäischen Entwicklung hin zu einer stärkeren Dezentralisierung der politischen Entscheidungsfindung oder gar einer Abtrennung bestimmter Regionen vom Nationalstaat (vgl. Hopkin 2009; vgl. Hopkin/van Houten 2009). So wurden in Großbritannien, Belgien, Italien und Spanien regionale Parteien, die einen stärkeren Dezentralisierungsprozess befürworten, mitunter zur stärksten politischen Kraft, so etwa der Vlaams Belang in Flandern, die Scottish Nationalist Party, die walisische Plaid Cymru oder die italienische Lega Nord.

dscores-Verfahrens konnten so für Bundesparteien und Landesparteien im Zeitraum zwischen 1990 und 2009 zum Teil deutlich unterschiedliche Positionen verdeutlicht werden (Bräuninger 2012: 57).

Summa summarum hat sich der regionale Blick der Politikwissenschaft in den letzten Jahren spürbar weiterentwickelt. Der „Zentralisierungsmythos" (Neumann 2012: 26) früherer Jahre, wonach trotz föderaler Grundstruktur hauptsächlich zentralistische und kooperative Elemente die Republik prägten, wurde überwunden. Parteien erscheinen nicht mehr ausschließlich als „im wesentlichen monolithische Gebilde ohne regionale Differenzierung" (Schmitt 1991: 6), sondern werden auch in ihren Binnenprozessen (vgl. Schmid 1990a: 15) erforscht. Bereits seit der Jahrtausendwende sind mehrere Sammelbände zur Entwicklung von Landesparteien und Landesparteiensystemen entstanden, die sich jeweils auf ein Bundesland spezifizieren und die regionale Entwicklung von Parteien analysieren.[31] Dennoch mangelt es in diesem Feld nach wie vor an empirischen Untersuchungen (vgl. Neumann 2012: 34), insbesondere an solchen, die Organisationsfragen, Wahlen, Personen und Policies nicht getrennt voneinander behandeln.

Unter dem Strich kann man bei den Ländern von einer eigenständigen, aber keineswegs homogenen Ebene sprechen. Spezifische Unterschiede zur Bundespolitik gibt es sowohl mit Blick auf die politischmediale Bühne, auf Verfassungstext und Verfassungswirklichkeit sowie bei der inhaltlich-programmatischen Ausgestaltung. Mit Eilfort (2006: 216) kann man über die Landespolitik resümieren:

> „Die Uhren ticken im Takt des Bundes – und doch anders."

## 3.2 Regionale politische Kultur: ein potentiell erklärender Faktor

Ein vergleichender Blick auf die Länder offenbart zudem eine bunte Vielfalt. Das betrifft die unterschiedlichen Parteien eines Bundeslandes, aber auch die unterschiedlichen Landesverbände einer Partei. Deshalb er-

---

[31] Als Studien zu einzelnen Bundesländern seien hier beispielhaft genannt: von Alemann 1985 (Nordrhein- Westfalen); Berg-Schlosser 1994 (Hessen); Immerfall 1996 (Bayern); Boll/Holtmann 2001 (Sachsen-Anhalt); Eilfort 2004 (Baden-Württemberg); Demuth/Lempp 2006 (Sachsen); Junge/Lempp 2007 (Berlin); Schmitt 2008 (Thüringen); Lempp 2008 (Brandenburg); Schroeder 2008 (Hessen).

scheint es ratsam, auch politisch-kulturelle Einflussfaktoren zu berücksichtigen. Die politische Kulturforschung betrachtet die Ebene der Länder und darüber hinaus der Regionen und hilft damit, Landesparteien und ihre Umweltfaktoren zu verstehen (vgl. Neumann 2012: 27). Dabei lassen sich „beträchtliche Unterschiede zwischen den Bundesländern" feststellen und diese als Folge von „spezifischen historischen Entwicklungen, von Traditionen, regionalen Mentalitäten und unterschiedlichen politischen Stilen" erklären (Sarcinelli 2010a: 14). Insgesamt kann Deutschland als „Musterbeispiel einer fragmentierten politischen Kultur" angesehen werden, mit einer „Vielzahl regionaler politischer Kulturen" (Wehling 2006: 91). Gerade in bundesweit geführten Debatten, etwa über mögliche Neugliederungen der Länder, wird oft unterschätzt, in welchem Maße sich „landesspezifische Identitäten" gebildet und „regionale politische Kulturen" entwickelt haben (Sarcinelli 2010a: 15).[32]

Diese politisch-kulturelle Perspektive untersucht die „Glaubensüberzeugungen, die Menschen in einem definierten Raum teilen; Wertvorstellungen; Einstellungen und Meinungen sowie angehäufte Wissensvorräte, die als Erfahrung genutzt und weiter gegeben werden" (Wehling 2006a: 87), die „kognitiven, normativen, ästhetischen und mental verankerten Vorstellungen, die über Kommunikationsprozesse ständig reproduziert werden" (Rohe 1991: 17) oder, zusammengefasst, den „geronnenen Ausdruck von Einstellungen, Verhaltensweisen und Erwartungen der Menschen" (Sarcinelli 2010a: 14). Dazu zählt auch ein gemeinsames Verständnis über die „Spielregeln politischer Konfliktaustragung" (Lehmbruch 2000: 14), die insbesondere in Wahlkämpfen gelten.

Politische Kultur funktioniert als Bindeglied einer zumeist räumlich abgegrenzten Gemeinschaft, deren Zusammenhalt häufig mittels einer besonderen Symbolik geschaffen wird. Karl Rohe (1990: 337) versteht politische Kultur als „politischen Sinn, der auch sinnenfällig werden muss". Entsprechend identifiziert sich eine Gruppe mit einer Region,

---

[32] Mit der regionalen politisch-kulturellen Identität lässt sich zum Beispiel erklären, warum die Wahlbeteiligung bei Landtagswahlen in Baden-Württemberg stets um eine zweistellige Prozentzahl unter der im Saarland liegt. Einerseits konnte Glück (1989) für Württemberg eine historisch gewachsene „Distanz gegenüber der Parteipolitik" nachweisen. Die politische Kultur im „Land der Freien Wähler" habe zu einer „Kultivierung von Parteilosigkeit" geführt. Andererseits stellte Kappmeier (1984) eine „besondere" politische Kultur des Saarlandes fest, in der sich ein Zusammenhang von der historischen Trennung des Landes vom übrigen Deutschland und der aktuellen Wahlbeteiligung offenbare.

entsprechend wird eine Identität, ein Wir-Gefühl vermittelt, das sich zudem immer weiterentwickelt. Politische Kultur ist „nichts Statisches, sondern ein dynamisches Phänomen" (Wehling 2006a: 87).

Um den Bestand eines politischen Systems zu gewährleisten, muss nach dem grundlegenden Ansatz politischer Kultur nach Almond und Verba (vgl. 1963; 1980) eine „Kongruenz zwischen politischer Struktur und politischer Kultur" bestehen.[33] Diese Bedingung gilt in besonderer Weise für die deutschen Länder, weil sie mindestens in ihrem aktuellen Zuschnitt in der Regel auf eine deutlich kürzere Geschichte zurückblicken als die „Nation" oder die „Region" (Schiffmann 2010: 35). Deshalb brauche die politische Führung jedes Land eine kognitiv wie emotional schlüssige Antwort auf die Frage: „Was hält das Land zusammen?" (von Alemann 2001: 54). Dabei sind die Parteien gefordert. Sie müssen sich auf ein politisch-kulturelles Erbe einlassen, das außerhalb ihrer Traditionen liegen kann (vgl. Rohe 1991: 19f.; vgl. Mielke 1991: 145ff.). Gleichwohl sind die Parteien natürlich nicht nur Ausdruck, sondern auch Gestalter von politischen Kulturen. Sie werden nicht allein durch existierende Milieus geprägt, sondern verfügen auch über eigene Prägekraft (vgl. Hobsbawm/Ranger 1983).

Laut Wehling (2006a: 88f.) sind es insbesondere drei Faktoren, die inhaltlich eine politische Kultur prägen: die *naturräumliche Ausstattung*, die *Religion* und das *historische Schicksal*. Auf den ersten Faktor hatte traditionell die geltende Agrarverfassung großen Einfluss, die Eigentums- und Erbrecht regelte: Bei geschlossener Vererbung blieben die Betriebe langfristig überlebensfähig und die Besitzer wohlhabend; bei Aufteilung des Erbes unter den Kindern entstand ein Zwang zu Innovation und Sparsamkeit. Die Religion ist von jeher ein entscheidender und nachhaltiger Prägefaktor (vgl. Mielke 1991: 139ff.). Unterschiedliche Glaubensrichtungen vermitteln eigene Wertvorstellungen und Menschenbilder. Dazu kommt drittens die historische Erfahrung mit Kriegen und Katastrophen, Herrschaftswechseln und Vertreibungen.

In Deutschland haben diese Faktoren laut Wehling insbesondere zwei Scheidelinien bewirkt, die politische Kultur beeinflussen. Beide sind das Ergebnis radikaler historischer Einschnitte: erstens der konfessionel-

---

[33] Wehling (2006a: 90) erkennt in der politischen Kultur die „geistig-moralische Verfassung eines Staates", auf die es neben der „politischen Verfassung" und der „sozio-ökonomischen Verfassung" ankomme, damit ein politisches System „in guter Verfassung" sei. Dass eine politische Verfassung nicht ohne eine geistig-moralische Verfassung auskomme, zeigt laut Wehling das historische Beispiel der Weimarer Republik; ein System, für das die Beschreibung „Demokratie ohne Demokraten" charakteristisch wurde.

len Teilung nach Reformation und Gegenreformation und zweitens der politischen Teilung nach dem Zweiten Weltkrieg. Die erste Scheidelinie teilt Deutschland vereinfacht in einen katholisch geprägten Süden und ein protestantisch geprägten Norden. Der Verlauf der zweiten Scheidelinie liegt auf der Hand und stellt sicher den frischeren und auf den ersten Blick wirkungsvolleren Einschnitt dar. Die Teilung in neue und alte Bundesländer spiegelt sich auch im Wertesystem, bis in die Erwartungen an Politik. So zeigen Umfragen, dass bei den Menschen in den östlichen Ländern etwa ein paternalistischeres Staatsverständnis herrscht, sie vom Staat also eine aktive Rolle erwarten (vgl. Wehling 2006a: 97).

### 3.2.1 Die Bundesländer: ein Mosaik regionaler Heimatgefühle

Die Bundesländer werden in unterschiedlichem Maße als eigenständige politisch-kulturelle Einheiten wahrgenommen. Am ehesten definieren und identifizieren sich die Menschen mit Ländern, die seit der napoleonischen Neuordnung Deutschlands um 1800, also seit mehr 200 Jahren, mehr oder weniger Bestand hatten wie etwa Bayern und Sachsen, die Stadtstaaten Hamburg und Bremen. Schleswig-Holstein und Brandenburg als Teile des historischen Kernlands von Preußen kommen dazu. Schwieriger ist dagegen mit den „Besatzungskindern" (ebd.: 92), den sog. Bindestrich-Ländern. Diese von den Alliierten nach dem Zweiten Weltkrieg zusammengewürfelten Länder hatten stets Probleme, eine gemeinsame Identität zu schmieden und entsprechend einen „besonders hohen Integrationsbedarf". Dazu zählen etwa Rheinland-Pfalz und Nordrhein-Westfalen. Beide Länder versuchten eine eigenständige politische Kultur zu generieren, ohne die Besonderheiten von Rheinländern, Pfälzern oder Westfalen zu beschneiden.[34] Auch die ostdeutschen Bundesländer Mecklenburg-Vorpommern und Sachsen-Anhalt wurden nach dem Zweiten Weltkrieg künstlich zusammengesetzt, allerdings schaffte die DDR-Führung bereits 1952 die Landesgliederungen wieder ab. Der Rückgriff auf diese Strukturen nach der Wiedervereinigung lässt sich durchaus als „Identitätswunsch" (ebd.: 94) einstufen.

---

[34] Als ein Beispiel führt Wehling (2006a: 92) den Umgang mit dem ehemaligen Land Lippe an. Es gehört seit 1945 zu Nordrhein-Westfalen. Im Gegenzug wurde das Vermögen von Lippe in einem Sonderhaushalt verbucht, der auch bei knapper Kasse aus Düsseldorf nicht angetastet werden darf. Einnahmen etwa aus dem umfangreichen Grundbesitz vor Ort fließen in diesen Sonderhaushalt, der daraus die regionale Kulturförderung trägt, also die weitere regionale Identitätsstiftung.

Bis heute fällt es den Bindestrichländern schwer, von der eigenen Bevölkerung als eigenständiger kultureller Raum wahr und Ernst genommen zu werden. So zeigte eine Umfrage der Bertelsmann-Stiftung 2008, dass in Rheinland-Pfalz die Identifikation mit dem eigenen Land im Ländervergleich mit am geringsten ausgeprägt ist. Nur für acht Prozent der Rheinländer-Pfälzer ist die Zugehörigkeit zu Rheinland-Pfalz am wichtigsten, die Bundesrepublik steht für 28 Prozent an erster Stelle, die eigenen Gemeinde für 44 Prozent (Wintermann 2008: 14).[35]

Ähnliche Daten gibt es für andere Bundesländer. In Sachsen-Anhalt bekannten sich 2007 80 Prozent dazu, sich in erster Linie mit der Region verbunden zu fühlen und nicht mit dem Land (Fürnberg e.a. 2007: 13). Bei einer Umfrage für das Haus der Geschichte Baden-Württembergs zeigte sich, dass sowohl für Erwachsene als auch für Schüler die eigene Gemeinde die „wichtigste Identifikationsebene" darstellt und das Land die am wenigsten wichtige (van Deth/Schäfer 2002: 43). Auch eine, allerdings bereits 1983 durchgeführte, Befragung für Nordrhein-Westfalen kam zu einem ähnlichen Befund (von Alemann/Brandenburg 2000: 69):

„In NRW identifizierte man sich mit der Region. (...) In der Nahwelt ist noch heile Welt. Alles Unheil kommt von oben: vom Bund, aber auch vom Land".

Dieses Fazit gilt auch heute noch und lässt sich für zahlreiche Bundesländer übernehmen. Sie haben ein Problem, „beim Bürger als eigenständige politische Ebene wahrgenommen zu werden" (Winter 2008: 7). Demgegenüber zeigen sich eine „deutliche Prävalenz lokaler und regionaler Heimatgefühle, die mit dem Alter zunehmen" und ein „regionaler Patriotismus". Es stellt sich heraus (Greiffenhagen 1997: 99):

„Im Gegensatz zur Herkunftsschwäche des deutschen Nationalbewusstseins ist die regionale Identität in Deutschland gut ausgebildet".[36]

---

[35] Selbstverständlich lassen sich die jeweiligen Loyalitäten und Identitäten nicht genau trennen. Sie werden eher situativ gewichtet. Ein Mensch kann sich gleichzeitig als Kölner, Rheinländer, Nordrhein-Westfale, Deutscher und Europäer fühlen. Wehling (2006a: 95) verwendet dafür das plastische Bild einer „Gesteinstektonik mit unterschiedlich mächtigen Schichten, die je nach erdgeschichtlichen Druckverhältnissen ausgeprägt erscheinen".

[36] Das dürftige Bewusstsein als Bundesland versucht man häufig ökonomisch zu stärken (vgl. Matz 2008: 205), etwa mit den offiziellen Redewendungen „Wir können alles außer hochdeutsch" (Baden-Württemberg) oder „Mit Laptop und Lederhose" (Bayern).

Auch Zastrow (2009) verweist in seiner aufschlussreichen Studie über die hessische SPD auf die historische Prägung deutscher Regionen, die noch heute große Wirkung entfalte. Das „bunte Mosaik eines in lauter Herrschaftsgebiete zerteilten Reiches" existiere weiterhin als „zersplitterter Bodenbelag unter der glatten Auslegware der Bundesrepublik Deutschland" (ebd. 67f.). Dieses Fundament scheine, so Zastrow, auch in den Bezirken deutscher Parteiverbände durch und erkläre deren hartnäckigen Einfluss. Eine solche Regionalkultur setzt im Übrigen nicht notwendigerweise ein regionales Identitätsbewusstsein voraus, geschweige denn eine regionalistische Bewegung. Es ist durchaus denkbar, dass sich Grundverständnisse über die politische Welt regionalspezifisch auskristallisieren, ohne dass daraus auch ein besonderes regionales Identifikationsgefühl erwächst (vgl. Rohe 1991: 21f.). Gleichwohl ist es auch vorstellbar, dass sich ein regionales Gefühl zu einer regionalistischen Bewegung verstärkt. Diesen Anschein vermittelte ein Vorstoß des CSU-Granden Wilfried Scharnagl im Sommer 2012, als er mindestens publizistisch eine Abspaltung Bayerns anregte.[37]

Wie sich eine regionale politische Identität in politischen Umgangsformen widerspiegelt, ist wissenschaftlich kaum erforscht (vgl. Wehling 2006a: 101). Gleichwohl ist es plausibel, von solchen spezifischen Verhaltensformen auszugehen. So stellt Sylvia Greiffenhagen (1987) in einer Fallstudie über den kommunalpolitischen Stil in der Stadt Isny im württembergischen Allgäu fest:

> „So wie man die Sprache, den Dialekt annimmt, übernimmt man auch die ortstypischen Verhaltensmuster."

Einen solchen Zusammenhang versucht Wehling (vgl. 2006a: 103ff.) für die regionale politische Kultur des Rheinlandes herzuleiten: Ausgehend vom Rhein als zentrale Lebens- und Verkehrsader wurde die Region zum Einfalls- und Durchzugsgebiet für Kaufleute und Krieger, für Ideen und Innovationen. Diese ungewissen und unmittelbaren Einflüsse könnten die typisch rheinischen Eigenschaften der Gastfreundschaft und der Lebensfreude erklären. Die Auseinandersetzung mit dem Fremden, den sich immer wieder wandelnden Umständen hat den Rheinländer „Prag-

---

[37] Dabei argumentierte er in der ZEIT (30.8.2012, S.7) mit einem allgemeinen Rückzug ins Lokale: „In der Globalisierung degeneriert die Welt zum Börsenplatz, die Heimat als Dorfplatz wird für das Wohlbefinden der Menschen immer wichtiger. Die Zukunft liegt nicht im Großen, nicht in einem Europa, das alles bestimmt."

matismus gelehrt, „im Alltag allgemein wie auch in der Politik" (ebd.: 104). Konflikte löst der Rheinländer im Konsens, ohne auf festgefahrenen Maximalpositionen zu bestehen.[38] Bis heute kann man Konsens und Pragmatismus als Grundelemente rheinischer Politik beschreiben. Es sind wesentliche Bestandteile des viel beschworenen Kölner Klüngels, nach dem Prinzip: „Man kennt sich, man hilft sich."

Zumindest in essayistischer Form hat Matz (2008) einen Überblick über die historischen Identitäten der deutschen Bundesländer erstellt. Dabei unterscheidet er zwischen „Ländern mit gleichermaßen alter wie starker historischer Identität" (z.B. Bremen oder Hamburg), „Ländern mit jüngerer, aber gleichwohl starker Identität" (z.B. Mecklenburg-Vorpommern oder Schleswig-Holstein), „starken Ländern um große alte Kerne" (z.B. Bayern oder Hessen), „Komposita der Nachkriegszeit: die klassischen Bindestrich-Länder" (z.B. Baden-Württemberg, Nordrhein-Westfalen oder Rheinland-Pfalz) und Ländern mit „schwacher Identität und großen ökonomischen Problemen" (z.B. Berlin oder Sachsen-Anhalt).

### 3.2.2 Die Landesparteien: Ausdruck der politischen Kultur

Wie sich regionale politische Kulturen auf der Ebene der Landespolitik entwickelt haben und insbesondere wie sie sich auf politische Umgangsformen und Inhalte auswirken, ist in weiten Teilen politikwissenschaftliches Neuland. In einem der wenigen Vorstöße untersucht Eilfort (2006; 2008) das politische Klima der baden-württembergischen Landespolitik. Er diagnostiziert bei Union, SPD; FDP und Grünen einen pragmatischeren und realpolitischeren Ton als in den jeweiligen Bundesparteien. Alle Landesverbände seien eher marktwirtschaftlich orientiert und eher wertkonservativ. Darüber hinaus beobachtet Eilfort (2006: 220) einen gemeinsamen Umgang ohne „Schärfe und missionarische Parteipolitisierung". Einen modus vivendi, für den Eilfort das spezifische „Harmoniebedürfnis der Schwaben" verantwortlich macht. Darüber hinaus gebe es eine „ausgleichende Kultur des Südwestens", die dann mindestens auch Rheinland-Pfalz umfasst, das an anderer Stelle als Land mit „gemäßig-

---

[38] Legendär in diesem Zusammenhang ist der Ausspruch des Kölner Kabarettisten Jürgen Becker, unter einem Papst Konrad Adenauer hätte es die Reformation nicht gegeben. Seinen Adenauer lässt Becker sagen: „Das mit dem Luther und der Reformation wäre mir nicht passiert. Ich hätte mir den Herrn Luther mal kommen lassen und hätte ihm jesacht: 'Herr Luther, Sie sind doch ne vernünftige Mensch'" (zitiert nach Wehling 2006a: 105).

tem politischen Klima" (Haungs 1986: 202) und „politische Kultur der Mitte" (Sarcinelli 2010a: 17) charakterisiert wird.

Umfangreicher dokumentiert sind dagegen spürbare Unterschiede bei den Landesverbänden der großen Parteien (vgl. Bräuninger 2012: 15ff.). Bei den Christdemokraten[39] beschrieb Schmid (1990a: 120; vgl. Bösch 2007: 214) bereits für das Gebiet der alten Bundesrepublik *fünf Typen ideologischer Prägung* bei den CDU-Landesverbänden: Demnach ist die Union im Süden des Landes stark beeinflusst von katholisch-sozialen Traditionen, im Norden gilt sie dagegen eher als eine bürgerlich-konservative Sammlungsbewegung. Die CDU in katholisch geprägten Ländern erscheint entsprechend moderater in wirtschafts- und sozialpolitischen Fragen. Die geographisch zentralen Länder Nordrhein-Westfalen[40] und Hessen verortet Schmid bei sehr moderaten bis sogar programmatisch linken Positionen. Im Landesverband Niedersachsen erkennt er aufgrund der konfessionellen Heterogenität einen „Mischtyp", während der Westberliner Landesverband den Versuch einer „Ost-West-Synthese" darstellt.

Die Aufteilung scheint etwas in die Jahre gekommen, wie allein das Beispiel der hessischen CDU nahelegt. Die Anfangsjahre nach dem Krieg ließen in der Tat eine konsensorientierte, linke Politik erkennen; in einer Koalition mit der SPD bemühte sich die hessische Union zwischen 1946 und 1950 um die Verstaatlichung zentraler Industrien, was letztlich am Veto der amerikanischen Besatzer scheiterte. Allerdings vollzog der hessische Landesverband seit dem Ende der 1960er Jahre unter der Führung von *Alfred Dregger* eine Wende nach rechts. Seither ist dort eher von einem „Kampfverband" die Rede (Schiller 2004: 231). Ein Image, das unter Ministerpräsident *Roland Koch* (1999-2010) noch ausgebaut wurde.

Das bestätigen aktuelle Forschungen zu den CDU-Landesverbänden, etwa von Neumann (2012), die in Fallstudien die Landesparteien in Hessen, Niedersachsen, Nordrhein-Westfalen und dem Saarland untersucht. Für die politische Kultur Hessens stellt sie dabei ein „hohes Maß an Polarisierung" fest und eine dauerhafte Ausrichtung auf den konservativen und wirtschaftsliberalen Flügel (ebd.: 245). Der nie-

---

[39] Gerade bei der CDU war das Bild eines zentralisierten „Kanzlerwahlvereins" statt einer regional ausdifferenzierten Partei weit verbreitet (vgl. Niclauß 1988; Neumann 2012). Bis heute sind wenige Studien über die unterschiedlichen Landesverbände vorhanden.

[40] Zwischen Rhein und Ruhr sprach sich die Partei einst sogar für die Verstaatlichung von Schlüsselindustrien aus. Bis in die 1980er und 1990er Jahre galt die NRW-CDU als „soziales Gewissen" der Bundespartei (Schmid 1990a: 105ff.).

der sächsische Landesverband stehe dagegen für einen liberalen Kurs, in der Ära von *Ernst Albrecht* seit Mitte der 1970er Jahre vor allem wirtschaftsliberal, unter der Ägide von *Christian Wulff* in den 2000er Jahren besonders gesellschaftspolitisch liberal (ebd.: 244) geprägt.

Im Saarland und in Nordrhein-Westfalen analysierte Neumann (ebd.) ähnliche Identitäten: In beiden Ländern stelle die politische Kultur hohe Ansprüche an eine ausgleichende Politik. Dabei spielten im Saarland wegen der begrenzten Fläche vor allem persönliche Beziehungen eine wichtige Rolle, während Nordrhein-Westfalen und die dortige CDU der Rheinische Kapitalismus und damit verbundene korporative Elemente prägten. Ähnlich stark sind in beiden Ländern auch die sozialkatholischen Traditionen, so dass beide Landesparteien bis heute verhältnismäßig sozial ausgerichtet sind.

Bei den Sozialdemokraten erscheint es etwas schwieriger, die Landesverbände zu kategorisieren. Gleichwohl gibt es Unterschiede: Der nordrhein-westfälische und der rheinland-pfälzische Landesverband gelten als eher „rechts", während die Partei in Bayern, dem Saarland und in Schleswig-Holstein als eher „links" eingestuft wird. Der Landesverband in Nordrhein-Westfalen, häufig als das Kernland der SPD bezeichnet, hat den Ruf einer „Traditionstruppe", die der Arbeiterbewegung nahesteht und ihre Bindung an die Gewerkschaften betont – „mit Bergmannskapellen auf den Parteitagen, die reflexartig ‚Glück auf, der Steiger kommt' intonieren, wenn der Parteivorsitzende den Saal betritt" (von Alemann/Brandenburg 2000: 124).

Kein einheitliches Bild bietet der hessische Landesverband, der eigentlich nur eine „Chimäre" ist (Zastrow 2009: 56), bestehend aus den zwei mächtigen Bezirken Hessen Nord und Hessen Süd. Seit Ende der 1960er Jahre haben sie sich voneinander distanziert: im Norden der ländlich geprägte konservative Flügel mit einer Nähe zum Handwerk und zum mittelständischen Gewerbe; im Süden ein explizit linker Flügel, „wirtschaftlich und kulturell vom akademischen Leben geprägt" (ebd.: 58; vgl. Lösche 1994; Galonska 1999; Schroeder 2008). Diese Struktur äußerte sich auch in der Abstimmung um die Spitzenkandidatur für die Landtagswahl 2008. Die nordhessischen Kreisverbände unterstützten mehrheitlich den Vertreter des rechten Parteiflügels, *Jürgen Walter*. Die südhessischen Bezirke stimmten für die linke *Andrea Ypsilanti*[41].

---

[41] Mit Ypsilantis parteiinterner Kür setzte sich damals auch die linke Strömung in der hessischen SPD durch: Auf den ersten 30 Plätzen der Landesliste für die Landtagswahl 2008 fanden sich damals fast ausschließlich Absolventen sozialwissenschaftlicher Studiengänge. Vertreter aus Wirtschaft und Produktion fehlten ganz (vgl. Zastrow 2009: 58).

Bei den Landesverbänden der FDP teilt sich das Bild entlang der historischen Strömungen des National- und Wirtschaftsliberalismus, die sich bereits in den liberalen Parteigliederungen der Weimarer Republik zeigten (Bräuninger 2012: 14f.). Während sich in protestantisch-ländlichen Regionen wie Nordhessen oder Franken damals die rechtsliberale Deutsche Volkspartei (DVP) und die Deutschnationalen (DNVP) behaupteten, setzte sich in urbanen Zentren und auch in Württemberg eher die Deutsche Demokratische Partei (DDP) und ein liberales Verständnis von individueller Freiheit und sozialer Verantwortung durch. Auch heute noch gilt die FDP in den Hansestädten oder im Südwesten als eher linksliberal-freisinnig, in Hessen und auch in Nordrhein-Westfalen als eher national-liberal geprägt (vgl. Dittberner 2005: 292ff.; Lösche/Walter 1996).

Die Ursprünge der Grünen liegen in drei verschiedenen sozialen Gruppen oder Bewegungen, die zur regionalen Prägung der jeweiligen Landesparteien beitragen. (vgl. Klein/Falter 2003: 15ff.; 52ff.). Dazu zählen die bürgerlich-konservativen Umweltschützer, die tendenziell CDU-nahen Milieus ähneln. Diese Gruppe übt insbesondere in Baden-Württemberg einen großen Einfluss aus, was in eine vergleichsweise lange landespolitische Tradition schwarz-grüner Gedankenspiele mündete: Bereits 1992 wurde eine entsprechende Koalition von beiden Parteien nicht ausgeschlossen (vgl. Schneider 2001: 392; Gabriel/Völkl 2007: 30f.). Die schwäbischen Grünen gelten bis heute als „ausgeprägt realpolitisch, wenn nicht gar bürgerlich" (Eilfort 2006: 216), was sich auch in der Wahl des ersten grünen Ministerpräsidenten *Winfried Kretschmann* im Frühjahr 2011 äußerte, die in dieser Arbeit ausführlich untersucht wird.

Die zweite und dritte Strömung der Partei speist sich aus dem akademischen Milieu der 68er Generation und aus den so genannten „K-Gruppen" der neo-marxistischen Bewegung. Beide Gruppen prägten besonders die großen Universitätsstädte. Beispiele wären die „Alternative Liste" (AL), die im Berliner Landesverband aufging, oder die „Grün-Alternative Liste" (GAL), wie bis April 2012 der Hamburger Landesverband hieß. Mit dem Ende des kalten Krieges verlor der eher fundamentalistische Flügel der Grünen um *Jutta Ditfurth* an Einfluss und verließ in der Folgezeit mehrheitlich die Partei (vgl. Klein/Falter 2003: 60).

Auch die zunehmende Regierungsbeteiligung hat das Kräfteverhältnis der grünen Flügel verändert: So beschreibt Raschke (1993: 328) die hessischen Grünen als den „Fundi-Landesverband der Grünen" schlechthin, der sich durch die Erfahrungen der ersten rot-grünen Landesregierung (1985 bis 1987) und die anschließende Oppositionszeit von 1987 bis 1991 zu einem expliziten „Realo-Landesverband" entwickelt habe. Gleiches gelte für die Grünen in Hamburg, die sich durch die Regierungserfahrung mit der SPD von 1997 bis 2001 zu einer bürgerlich-libertären Partei gewandelt hätten. Eilfort (2006: 216) erkennt dagegen bei den Hamburger Grünen eine „ausgeprägter Sympathie für früher als fundamentalistisch definierte Einstellungen". Vielleicht spiegelt sich genau dieser Zwiespalt im schwarz-grünen Senat der Jahre 2008 bis 2010: Der Realo-Flügel setzte sich über Streitpunkte wie das Kohlekraftwerk in Moorburg hinweg, um als Juniorpartner von *Ole von Beust* zu regieren. Das fundamentalistische Element der Partei verweigerte Nachfolger *Christoph Ahlhaus* später die Gefolgschaft und sorgte für Neuwahlen.

Unter dem Strich offenbaren sich große Unterschiede zwischen den Landesverbänden einer Partei, die sich zumindest grob an einem regional-kulturellen Muster orientieren. Diese Prägung kann sich in der praktischen Entscheidungs- wie in der Darstellungspolitik auswirken, in gesellschafts- und wirtschaftspolitischen Sachfragen genauso wie in Stilfragen, innerhalb der Legislaturperiode genauso wie in Wahlkämpfen.[42] Diese politische Kultur als „mentale Grenze" (Wehling 2000: 41) kann unterschiedlich stark ausgeprägt sein bzw. in einer politischen Auseinandersetzung eher in den Hinter- oder in den Vordergrund treten. Deshalb gestaltet es sich äußerst schwierig, Prognosen zu treffen, wie und wann sich eine regionale politische Kultur auswirkt. Nichtsdestotrotz bleibt sie in der politischen Arena der Länder und der Regionen ein potentiell erklärender Faktor. Oder wie Eilfort (2006: 219) es formuliert:

> „Die Einflüsse regionaler politischer Kultur machen vor keinem Bundesland, vor keinem Wählersegment und keiner Partei Halt."

---

[42] Ein interessanter Nebenaspekt ergibt sich durch die zeitlich enge Staffelung von Landtagswahlen. Dadurch folgen Wahlkämpfe dicht aufeinander oder finden sogar gleichzeitig statt. Das kann zu persönlichen, inhaltlichen oder strategischen Überschneidungen zwischen Wahlkämpfen unterschiedlicher Landesverbände führen oder zu bewussten Verweisen auf andere Bundesländer. So produzierte etwa die CDU in Nordrhein-Westfalen in den Anfängen der Kampagne für die Landtagswahl im Mai 2010 eine Postkarte mit dem Schriftzug „Kraftilantis Lebenslauf-Lüge", eine Anspielung auf die ehemalige hessische SPD-Spitzenkandidatin Andrea Ypsilanti, die rund um die Landtagswahl 2008 der Lüge bezichtigt wurde. Mit der Verquickung der beiden Namen versuchten die CDU-Wahlkämpfer bewusst einen ähnlichen Effekt für Hannelore Kraft, die SPD-Spitzenkandidatin in Nordrhein-Westfalen, zu erzeugen. Als Gelegenheit diente der Vorwurf, Kraft habe ihren Lebenslauf verändert und einen alten Arbeitgeber nicht mehr erwähnt.

## 3.3 Landtagswahlen und Bundespolitik: ein Forschungsüberblick

Das Zusammenwirken von Bundespolitik und speziell Bundestagswahlen einerseits und der Landespolitik bzw. Landtagswahlen andererseits ist ein verhältnismäßig gut bestelltes Forschungsfeld. In Anlehnung an Studien zu Zwischenwahlen in den USA und Nachwahlen zum britischen Unterhaus (vgl. Miller/Mackie 1973; Tufte 1975; Erikson 1988) wird am deutschen Fall seit inzwischen 35 Jahren besonders die Kongruenz der Wahlergebnisse von Bundes- und Landesebene untersucht (vgl. Dinkel 1977; Decker/von Blumenthal 2002; Hough/Jeffery 2003; Gabriel/Holtmann 2007; Decker 2005; 2008; Decker/Lewandowsky 2008). Als zentrales Ergebnis dieser Studien konnte herausgearbeitet werden, dass in der Bundesregierung vertretene Parteien auf Landesebene tendenziell an Stimmen verlieren. Dies gilt insbesondere für so genannte „mid-term elections", also Landtagswahlen in der Mitte der bundesweiten Legislaturperiode. Parteien, die sich auf Bundesebene in der Opposition befinden, gewinnen dagegen tendenziell an Stimmen hinzu.

Diesen Zusammenhang hat die aktive Politik längst erkannt. Überliefert ist die Aussage des damals frisch gekürten Wahlsiegers *Guido Westerwelle*, der wenige Tage nach der Bundestagswahl 2009 mit Blick auf die im Mai 2010 anstehenden Landtagswahl sagte:

> „In Nordrhein-Westfalen wird die These widerlegt werden, dass Wahlen verliert, wer regiert."

Inzwischen scheint sich im politischen Berlin ein Grundsatz verfestigt zu haben, den Bundeskanzlerin *Angela Merkel* selbst in einem Interview mit der *Bild am Sonntag* im Dezember 2012 formulierte:

> „Die Geschichte lehrt, dass es nicht einfacher wird, Landtagswahlen zu gewinnen, wenn man im Bund regiert."

In seiner Pionierarbeit wies Reiner Dinkel (1977: 349) auf ein „zyklisches Verlaufsmuster" bei den Wahlergebnissen auf Landesebene hin, das von den Machtverhältnissen im Bund abhänge. Demzufolge tendiere der Wähler zu einer sog. Moderationswahl, das heißt er versucht die Macht zwischen Bundes- und Landesebene zu verteilen. Zu einer ähnlichen Sicht gelangt Frank Decker, der Landtagswahlen den Charakter von bundespolitischen „Zwischenwahlen" beimisst (vgl. Decker/Blumenthal 2002, Decker 2005), die gewissen Bedingungen unterliegen (vgl. Decker/Lewandowsky 2008: 261ff.).

So hängt das Ausmaß des so genannten „Sanktionswahleffekts", oder „systematischen Oppositionseffekts" (Eilfort 2006: 219), also des Stimmenverlustes der im Bund regierenden Parteien auf Länderebene, erstens von der Bedeutung der landes- und bundespolitischen Themen ab. Je weniger wichtig die Themen der Landespolitik angesehen werden, desto mehr straft der Wähler die Bundesregierung ab. Zweitens wird eine zeitliche Korrelation festgestellt: Finden Landtagswahlen in einem Zeitraum von sechs Monaten vor und drei Monaten nach einer Bundestagswahl statt, entfällt der Effekt einer Zwischenwahl, weil die Länder in den „Sog der großen Wahlauseinandersetzung" geraten. Den acht hier untersuchten Länderfällen kommt demnach jeweils der Charakter einer Zwischenwahl zu. Darüber hinaus kann nach Decker und Lewandowsky drittens der negative Effekt für die führende Partei der Bundesregierung bei einer Landtagswahl auch der kleineren Partei der Bundesregierung zu Gute kommen und viertens vermindert eine Landtagswahl den Anreiz für den Wähler, die Bundesregierung bei der nächsten Bundestagswahl zu sanktionieren, was für ein gewisses stabilisierendes Moment im Bund sorgt.

Auch wenn der Begriff der Zwischenwahlen sich inzwischen weitgehend durchgesetzt hat, gibt es gleichwohl auch gegenteilige Befunde, die mindestens eine abnehmende bundespolitische Durchdringung der Landtagswahlen feststellen. So habe seit der Wiedervereinigung die Eigenständigkeit der regionalen Wahlgänge zugenommen, indem spezifische Muster des Wahlverhaltens auf Landesebene an Bedeutung gewannen (vgl. Detterbeck 2010a: 210; Hough/Jeffery 2001: 86ff.; Burkhart 2005: 34). Das äußerte sich im Aufkommen landesspezifischer Parteien (z.B. der STATT-Partei in Hamburg oder der Partei „Arbeit für Bremen und Bremerhaven") wie auch einer Koalitionsvielfalt, die sich etwa in den Premieren von Jamaika-, schwarz-grüner und grün-roter Verbindung auf Landesebene zeigte sowie in der erstmaligen Regierungsbeteiligung des Südschleswigschen Wählerverband in Schleswig-Holstein. Da diese regionalen Parteien nicht im Bundestag vertreten sind oder waren, können sie weder dem Regierungs- noch dem Oppositionslager zugerechnet werden und verzerren damit den Effekt der bundespolitischen Durchdringung (vgl. Bräuninger 2012: 22).

Andere Studien legen nahe, dass sich das Wahlverhalten im Land nicht verändert, wenn der Termin der Abstimmung weiter von einer Bundestagswahl entfernt ist oder etwa wenn das Ergebnis einer Landtagswahl signifikant die Mehrheitsverhältnisse im Bundestag verschieben kann (vgl. Müller/Debus 2010). Auch ist vorstellbar, dass die Programmatik der Landesparteien umso mehr von der jeweiligen Bundespartei abweicht, je weiter die entsprechende Landtagswahl zeitlich von den Bundestagswahlen entfernt liegt. Eine größere zeitliche Distanz könnte für die Landespartei bedeuten, dass sie aufgrund der geringeren Kontrolle durch die Organisationsgremien der Bundespartei über mehr programmatische Freiheit verfügt. Für die Legislaturperioden 1998 bis 2002 und 2002 bis 2005 ergeben sich zumindest Anhaltspunkte für diesen Zusammenhang (vgl. Debus 2007a: 58; Däubler/Debus 2009).

Den bundespolitischen Einfluss auf Landtagswahlen haben auch Gabriel und Holtmann (2007) allgemein und bundesländerspezifisch untersucht (vgl. Schoen 2007b). Sie diagnostizieren einen „konditionalen Einfluss" der Bundespolitik. Bei Landtagswahlen spielten „situative Effekte" eine beträchtliche Rolle, die sich durch generelle politische Regelungen kaum beeinflussen ließen (Gabriel/Holtmann 2007: 462). Das bedeutet, bundespolitische Einflüsse auf Wahlkämpfe in den Ländern sind immer möglich, aber nie grundsätzlich gegeben. Der reale Einfluss des Bundes bei einer Landtagswahl ist überdies schwierig zu belegen, auch weil es schwerfällt, grundsätzliche Parteiidentifikation auf einer speziellen föderalen Ebene zu verorten. Insofern ist ein grundsätzlicher Effekt der Bundespolitik plausibel nachzuweisen, dieser tritt aber situativ in unterschiedlicher Ausprägung auf. Allgemein gilt, dass rationale Akteure in Landtagswahlkämpfen genau dann bundespolitische Themen aufgreifen oder sich um personelle Unterstützung aus Berlin bemühen, wenn die situativen Bedingungen dies als in ihrem Sinne erfolgsversprechend erscheinen lassen. Wann dies in einem Wahlkampf der Fall sein kann, soll später gezeigt werden.

Wie Lewandowsky (2009: 1) ausführt, hat sich mittlerweile ein eigener Forschungsstrang herausgebildet, der Ergebnisse von Landtagswahlen in Beziehung zu Bundestagswahlen setzt und die entsprechenden Zusammenhänge empirisch untersucht (vgl. Völkl e.a. 2008). Das Gros der Forschung konzentriere sich auf einzelne Landtagswahlkämpfe (vgl. Diermann 2007; Diermann/Korte 2007), den parlamentarischen Zustand in den Bundesländern (vgl. Decker 2004a; 2004b; Mielke/Reutter 2011) oder Muster der Regierungsbildung auf Landesebene (vgl. Jun 1994; Kropp/Sturm 1999). Auch strategische Wahlkampagnen wurden in diesem Kontext analysiert (vgl. Berg 2002; Jun 2004), insbesondere mit Blick auf die Interaktion von politischen Akteuren und Medien (vgl. Meyer/Ontrup/Schicha 2000; Plasser 1989).

Keine Erkenntnisse gibt es bisher zum Wechselspiel von institutionellen Gegebenheiten und dem strategischen Handeln der Akteure. Wenngleich es schlüssig erscheint, Landtagswahlkampfstrategien im Geiste Downs rational an potentiell wahlentscheidenden Faktoren auszurichten, existiert mit Blick auf die Verflechtung von Bundes- und Länderebene kein integrativer Ansatz. Die Frage, ob und wie Landesparteien die bundespolitische Überlagerung der Landtagswahl in ihre Strategien implementieren, steht bisher unbeantwortet im Raum (vgl. Lewandowsky 2009: 2). Insbesondere erscheint interessant, wie Wahlkämpfer mit dem Oppositionseffekt bzw. dem Zwischenwahlcharakter umgehen. Ob sie etwa wie *Roland Koch* 1999 diesen bewusst mit einer Kampagne gegen die SPD-geführte Bundesregierung anstreben. Oder ob sie als Landesverband der in der Bundesregierung vertretenen Partei auf bewusste Abgrenzung und „dissonante Töne" (Eilfort 2006: 211) setzen.

# 4. Methodische Hinweise: ein Blick in den Werkzeugkasten

Nach einem allgemeinen Überblick über das Forschungsfeld Wahlkampf und einem spezifischen Einblick in die Belange der Länder und Regionen soll an dieser Stelle der Werkzeugkasten geöffnet und erläutert werden, wie der übrige Teil der Arbeit bewerkstelligt wurde. Dabei geht es gleichermaßen um das allgemeine Vorgehen wie um konkrete methodische Fragestellungen. Der Aufbau dieses Abschnitts folgt grob der chronologischen Abfolge der gesamten Arbeit: Zunächst wird der methodische Prozess der Theorie- und Hypothesenbildung (Kapitel 5) erläutert, dann die Auswahl der Fallbeispiele (Kapitel 7) erklärt und schließlich mit den Wahlkämpferinterviews sowie der Analyse von Wahlkampfmaterialien und Wahlkampfberichterstattung unterschiedliche Mittel der Auswertung (Kapitel 6 und 8) thematisiert.

## 4.1 Zur Genese von Modell und Hypothesen

Ein Großteil der Literatur zur empirischen Sozialforschung konzentriert sich insbesondere auf Forschungsprozesse, die zu Beginn Hypothesen aufstellen und diese dann eher quantitativ als qualitativ überprüfen (vgl. Atteslander 2006; Diekmann 2007; Kromrey 2009). Dabei wird für Theoriebildung und Hypothesenkonstruktion auch eine Portion „theoretische Phantasie" angemahnt, die Fähigkeit zu „kühnen Spekulationen" (Roth 1987: 87) sowie die Anwendung „logisch-mathematischer Kalküle" (Opp 2005: 170ff.). Methodisch zu unterscheiden ist ein solcher Weg von Forschungen, deren hauptsächlicher Sinn in der Überprüfung vorab formulierter Theorien besteht. Nach diesem Ansatz werden Theorien und Konzepte, um diese zu operationalisieren, hypothetisch-deduktiv generiert, also nicht in einem ergebnisoffenen Umgang mit dem Forschungsgegenstand und dessen empirischen Daten.

Für die Theoriebildung dieser Arbeit wird eher der erste, also ein *induktiver Weg* verfolgt, bei dem in der Auseinandersetzung mit dem komplexen und empirischen Phänomen Wahlkampf „Konzepte und deren Beziehungen zu einem Satz von Hypothesen" formuliert und „gegenstandsbezogene Theorien" entdeckt werden (Glaser/Strauss 1979:

91). Damit wird sich in Teilen den Ansätzen der *Grounded Theory* bedient, die insbesondere die induktive Generierung neuer Theorie aus Datensätzen und deren Prognosefähigkeit propagieren (vgl. Glaser/Strauss 2005, S. 31ff.). Im tatsächlichen Prozess der Forschung sei dabei nach einer komparativen Methode vorzugehen, wobei die Einheit des Vergleichs offen bleibt: Es können dies Gruppen, Individuen oder wie in diesem Fall Wahlkampagnen sein (vgl. Fleiß 2010: 8).

Durch das Procedere der Grounded Theory (vergleichendes Verfahren, beständiges Anpassen der Datenerhebung an die erhobenen und bereits ausgewerteten Daten) sollen aus den untersuchten Gegenständen „konzeptuelle Kategorien" und deren „Eigenschaften" gewonnen werden. Diese bilden dann im nächsten Schritt die grundlegenden Elemente, aus denen die Theorie konstruiert wird, indem man das Verhältnis zwischen den Kategorien in Hypothesen ausdrückt (vgl. ebd.: 8f.).

Kritiker monieren, dass es häufig als induktiver Vorgang missverstanden werde, wenn anhand empirischer Daten deskriptive oder theoretische Kategorien entwickelt werden (vgl. Kluge/Kelle 2010: 18). So verstandene induktive Schlüsse würden lediglich zu einer Verallgemeinerung von Einzelbeobachtungen führen und nicht zu wirklich neuen Begriffen und Kategorien. Ohnehin wird kritisiert, dass sich Forscher entweder ohne theoretisches Vorwissen (Induktion) oder ausschließlich theoretisch (Deduktion) der Materie nähern. Um beide Reinformen zu umgehen, hat sich in der Forschungsliteratur eine dritte Form entwickelt, „deren Prämissen eine Menge empirischer Phänomene" betreffen und „deren Konklusion empirisch begründete Hypothesen" (ebd: 23; vgl. Reichertz 2003) liefern: die Methode des „hypothetischen Schlussfolgerns" von Charles Peirce. Dabei werden aus bestehenden Regeln und konkreten Beobachtungen Schlussfolgerungen abgeleitet, die dann wie gewohnt einer späteren Prüfung bedürfen. Hierbei gilt:

> „Um eine Hypothese handelt es sich, wenn wir einen sehr seltsamen Umstand finden, der durch die Unterstellung erklärt werden würde, dass es ein Fall einer bestimmten allgemeinen Regel ist, und wenn wir daraufhin jene Unterstellung akzeptieren." (Peirce 1991: 232).

Da in der vorliegenden Arbeit wie erwähnt der empirisch erfahrbare Gegenstand der Wahlkampfführung analysiert und in einer Art und Weise erklärt werden soll, die in Teilen auf theoretisches Neuland führt, handelt es sich eher um eine induktive Herangehensweise. Gleichwohl erfolgen die Entwicklung des Erklärungsmodells und die daraus resultierenden Hypothesen auch theoriegeleitet, etwa mit Blick auf die Wahlforschung oder die Organisationsforschung. Aus diesem Grund erscheint die Mischform des „hypothetischen Schlussfolgerns" der passende Weg. Dabei wird sich auf das Theorieverständnis der Grounded Theory berufen, das der allgemeinen und bereits etwas historischen Definition von May Brodbeck entspricht. Demnach kann Theorie als eine Menge von Termini verstanden werden, die Referenzobjekte in der Wirklichkeit besitzen, und eine Reihe von Generalisierungen oder Gesetzen, die darüber Auskunft geben, wie die Objekte, auf die sich die Termini der Theorie beziehen, einander beeinflussen (vgl. Brodbeck 1958: 8).

### 4.1.1 Typenbildung

Der theoretische Teil in Kapitel 5 beginnt mit einer *Typologie der Wahlkampfstile* und folgt damit einem regelmäßig praktizierten Muster. Typologien strukturieren inhaltliche Zusammenhänge und dienen damit häufig als Grundlage oder „Zwischenschritt der Theoriebildung" (Kluge 1999: 48ff.). Sie regen letztlich und so auch in dieser Arbeit das Entwickeln von Hypothesen an (vgl. Kelle/Kluge 2010: 91), bzw. weisen der „Hypothesenbildung die Richtung" (Weber 1904: 190).

Typen und Typologien zählen zu den traditionellen und etablierten Werkzeugen der Sozialwissenschaften und spielen dort bereits seit Ende des 19. Jahrhunderts eine wichtige Rolle (vgl. Menger 1883: 4f./36; Weber 1904; 1921). Bereits 1937 stellte Lazarsfeld fest, dass die Typenbildung in der Sozialforschung zunehmend an Wichtigkeit gewinnen (vgl. Lazarsfeld 2007: 344). Mehr als siebzig Jahre später hat dieses Urteil nichts von seiner Gültigkeit eingebüßt (vgl. Fleiß 2010: 4). Als besonders einflussreich erwies sich der von Max Weber geprägte Begriff des „Idealtypus".[43] Darunter sind Typen zu verstehen, die gekennzeichnet sind durch „einseitige Steigerung eines oder einiger Gesichtspunkte und durch Zusammenschluss einer Fülle von diffus und diskret, hier mehr, dort weniger, stellenweise gar nicht, vorhandenen Einzelerscheinungen, die sich jenen einseitig herausgehobenen Gesichtspunkten fügen, zu einem in sich einheitlichen Gedankenbilde" (Weber 1904: 191). Ein Idealtypus ist also „zwischen Empirie und Theorie" (Kelle/Kluge 2010: 83) zu verorten, Weber (1904) nennt ihn eine „Utopie", der sich einerseits auf reale empirische Phänomene bezieht, diese aber andererseits nicht nur beschreibt, sondern einige Merkmale bewusst übersteigert, um zu einem

---

[43] Eine der bekannten Idealtypologien Webers unterscheidet etwa zwischen zweckrationalem, wertrationalem, affektuellem und traditionalem Handeln.

Modell sozialer Wirklichkeit zu gelangen.[44] In der empirischen Sozialforschung ist die Bildung von Typen eine bereits seit langem geübte Praxis (Kelle/Kluge 2010: 84). Ein Beispiel liefert etwa die sog. „Marienthalstudie" von Jahoda, Lazarsfeld und Zeisel aus den 1930er Jahren, die bei arbeitslosen Familien vier typische Reaktionen feststellt: „ungebrochen", „resigniert", „verzweifelt" oder „apathisch" (vgl. Jahoda e.a. 1933).

Explizit methodologische Arbeiten, die sich konkret damit befassen, wie Typen in der qualitativen Forschung gebildet werden sollen, existieren seit den 1980er Jahren (ausführlich hierzu Kluge 1999: 13ff.). Als exemplarisch wird dabei die Arbeit von Uta Gerhardt (1986) beschrieben, die es als zentrales methodisches Ziel der Typenbildung beschreibt, einen Überblick über Ähnlichkeiten und Unterschiede im Datenmaterial „sowohl auf Einzelfallebene wie über ein Gesamt zahlreicher Fälle" (Gerhardt 1986: 91) zu erhalten, so dass (möglichst) ähnliche Fälle zu Gruppen zusammengefasst und von (möglichst) differenten Fällen getrennt werden können. So sollen Begrifflichkeiten entstehen, mit denen die ausgemachten Ähnlichkeiten und Unterschiede wie auch eine „übergreifende Struktur" charakterisiert werden können (ebd.: 90f.). Dabei gilt eine „vergleichende Kontrastierung" (Kelle/Kluge 2010: 85) als das zentrale Verfahren der Typenbildung (vgl. Kuckartz 2007; Bohnsack 2007), stets mit dem Ziel, Datenmaterial zu strukturieren und Ähnlichkeiten wie Unterschiede zu identifizieren.

Wer Typologien erstellt, bildet Gruppen anhand bestimmter Merkmale, die unterschiedlich stark ausgeprägt sind (vgl. Ziegler 1973: 20; Lamnek 2005: 736), so dass sich die Elemente innerhalb einer Gruppe möglichst ähnlich sind und sich die Gruppen voneinander möglichst stark unterscheiden (vgl. Kluge 1999: 26ff.). Es handelt sich also um eine „Zusammenfassung jener Objekte zu Typen, die einander hinsichtlich bestimmter Merkmale ähnlicher sind als andere" (Büschges 1989: 249).

Doch nicht allein die Beschaffenheit bestimmter Merkmale entscheidet über die Zugehörigkeit zu einem bestimmten Typus. Viel mehr soll auf Basis der Merkmale nach „inneren" oder „Sinnzusammenhän-

---

[44] Solche Typisierungen sind Schütz (1974) zufolge nicht nur ein Werkzeug sozialwissenschaftlicher Forschung und Theoriebildung, sondern ein grundlegendes Element sozialen Handelns überhaupt. Der Mensch müsse im Alltag in konkreten Begebenheiten stets das „Typische" erkennen, um damit umgehen zu können. So ließe sich erst auf eine ausgestreckte Hand reagieren, wenn man darin die typische Geste des Grüßens begriffe (vgl. Kelle/Kluge 2010: 84).

gen" gesucht werden, wie Max Weber das formuliert, um zu einer „richtigen kausalen Deutung typischen Handelns" und zu „verständlichen Handlungstypen, also: ‚soziologischen Regeln'" (Weber 1921: 5f.; vgl. Gerhardt 1986: 91) zu gelangen. Diese Sinnzusammenhänge bilden die eigentliche Grundlage für die Theoriebildung. Es bedarf bei der Typenbildung also nicht der reinen Identifikation von Merkmalskombinationen, sondern auch deren Interpretation.

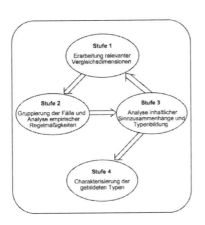

Allgemein lässt sich die Entwicklung von Typologien in vier Schritte unterteilen (Kluge/Kelle 2010: 92; Abbildung 2), die im Folgenden kurz erläutert werden sollen: Zunächst sollen relevante Merkmale erarbeitet werden, anhand derer sich Unterschiede erkennen lassen. Lazarsfeld (2007: 345ff.) differenziert zwischen dichotomen und abstufenden Merkmalen. Am Beispiel der Wahlkampfstile sind dies ausnahmslos dichotome Kategorien, wie Kapitel 5 ausführlich aufzeigt.

Abbildung 2: Stufen der Typenbildung

Auf dieser Stufe soll die ganze Bandbreite der Merkmale ausgearbeitet werden. Nach Kelle und Kluge (2010: 93) ist es dabei unerheblich, ob Kategorien induktiv oder deduktiv generiert werden, also ob etablierte oder neuartige Maßstäbe zum Einsatz kommen. Stattdessen kommt es umso mehr auf die inhaltliche Qualität der ausgewählten Merkmale an. Denn (Bailey 1994: 2):

„If you follow the rules of classification perfectly, but classify on trivial dimensions, you will produce a trivial classification."

In einem zweiten Schritt werden den Merkmalsgruppen konkrete Fälle zugeordnet. Damit werden die gebildeten Kategorien mit Leben gefüllt und ein Überblick gegeben über die möglichen Kombinationen von Merkmalsausprägungen innerhalb eines Typus. Hier gilt es abzuwägen, ob die Fälle eines Typus sich ausreichend ähneln und im Gegenzug die Fälle unterschiedlicher Typen sich ausreichend unterscheiden. Dabei wird in der Methodenliteratur häufig das Konzept des Merkmalsraums empfohlen (vgl. Barton/Lazarsfeld 1993; Kluge 1999), das vorsieht, mit sämtlichen Merkmalen und deren theoretisch möglichen Ausprägungen eine ggf. mehrdimensionale Kreuztabelle zu erstellen und den entsprechenden Feldern jeweils Fälle zuzuweisen.

Ein dritter Schwerpunkt richtet sich auf die Sinnzusammenhänge der jeweiligen Merkmalsausprägungen, d.h. die deskriptiven Zuordnungen werden nun auch inhaltlich hinterfragt. Diese Sinnsuche kann dazu führen, dass Fälle anderen Gruppe zugewiesen oder Gruppen zusammengefasst werden. In der Folge reduziert sich meist die Zahl der Gruppen, d.h. die Typologien werden kleiner, aber auch zielgenauer. Dazu werden die Merkmalsausprägungen der Gruppen im Sinne Webers zu Idealtypen zugespitzt.

Ein letzter Schritt charakterisiert schließlich umfassend und möglichst genau die konstruierten Typen und bezeichnet sie entsprechend. In der Praxis werden häufig bestimmte Prototypen ausgewählt, die dann eben pars pro toto die gesamte Gruppe repräsentieren (vgl. Kuckartz 2007: 103; Dietz e.a. 1997: 247ff.). Dabei handelt es sich um die realen Fälle, die „im Sinne eines konkreten Musterstücks" (von Zerssen 1973: 53) am ehesten das Spezifische einer Gruppe verkörpern. An ihnen kann man „das Typische aufzeigen und die individuellen Besonderheiten dagegen abgrenzen" (Kuckartz 1988: 223). Gleichwohl ist der Prototyp nicht mit dem Idealtypus gleichzusetzen, sondern entspricht diesem lediglich (vgl. von Zerssen 1973: 131).

Mit der Charakterisierung der gebildeten Typen ist die „Stufenfolge empirisch begründeter Typenbildung" nach Kelle und Kluge (2010: 92) abgeschlossen. Das Modell eignet sich für eine Vielzahl qualitativer Forschungsfragen und unterschiedliches Datenmaterial (vgl. Kluge 1999: 257ff.). Dennoch müssen natürlich die Auswertungsmethoden und -stufen für jede Studie aufs Neue überprüft und angepasst werden. Wenn das gelingt, können die so gewonnenen Idealtypen eine große theoriebildende Hilfestellung liefern, weil bereits der „reine Typus eine Hypothese des möglichen Geschehens" (Gerhardt 1991: 437) enthält und der „Verdeutlichung der Wirklichkeitsstruktur" (Gerhardt 1986: 91) dient.

### 4.1.2  Zweiphasenmodell des Forschungsprozesses

Basierend auf der Typologie der Wahlkampfstile wird das Erklärungsmodell für Wahlkämpfe nach und nach entwickelt und dessen Aussagen in entsprechende Hypothesen gegossen. Diese müssen und werden schließlich im weiteren Verlauf der Arbeit einer systematischen und umfassenden Untersuchung unterzogen.

Das Vorgehen entspricht dem zweiphasigen Modell des Forschungsprozesses[45], wie es auch in der Methodenliteratur immer wieder beschrieben wurde (vgl. Friedrichs 1990: 50f.). Ein solches Modell differenziert zwischen dem Entdeckungs- und dem Begründungszusammenhang: In der ersten Phase generiert der Forscher Hypothesen und kann dabei durchaus auch „kreativ" bis „spekulativ" (Kelle/Kluge 2010: 22) zu Werke gehen. Im Umgang mit empirischen Phänomenen ist in dieser Phase weniger eine systematische als eine „mehr oder weniger impressionistische Form der Exploration eines Problems" (Friedrichs 1990: 52) gefragt. Das ändert sich in der zweiten Phase, wenn umso methodisch kontrollierter und systematischer verfahren wird, mit dem Ziel einer „möglichst exakten, nachprüfbaren und objektiven Prüfung der Hypothesen" (ebd.).

Übertragen auf diese Arbeit findet sich die Phase der Entdeckung in Kapitel 5 und die Phase der Begründung in Kapitel 8.

## 4.2  Auswahl der Fallstudien: Most similar cases design

Dazwischen werden in Kapitel 7 die Fallbeispiele eingeführt, also die Bundesländer vorgestellt, deren konkrete Wahlkämpfe als Feld der Analyse dienen. Das soll unter anderem auch helfen, ein grundlegendes Problem anzugehen, das Kelle und Kluge (2010: 17) bei sozialwissenschaftlichen Arbeiten feststellen. Ihnen zufolge verfügen Forscher häufig nicht über eine ausreichende Kenntnis von typischen Deutungsmustern und Handlungsorientierungen der Akteure. Dies sei besonders dort der Fall, wo fremde Kulturen oder Subkulturen innerhalb der eigenen Gesellschaft analysiert werden, wobei als „Subkultur" bereits gelten kann, wenn jemand einer anderen sozialen Schicht angehört, in einem anderen Stadtteil wohnt oder zu einer anderen Altersgruppe zählt als die Forscher. In diesem Sinne können m.E. auch unterschiedliche Bundesländer für spezifische Subkulturen stehen. Der Gefahr, bei der Formulierung und Überprüfung von Hypothesen „ins Leere zu greifen", soll mit qualitativen Vorstudien begegnet werden (ebd.). Dies ist eine der Aufgaben, die Kapitel 7 erfüllen soll.[46]

---

[45] Eine kritische Einordnung des Zweiphasenmodells findet sich bei Kelle (1997: 134ff.) und bei Kelle/Kluge (2010: 21ff.).

[46] Für die dort abgehandelten Passagen über den Einfluss regionaler politischer Kultur sei mit Hans-Georg Wehling bereits jetzt auf ein methodisches Problem hingewiesen: „Regio-

Eine andere Aufgabe ist es, einen Überblick über die zu untersuchenden Wahlkämpfe zu vermitteln und damit die Spielfelder abzumessen, in denen die jeweiligen Kampagnen aufeinandertreffen. Welche Spitzenkandidatinnen und Spitzenkandidaten treten an? Wie lauten die Umfragewerte zu Beginn und im Verlauf des Wahlkampfes? Wie sind die unterschiedlichen Landesparteien aufgestellt?

Das führt zu Frage, welche Bundesländer berücksichtigt werden und nach welchem Auswahlverfahren. Wenn man Landtagswahlkämpfe innerhalb eines föderalen Staates vergleicht oder auch Landesverbände einer Mutterpartei geht man von der Forschungslogik her zumeist differenzanalytisch vor, weil die Leitfrage darauf zielt, was unter ähnlichen Rahmenbedingungen dennoch unterschiedlich ist (Patzelt 2005a: 39).[47] Die Differenzen anschließend besser auswerten und erklären zu können, ist der Sinn dieser vergleichenden Methode (vgl. Neumann 2012: 48f.).

Ein solches Verfahren bietet sich für die vorliegende Studie an, weil dadurch die spezifischen Besonderheiten der einzelnen Länder herausgearbeitet werden können. Das gelingt m.E. besser, als es in einer tiefgehenden Einzelfallstudie möglich gewesen wäre. Der systematische Vergleich mehrerer Fälle kann stärker als eine einzelne Studie kontrollieren, „inwieweit empirische Einzelbefunde tatsächlich zur Aufdeckung genereller Muster über historische Besonderheiten hinaus tragen" (Detterbeck 2002: 41). Erst wenn man sie mit anderen vergleicht, erhalten Gegenstände eine „individuelle Identität" (Aarebrot/Bakka 2006: 57).

Der vorliegende Vergleich findet innerhalb eines homogenen Raumes statt, im Sinne des von Arend Lijphart (1975) vorgelegten „area approaches", wodurch sich die Fälle, also die Landtagswahlkämpfe, in vielen Aspekten ähneln. Die Kampagnen spielen in einem vergleichbaren systemischen und parteipolitischen Umfeld. Zum einen weil die föderalen und institutionellen Gegebenheiten in den Bundesländern sich strukturell ähnlich sind, zum anderen weil sie durch die zeitliche Nähe der Wahlkämpfe mit der gleichen politischen Farbenlehre auf Bundesebene

---

nale Daten liegen selten vor. Historische Erklärungen erscheinen als zu willkürlich. (...) Wer die Wirklichkeit nicht einfach verfehlen will, muss jedoch notfalls auf qualitative, unvollständige und lediglich Plausibilität beanspruchende historische Daten und Erklärungsmuster zurückgreifen" (Wehling 1984: 150). Eilfort (2003: 201) hat das Dilemma mit den von politischer Kultur beeinflussten regionalen Besonderheiten so umschrieben: „Man weiß, dass es da etwas gibt, geben muss, kann es aber nicht genau quantifizieren und eindeutig belegen – so wenig wie den berühmten Pudding an die Wand nageln."

[47] Das Gegenteil wäre ein konkordanzanalytischer Ansatz, der fragt, was unter sehr verschiedenen Systembedingungen dennoch gleich ist.

interagieren. Diesem Prinzip folgend verwendet die vorliegende Arbeit ein „Most similar cases design", das bis auf die „method of difference" von John Stuart Mill (1885: 86ff.) zurückgeht, von Przeworski und Teune operationalisiert und so beschrieben wurde (1970: 39):

> „Die Untersuchung möglichst ähnlicher Systeme beruht auf der Annahme, dass eine Anzahl theoretisch signifikanter Unterschiede zwischen sehr ähnlichen Systemen gefunden werden kann und dass diese Unterschiede zur kausalen Erklärung beitragen."

Demzufolge wird es im Verlauf der Arbeit auch darauf ankommen, die Unterschiede zwischen den Bundesländern zu extrapolieren, um mit deren Einfluss mögliche Differenzen bei der Wahlkampfführung oder dem Ablauf des Wahlkampfes bzw. etwaige Abweichungen von den Hypothesen potentiell erklären zu können. Deshalb sollte die Fallauswahl unter den ähnlichen und aktuellen Rahmenbedingungen dennoch eine gewisse Vielfalt widerspiegeln: im Bezug auf die geographische Lage, die historisch prägende Unterteilung in mehrheitlich katholische und protestantische Konfession sowie in Ost und West, die Größe des Landes, die Stärke der historischen Identität und die Wirtschaftskraft.

Anhand dieser Kriterien soll die Fallauswahl einerseits negativ, d.h. nach dem Ausschlussprinzip, und andererseits positiv begründet werden (Tabelle 2). Dabei rückt zunächst die Grundgesamtheit in den Blick, die dann analytisch angeleitet reduziert wird (vgl. Jahn 2005: 61). Demnach fallen alle Bundesländer weg, deren letzte Landtagswahl noch unter der im Bund regierenden Großen Koalition (2005 bis 2009) stattfand und es werden Wahlen ausgeschlossen, die in die zweite Hälfte (Oktober 2011 bis Oktober 2013) der schwarz-gelben Legislaturperiode fielen. Eine Ausnahme bildet dabei die Landtagswahl in Nordrhein-Westfalen im Mai 2012. Bliebe sie außen vor, würde nicht lediglich ein Bundesland nicht berücksichtigt, sondern es müsste mit der Landtagswahl im Mai 2010 eine ältere Wahl analysiert werden, was einige forschungspraktische Probleme bereitet, auf die später eingegangen wird. Nach diesen beiden Ausschlusskriterien wurden die verbliebenen Bundesländer auf ihre regionale, historische und ökonomische Bandbreite hin untersucht und damit ihre Auswahl positiv begründet.

| Kriterium der Fallauswahl | Fälle |
| --- | --- |
| 1. Grundgesamtheit | Die aktuellsten Landtagswahlkämpfe in 16 Bundesländern. |

| | |
|---|---|
| 2. Landtagswahlen in der Regierungszeit der schwarz-gelben Bundesregierung[48] | Es scheiden aus: Bayern, Brandenburg, Hessen, Saarland, Sachsen. |
| 3. Landtagswahlen in der ersten Hälfte dieser Legislaturperiode (2009 bis 2011) | Es scheiden aus: Saarland, Schleswig-Holstein, Niedersachsen.[49] |
| 4. Geographische Lage | Nord (Hamburg, Bremen); Süd (Baden-Württemberg); Ost (Sachsen-Anhalt); West (Nordrhein-Westfalen). |
| 5. Traditionelle Konfession | Mehrheitlich katholisch geprägte Länder (Baden-Württemberg, Nordrhein-Westfalen; mehrheitlich protestantisch geprägte Länder (Hamburg, Bremen) |
| 6. Alte / neue Bundesländer | Alte Bundesländer (Baden-Württemberg, Bremen, Hamburg, Nordrhein-Westfalen, Rheinland-Pfalz); neue Bundesländer (Mecklenburg-Vorpommern, Sachsen-Anhalt). |
| 7. Stärke der historischen Identität (vgl. Matz 2008: 214ff.) | Alte und starke Identität (Bremen, Hamburg); jüngere, aber starke Identität (Mecklenburg-Vorpommern); Bindestrich-Länder der Nachkriegszeit (Baden-Württemberg, Nordrhein-Westfalen, Rheinland-Pfalz); schwache Identität (Sachsen-Anhalt, Berlin). |
| 8. Wirtschaftskraft | Ökonomisch starke Länder (Baden-Württemberg, Hamburg); ökonomisch schwache Länder (Berlin, Bremen, Mecklenburg-Vorpommern, Sachsen-Anhalt). |

Tabelle 2: Eigene Darstellung, in Anlehnung an Neumann (2012: 50).

Wie Tabelle 2 zeigt, eignen sich die Landtagswahlen in Hamburg, Sachsen-Anhalt, Baden-Württemberg, Rheinland-Pfalz, Bremen, Mecklenburg-Vorpommern, Berlin und Nordrhein-Westfalen nach den angelegten Maßstäben als zu analysierende Fallbeispiele.

---

[48] Der Koalitionsvertrag wurde am 26. Oktober 2009 unterschrieben. Dieses Datum gilt als amtlicher Beginn der Regierungszeit.

[49] Als Ausnahme gilt wie beschrieben die Landtagswahl in Nordrhein-Westfalen am 13. Mai 2012.

## 4.3 Wahlkämpfe in der Retrospektive: ein Lernprozess

Damit kommen wir nun zur Überprüfung der Hypothesen im empirischen Teil und damit zu einigen Grundsatzfragen: Auf welchen Wegen lassen sich gesicherte Erkenntnisse darüber gewinnen, wie Wahlkampf tatsächlich umgesetzt wird? Welches Methodendesign ist zu wählen, um der Komplexität von Wahlkämpfen gerecht zu werden und deren Ausgestaltungen ausreichend zu erfassen? Welche Wahlkampfakteure oder -materialien eignen sich als aussagekräftige Quellen? In welchem Umfang sind diese realistisch zu konsultieren und zu recherchieren? Ab wann gilt eine theoretische Annahme als empirisch verifiziert?

Mit diesen Fragen, das sei zugegeben, habe ich eine Weile gerungen, und meine finale Antwort darauf ist schließlich als das Ergebnis eines Lernprozesses zu sehen. Sie sieht einen Methodenmix vor, um der komplexen Realität gerecht zu werden, aber auch um Verzerrungen durch einseitige Wahrnehmungen einzelner Protagonisten zu begrenzen. Ursprünglich war geplant, ausschließlich anhand leitfadengestützter Interviews mit möglichst prominenten Wahlkämpfern ausgewählte Landtagswahlkämpfe in Augenschein zu nehmen. Erste Interviews zur hessischen Landtagswahl im Januar 2008 konnten im Mai 2010 geführt und dafür mit dem Spitzenkandidaten der FDP und damaligem Landesjustizminister, *Jörg-Uwe Hahn*, und der SPD-Spitzenkandidatin *Andrea Ypsilanti* Gesprächspartner aus der ersten Reihe gewonnen werden. Bessere Ansprechpartner aus dem sog. Arkanbereich der Politik lassen sich wohl schwer finden.[50]

### 4.3.1 Wiesbadener Interviews im Mai 2010

Gerade diese beiden Wiesbadener Gespräche zeigten mir jedoch drei grundsätzliche Probleme der Interviewmethode auf: die zeitliche Distanz, die Vermengung von Wahlkampf und Wahlausgang und die persönliche Betroffenheit (vgl. Tenscher 2003: 159).

Der erste Punkt erscheint trivial: Je später ein Interview stattfindet, desto schwerer fällt es den Beteiligten, sich an den konkreten Wahl-

---

[50] In Teilen der Forschungsliteratur wird empfohlen, so nah wie möglich an die handelnden Personen heranzugehen, um kausalen Wirkungsfragen des Wahlkampfs im Einzelfall konkret auf den Grund zu gehen. So empfiehlt Harald Schoen (2007a: 43), „trotz der damit verbundenen Probleme zu versuchen, in den ‚Arkanbereich der Politik' vorzudringen, um Motive und Wahrnehmungen der politischen Akteure empirisch zu analysieren".

kampf, oder gar an vorgelagerte Prozesse der Kandidatenkür oder der Programm- und Kampagnengenese zu erinnern. Vergessene Details lassen sich zum Teil rekonstruieren, gleichwohl schmälern ungenaue Aussagen die allgemeine Aussagekraft. In den hessischen Interviews kam ein zusätzliches Spezifikum hinzu: die Neuwahlen im Januar 2009 nach der zuvor missglückten Koalitionsbildung im linken Lager, also die Tatsache, dass innerhalb von zwölf Monaten zwei Landtagswahlkämpfe mit zahlreichen personellen Überschneidungen ausgetragen wurden. Die Unterscheidung der beiden Wahlkämpfe aus der Retrospektive im Frühjahr 2010 bereitete etwa *Jörg-Uwe Hahn*, der in beiden Kampagnen als FDP-Spitzenkandidat antrat, immer wieder Probleme, wie er selbst einräumte.

In besonderem Maße neigt der Wahlkämpfer im Rückblick dazu, den Wahlkampf im Lichte des Resultats zu beurteilen, nach dem erhaltenen Stimmenanteil der eigenen Partei, dem machtpolitischen Ergebnis der anschließenden Koalitionsbildung und der Auswertung von Wählerwanderungen und vermeintlichen Wirkungsmechanismen. Das führt zu Übertreibungen, man kann auch sagen Verzerrungen, je nach Ausgang in die eine oder die andere Richtung. Das ließ sich am Fall von *Andrea Ypsilanti* studieren.

*Ypsilanti* hatte für die Wahl im Januar 2008 aus der Position der vermeintlich chancenlosen Außenseiterin gegen Ministerpräsident Roland Koch (CDU) einen sehr engagierten Wahlkampf geführt[51], der ihrer Partei zu immer positiveren Umfragewerten und schließlich zu einem respektablen Wahlergebnis[52] verhalf. Betrachtet man nur den Wahlkampf für die Landtagswahl 2008, muss *Ypsilanti* zwingend als eine Wahlsiegerin gelten.[53] Doch ihre öffentliche Wahrnehmung wird natürlich durch die Monate nach der Wahl geprägt: *Ypsilanti* versuchte sich mit Hilfe der Linke als Ministerpräsidentin wählen zu lassen, was zu Diskussionen in der Öffentlichkeit und auch innerhalb der SPD-Landtagsfraktion führte,

---

[51] Auch Jörg-Uwe Hahn sprach im Rückblick von einer „sehr guten Kampagne" der Sozialdemokraten unter Andrea Ypsilanti.

[52] Das amtliche Endergebnis weist die Sozialdemokraten mit einem Stimmenanteil von 36,7 Prozent als zweitstärkste Partei aus, mit nur einem hauchdünnen Rückstand auf die CDU (36,8 Prozent). Zudem konnte die SPD im Vergleich zur vorherigen Landtagswahl im Jahr 2003 um 7,6 Prozentpunkte zulegen.

[53] Das ist insbesondere der Fall, wenn man sich die Ausgangssituation für Ypsilanti in Erinnerung ruft, die Tina Hildebrandt in der ZEIT (2008: 5) so beschrieben hat: „Ein Landesverband, der zur Hälfte aus Enttäuschten bestand, eine Bundespartei, in der die meisten mit skeptischem Blick nach Hessen sahen, und eine Spitzenkandidatin, deren größter Feind die eigene Unbekanntheit war – keine guten Voraussetzungen für eine Wahl."

die *Ypsilanti* letztlich die geschlossene Gefolgschaft verweigerte (vgl. Zastrow 2009).

Bei unserem Gespräch, zu dem mich *Andrea Ypsilanti* in ihrem Büro im Wiesbadener Landtag empfing, blickte sie verständlicherweise, aber auch spürbar voreingenommen, man könnte auch sagen mit einer Portion Verbitterung zurück. Sie beurteilte ihre erfolgreiche Kampagne aus der Position einer gefühlten Wahlverliererin. Immer wieder verwies sie auf die Rolle der Medien[54] und Angriffe gegen sie als Frau. Ypsilanti argumentierte aus einer Art Wagenburgmentalität heraus: die Angriffe wären stets von außen gekommen, während intern alle zu ihr gestanden hätten, zumal in der Kampagne des Wahlkampfes, den sie pauschal zu verklären schien.

Wie die vagen Formulierungen im vergangenen Absatz andeuten, begebe ich mich gerade auf den schmalen Grad des Spekulativen, des Interpretatorischen. Dabei sollten in der sozialwissenschaftlichen Forschung grundsätzlich die Alarmglocken läuten, doch es ist der Versuch zu beschreiben, wie ich nach den Gesprächen im Mai 2010 zu zweifeln begann, ob Aussagen von Wahlkampfprotagonisten der ersten Reihe in der Retrospektive der richtige Weg sind. Das mag insbesondere dann fraglich sein, wenn erstens sich eine Wahl auf deren Karrieren gemessen an Amt und Macht letztlich negativ ausgewirkt haben, diese sich zweitens ungerecht behandelt fühlen und drittens, wenn sie dieses Gefühl nicht etwa der eigenen Partei oder eigenem Fehlverhalten, sondern der diffusen Gruppe der medialen Öffentlichkeit als Ganzes anlasten.[55]

### 4.3.2 Methodenmix: Gespräche, Dokumente, Artikel

Diese Lektion zog zwei Konsequenzen nach sich: Erstens wurden gemäß einem funktionalen Ansatz in den Kampagnen Ansprechpartner unterhalb der Ebene der Spitzenkandidaten gesucht und dafür in acht Bundesländern jeweils die Landesverbände der im Bundestag wie im Landtag vertretenen Parteien, insgesamt 41 Landesparteien, kontaktiert.[56] Zumeist

---

[54] Exemplarisch sei hier diese Aussage zitiert: „Wir haben uns gegen die veröffentlichte Meinung gestellt. Immer und immer wieder. Das war wahnsinnig anstrengend. Ich habe immer die Zeitung gelesen und bin auf meine Wahlkampfveranstaltungen gegangen und habe mir gedacht: Das passt nicht zusammen."

[55] Gleichwohl bin ich vor allem für das Gespräch mit Andrea Ypsilanti sehr dankbar und konnte Aussagen daraus an prominenter Stelle in Kapitel 9 nutzen.

[56] Die einzige Ausnahme bildet die NPD in Mecklenburg-Vorpommern, die nicht kontaktiert wurde, obwohl sie im Landtag sitzt. Die Gründe dafür werden in Kapitel 5 dargelegt.

erklärte sich die oder der Landesgeschäftsführer bzw. die oder der ehemalige Wahlkampfleiter bereit, schriftlich oder mündlich Fragen zu beantworten. In einigen wenigen Fällen dienten lediglich Mitarbeiter der Geschäftsstelle ohne Leitungsfunktionen als Ansprechpartner, die aber in jedem Fall an zentraler Stelle der Kampagne mitgewirkt hatten.[57]

Inhaltlich ging es bei den Anfragen um gezielte Detailauskünfte über „Gegebenheiten, zu denen es kein oder nur wenig schriftliches Material gibt" (Martens/Brüggemann 2006: 2) oder um Auskünfte zu strategischen Fragen, bei denen die Sicht der Verantwortlichen die „bestmögliche Annäherung an die Kampagnenrealität" (Tenscher 2011: 73) darstellt. Auf diesem Weg konnte man „Deutungs- und Prozesswissen" (Boger/Menz 2005: 43f.) erhalten sowie einen Einblick in die „Verfahrensweisen von Organisationen und in politische Prozesse" (Pickel/Pickel 2003: 313), die durch andere Quellen nicht zugänglich gewesen wären.

Als zweite Konsequenz wurde die Messung der Hypothesen auf mehrere Komponenten verteilt: neben den persönlichen Kontakt mit den Wahlkampfmanagern traten insbesondere die Analyse von Wahlplakaten als originäre Dokumente der Kampagne sowie von ausgewählter Medienberichterstattung über den Wahlkampf. Einen ähnlichen Methodenmix verwendet Jens Tenscher für seine regelmäßigen Analysen von Wahlkämpfen. Dabei kombiniert er „objektiv messbare Kampagnenkriterien" mit „subjektiven Einschätzungen der Wahlkampfmanager" (Tenscher 2011: 73). Als Alternative regt er darüber hinaus an, die Einschätzungen von Journalisten als externe Wahlkampfbeobachter einzuholen, weil deren Antworten bisweilen „ehrlicher" ausfallen und weniger als bei den Protagonisten der Kampagnen den „Erfolg bzw. Misserfolg der Parteien am Wahltag widerspiegeln" (ebd.). Auf den methodischen Umgang mit Kampagneninhalten und den Einschätzungen von Journalisten soll in den folgenden beiden Abschnitten eingegangen werden.

---

[57] Das Feld der Gesprächspartner kann demnach ausnahmslos als Experten bezeichnet werden, definiert als diejenigen, die „in irgendeiner Weise Verantwortung für den Entwurf, die Implementierung oder die Kontrolle einer Problemlösung (hatten) oder über einen privilegierten Zugang zu Informationen über Personengruppen oder Entscheidungsprozesse" (Meuser/Nagel 1991: 443) verfügten.

## 4.3.3 Wahlkampfmaterialien: strukturierte Inhaltsanalyse

Dabei geht es in beiden Fällen darum, text- und/oder bildlichen Inhalt von Dokumenten auszuwerten, weshalb hier zunächst die Methode der Inhaltanalyse im Allgemeinen beschrieben werden soll, die sich selbst sehr breit aufstellt, indem sie auf „irgendeine Art von Kommunikation" (Mayring 2003: 11) zielt[58]. Dabei kann es als methodischer Anspruch gelten, Kommunikation systematisch, das bedeutet regel- und theoriegeleitet zu analysieren, mit dem Ziel, Rückschlüsse auf bestimmte Aspekte der Kommunikation ziehen zu können (vgl. ebd.: 12).

Die Formen der Inhaltsanalyse unterscheiden sich je nach zu analysierendem Inhalt und je nach Forschungsinteresse. Das beginnt bei der wissenschaftstheoretischen Grundunterscheidung zwischen qualitativer und quantitativer Forschung, die sich auch in der Methode der Inhaltsanalyse widerspiegelt: So untersucht die Frequenzanalyse die reine Häufigkeit bestimmter Elemente in einem Text, beantwortet also quantitative Fragen, während Valenz- oder Intensitätsanalysen Texte und deren Bausteine qualitativ auswerten. Letztere berufen sich auf die „Erkenntnis der Sozialwissenschaften, dass menschliche Wirklichkeit (...) vielfältig und komplex konstituiert wird" (Schön 1979: 20), und es darum geht, „die volle Komplexität der Gegenstände erfassen zu wollen" (Mayring 2003: 18), was leicht nachvollziehbar dem Charakter dieser Arbeit entspricht.

Die qualitative Inhaltsanalyse, die hier angewendet werden soll, funktioniert als Werkzeug, das stets an den konkreten Forschungsgegenstand und die spezifische Fragestellung angepasst werden muss (vgl. ebd.: 43). Im vorliegenden Fall gilt es zunächst, den Gegenstand der Wahlkampfmaterialien systematisch einzuschränken. Zahl und Vielfalt der originären Dokumente des Wahlkampfs ist groß, durch die Ausdifferenzierung im Zuge der neuen Online-Möglichkeiten der Kampagnenführung (vgl. Unger 2012) vielleicht so groß wie noch nie. Dazu zählen neben rein inhaltlichen Materialien wie dem Wahlprogramm oder schlichten Informationsflyern mittlerweile zahlreiche entweder online verbreitete (Newsletter, Mailinglisten) oder online bereitgestellte Publikationen (Facebook-, Twitter oder Youtube-Kanäle).

Dennoch bleiben Breitenwirkung und inhaltlicher Mehrwert der neuen Kommunikationswege nach Einschätzung dieser Arbeit, Stand

---

[58] So lautet der definitorische Minimalkonsens der Inhaltsanalyse, auf den sich die Kommunikationsforschung verständigt hat, wie Philipp Mayring in seinem Standartwerk „Qualitative Inhaltsanalyse" ausführt, das nach der Erstausgabe 1983 inzwischen in der elften Auflage (2010) vorliegt.

heute, weit hinter den „massenwirksamen Medien" (Müller 2002: 363) Wahlwerbespot und vor allem Wahlplakat zurück. Deshalb beschränkt sich der empirische Blick bei den originären Wahlkampfdokumenten auf die systematische und regelgeleitete Auswertung der Wahlplakate, wie in Kapitel 6 noch einmal ausführlich begründet wird. Das erschien insbesondere sinnvoll, da Wahlkämpfe in den Bundesländern und Regionen unter die Lupe genommen werden, die neue Kommunikationsformen noch nicht vollständig oder in unterschiedlichem Maße in die Kampagnen übernommen haben.

Die Wahlplakate wurden dabei nach dem Muster einer „Produktanalyse" untersucht, mit dem „Ziel, die visuell vermittelten Bilder und Images sowie ihre intendierten Bedeutungen interpretativ zu erfassen" (Müller 2002: 361). Methodisch wird dabei die qualitative Inhaltsanalyse mit einer politisch-ikonographischen Interpretation kombiniert. Im Ergebnis zielt dieser Weg auf die „nachvollziehbare Darstellung der unterschiedlichen Bildformen, Motive, Stilmittel und Bildstrategien" (ebd.). Das entspricht auch dem Charakter der politischen Ikonographie, deren Aufgabe Marion G. Müller darin beschreibt, die materiellen Bilder, ihre Motive, Stilmittel und Produktionsstrukturen zu untersuchen, um „an die zugrundeliegenden Denkstrukturen, Intentionen, Interessen und Kommunikationsstrukturen heranzureichen" (ebd.: 362). Die Plakate sollen also einerseits als politische Bilder entschlüsselt und andererseits ihre strategische Funktionen im Wahlkampfkontext beleuchtet werden. Zu diesem Zweck wird das Wahlplakat in Anlehnung an die US-Forscher Diamond und Bates (1992) in vier grundsätzliche Kategorien eingeteilt, wie ebenfalls in Kapitel 6 zu sehen ist.

### 4.3.4 Wahlkampfberichterstattung: Medieninhaltsanalyse

Die zweite Anwendung der Inhaltsanalyse betrifft ausgewählte Berichterstattung in Printmedien. Dieser kommt neben den Gesprächen mit Wahlkampfmanagern und der Auswertung der Wahlplakate eher ergänzender Charakter für die empirische Analyse zu. Dennoch müssen die Artikel natürlich systematisch ausgesucht und ausgewertet werden.

Die Form der hier durchgeführten Inhaltsanalyse entspricht dem Muster einer Mikroanalyse, die darauf zielt, „eher kleine Ausschnitte der Medienwirklichkeit zu erfassen", und sich eher um „Einzelphänomene" in der Berichterstattung zu kümmern (Pürer 2003: 196). Diese Mikrountersuchungen sollen nach klaren Regeln erfolgen und so nachvollziehbar, dass ein zweiter Auswerter die Analyse ähnlich durchführen könnte. Dafür bedarf es einer „Methodik systematischer Interpretation", die sich an „Kodiereinheiten, Kontexteinheiten und Auswertungseinheiten" festmacht (Mayring 2003: 43). Konkret bedeutet das, sich vorher festzulegen und theoretisch zu begründen, wie das Textmaterial angegangen wird, welche Texte einbezogen werden und nach welchen Kriterien. Wonach richten sich diese Entscheidungen? In der relevanten Literatur wird immer wieder betont, dass solche Festlegung theoretisch begründet werden müssen. Dabei sollten jedoch inhaltliche Argumente stets Vorrang vor Verfahrensargumenten haben. Mayring formuliert das so (ebd.: 45):

„Validität geht vor Reliabilität".

*Analysematerial*

Für jedes Bundesland wurden zwei Zeitungen untersucht. Zum einen jeweils die *Süddeutsche Zeitung*, die sich neben ihrem journalistischen Renommee besonders durch einen landespolitischen Schwerpunkt auszeichnet. Dazu kam jeweils die auflagenstärkste Regionalzeitung. Insgesamt umfasst das Analysematerial also neun Tageszeitungen (Tabelle 3).

| Medium | Verlag | Bundesland |
| --- | --- | --- |
| Süddeutsche Zeitung | Süddeutscher Verlag | Überregional |
| Hamburger Abendblatt | Springer-Verlag | Hamburg |
| Mitteldeutsche Zeitung | DuMont Schauberg | Sachsen-Anhalt |
| Stuttgarter Nachrichten | Stuttgarter Nachrichten | Baden-Württemberg |
| Rhein-Zeitung | Mittelrhein-Verlag | Rheinland-Pfalz |
| Weser-Kurier | Bremer Tageszeitungen | Bremen |
| Nordkurier | Kurierverlag | Mecklenburg-Vorpomm. |
| Tagesspiegel | Holtzbrinck-Verlag | Berlin |
| Rheinische Post | Rheinische Post | Nordrhein-Westfalen |

Tabelle 3: Analysematerial: Neun Zeitungen.

Die analysierten Texte behandeln den Ablauf von Landtagswahlkämpfen. Sie thematisieren die zur Wahl stehenden Kandidaten, deren Kampagnen und Inhalte. Die Texte charakterisieren den Wahlkampf, ordnen ihn ein und bewerten ihn, entweder durch abstrakte Interpretation oder konkrete Schilderung. Das beeinflusst nicht nur die Festlegung des Materials, sondern auch dessen formale Kriterien (vgl. Mayring 2003: 46).

Zunächst mit Blick auf das Erscheinungsdatum: Einbezogen wurden ausschließlich Texte, die frühestens einen Monat vor dem Wahltermin publiziert wurden. Beobachter bezeichnen diese letzten vier Wochen eines Wahlkampfes gerne als dessen „heiße Phase". Wichtiger ist jedoch, dass sich, je näher die Entscheidung rückt, der Wahlkampf, das öffentliche Interesse daran und die Berichterstattung darüber zuspitzt. Das bedeutet, es gibt mehr Auftritte der Wahlkämpfer, mehr Bereitschaft der Bevölkerung, sich darauf einzulassen, und mehr journalistische Texte, die zudem auch mehr einordnenden Charakter haben. Den zeitlichen Schlusspunkt der Analyse soll nicht der Wahlsonntag bilden, sondern der Sonntag danach. Das bietet jedem Medium die Möglichkeit, in der Ausgabe nach dem Wahltag den Wahlkampf noch einmal Revue passieren zu lassen. Damit beläuft sich der Zeitraum der Inhaltsanalyse auf insgesamt fünf Wochen pro Wahl.

Textlich umfasst das Analysematerial die nach Heinz Pürer (2003: 190f.) interpretierenden und meinungsbildenden Darstellungsformen des Journalismus[59], allerdings in etwas anderem Zuschnitt.[60] Berück-

---

[59] Pürer unterscheidet insgesamt fünf journalistische Darstellungsformen: die informierende, die interpretierende, die meinungsbildende, die unterhaltende sowie die illustrierende.

[60] Dazu zwei einschränkende Anmerkungen: Zum einen haben sich in der publizistischen Praxis längst journalistische Mischformen etabliert. Dabei wird nach anglo-amerikanischem Vorbild zumeist ein Stil verwendet, der nachrichtliche Elemente mit Formen der Meinungsäußerung verbindet oder in Form einer Dokumentation Geschehnisse rekonstruiert und gleichzeitig bewertet. In seiner bewussten Form findet sich diese Darstellung eher in deutschen Leitmedien wie *Spiegel* und *ZEIT*, aber auch in immer mehr Regionalzeitungen fallen informierende Darstellungsformen weit weniger meinungsfrei aus, als es die reine Lehre („Facts are sacred, comment is free") vorsieht. Deshalb erscheint es geboten, sich nicht zu sehr an formalen Definitionen journalistischer Genre festzuhalten. Die zweite Anmerkung betrifft die Gattung der Interviews, die nach Pürer ebenfalls zu den interpretierenden Darstellungsformen zählt. Ganz bewusst sind Interviews aus dem Materialcorpus dieser Inhaltsanalyse ausgeschlossen, weil sich darin außer in der Auswahl der Gesprächspartner und der Überschrift wenig Aussage des Journalisten befindet. Vor allem aber, weil sich durch die gängige Praxis, jedes Detail eines Interviews gemeinsam abzustimmen, nicht verlässlich sagen lässt, welche Aussage der zuspitzende Journalist hinzugefügt, welchen

sichtigt werden drei unterschiedliche Formen journalistischer Texte: politische Analyse, persönliche Reportage und biographische Genese. Die „politische Analyse" umfasst alle klassischen Meinungsstücke, also Leitartikel und Kurzkommentare, aber auch analytisch geschriebene Stücke. Mit „persönliche Reportage" sind alle Artikel gemeint, die eine persönliche Erfahrung, ein persönliches Erlebnis des Journalisten thematisieren. Das kann eine Kolumne sein, eine Glosse, ein Feature oder eine klassische Reportage. „Biographische Genese" umfasst alle Texte, die sich in einem Wahlkampf mit der Lebensgeschichte der handelnden Personen auseinandersetzen. Das ist zumeist eine Dokumentation oder ein Porträt. Da letzterem häufig auch persönliche Treffen zugrunde liegen, fällt das Porträt in zwei der berücksichtigten Kategorien.

*Analysefragen*

Die untersuchten Texte und Textpassagen wurden nach inhaltlichen relevanten Textpassagen durchforstet und daraufhin geprüft, ob sie „etwas über den im Text behandelten Gegenstand aussagen" (Mayring 2003: 50). Das bezog sich auf eine konkrete Fragestellung nach den ausgeschlossenen Koalitionsoptionen, die in Kapitel 6 ausführlich behandelt wird, und bezog sich auf eine allgemeine Suche zu den Parteien und ihren Spitzenkandidaten. Dabei wurden die Aussagen der Hypothesen mit den Darstellungen der Journalisten abgeglichen und deren Einschätzungen als zentrales, aber wie erwähnt ergänzendes Element verstanden.

*Materialsuche*

Abschließend noch ein Hinweis zur praktischen Suche: Das Textmaterial wurde über zwei Datenbanken gesucht, das Publikationsarchiv des *Westdeutschen Rundfunks* (WDR) und der *Verlagsgruppe Handelsblatt* (VHB). Dort wurden pro Bundesland sieben Suchen nach einzelnen Schlagwörtern durchgeführt. Diese waren das jeweilige Bundesland, das Schlagwort „Wahlkampf" sowie die Nachnamen der Spitzenkandidaten von CDU/CSU, SPD, FDP, Grüne und die Linke[61]. Anschließend wurden aus den sieben Suchergebnissen die Schnittmengen mit den ausgewählten Medien gesichert und gesichtet.

---

Satz der Interviewte tatsächlich gesagt, und welchen Dreh der findige oder windige PR-Berater des Interviewten anschließend ergänzt hat.

[61] Wenn es bei einer Partei zwei Spitzenkandidaten gab, wurden beide Namen verwendet, also dann insgesamt acht Suchdurchgänge durchgeführt.

Zusätzlich zu dieser systematischen Inhaltsanalyse wurden später in der Arbeit auch ausgewählte Auszüge anderer Medien zitiert, insbesondere in Kapitel 8, das die prognostizierten Aktionen der Kampagnen mit der Realität abgleicht. Diese Dokumente entstammen weniger einer auf nachvollziehbaren Kriterien basierenden Suche als vielmehr der alltäglichen Beobachtung. Als solche erscheinen sie jedoch als ebenfalls wertvolle Zeugnisse der Wahlkampfrealität und dienen ebenfalls als ergänzendes Element der empirischen Analyse.

# 5. Kandidat und Kampagne: Zur Modellierung von Wahlkämpfen

Gerade weil Wahlkampf wie dargestellt ein im medialen und privaten Alltag sehr präsentes Geschehen ist, unter dem vieles und von vielen Unterschiedliches subsumiert wird, und Wahlkampagnen zudem als „ausgesprochen facettenreiche Ketten von Ereignissen" (Schoen 2007a: 36) gelten, erscheint eine klare definitorische Abgrenzung unbedingt erforderlich. Das betrifft die kausalen Zusammenhänge und logischen Schritte innerhalb des Modells genauso wie die eindeutige Eingrenzung des Untersuchungsgegenstandes.

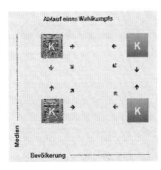

Analysiert wird der Ablauf eines Wahlkampfes, definiert als *dynamische und multivariate Interaktion mehrerer Wahlkampagnen im öffentlich-medialen Raum* (Abbildung 3). Dabei müht sich jede Kampagne, ihre Stimmenzahl zu maximieren. Eine Wahlkampagne kann somit als die Summe aller Aktivitäten verstanden werden, die Parteien und Kandidaten unternehmen, um den Wahlausgang in ihrem Sinne zu beeinflussen.

Abbildung 3: Ablauf eines Wahlkampfs im öffentlich-medialen Raum.

Die Modellbildung soll nun in zwei Schritten erfolgen: Zunächst wird die einzelne Kampagne in einem statischen Zustand unter die Lupe genommen. Dann wird das Modell um das Zusammenspiel der Kampagnen und um die dynamische Komponente erweitert.

## 5.1 Drei Faktoren einer Kampagne

Der Ausdruck Wahlkampagne bezeichnet den Wahlkampf einer Partei. Alle entsprechenden Aktivitäten laufen in der Kampagne zusammen und können allgemein in drei Dimensionen eingeteilt werden (vgl. Schoen

2007a: 36ff.): *Kommunikationsstrategie, Inhalt* und *Organisation*. Unter Kommunikationsstrategien werden die bevorzugten Arten der Kommunikation mit dem Wähler verstanden. Die inhaltliche Komponente ist selbsterklärend. Die Organisation des Wahlkampfes umfasst logistische Fragen oder auch die Kooperation mit den unterschiedlichen Ebenen der Partei. Diese Trias als grundsätzliche Aufgabenteilung einer Kampagne soll im Folgenden übernommen werden.

Die Ausgestaltung dieser drei Dimensionen oder Aufgabengebiete der Kampagne und damit der Kampagne als solches wird von ebenfalls drei Faktoren bestimmt, die als unabhängige Variablen die Kampagne beeinflussen: der *Kommunikationsstil des Spitzenkandidaten*, der *Status quo* und der *Zustand der Partei*.

Dieser Zusammenhang, wonach die Ausgestaltung einer Kampagne in puncto Inhalt, Kommunikation und Organisation abhängig ist von drei unabhängigen Einflussgrößen, bildet den Kern des vorliegenden Modells (Abbildung 4).

Abbildung 4: Einflussfaktoren einer Kampagne.

Diese drei Einflussfaktoren werden nun zunächst einzeln beschrieben und erläutert, wie sie beschaffen sind und auf eine Kampagne einwirken. Dabei wird deutlich, dass die Einflussfaktoren schwerpunktmäßig jeweils unterschiedliche Kampagnendimensionen (Kommunikationsstrategie, Inhalt, Organisation) betreffen.

### 5.1.1 Kommunikationsstil des Kandidaten

Der individuelle Wahlkampfstil des Spitzenkandidaten prägt und gestaltet jede Kampagne. Dieser Stil ist im Grunde ein Stil der Kommunikation, denn durch ihn werden Botschaften an den Wähler vermittelt. Die allgemeine Bedeutung von Kommunikation im Wahlkampf kann gar nicht hoch genug eingeschätzt werden, denn sie findet statt im „Herzen einer jeden Kampagne" (Trent e.a. 2011: 358) und dient als „Brücke zwischen den (…) Hoffnungen der Wähler und den Aktionen des Kandidaten" (ebd.: 16). Wahlkämpfe gelten als „spezifische politische Kommunikationsprozesse temporärer Art" (Bosch 2006: 33).

Um diese speziellen Prozesse zu steuern, bedient sich jeder Wahlkämpfer eines individuellen Stils, eines eigenen Weges, der sich über Jahre und zahlreiche Wahlkämpfe hinweg entwickelt, sich möglicherweise an Vorbildern orientiert hat, in jedem Fall aber die Stärken und Schwächen des Kandidaten spiegelt. Ein solcher Wahlkampfstil lässt sich dennoch zunächst auch abstrakt charakterisieren. Er stellt gewissermaßen die Reinform des Darstellungsprofils dar, das Ulrich Sarcinelli zufolge für Politiker auch abseits des Wahlkampfes zunehmend an Bedeutung gewinnt.[62] Der Wahlkampfstil im Allgemeinen geht entsprechend einher mit einer „Abkopplung der Politikdarstellung von der Politikherstellung" (Sarcinelli 2009: 102) und zielt überwiegend auf „politische Momentaufnahmen und Augenblickserfolg (ebd.: 124). Darüber hinaus besitzt ein politischer Stil in hohem Maße einen expressiven Charakter. Sarcinelli (ebd.: 108) beschreibt diesen Aspekt als „die Suche nach dem passenden Ausdruck, der bündigen Formel, dem richtigen Eindruck, der möglichst gelungenen Inszenierung, der Aufmerksamkeit sichernden Pointe, dem unterhaltenden Gag (...), dem schönen Bild".

Beides, die Entwicklung zur Darstellungspolitik und die expressive Zuspitzung, gilt ganz besonders in der Ausnahmesituation des Wahlkampfes und äußert sich im individuellen Kommunikationsstil des Kandidaten. Dieser soll hier deshalb definiert werden als der typische Ausdruck kommunikativer Interaktion, der persönliche Ressourcen und Kompetenzen offenbart und sich über die Jahre im Zuge des beruflichen und persönlichen Werdegangs sowie im Umgang mit Vorbildern und Konkurrenten herausgebildet hat.

Um die Bandbreite der Wahlkampfstile zu ergründen und systematisch zu erfassen, soll im Folgenden eine Idealtypologie im Sinne Max Webers gebildet werden. Dafür müssen, wie in Kapitel 4 ausgeführt, in einem ersten von insgesamt vier methodischen Schritten die richtigen Merkmale definiert und in ihren potenziellen Ausprägungen erläutert werden, anhand derer sich unterschiedliche Typen unterscheiden und gleiche Typen gleichen. Dabei handelt es sich jeweils um dichotome

---

[62] Im Spannungsfeld zwischen Politikdarstellung und Politikvermittlung müssen Spitzenpolitiker Doppelprofile entwickeln, wobei Kompetenzen in der Darstellungspolitik gegenüber Kompetenzen in der Entscheidungspolitik tendenziell wichtiger werden (vgl. Sarcinelli/Hoffmann 1999: 734). Auch Machnig/Raschke (2009: 9) unterscheiden zwischen „realem politischen Handeln" und „symbolischer Politik". In politischen Wahljahren erkennen sie eine „Dominanz symbolischer Regierungs-, Koalitions- und Parteipolitik", was sie auch mit dem Begriff „virtuelles Regieren" beschreiben.

Merkmale im Sinne Lazarsfelds (2007: 345ff.), bei denen also zwei mögliche Ausprägungen existieren. Im zweiten methodischen Schritt werden den Merkmalsausprägungen exemplarisch reale Fälle zugewiesen. Beide Schritte sollen im folgenden Abschnitt vollzogen werden.

### 5.1.1.1 Merkmale des Kommunikationsstils

Eine Typologie individueller Kommunikationsstile muss die Leitfrage beantworten: Was macht einen solchen Stil aus? Dabei können zunächst einmal zwei Kriterien aufgestellt werden, die einen Stil prägen und so die Merkmalsausprägungen beeinflussen. Die Spitzenkandidaten eines Landtagswahlkampfes stehen erstens nicht am Beginn ihrer politischen Karriere – eher im Gegenteil. Die Kandidatur ist „für viele Politiker die Krönung einer langen Laufbahn" (Stauss 2013: 16). Das bedeutet, sie können auf eine gewisse Zeit und Erfahrung im politischen Geschäft zurückblicken, mit ihnen wird oft bereits ein Image verbunden. Sie haben sehr wahrscheinlich Expertise im Wahlkampf gesammelt. Auf welcher politischen oder föderalen Ebene spielt dabei keine zentrale Rolle.

Die eigene Erfahrung im Umgang mit dem Wahlvolk und mit Gegenkandidaten wird großen Einfluss auf den individuellen Stil haben. Das gilt für positive Erfahrungen nach dem Motto „Das hat schon früher funktioniert" wie auch für vergangene Fehler, aus denen man seine Lehren zieht. Insofern zählt Wahlkampferfahrung zu den stilprägenden Kriterien. Es umfasst neben der persönlichen Historie als Kandidat auch die Kampagnen anderer Kandidaten, an denen man unmittelbar beteiligt war und die eine Art Vorbildcharakter oder auch abschreckende Wirkung verbreiten.[63] [64]Das zweite stilprägende Kriterium sind die persönlichen Stärken der Spitzenkandidatin oder des Spitzenkandidaten. Der Wahlkampfstil des mitreißenden Rhetorikers wird anders ausfallen als der des kompetenten Sachpolitikers. Dabei handelt es sich stets um die Selbstwahrnehmung des Kandidaten und seines näheren Umfelds. Es

---

[63] Als Beispiel für den Vorbildcharakter kann Frank-Walter Steinmeier dienen, der in seinem Wahlkampfstil im Bundestagswahlkampf 2009 an seinen langjährigen Chef Gerhard Schröder erinnerte.

[64] Jörg-Uwe Hahn berichtete, wie sich sein eigener Wahlkampfstil aus mehreren Erfahrungen mit anderen prominenten Wahlkämpfern nach und nach herausbildete, ohne dass er eine klare Entwicklung nachvollziehen konnte: „Ich habe mir sicherlich von vielen irgendetwas abgeguckt, ganz klar. Aber ich könnte jetzt nicht sagen: Das ist Genscher. Das ist Lambsdorff. Das ist Gries. Das ist Koch. Daraus ist irgendwann mal Hahn geworden."

geht also darum, ob sich ein Kandidat selbst als großer Redner empfindet und entsprechend seinen Wahlkampfstil gestaltet.

Von dieser Vorgeschichte ausgehend lassen sich sechs zentrale Merkmale aufzeigen, anhand derer sich individuelle Kommunikationsstile äußern und unterscheiden: die Kommunikationsbotschaft, der Kommunikationshabitus, die Kommunikationsdisziplin, der Kommunikationsadressat, der Kommunikationsstrom und die Kommunikationsübermittlung. Diese Merkmale sollen im Folgenden dargestellt und ihrer ganzen Bandbreite erläutert werden.

Erstens drückt sich der persönliche Wahlkampfstil von Kandidatin und Kandidat in der *Kommunikationsbotschaft* aus. Damit ist selbstredend keine konkrete inhaltliche Position gemeint. Auch vermischen sich hier nicht die beschriebenen Dimensionen einer Kampagne (Kommunikationsstrategie, Inhalt, Organisation). Dennoch sagt es etwas über den Stil des Wahlkämpfers aus, in welcher Weise eher sich grundsätzlich und bevorzugt an seine potenziellen Wähler wendet. Sie oder er kann dies inhaltlich-sachlich tun, indem man für eine sachpolitische Botschaft wirbt, sich zu einer inhaltlichen Haltung bekennt und damit seinen Wahlaufruf begründet. Das würde m.E. exemplarisch für den Wahlkämpfer *Guido Westerwelle* zutreffen, der vom Aussetzer „Guido-Mobil" abgesehen oft rein inhaltlich überzeugen wollte, etwa im Bundestagswahlkampf 2009 mit dem Mantra „Mehr Netto vom Brutto".

Die gegenteilige strategische Ansprache wäre eine persönlich-emotionale. Hier werden die persönliche Geschichte und die persönlichen Werte des Spitzenkandidaten in die Waagschale geworfen. Sie sollen als ausschlaggebendes Argument im Wahlkampf dienen. Mit ihnen wird der Wahlaufruf begründet. Das würde m.E. auf *Ole von Beust* passen. Als Beleg könnte die Bürgerschaftswahl 2008 dienen, als der CDU-Spitzenkandidat mit der Botschaft „Michel. Alster. Ole" in den Wahlkampf zog. Das Merkmal Kommunikationsbotschaft kann somit zwei Ausprägungen annehmen: eine inhaltlich-sachliche und eine persönlich-emotionale.

Der Wahlkampfstil wird darüber hinaus durch den *Kommunikationshabitus* charakterisiert. Damit ist das typische Auftreten gemeint, mit dem ein Kandidat um Stimmen wirbt. Der Habitus umfasst Gestik und Mimik, Lautstärke der Rhetorik sowie die körperliche Distanz zur Bevölkerung. Dieses Merkmal kann einerseits extrovertiert-engagiert ausgeprägt sein und entsprechend offensiv, mit großer Geste und ausfallender Mimik daherkommen. Dabei wird der Wähler mit lauten Tönen konfrontiert und mit einem Kandidaten, der bewusst die körperliche Nähe nicht scheut. Das sprichwörtliche Bad in der Menge wird gesucht und als Motiv offensiv kommuniziert. Gleiches gilt exemplarisch für die geballte

Faust am Rednerpult oder das herzhafte Lachen mit weit geöffnetem Mund. Diese Ausprägung könnte etwa der Wahlkämpfer *Gerhard Schröder* verkörpern.

Demgegenüber steht ein souverän-kontrollierter Habitus, der auf das gerade beschriebene und inszenierte Engagement bewusst verzichtet. Eine solche Kandidatin oder ein solcher Kandidat hält bewusst eine gewisse Distanz zur Bevölkerung und besticht bei Reden eher mit einer ruhigen Tonlage und einer schlichten Gestik. Diese Ausprägung kann man m.E. am Wahlkampfstil von *Barack Obama* beobachten, der nach außen stets ein wenig kühl und unnahbar wirkt[65], bei Reden häufig eine Hand in die Hosentasche steckt und zumeist mit wenigen, ruhigen Gesten auskommt.

Ein drittes Merkmal ist die *Kommunikationsdisziplin*, in der man sich bevorzugt misst. Hier kann sich ein Kandidat entweder als kompetitiv erweisen oder als solitär. Im ersten Fall wählt der Wahlkämpfer Auftritte, bei denen er sich direkt mit seinen politischen Kontrahenten messen kann. Im zweiten Fall vermeidet er die direkte Konkurrenz und tritt lieber alleine in Erscheinung. Jede Spitzenkandidatin und jeder Spitzenkandidat wird in jedem Wahlkampf beide Formen von Kommunikationswettbewerb zu überstehen haben, doch entscheidend ist die präferierte Variante, die dem persönlichen Stil entsprechende typische Wahl.

Ein kompetitiver Wahlkämpfer wird etwa möglichst viele Konkurrenzsituationen suchen. Er möchte möglichst mehrere konfrontative Termine in den Medien absolvieren, zusätzlich zum inzwischen obligatorischen TV-Duell. Er sucht das direkte Wortgefecht, bei dem er schlagfertig reagieren und seine Argumente auf den Punkt formulieren kann. In dieses Muster würde m.E. der Kommunikationsstil von *Oskar Lafontaine* passen, der bei seinen zahlreichen Wahlkämpfen im Saarland und auf Bundesebene wohl keinem Duell aus dem Weg ging. Ein solitärer Verfechter zieht es vor, nicht gestört zu werden und das Argument oder den Angriff auf den politischen Gegner ausführen und vorbringen zu können. Direkte Diskussionen, besonders vor TV-Kameras, werden auf ein Minimum reduziert. Diese Merkmalsausprägung könnte etwa *Angela Merkel* verkörpern.

Kennzeichnend für einen Kommunikationsstil im Wahlkampf ist zudem viertens der *Adressat der Kommunikation*. Das kann einerseits eine ausgewählte und demnach bekannte Zuhörerschaft sein, etwa bei einer organisierten Parteiveranstaltung oder wenn der Spitzenkandidat eine ihm geneigte Firma besucht. Die andere Ausprägung zielt auf einen Ad-

---

[65] So beschreibt Bill Clinton bei seiner Rede auf dem Nominierungsparteitag der Demokraten am 5.9.2012 Obama als „man who is cool on the outside".

ressatenkreis, der sich zufällig zusammensetzt, etwa am Infostand in der Fußgängerzone oder bei der Rede auf dem Marktplatz. Auch hier gilt: Jede Spitzenkandidatin und jeder Spitzenkandidat wird in einem Wahlkampf definitiv beide Varianten bedienen, aber es sagt viel über den Kommunikationsstil aus, welcher Auftritt bevorzugt wird.

Das liegt vor allem daran, dass je nach Adressat unterschiedliche Anforderungen gefragt sind. Die ausgewählte Zuhörerschaft könnte man eine Art Heimspiel nennen, weil die überwiegende Mehrheit mit der Kandidatin oder dem Kandidat bzw. der dazugehörigen Partei sympathisiert. Hier muss sie oder er, wie es in der Reportersprache häufig heißt, „die Seele der Partei streicheln" und sie für den neuen Wahlkampf mobilisieren. Das ist ein Element, das man zum typischen Wahlkampfrepertoire von *Sigmar Gabriel* zählen könnte. Im Kontakt mit der zufällig zusammengesetzten Menge müssen Spitzenkandidatin und Spitzenkandidat dagegen vor allem Aufmerksamkeit erzeugen und eine möglichst breite Wählerschicht ansprechen, auch Menschen mit wenig Interesse für Person und Partei des Kandidaten sowie für die Politik insgesamt. Dabei gilt es weniger, die eigenen Anhänger zu mobilisieren, als die Anhänger der Konkurrenz zu demobilisieren. Der Stil von *Peer Steinbrück* passt zu diesem Wesenszug.

Das fünfte Merkmal betrifft den *Kommunikationsstrom*, der zwischen Spitzenkandidat und Bürger fließt. Dieser kann entweder einseitig, also frontal, oder in beide Richtungen, also interaktiv, verlaufen. Die frontale Form ist mit dem Kommunikationsstil eines Dozenten an der Universität vergleichbar und entspricht der herkömmlichen Vorstellung von Kommunikation im Wahlkampf: Einer redet und alle hören zu. Deshalb finden sich praktische Fälle wohl besonders in der Vergangenheit. Stellvertretend könnte *Helmut Kohl* als Vertreter dieses Kommunikationsstils gelten.

Eine interaktive Form sendet nicht nur, sondern empfängt auch. Auf wechselseitige Kommunikationsströme setzt in Zeiten des Internets jeder Wahlkämpfer. So wird es zumindest nach außen dargestellt. In Wahrheit bleibt das wohl eine Kulturfrage, an der sich früher, heute und auch in Zukunft die Geister bzw. die Kommunikationsstile scheiden. Anregungen aus der Bevölkerung Ernst und aufnehmen, kann man nach Gesprächen in der Fußgängerzone, nach Anfragen per Brief oder nachdem sich Bürger auf der Internetseite des Kandidaten beteiligt haben, was für gemeinhin mit dem Schlagwort „Web 2.0" bezeichnet wird. Das Internet hat hierbei technisch vieles vereinfacht, aber dadurch lediglich neue Instrumente geschaffen, die im Geiste der Wahlkampfstile benutzt werden. Frontale Kommunikation funktioniert auch im Internetzeitalter. Wichtig ist, ob der individuelle Wahlkampfstil einer Spitzenkandidatin oder eines Spitzenkandidaten darauf ausgerichtet ist, Input aus der Bevölkerung aufzunehmen.[66] Aus der partizipativen Tradition der Grünen heraus passt ein interaktiver Kommunikationsstrom besonders zum typisch grünen Wahlkampfstil, wie ihn etwa *Claudia Roth* ausübt.

Das sechste und abschließende Merkmal betrifft die *Kommunikationsübermittlung*. Gemeint ist die Art und Weise, wie ein Kandidat bevorzugt mit dem Wahlvolk kommuniziert, abgesehen vom direkten persönlichen Kontakt. Klassisch unterscheidet die Wahlkampfforschung zwischen den Kommunikationskanälen „free"[67] und „paid media"[68]. Allerdings scheint das in diesem Fall keine sinnvolle dichotome Unterscheidung eines Kommunikationsstils zu sein, weil beide Elemente unverzichtbar sind. Keine Kampagne wird weniger Plakate produzieren und sich auf die Medien verlassen. Keine Kampagne wird Interviewanfragen oder Porträtwünsche im Wahlkampf ablehnen.

Aussagekräftiger erscheinen die unterschiedlichen Ausprägungen, wie die bezahlten Publikationen an den Wähler übermittelt werden.

---

[66] Wie sich in den Internetstrategien der Parteien deren grundsätzliches Kommunikationsverständnis äußert, erläuterte Klas Roggenkamp (Online-Experte und u.a. Betreiber von wahl.de, einer Internetseite, die Online-Aktivitäten von rund 2500 Politikern beobachtet) im Bundestagwahlkampf 2009. „Man kann klar erkennen, dass die Parteien unterschiedliche Ansätze verfolgen", sagte Roggenkamp dem Tagesspiegel (Schneider 2009: 4). Die Grünen setzten stark auf direkte, interaktive Plattformen wie etwa den Kurznachrichtendienst Twitter. Die FDP bevorzugte dagegen die repräsentative Form von Videos auf Youtube und die SPD bewegte sich mit dem sozialen Netzwerk Facebook etwa in der Mitte der Internetgesellschaft.

[67] Christina Holtz-Bacha (2000a: 14) wirbt dafür, den Begriff „free media" durch „earned media" zu ersetzen, weil die Medienpräsenz durch entsprechende Öffentlichkeitsarbeit verdient werde.

[68] Wer via „free media" mit dem Wähler kommunizieren möchte, versucht, seine Botschaft über den redaktionellen Teil der Medien zu vermitteln und sich als Objekt der Berichterstattung anzubieten. Das birgt die Gefahr, dass Botschaften des Kandidaten anders gewichtet, vermittelt oder ganz weggelassen werden, und hat den Vorteil, dass Botschaften in redaktionellen Texten eine höhere Glaubwürdigkeit vermitteln. „Paid media" entgeht der Interpretationshoheit des Journalisten und setzt auf bezahlte Kampagnenelemente, etwa als Zeitungsanzeige oder selbst produziertes Bewegtbild für Fernsehen, Internet oder Kino, und wendet sich so direkt und unredigiert an den potenziellen Wähler. Der Vorteil ist, dass der Kandidat allein über den Inhalt entscheiden kann. Gleichzeitig ist in der Regel leicht zu erkennen, dass es sich um Werbung handelt. Im Idealfall harmonieren freie und gekaufte Kommunikation (vgl. Stauss 2013: 150).

Dies kann technisch oder manuell geschehen. Mit technischer „paid media" sind Elemente des Wahlkampfes gemeint, die einmal technisch produziert und dann wiederholt eingesetzt werden, also Spots mit Bewegtbild, Spots für den Hörfunk oder Textanzeigen. Im Unterschied dazu existieren zahlreiche Wege, wie Wahlkampfmedien durch die Helfer einer Kampagne manuell übermittelt werden. Dazu zählen das Aufhängen von Plakaten, das Verteilen von Flyern, das Verschicken von Serienbriefen oder entsprechenden Mailings an besondere Zielgruppen. Auch hier gilt: Wahlkämpfer setzen grundsätzlich auf beides, aber eben nicht in Schwerpunkten.

Der manuelle Kommunikationsstil ist auf mehr zuverlässige Helfer angewiesen, die zumeist aus der Partei kommen. Ein Kandidat mit dieser Eigenschaft muss delegieren und motivieren können. Er setzt mehr auf die Graswurzelelemente der Basis. Der technische Kommunikationsstil löst das Problem vornehmlich mit der Hilfe von Grafikern, Designer und Textern. Er setzt mehr auf externe und professionalisierte Politikvermittlungsexperten. Losgelöste und praktische Beispiele für diese Merkmalsausprägungen zu finden, erscheint wenig zielgenau und bietet deshalb eher einen Annäherungswert. Ein technischer Stil ist m.E. in Kampagnen mit hohem Finanzaufwand und wenig Parteibindung anzutreffen, wie sie eher in den USA stattfinden, zuletzt in der Kampagne von *Mitt Romney*. Der manuelle Weg passt zu Kommunikationsstilen, die mit einem hohen Grad an Mobilisierung einhergehen, wie ihn etwa *Willy Brandt* verkörperte.

*5.1.1.2 Idealtypen der Kommunikationsstile*

Gemäß den Stufen der Typenbildung (vgl. Kluge/Kelle 2010: 92; Abbildung 2) stehen nun Schritt drei und vier an: Anhand der Merkmalsausprägungen und der dahinter stehenden Sinnzusammenhänge werden Idealtypen der Kommunikationsstile gebildet und dargestellt. Dabei wird im Sinne Webers angestrebt, dass einzelne Aspekte bewusst zugespitzt, übertrieben und überzeichnet werden, um den spezifischen Charakter, das Typische, zu unterstreichen. Mischformen der Merkmalsausprägungen bleiben ebenso bewusst außen vor. Aus dem gleichen Grund soll abschließend jeweils ein Prototyp vorgestellt werden, der dem Idealtypus entspricht (vgl. von Zerssen 1973: 131) und das Typische aufzeigt (vgl. Kuckartz 1988: 223), ohne ihm in Gänze zu gleichen. In den hier verwendeten Bezeichnungen entscheidet dabei die Person des Prototypus über das Geschlecht des Idealtypus.

*Typ I: „Der Fachmann"*

Der erste Kommunikationsstil pflegt einen betont und bewusst sachlichen Umgang und fühlt sich eher dem politischen Inhalt als dessen Form oder Verpackung im Wahlkampf verpflichtet. Er kommuniziert vornehmlich in nüchterner Analyse und stellt seine persönlichen Eigenschaften und unpolitischen Erlebnisse in den Hintergrund. Er spricht souverän und kontrolliert, verwendet wenig sprachliche Bilder oder emotionale Vergleiche. Eher tendiert er bei ruhiger Geste und gleich bleibender Mimik zu umständlichem Politikersprech und Formulierungen aus dem Beamtenwortschatz. Oder er versteigt sich in die übertriebene Verbreitung von Zahlen und Statistiken.

Der große Auftritt liegt ihm wenig, ebenso wie das polemische und schlagfertige Rededuell der TV-Talkshow. Stattdessen bevorzugt der Fachpolitiker Auftritte im ausgewählten Kreis, die ihm tendenziell gewogen sind oder die er in Ruhe mit seiner Fachkompetenz zu überzeugen vermag. Er lässt sich gerne auf Fachdiskussionen ein, etwa bei Firmenbesuchen oder detaillierten Gesprächen mit Verbänden und Interessensvertretern. Er fühlt sich in der Sachpolitik zu Hause und vermittelt seine Sicht vorzugsweise im Stile eines Dozenten. Um produzierte Wahlwerbung zu verbreiten, setzt er auf technische Hilfsmittel. Die motivierende Kommunikation mit der Parteibasis fällt ihm schwer. Als Prototyp kann diesen Kommunikationsstil m.E. der ehemalige bayerische Ministerpräsident *Edmund Stoiber* verkörpern.

*Typ II: „Die Rampensau"*

Diesem Typus mangelt es nicht an Selbstbewusstsein. Er oder sie glaubt und setzt auf die Wirkung seiner bzw. ihrer Person, ob bei Auftritten oder bei medialen Kampagnen. Anzeigen und Fernsehspots rücken stets die Person des Kandidaten in den Mittelpunkt – auch dessen private Seiten. Der Prototyp glaubt fest an die Macht der Medien, besonders von Boulevard-Schlagzeilen und TV-Bildern. Bezeichnend ist die oft rezitierte Aussage *Gerhard Schröders*, wonach es für Regierungspolitiker vor allem auf *„Bild, Bams* und Glotze" ankomme. Diesem Verständnis entspricht auch eine bevorzugt technische Übermittlung der professionalisierten Kampagne.

Der Kommunikationsstil lebt von der großen Geste, von Emotion und Pathos. Die geballte Faust gehört ebenso zur habituellen Grundausstattung wie der wütende Gesichtsausdruck und der knallrote Kopf. Und der Stil lebt vom politischen Wettbewerb: Die „Rampensau" streitet am liebsten direkt mit den anderen Spitzenkandidaten. Auch mit den Bürgern sucht er das direkte Gespräch, jedoch vor allem, um diesen Kontakt anschließend zu instrumentalisieren. Bei seiner Zuhörerschar zielt er auf die größtmögliche Außenwirkung und damit vor allem auf unentschlossene und zufällig anzutreffende Wähler. Als Prototyp für diesen Typus kommt m.E. eigentlich nur *Gerhard Schröder* in Frage.[69]

*Typ III: „Der Landesvater"*

Dieser Kommunikationsstil baut nicht nur auf politischer Erfahrung auf, sondern zumeist auf ein Amt, das es zu verteidigen gilt. Das Amt macht sich dieser Idealtypus zu Nutze, indem er es zu Kommunikationszwecken nutzt und damit die Herausforderer auf Distanz hält. An Debatten und Streitgesprächen mit ihnen ist der „Landesvater" wenig interessiert. Er hüllt sich in die „Strategie des Schweigens" (Müller 1997: 210)[70] und versucht darüber hinaus zu versöhnen statt zu spalten, zu integrieren und für den Zusammenhalt werben.

Dafür tritt er in Kontakt mit möglichst vielen Menschen, denen er zuhört und sich bemüht, ihre Sorgen und Ratschläge aufzunehmen. Er setzt auf den Zuspruch der regional verbundenen Menschen und er wirbt um Mithilfe und Engagement an der Basis seiner Partei. Die Botschaft, die vermittelt werden soll, zielt auf den Spitzenkandidaten in seiner Region und nicht auf einen sachlichen Inhalt. Dafür wirbt er als leidenschaftlicher und emotionaler Redner und das wird er mit entsprechenden Bildmotiven transportieren wollen: Dazu könnte etwa ein Bad in der Menge zählen, eine Umarmung der Weinkönigin oder eine Radtour auf dem Land. Als charakteristisches Beispiel für den „Landesvater" kann der langjährige Ministerpräsident von Nordrhein-Westfalen und ehemalige Bundespräsident *Johannes Rau* gelten.

---

[69] Den Wahlkämpfern der SPD galt Schröder 2005 scherzhaft als „größte Rampensau der Republik, bis zur Halskrause voll mit Testosteron" (Stauss 2013: 80).
[70] Neben der „Strategie des Schweigens" spricht Marion G. Müller (1997: 210ff.) auch von der „Rose Garden-Strategie". Das bezieht sich darauf, dass amerikanische Präsidenten das Weiße Haus traditionell nur selten verlassen, um zu Wahlkampfauftritten zu reisen. Stattdessen geben sie gerne, ohne den Anschein eines Wahlkämpfers zu erwecken, publicityträchtige Empfänge im Rosengarten des Weißen Hauses (vgl. Stegner 1992: 51).

*Typ IV: "Der Streitbare"*

Der vierte Kommunikationsstil profiliert sich besonders in Abgrenzung zu seinen politischen Gegnern. Seine Botschaft ist die eigene Person und die des oder der Kontrahenten. Er wirbt nicht nur für jemanden, sondern auch gegen jemanden. Dieser Stil verkörpert das Gegenstück zum Wohlfühlklima des Landesvaters. Der „Streitbare" versucht zu spalten, statt zu versöhnen. Er setzt auf Kritik, auf Widerspruch. Dafür sucht er die möglichst direkte Auseinandersetzung und kämpft mit harten Bandagen.

Dazu zählen Formen des „Negative Campaigning", die auf Polarisierung zielen, „mit deren Hilfe der politische Gegner diffamiert und gleichzeitig die eigene Position als Gegenpol charakterisiert wird" (Jakubowski 1998: 404). Die mit negativer Wahlwerbung verbundene „Gefahr eines Boomerang-Effektes" (Lessinger/Holtz-Bacha 2010: 93) nimmt dieser Wahlkampftypus bewusst in Kauf. Er möchte nicht „everybodys darling" sein, weshalb er auch bevorzugt frontal und vor ausgewähltem Publikum kommuniziert. Die Polarisierung des Wahlkampfs soll die eigenen Reihen schließen und mobilisieren. Der scharfe Ton geht dabei nicht mit extrovertiertem Habitus einher. Der „Streitbare" weiß, was er tut, und spult sein Pensum souverän und abgeklärt ab. Der ehemalige hessische Ministerpräsident *Roland Koch* repräsentiert idealtypisch diesen Kommunikationsstil.[71]

*Typ V: "Die Problemlöserin"*

Der fünfte Idealtypus spiegelt eine Wahlkämpferin, der es tatsächlich um einen konkreten Politikwechsel geht, die für die Sache brennt und dafür wirbt. Sie will mit einer inhaltlichen Vision überzeugen und kämpft dafür mit habitueller Verve und überdurchschnittlichem Engagement. Es ist ein Kommunikationsstil, der in der Regel in Wahlkämpfen von Herausforderern anzutreffen ist.

Die „Problemlöserin" wird versuchen, inhaltliche Unterschiede zu den bestehenden Verhältnissen möglichst genau aufzuzeigen. Sie setzt auf eine kompetitive Auseinandersetzung und einen möglichst bunten Adressatenkreis. Je mehr Menschen angesprochen werden, umso besser. Ihrem Politikverständnis entspricht es, sich zu kümmern. Deshalb sucht sie den Kontakt. Deshalb sendet sie nicht nur, sondern empfängt auch.

---

[71] Auch der bayerische Landespolitiker Markus Söder scheint diesem Typus nahe zu kommen. Von ihm ist der Satz überliefert: „Solange es richtig scheppert, ist alles im Lot. Hauptsache, der Name ist richtig geschrieben" (zitiert nach Hoidn-Borchers 2012: 28).

Ganz bewusst setzt sie auch auf die eigene Parteibasis und versucht, dort eine Graswurzelbewegung zu entfachen. Als Prototyp dieses Kommunikationsstils kann m.E., auch nach der persönlichen Begegnung, die ehemalige SPD-Spitzenkandidatin und Parteivorsitzende in Hessen, *Andrea Ypsilanti*, gelten. Ihr Vorhaben nach der Landtagswahl 2008, auch ohne rot-grüne Mehrheit regieren zu wollen, würde ebenfalls zu diesem Idealtypus passen: Die „Problemlöserin" wollte den Politikwechsel – zur Not auch mit neuen Bündniskonstellationen.

Diese fünf idealtypischen Kommunikationsstile, in den Tabellen 4 und 5 noch einmal in ihren Merkmalsausprägungen dargestellt, charakterisieren den ersten Einflussfaktor jeder Kampagne, der sich auf allen Ebenen des Wahlkampfs auswirkt.

| Idealtypen / Merkmal | K-Botschaft | K-Habitus | K-Disziplin | Prototyp |
|---|---|---|---|---|
| | *inhaltlich-sachlich vs. persönlich-emotional* | *extrovertiert-engagiert vs. souverän-kontrolliert* | *kompetitiv vs. solitär* | |
| "Der Fachmann" | inhaltlich-sachlich | souverän-kontrolliert | solitär | Edmund Stoiber |
| "Die Rampensau" | persönlich-emotional | extrovertiert-engagiert | kompetitiv | Gerhard Schröder |
| "Der Landesvater" | persönlich-emotional | extrovertiert-engagiert | solitär | Johannes Rau |
| "Der Streitbare" | persönlich-emotional | souverän-kontrolliert | kompetitiv | Roland Koch |
| "Die Problemlöserin" | inhaltlich-sachlich | extrovertiert-engagiert | kompetitiv | Andrea Ypsilanti |

Tabelle 4: Merkmalsraum der idealtypischen Kommunikationsstile, Teil 1.

| Idealtypen / Merkmal | K-Adressat | K-Strom | K-Übermittlung | Prototyp |
|---|---|---|---|---|
| | *ausgewählt vs. zufällig* | *frontal vs. interaktiv* | *technisch vs. manuell* | |
| "Der Fachmann" | ausgewählt | frontal | technisch | Edmund Stoiber |
| "Die Rampensau" | zufällig | frontal | technisch | Gerhard Schröder |
| "Der Landesvater" | zufällig | interaktiv | manuell | Johannes Rau |
| "Der Streitbare" | ausgewählt | frontal | manuell | Roland Koch |
| "Die Problemlöserin" | zufällig | interaktiv | manuell | Andrea Ypsilanti |

Tabelle 5: Merkmalsraum der idealtypischen Kommunikationsstile, Teil 2.

Darüber hinaus existieren wie erwähnt zwei weitere Faktoren. Dazu zählt der politisch-inhaltliche Raum der Kampagne: der Status quo.

### 5.1.2 Status quo

Es heißt, über die inhaltliche und strategische Konzeption eines Wahlkampfes entscheiden Umstände, die sich „bei jeder Wahl anders darstellen" (Lewandowsky 2009: 5). Das mag stimmen. Allerdings, so die hier vertretene Ansicht, läuft die Analyse der Umstände jewils nach den gleichen Parametern ab und die Konsequenzen daraus folgen jewils der gleichen Logik. An der Ausgangssituation lassen sich stets vier Teilaspekte analysieren: die *Machtkonstellation*, der *politische Problemhaushalt*, das *sozioökonomische Setup* und die *persönlichen Voraussetzungen* der Kandidatin oder des Kandidaten.

Die *Machtkonstellation* betrifft die vorherrschenden politischen Mehrheitsverhältnisse. Das führt zunächst zu einer grundlegenden Unterscheidung in Amtsinhaber und Herausforderer. Darüber hinaus interessieren auch politisch-taktische Verschiebungen der vergangenen Zeit, etwa die Frage, wer mit wem zuletzt koalierte oder auch in einzelnen Fragen zusammenarbeitete. Ferner ist von Belang, ob zuletzt im Parlament klare Mehrheit herrschten, die etwa eine eindeutige Zuordnung zentraler Politikergebnisse erlauben. Ein weiterer Aspekt sind die aktuellen Umfragezahlen der Parteien. Auf der Basis von Mehrheiten, der jüngeren parlamentarischen Vergangenheit und der Umfragen spielen zudem potenzielle Koalitionsoptionen eine wichtige Rolle. Und zuletzt gilt der potentielle Einfluss der Bundespolitik als weitere Dimension der Machtkonstellation.[72]

Der zweite Bereich der Status quo-Analyse betrifft den *politischen Problemhaushalt*, also die vorherrschenden inhaltlichen Fragen. Diese können bereits in den vergangenen Legislaturperioden Gegenstand politischer Kontroversen gewesen sein, oder auch gerade neu aufkommen. Auch hier kann die Rolle des Bundes intervenierenden Charakter entwickeln. Vorherrschende Themen der nationalen Agenda können relevante Themen von Landtagwahlkämpfen sein. Auch entsprechende Einflüsse der Europäischen Union oder etwa der globalen Ökonomie sind theoretisch möglich. Weil es neben vergangenen Themen natürlich vor allem um die Inhalte geht, die zum Zeitpunkt der Wahl auf der Agenda stehen, geben Kampagnen Umfragen in Auftrag. Diese sollen neben der Zustimmung zu den Kandidaten auch die inhaltliche Frage beantworten: Welches Thema ist Ihnen bei Ihrer Wahlentscheidung besonders wichtig? Zudem fungiert die Berichterstattung in den Medien als wichtiger Themenindikator für die Wahlkampfkampagnen.

---

[72] Zwischen Bund und den Länder kann sich wie in Kapitel 3 ausgeführt die Konstellation ergeben, dass divergierende Mehrheiten oder die Situation der Bundesregierung regionale Verhältnisse in den Hintergrund drängen. Auf diese Weise kann sich die auf Landesebene vorherrschende Rollenverteilung zwischen Amtsinhaber und Herausforderer entweder umdrehen oder dazu führen, dass ein Herausforderer nicht die Landespolitik als Angriffsfläche nutzt, sondern die Bundesregierung. Diese Strategie verfolgte etwa der hessische CDU-Herausforderer Roland Koch 1999 gegen die Pläne der rot-grünen Bundesregierung für die doppelte Staatsbürgerschaft.

Der genauen Ausgangsanalyse durch eine Kampagne bedarf drittens das *sozioökonomische Setup* der Wahlregion. Das bedeutet, der Status quo wird auf seine gesellschaftliche und wirtschaftliche Struktur hin durchleuchtet. De facto wird den Kandidaten und ihren Vertrauten durch langjährige politische Arbeit und/oder Herkunft bereits vieles bekannt sein, zentrale Informationen für den zu planenden Wahlkampf stellen diese Strukturen gleichwohl dar.

Das besondere Augenmerk liegt auf den tragenden Säulen der Gesellschaft wie etwa Gewerkschaften, Kirchen, Sportvereinen sowie auf den Hauptarbeitgebern der Region. Wichtig für die Kampagnen sind zudem die traditionellen Wählerbindungen. Ihrem Bedeutungsverlust zum Trotz bleiben die Milieustrukturen für die Planung der Parteien nach wie vor relevant. In Ortschaften, in denen er sich einer Grundsympathie sicher ist, wird ein Kandidat anders auftreten als vor Zuschauern, wo er sich als Außenseiter wähnt.

Zuletzt werden die *persönlichen Voraussetzungen* von Spitzenkandidatin oder Spitzenkandidaten im Wahlgebiet untersucht. Zum einen ist hier dabei der Bekanntheitsgrad von Belang. Ist eine Person durch langjährige Tätigkeit bekannt oder muss sie im Laufe des Wahlkampfs erst einer breiten Masse vorgestellt werden? Auch diese Frage wird häufig mittels Umfragen angegangen. Dazu kommt die Wahrnehmung in der Öffentlichkeit. Unabhängig davon, wie bekannt ein Kandidat ist, existiert ein öffentliches Bild von ihm. Dabei ist zu unterscheiden zwischen der Wahrnehmung der Person und der Wahrnehmung der politischen Arbeit. Ein weiterer Aspekt hängt damit eng zusammen, jedoch nicht zwangsläufig. Ob ein Kandidat auf ein weit verzweigtes gesellschaftliches Netzwerk zurückgreifen kann, ist für die Anfangsanalyse einer Wahlkampagne eine zentrale Information. Ist dies der Fall könnte ein Wahlkampf besonders auf die Einbindung entsprechender Multiplikatoren, etwa Schauspieler, Künstler oder Verleger, zugeschnitten sein.

Ein Bereich ist in dieser Aufstellung bewusst nicht vorhanden: die Gegneranalyse. Das liegt daran, dass sich dieser Teil des Modells wie beschrieben noch auf eine statische Kampagne beschränkt. Erst zu einem späteren Zeitpunkt wird der Blickwinkel auf das Zusammenspiel der Kampagnen im Laufe des Wahlkampfes erweitert. Diese theoretisch begründete Beschränkung deckt sich m.E. aber auch mit der Realität: Die wenigsten Kampagnen werden sich in ihrer Anfangsanalyse zu Beginn des Wahlkampfs explizit am politischen Gegner orientieren. Im Laufe der Kampagne sieht das freilich anders aus.

Aus dieser viergliedrigen Ausgangssituation werden Wahlkämpfer Schlussfolgerungen ziehen, wie sie ihre Kampagne aufbauen. Die Logik dieser Schlüsse drückt sich in den Hypothesen aus, die im Folgenden auf- und vorgestellt werden. Zuvor jedoch geht es um den dritten zentralen Einflussfaktor der Kampagnen: die eigene Partei.

### 5.1.3 Zustand der Partei

Die grundlegende Ausgestaltung der Wahlkampagne wird nicht vollständig abgekoppelt vom Parteiapparat erfolgen können, sondern mindestens in einer Wechselwirkung zwischen dem Lager der Spitzenkandidatin oder des Spitzenkandidaten und der Parteigremien.[73] Der Kandidat wird bei konkreten Punkten in Vorleistung treten, etwa bei der Ausarbeitung des Wahlprogramms (vgl. Lewandowsky 2009: 4), muss dies aber mit der Funktionärsebene abstimmen und zumeist durch einen Landesparteitag verabschieden lassen.

Beide Seiten sind aufeinander angewiesen: Eine Partei benötigt einen Spitzenkandidaten, der die Partei im Wahlkampf führt und die Inhalte der Partei verkörpert. Eine Kandidatin oder ein Kandidat braucht die Parteiorganisation nach der erfolgten Nominierung und neben finanzieller Förderung vor allem aus zwei Gründen: zur Durchführung des Wahlkampfes vor Ort und als gesellschaftlicher Multiplikator.[74] Die amerikanische Forscherin Susan Scarrow (1996: 42ff.) wies vor allem auf drei Wege hin, wie Parteimitglieder bei der Stimmenmaximierung helfen: „financial, labour and outreach benefit". Der finanzielle Effekt durch Mitgliedsbeiträge und Spenden fällt in Deutschland gerade verglichen mit US-Wahlkämpfen eher geringer aus. Übrig bleiben der Aufwand, sich in Wahlkämpfen aktiv zu engagieren („labour benefit") und die Multiplikatorwirkung der Mitglieder in ihren persönlichen Netzwerken („outreach benefit").

Beides zusammen wird häufig unter dem Begriff der *Mobilisierung* subsumiert, deren Bedeutung für den Wahlausgang als „entscheidend" beschrieben wird (Wolf 1987: 296, vgl. Bosch 2006). Dabei besteht eine Aufgabe darin, „in mehreren Wellen bis hin zum Wahltag möglichst

---

[73] Dabei werden die Parteien im Wahlkampf als Mittler zwischen der Öffentlichkeit und der Kampagnenführung verstanden, in einem ähnlichen Sinne, wie Sarcinelli (2009: 186) die Parteien als kommunikatives Bindeglied zwischen Staatsorganen und Öffentlichkeit, zwischen „Staatswillensbildung" und „Volkswillensbildung" (Grimm 1991: 265) einordnet.

[74] Dazu lebt der Kandidat auch vom langfristigen Image einer Partei. Viele Wähler bringen den Kandidaten mit dem Bild in Verbindung, für das seine Partei steht. Die Assoziation seines Namens mit Genese und Geschichte der Partei hat für den Kandidaten eine enorme Wirkung, die natürlich nicht nur positiv ausfällt.

viele Parteimitglieder für den Wahlkampfeinsatz zu aktivieren" (Wolf 1987: 296). Mobilisierte Mitglieder tragen die Botschaften der Kampagne in ihrem Umfeld weiter. Andernfalls droht die Gefahr einer „Schweigespirale" (Noelle-Neumann 2001: 13ff.), die sich zu Ungunsten der Partei in Bewegung setzt, wenn ihren Anhängern die Gefahr droht, innerhalb einer Gruppe isoliert zu werden, weil sie eine scheinbare Minderheitenmeinung vertreten. Auf diese Weise steckt die eine Partei zum Reden an, die andere zum Schweigen (vgl. Jäckel 1999: 233; Noelle-Neumann 1996). Auch Ulrich von Alemann (2010: 189) unterstreicht:

> „Die Wirkung der Gespräche von Anhängern mit Familie, Freunden, Nachbarn und Arbeitskollegen ist gar nicht hoch genug einzuschätzen."

Wie gezielt und effizient die Partei in diesem Sinne ihre Funktionen im Wahlkampf erfüllt, hängt entscheidend von ihrem Zustand zu Beginn und während der Kampagne ab. Dabei gilt die *Geschlossenheitsannahme*: Je geschlossener Kandidat und Partei die gleiche Strategie verfolgen, desto größer sind die Erfolgschancen am Wahltag (vgl. Eilfort 2006: 223; Stauss 2013: 25).[75][76] Wie geschlossen eine Partei auftritt, lässt sich mit dem Konzept der Vetospieler modellieren, das auf George Tsebelis (1995, 1999, 2002) zurückgeht. Dieser unterscheidet allgemein zwischen „institutionellen und parteilichen Vetospielern" (2002: 2), erkennt in einer Partei

---

[75] Wozu ein Wahlkampf mit einer Partei führen kann, die nicht geschlossen auftritt, unterstreicht eine Textpassage aus der *Süddeutschen Zeitung* (Leyendecker 2010: 4) zum nordrhein-westfälischen Landtagswahlkampf 2010: „An Rhein und Ruhr erklärt ein Christdemokrat aus der ersten Reihe, ‚der Jürgen hat ja keinen einfachen Wahlkampf'. In der NRW-CDU fallen Funktionäre wie Skorpione übereinander her, an Indiskretionen über irgendwelche Schweinereien ist kein Mangel. Rüttgers bekommt die Quittung dafür, dass er immer wieder Leute hat fallenlassen."

[76] Gleichwohl kann es auch Ausnahmen geben, in denen bewusst das Gegenteil von Geschlossenheit erzeugt wird, um innerparteiliche Machtkämpfe auszutragen. Volker Zastrow, der sich intensiv mit den Strukturen der hessischen SPD in den Jahren 2005 bis 2008 beschäftigt hat, schreibt über die Vergabe von Listenplätzen im Vorfeld des Wahlkampfes (2009: 72): „Normalerweise bemühen sich Parteien (...), ihre Flügel ausgewogen auf allen Etagen der Liste abzubilden. Man kann die Liste aber missbrauchen, um innerparteiliche Mehrheiten zu zementieren, und genau das, nichts anderes, ist die Kernfrage der politischen Kultur. Sie wird innerhalb der Parteien beantwortet, im Umgang miteinander." Das hier entwickelte theoretische Modell unterstellt, dass auf diese Frage in der Regel Antworten gefunden werden, die auf möglichst große Geschlossenheit zielen.

also ein klassisches Feld potenzieller Vetospieler. Dabei lautet die grundlegende Annahme: Die Wahrscheinlichkeit, dass sich Reformen durchsetzen lassen, nimmt ab, je mehr Vetospieler es gibt.

Für die wahlkämpfende Partei bedeutet das: Je weniger Vetospieler eine Partei umfasst, also je weniger kohärent sich eine Partei darstellt und je geringer die ideologische Distanz zwischen ihren Flügeln ausfällt, desto weniger Widerstand muss ein Spitzenkandidat aus seiner Partei erwarten, desto freier ist er in seinen strategischen und inhaltlichen Entscheidungen und desto geschlossener wird die Partei seinen Kurs im Wahlkampf umsetzen. Anders formuliert: Die Wahrscheinlichkeit, dass eine Partei im Wahlkampf geschlossen auftritt, nimmt mit der Zahl der Vetospieler, der Distanz zwischen ihren Interessen und ihrer internen Inkohärenz ab.[77]

Die konkrete Vetomacht der Parteien soll im Folgenden kurz demonstriert werden. Dafür eignet sich das Konzept der Vetopunkte, das André Kaiser (1998, 2002) in Anlehnung an Tsebelis entwickelt hat. Kaiser unterscheidet mit zunehmender Vetomacht zwischen Einfluss-, Veto- und Entscheidungspunkten. Einflusspunkte stellt er fest, wenn „Akteure die Möglichkeit erhalten, im Rahmen von Beratungen, Stellungnahmen und ähnlichem ihre Position (...) zu verdeutlichen", ohne das sie berücksichtigt werden muss. Vetopunkte versteht er als „institutionell angelegte Chance für Akteure, (...) ihrer Position dadurch Geltung zu verleihen, dass sie das Ergebnis gutheißen, modifizieren oder auch blockieren". Entscheidungspunkte gelten, wenn „autonome Entscheidungsmacht" besteht (Kaiser 2002: 94f.). Diese Punkte können mit den folgenden Ausprägungen anfallen: Vetopunkte der Konkordanz, Einfluss- oder Entscheidungspunkte der Expertise, Einfluss- oder Entscheidungspunkte der Delegation und Legislative Vetopunkte (vgl. ebd.: 97f.).

Transferiert auf das komplexe Gebilde eines Wahlkampfs bestehen m.E. grundsätzlich drei Arten von Vetopunkten: Erstens ein *Vetopunkt der Konkordanz*, wenn der Spitzenkandidat durch die Partei nominiert und das Wahlprogramm verabschiedet werden muss. Dabei gelten

---

[77] Übertragen auf die Wahlkampfforschung lässt dies den Schluss zu, dass sich die Wahlkämpfe von Volksparteien schwieriger gestalten als die von kleineren Parteien. Volksparteien haben größere Mühe, ihre Vetospieler zu einen und erscheinen so weniger geschlossen als kleine Parteien. Andererseits sprechen sie durch die größere Anzahl an Vetospielern per se größere gesellschaftliche Schichten an. Das betonte auch Karl-Josef Wasserhövel, SPD-Kampagnenleiter im Bundestagswahlkampf 2009, im *Handelsblatt* (Delhaes 2009: 4): „Weil die SPD am breitesten in die Milieus ausstrahlt, ist es eine größere Herausforderung, eine Kampagne zu gestalten, die möglichst viele gleichermaßen anspricht."

im Sinne Kaisers institutionelle Arrangements, die gezielt zu konsensualen Entscheidungen führen und nur mit Übereinstimmungen dauerhaft bestehen (vgl. ebd.). Zudem verfügen Parteimitglieder über *Einflusspunkte der Expertise*, wenn Entscheidungen der Organisation ob der fachlichen Kompetenz vom Parteiapparat übernommen werden. Drittens besitzen Parteiorgane vor Ort autonome Entscheidungsmacht, wenn sie die Kampagne umsetzen sollen, stehen also für *Entscheidungspunkte der Delegation*.

Dass Vetopunkte bestehen, heißt jedoch noch nicht, dass diese auch genutzt werden. Darin unterscheidet sich Kaiser von Tsebelis. Für Kaiser ist es vorstellbar, dass komplexe Motivbündel die Entscheidung von Akteure beeinflussen und eben auch bewirken können, dass Vetooptionen nicht wahrgenommen werden, ein Veto ist also „nicht determiniert" (Kaiser 1998: 538). Diesem Verständnis folgt auch die vorliegende Arbeit. Entsprechend kann die Geschlossenheitsannahme durch eine zweite Annahme ergänzt werden: Je weniger Vetopunkte genutzt werden, desto geschlossener verläuft eine Kampagne. Daraus resultieren die Fragen, wann und warum Vetopunkte genutzt werden, bzw. was ein Spitzenkandidat tun kann, damit Vetopunkte in der Partei ungenutzt bleiben. Antworten darauf folgen im Hypothesenkapitel.

## 5.2 Der Kampagnenkreislauf

Zuvor soll jedoch, wie angekündigt, das Modell auf die zeitliche Komponente und auf die Konkurrenzsituation der Wahlkämpfer ausgeweitet werden. Beide Erweiterungen funktionieren nach dem gleichen simplen Muster: dem *Kampagnenkreislauf* (Abbildung 5). Darunter wird ein kontinuierlicher Mechanismus verstanden, der drei Phasen durchläuft: die *Phase der Wahlkampfformulierung*, die *Phase des Wahlkampfhandelns* und die *Phase der Wahlkampfkontrolle*.[78]

---

[78] Der Kampagnenkreislauf lehnt sich an andere wissenschaftliche Kreislaufmodelle an, insbesondere an das Phasenmodell der Entscheidungsanalyse von Korte/Fröhlich (2009: 33), das zwischen „Politikformulierung", „Entscheidungsstadium" und „Kontrollstadium/Reformulierung" differenziert. Ein vergleichbares Modell hat Kamps (2007: 172) aufgestellt: Er unterscheidet in Anlehnung an Produktzyklen zwischen einer „Management-Phase", in der Akzente und Botschaften eines Themas bestimmt werden, und einer „Maintenance-Phase", die der Kontrolle und Nachjustierung dient.

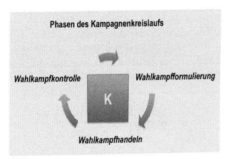

Die gesamte Kampagne[79] lässt sich als fortlaufender Ablauf dieser drei Phasen darstellen. Das gilt für die Leitlinien der Kampagne wie für jede einzelne Maßnahme, für die Auftritte der Kandidaten wie für die Aktionen jedes Wahlhelfers sowie für alle drei Dimensionen (Kommunikationsstrategie, Inhalt, Organisation).

Abbildung 5: Phasen des Kampagnenkreislaufs.

Streng genommen besitzt also jede Strategie, jede Entscheidung und jede Maßnahme im Wahlkampf ihren eigenen Kampagnenkreislauf. Es gibt das große Rad der Kampagne genauso wie unzählige kleine Rädchen. Um dies zu illustrieren, sollen die Phasen kurz skizziert werden.

### 5.2.1 Phase der Wahlkampfformulierung

In dieser Phase wird ein Schritt des Wahlkampfs ausgearbeitet, diskutiert und festgelegt. Das betrifft die großen strategischen Weichenstellungen einer Kampagne, etwa auf welche Themen man setzt, welche Kommunikationswege man verstärkt nutzt oder wie man mit einem Gegenkandidaten umgeht – sowohl allgemein als auch bei einem konkreten Auftritt. Das betrifft aber auch die kleinen Entscheidungen, etwa einen Anzeigenentwurf der Werbeagentur auszuwählen oder über die Standorte von Plakatstellwänden zu entscheiden. Charakteristisch für diese Phase ist

---

[79] In der Literatur finden sich Versuche, den zeitlichen Ablauf eines Wahlkampfs in grobe Abschnitte zu gliedern. So unterscheidet Werner Wolf (1999) zwischen einer „Vorbereitungszeit", die eine Jahresplanung sowie punktuelle Themenkampagnen umfasse, einer „Vorwahlkampfzeit", in der strategische Leitlinien entwickelt würden, und eine „Schlussphase", im Volksmund und den Medien gerne als „heiße Phase" bezeichnet, die sich durch eine besondere Dichte an Terminen und den Versuch kurzfristiger Mobilisierung charakterisieren lasse. In solch grober Form ist dieser Zeitschiene sicher zuzustimmen, allerdings verspricht sie m.E. wenig Erkenntnisgewinn. Das hat auch damit zu tun, dass sich der zeitliche Beginn von Wahlkämpfen schwer allgemein fassen lässt (vgl. Schoen 2007a: 35f.), abgesehen von Sonderfällen wie im März 2012, als in Nordrhein-Westfalen der Landtag aufgelöst und damit der Wahlkampf eingeläutet wurde.

das Stadium der Planung, Beratung und Entscheidung. Zur Tat schreiten die Wahlkämpfer in der nächsten Phase.

### 5.2.2 Phase des Wahlkampfhandelns

In diese Phase fällt jede Aktion, mit der Wahlkampf betrieben wird: der Auftritt des Spitzenkandidaten beim TV-Duell, das Gespräch mit Passanten am Infostand, der Antrag zur Genehmigung einer Demonstration, das Aufhängen eines Plakats. Die gerade noch gefassten Beschlüsse werden jetzt konkret umgesetzt. Das eben für einen Kontrahenten zurechtgelegte Gegenargument wird jetzt im Interview mit den Medien oder bei einem öffentlichen Auftritt vorgetragen.

### 5.2.3 Phase der Wahlkampfkontrolle

In dieser Phase findet gewissermaßen das Controlling oder Monitoring des Wahlkampfs statt. Das heißt, hier wird das höchst unterschiedliche und heterogene Vorgehen der Kampagnenakteure ausgewertet und dabei die Aktionen der Konkurrenz explizit miteinbezogen. Das passiert auf ganz unterschiedliche Wege: durch Pressespiegel, durch eigene und von anderen in Auftrag gegebene Umfragen, durch systematische Gegnerbeobachtung oder durch persönliches Feedback jedweder Art. Dabei wird grundsätzlich das Echo auf jede Aktion des Wahlkampfs berücksichtigt, mal mehr, mal weniger, mal mehr oder weniger zeit- und kostenaufwändig. Selbstverständlich werden die Feedback-Befragungen nach einem TV-Duell genauer studiert als der kritische Leserbrief in der lokalen Presse oder die Beschwerde der Oma in der Fußgängerzone, aber das Prinzip ist das gleiche.

Wichtig ist, dass in dieser Phase erstmals die gezielte Analyse und Auseinandersetzung mit dem Wahlkampf der Gegner stattfindet. Gleichzeitig werden hier auch die Stimmen der anderen beiden Akteursgruppen in Wahlkämpfen aufgenommen: der Medien und der Wähler. In der Kontrollphase fließen für die Wahlkämpfer also alle Wahrnehmungen zusammen: aus der eigenen Arbeit, aus dem Kontakt mit den Wählern, aus den Umfragen, aus der Wahrnehmung der Gegner, aus der Berichterstattung der Medien.

Etwaige daraus folgende Konsequenzen für den weiteren eigenen Wahlkampf – sei es, dass man Vorschläge des Gegners kontern oder auf verheerende Umfragewerte eingehen will – werden in der nun wieder folgenden neuen Phase der Wahlkampfformulierung gezogen. Dort werden die Lektionen aus jeder Form der Kontrolle diskutiert und beschlossen. Selbstverständlich kann es auch eine Reaktion sein, nicht auf das Feedback einzugehen und weiterzumachen wie bisher.[80]

Grundsätzlich besteht jede Kampagne also aus einer unendlich großen Zahl von parallel und automatisiert sich drehenden und überschneidenden Kreisläufen, die erst mit dem Wahltag zum Stillstand kommen. Wie ein komplexes Uhrwerk, das plötzlich stehen bleibt. Einzelne Kreisläufe für konkrete Vorhaben oder Auftritte enden zwar schon vorher, gleichzeitig werden aber unzählige neue begonnen. Im Zuge der Kreisläufe entstehen neue situative Bedingungen, die das Gefüge der Einflussfaktoren einer Kampagne verschieben können. Auf die wohl durchdachte Bestandsaufnahme zu Beginn des Wahlkampfs folgen nun mehrere und auch gleichzeitig ablaufende Bestandsaufnahmen in Echtzeit, deren Dynamik und Hektik bis zum Wahltag zunehmen. Wie sich die Faktoren dabei modifizieren können, soll kurz an drei Fällen mit konkreten Beispielen demonstriert werden.

Eine Spitzenkandidatin oder ein Spitzenkandidat erfährt im Wahlkampf eine geballte Reaktion auf ihren oder seinen persönlichen Kommunikationsstil. Vehemente Kritik, negative Umfrageergebnisse oder sonstige Ereignisse könnten sie oder ihn dazu verleiten, einzelne Aspekte umzustellen. Allerdings wird dies stets nur einzelne Merkmalsausprägungen betreffen. Aus seiner Haut kann der Wahlkämpfer nicht: Einen neuen Typus der Kommunikationsstile kann er nicht annehmen.

Als Beispiel könnte m.E. eine Episode aus dem US-amerikanischen Präsidentschaftswahlkampf im Jahr 2008 dienen. Bei der ersten demokratischen Vorwahl musste *Hillary Clinton* eine herbe Niederlage verkraften, auch vor der zweiten lag sie in Umfragen deutlich zurück. In dieser Situation wechselte sie, so erscheint es aus der Ferne, von ihrer sonst betont „inhaltlich-sachlichen" zu einer „persönlich-emotionalen" Kommunikationsbotschaft. Am Rande einer Diskussionsrunde in einem Coffee Shop in Portsmouth/New Hampshire bekannte *Clinton* in Anwesenheit von Reportern „den Tränen nah" und „mit zittriger Stimme" (zitiert nach *Spiegel Online*, 7.1.2008):

---

[80] In den Kampagnen der hessischen FDP mit Spitzenkandidat Jörg-Uwe Hahn fand jeden Morgen eine Schaltkonferenz statt, immer zur gleichen Uhrzeit und immer in der gleichen Besetzung. Dabei wurde stets als erster Punkt der Auftritt vom Vorabend diskutiert, mit den Leitfragen: Wie war die Veranstaltung? Wie waren die anwesenden Journalisten drauf? Was haben wir für Fehler gemacht? Hahn maß dieser morgendlichen Konferenz nach eigener Aussage eine große Bedeutung zu. Er sagte: „Die Lage wurden jeden Tag neu bewertet und es wurden auch Änderungen vorgenommen."

"Das ist sehr persönlich für mich, es ist nicht nur politisch."

Der Status quo kann sich während einer Kampagne mehrfach verändern. Entsprechend können sich auch die daraus folgenden Lehren umkehren. Je nach Teilaspekt ist dies mehr oder weniger wahrscheinlich: Im politischen Problemhaushalt kommen während der Kampagne sehr wahrscheinlich neue Themen auf die Agenda. Bekanntheitsgrad und Image von Spitzenkandidatin oder Spitzenkandidat können sich verändern, allerdings wohl eher graduell. Das sozioökonomische Setup hingegen bleibt zumeist konstant. Im Machtgefüge der politischen Parteien können Umfragewerte die Rollen verschieben. Das ließ sich m.E. im Bundestagswahlkampf 2005 beobachten, als der in den Umfragen zurückliegende Bundeskanzler *Gerhard Schröder* plötzlich einen Angriffswahlkampf führte und die Herausforderin *Angela Merkel* versuchte, ihren Vorsprung in den Umfragen ins Ziel also bis zum Wahltag zu retten.

Auch der Zusammenhalt in der Partei und damit deren Schlagkraft bei der Mobilisierung kann sich während der Kampagne verändern. Flügel, die sich oder ihre Interessen nicht ausreichend berücksichtigt fühlen, können ihre Vetopunkte (zumeist als Entscheidungspunkte der Delegation) einsetzen und damit weniger mobilisieren. Als Beispiel könnte m.E. die SPD im Bundestagswahlkampf 2009 gelten. Dabei, so könnte man mutmaßen, hielt sich das Engagement der innerparteilichen Unterstützer von *Kurt Beck* in Grenzen, nachdem dieser – allerdings schon ein Jahr vor der Wahl – nach parteiinternen Querelen als Parteichef zurückgetreten war.

Was aus diesen theoretischen Überlegungen für die praktische Ausgestaltung der Wahlkampagne folgt, welche konkreten Handlungsanleitungen sich aus dem Modell ergeben bzw. wie es sich für den empirischen Teil dieser Arbeit operationalisieren lässt, soll nun wie angekündigt anhand der Hypothesen aufgezeigt werden.

## 5.3  Entwicklung der Hypothesen: 17 allgemeine Aussagen

Dabei lassen sich aus den drei Faktoren einer Kampagne in unterschiedlichem Ausmaß Hypothesen generieren. Die Idealtypen der Kommunikationsstile beinhalten bereits konkrete Handlungsweisen, die in bestimmten Situationen besonders zum Tragen kommen. Diese Situationen entstehen aus der Analyse des Status quo. Die Konsequenzen aus dem Zustand der Partei drehen sich um die Grundfrage: Wie lässt sich Geschlossenheit erzeugen?

Bei der Analyse des Status quo unterscheidet sich zunächst die Perspektive von Amtsinhaber und Herausforderer (Machtkonstellation) und es zeigen sich drängende inhaltliche Frage (politischer Problemhaushalt). Diese lassen sich m.E. abstrakt kaum formulieren, abgesehen von der ökonomischen Gesamtsituation. Die wirtschaftliche Bilanz, z.B. gemessen an Wirtschaftswachstum und/oder Arbeitslosigkeit, wird die Strategie des Wahlkampfs prägen und wird insbesondere das Auftreten der Amtsinhaberin oder des Amtsinhabers beeinflussen. Das gilt für die Ausgangsanalyse zu Beginn der Kampagne wie für die jederzeit ablaufenden Wahlkampfkreisläufe.

Dass dies inhaltlich geschieht, liegt auf der Hand: Ein wirtschaftlich erfolgreicher Bürgermeister, Ministerpräsident oder Bundeskanzler wird im Wahlkampf mit diesen Erfolgen werben. Doch m.E. wirkt sich dies auch kommunikationsstrategisch aus: Der Amtsinhaber wird sich mit dem gut dastehenden Wahlgebiet, mit dessen Symbolen und Bewohnern gemein machen.[81] Das geschieht, indem sie oder er bewusst nicht als Wahlkämpfer, sondern als Amtsträger auftritt, und die Erfolge als gemeinschaftliche Errungenschaften preist.

Aus dieser Analyse ergeben sich die ersten beiden Hypothesen, die zwei unterschiedliche kommunikative Ableitungen des gleichen Sachverhalts darstellen:

*H1: Ein wirtschaftlich erfolgreicher Amtsinhaber präsentiert seine Bilanz mit staatspolitischem Verantwortungshabitus.*

*H2: Ein wirtschaftlich erfolgreicher Amtsinhaber tendiert dazu, die Erfolge zu sozialisieren. „Wir" haben etwas erreicht.*

Beide Verhaltensweisen eignen sich durch das Amt und die überparteiliche Art besonders für den Kommunikationsstil des „Landesvaters". In abgeschwächter Form ist es auch für den Kandidat des kleinen Regierungspartners vorstellbar. Bei beiden Hypothesen fungiert der wirt-

---

[81] Marion G. Müller (1997: 213) beschreibt diesen Vorgang als einen „Distanzierungsprozess", an dessen Ende nicht der Kandidat als Mensch, sondern der Kandidat als Träger einer Amtswürde erscheint. Das bestimmende Charakteristikum sei dabei die „Unterdrückung jeglicher persönlicher Gefühle zugunsten der Ausstrahlung einer inneren Autorität", die den Kandidaten eher „als versteinertes Monument seiner Amtswürde wirken lässt, denn als Mensch aus Fleisch und Blut". Laut Machnig und Raschke (2009: 9) wird ein „Regierungswahlkampf" häufig als „Verantwortungswahlkampf" konzipiert, in dem die staatspolitische Verantwortung betont werde.

schaftliche Erfolg als unabhängige Variable. Den abhängigen Parameter bildet im ersten Fall das Kommunikationsmuster „Amtsträger". Beide Gattungen von Variablen werden im anschließenden Kapitel 6 erläutert.

| Hypothese | Unabhängige Variable | Operationalisierung | Messung | Datenquelle |
|---|---|---|---|---|
| Ein wirtschaftlich erfolgreicher Amtsinhaber präsentiert seine Bilanz mit staatspolitischem Verantwortungshabitus. | wirtschaftlicher Erfolg | Bruttoinlandsprodukt; Arbeitnehmerentgelt; Arbeitslosenzahlen | Entwicklung zu den definierten Stichtagen | Statistische Landesämter / Bundesagentur für Arbeit |
| Abhängige Variable | Wahlkampfmaßnahme | Operationalisierung | Messung | Datenquelle |
| Kommunikationsmuster „Amtsträger" | Einsatz von offiziellen Symbolen oder Bildern auf den Plakaten | Inhaltsanalyse der kommunizierten Plakatserien | Einordnung der Kommunikation nach den definierten Kriterien | Material der Landesparteien |

Tabelle 6: Hypothese 1: Wirtschaftlicher Erfolg I.

Die zweite Hypothese prognostiziert als abhängige Variable das Kommunikationsmuster „Kollektive Erfolge" und somit die Verwendung vereinnahmender Wörter wie „wir" oder „uns" in der Kampagnenkommunikation. Auch landestypische Ausdrücke oder regionale Redewendungen können hier zur Sprache kommen und dienen der gleichen Funktion.

| Hypothese | Unabhängige Variable | Operationalisierung | Messung | Datenquelle |
|---|---|---|---|---|
| Ein wirtschaftlich erfolgreicher Amtsinhaber tendiert dazu, die Erfolge zu sozialisieren. „Wir" haben etwas erreicht. | wirtschaftlicher Erfolg | Bruttoinlandsprodukt; Arbeitnehmerentgelt; Arbeitslosenzahlen | Entwicklung zu den definierten Stichtagen | Statistische Landesämter / Bundesagentur für Arbeit |
| Abhängige Variable | Wahlkampfmaßnahme | Operationalisierung | Messung | Datenquelle |

| Kommunikations- muster „Kollektive Erfolge" | Kommunikation von (ökon.) Erfolgen in kollektivieren- der oder regio- naler Form | Inhaltsanalyse der kommunizierten Pla- katserien | Einordnung der Kommuni- kation nach den definierten Kriterien | Material der Landesparteien |
|---|---|---|---|---|

Tabelle 7: Hypothese 2: Wirtschaftlicher Erfolg II.

Wie würde der Fall aussehen, wenn die wirtschaftliche Bilanz der Regierung negativ ausfiele? Der Amtsinhaber würde in seiner Kampagne inhaltlich und strategisch wohl anders und weniger eindeutig vorgehen. Dem Lager des Herausforderers würde sich hingegen eine offene Flanke bieten. Dort würde man entsprechend versuchen, die Politik des Amtsinhabers zu entlarven und nach deren inhaltlicher Substanz fragen, bzw. diese zum expliziten Thema der Kampagne machen.[82] Auch dies würde sich m.E. inhaltlich wie kommunikationsstrategisch äußern – in der dritten Hypothese:

*H3: Der Herausforderer eines wirtschaftlich nicht erfolgreichen Amtsinhabers setzt auf die inhaltliche Auseinandersetzung. Er wird von persönlichen Angriffen absehen.*

Auch hier gilt der wirtschaftliche Erfolg als Grundlage. Zu operationalisieren ist, inwiefern inhaltliche Argumente im Vordergrund der Auseinandersetzung stehen. Diesen Ansatz könnte zielgenau der Kommunikationstypus „Fachmann" verkörpern.

---

[82] Die allgemeine Frage nach der Substanz von politischen Ideen wurde einst besonders pronociert in den USA gestellt. Der ehemalige Vizepräsident Walter Mondale antwortete im Vorwahlkampf 1984 in einer Fernsehdebatte auf seinen Kontrahenten Gary Hart mit dem Satz: „When I hear your new ideas, I'm reminded of that ad, ‚Where's the beef?'" Hintergrund: Die Fast-Foof-Kette „Wendys" schaltete damals einen Werbespot mit drei ältere Frauen, die einen Hamburger mit relativ wenig Fleisch vorgesetzt bekommen und sich mit dem Satz beschweren: „Wo ist das Fleisch?". Die Phrase gilt seither als Wahlkampf-Klassiker, um dem politischen Gegner Inhalts- und Konzeptlosigkeit vorzuwerfen.

| Hypothese | Unabhängige Variable | Operationalisierung | Messung | Datenquelle |
|---|---|---|---|---|
| Der Herausforderer eines wirtschaftlich nicht erfolgreichen Amtsinhabers setzt auf die inhaltliche Auseinandersetzung. Er wird von persönlichen Angriffen absehen. | wirtschaftlicher Erfolg | Bruttoinlandsprodukt; Arbeitnehmerentgelt; Arbeitslosenzahlen | Entwicklung zu den definierten Stichtagen | Statistische Landesämter / Bundesagentur für Arbeit |
| **Abhängige Variable** | **Wahlkampfmaßnahme** | **Operationalisierung** | **Messung** | **Datenquelle** |
| Gewichtung Person versus Inhalt | Qualitative Gestaltung der Wahlplakate | Inhaltsanalyse der kommunizierten Plakatserien | Einordnung der Kommunikation nach den definierten Kriterien | Material der Landesparteien |

Tabelle 8: Hypothese 3: Wirtschaftlicher Erfolg III.

Im Status quo vor und während der Kampagne werden auch die Umfragewerte der Parteien als zentrales Kriterium erfasst. Die sogenannte „Sonntagsfrage" suggeriert das Wahlergebnis zum aktuellen Zeitpunkt und verschafft dem in Rückstand liegenden Wahlkämpfer einen zusätzlichen Handlungsdruck. Das betrifft insbesondere Konstellationen, in denen zwei oder mehrere Parteien unmittelbar miteinander konkurrieren. Das betrifft etwa das Duell der Volksparteien zwischen Amtsinhaberin/Amtsinhaber und Herausforderin/Herausforderer oder Duelle kleinerer Parteien zumeist um den Rang des Juniorpartners auf der Regierungsbank.

Die vierte und fünfte Hypothese behandeln die Umfragewerte als unabhängige Größe und schließen somit explizit die kleinen Parteien mit ein, die bisher nur am Rande betroffen waren. Wie bisher, knüpfen auch diese Hypothesen bei den Dimensionen Inhalt und Kommunikationsstrategie gleichermaßen an. Da sich Umfragen im Zuge des Wahlkampfs zunehmend häufen und für ein zunehmendes öffentlich-mediales Echo sorgen, spielen die beiden Hypothesen besonders im Laufe der Kampagne eine Rolle und etwas weniger zu Beginn.

*H4: Wenn eine Partei in den Umfragewerten schlechter abschneidet als der direkte politische Gegner, plant sie einen konfrontativen Wahlkampf.*

| Hypothese | Unabhängige Variable | Operationalisierung | Messung | Daten |
|---|---|---|---|---|
| Wenn eine Partei in den Umfragewerten schlechter abschneidet als der direkte politische Gegner, plant sie einen konfrontativen Wahlkampf. | Umfragewerte | Umfrageergebnisse zu zwei Zeitpunkten (zwei und sechs Monate vor der Wahl) | Überprüfung der definierten Werte für „schlechteres Abschneiden" und „politischer Gegner" | Ländertrends von Infratest dimap und einer ARD-Rundfunkanstalt |
| **Abhängige Variable** | **Wahlkampfmaßnahme** | **Operationalisierung** | **Messung** | **Datenquelle** |
| Kommunikationsmuster „Konfrontation" | Einsatz von „moderaten" oder „frontalen" Angriffsplakaten" | Inhaltsanalyse der kommunizierten Plakatserien | Einordnung der Kommunikation nach den definierten Kriterien | Material der Landesparteien |

Tabelle 9: Hypothese 4: Umfragewerte I.

Als abhängige Variable sagt Hypothese 4 die direkte Konfrontation vorher, die hierzulande etwas verpönt erscheinende Abteilung Attacke[83], wie sie prototypisch zum Kommunikationsstil der „Rampensau" und des „Streitbaren" passt. Die Versuchung, in knappen Wahlkämpfen an oder über politisch-kulturelle Grenzen zu gehen, verdeutlicht der Fall von *Dieter Althaus*, ehemals Ministerpräsident von Thüringen, der einige Monate nach einem Skiunfall, bei dem wohl durch sein Verschulden eine Frau starb und Althaus selbst schwer verletzt wurde, zur nächsten Landtagswahl antrat. Zu der besonderen Situation dieses Wahlkampfs hieß es damals im *Tagesspiegel* (Schlegel 2009: 4):

---

[83] Offenbar besteht ein „Charakteristikum deutscher Wahlkämpfe" darin, kontroverse Aussagen oder Angriffe auf den politischen Gegner nicht direkt zu äußern, sondern wenn über die Bande der Medien zu spielen (vgl. Müller 2002: 365). Der politischen Kultur scheinen hier „enge Grenzen" gesetzt, wie Andrea Römmele von der Deutschen Gesellschaft für Wahlforschung im *Tagesspiegel* (Tretbar 2009: 2) feststellte. Andererseits gibt es Fälle von direkten Angriffen im Wahlkampf und das nicht erst seit gestern. Schon Adenauer sprach gerne öffentlich von „Brandt alias Frahm", um auf die uneheliche Herkunft seines SPD-Konkurrenten anzuspielen. Ein anderes Beispiel eines konfrontativen Angriffs lieferte der thüringische Landtagswahlkampf 2009. Dort plakatierte die Junge Union eine Thüringer Bratwurst neben dem aus Westdeutschland stammenden Linken-Kandidaten Bodo Ramelow. Unter ihm prangte die Zeile: „Falscher Thüringer. Keiner von uns. Keiner für uns."

"Ob die Gegner von Althaus dessen Unfall zum Wahlkampfthema machen, ist auch eine politisch-kulturelle Frage. (...) Die Frage wird sein, ob sie auch bei Rückständen in den Meinungsumfragen kurz vor der Wahl diesen sachlichen Stil beibehalten."

Ebenfalls aus den Umfragewerten und aus der Defensive heraus leitet sich die nächste Hypothese ab. Dieses Mal verschärft die Wahlkämpferin oder der Wahlkämpfer nicht den kommunikationsstrategischen Ton der Auseinandersetzung, sondern erhöht den organisatorischen Einsatz bzw. die Schlaganzahl an Terminen und Auftritten im Wahlkampf. Dieser Schritt kann schwerpunktmäßig keinem spezifischen Kommunikationstypus zugeschrieben werden. Er gilt für alle Typen von Wahlkämpfern gleichermaßen.

*H5: Wenn eine Partei in den aktuellen Umfragewerten schlechter abschneidet als der direkte politische Gegner, macht sie mehr Wahlkampf.*

| Hypothese | Unabhängige Variable | Operationalisierung | Messung | Datenquelle |
|---|---|---|---|---|
| Wenn eine Partei in den Umfragewerten schlechter abschneidet als der direkte politische Gegner, macht sie mehr Wahlkampf. | Umfragewerte | Umfrageergebnisse zu zwei Zeitpunkten (zwei und sechs Monate vor der Wahl) | Überprüfung der definierten Werte für „schlechteres Abschneiden" und „politischer Gegner" | Ländertrends von Infratest dimap und einer ARD-Rundfunkanstalt |
| Abhängige Variable | Wahlkampfmaßnahme | Operationalisierung | Messung | Datenquelle |
| Wahlkampfintensität | Mehr Kommunikation in Form von Wahlplakaten | PP-Index (Plakate pro Parteimitglied) | PP-Index berechnen | Interne Informationen aus den Parteizentralen |

Tabelle 10: Hypothese 5: Umfragewerte II.

Die nächsten beiden Hypothesen beziehen sich zum einen ebenfalls auf die Umfragewerte und tragen andererseits dem Umstand Rechnung, dass zumeist Koalitionen zwischen zwei oder drei Parteien geschmiedet werden müssen, um eine Regierung zu bilden. Die Zahl der mutmaßlichen Optionen, die einer Kampagne zu Beginn und im Verlauf des Wahlkampfes dabei offenstehen, dient nun als unabhängige Variable.

Diese Zahl ergibt sich durch die demoskopische Prognose, aber auch durch sowohl eine grundsätzliche ideologische Nähe als auch durch eine regionale bzw. persönliche Verbundenheit zwischen den möglichen Koalitionspartnern. Diese drei Komponenten werden in Kapitel 6 ausführlich erläutert. Auf dieser Grundlage lautet die sechste Hypothese:

H6: *Wenn eine Partei über weniger Koalitionsoptionen verfügt als der direkte politische Gegner, plant sie einen konfrontativen Wahlkampf.*

| Hypothese | Unabhängige Variable | Operationalisierung | Messung | Datenquelle |
|---|---|---|---|---|
| Wenn eine Partei über weniger Koalitionsoptionen verfügt als der direkte politische Gegner, plant sie einen konfrontativen Wahlkampf. | Koalitionsoptionen | Koalitionsoptionen zu zwei Zeitpunkten (zwei und sechs Monate vor der Wahl) | Überprüfung der definierten Werte für „politischer Gegner"; Berechnung der möglichen und nicht ausgeschlossenen Koalitionen | Ländertrends von Infratest dimap und einer ARD-Rundfunkanstalt |
| Abhängige Variable | Wahlkampfmaßnahme | Operationalisierung | Messung | Datenquelle |
| Kommunikations-muster „Konfrontation" | Einsatz von „moderaten" oder „frontalen" Angriffsplakaten" | Inhaltsanalyse der kommunizierten Plakatserien | Einordnung der Kommunikation nach den definierten Kriterien | Material der Landesparteien |

Tabelle 11: Hypothese 6: Koalitionsoptionen I.

Als abhängige Variable rückt hier erneut wie schon bei der vierten Hypothese das Kommunikationsmuster „Konfrontation" in den Fokus, das besonders den Wahlkampfstilen der „Rampensau" und des „Streitbaren" entspricht.

Auch die zweite Hypothese, die sich von der Zahl der Koalitionsoptionen ableiten lässt, zielt auf eine bereits bekannte abhängige Variable. Die Hypothese lautet:

H7: *Wenn eine Partei über weniger Koalitionsoptionen verfügt als der direkte politische Gegner, macht sie mehr Wahlkampf.*

| Hypothese | Unabhängige Variable | Operationalisierung | Messung | Datenquelle |
|---|---|---|---|---|
| Wenn eine Partei über weniger Koalitionsoptionen verfügt als der direkte politische Gegner, macht sie mehr Wahlkampf. | Koalitionsoptionen | Koalitionsoptionen zu zwei Zeitpunkten (zwei und sechs Monate vor der Wahl) | Überprüfung der definierten Werte für „politischer Gegner"; Berechnung der möglichen und nicht ausgeschlossenen Koalitionen | Ländertrends von Infratest dimap und einer ARD-Rundfunkanstalt |
| Abhängige Variable | Wahlkampfmaßnahme | Operationalisierung | Messung | Datenquelle |
| Wahlkampfintensität | Mehr Kommunikation in Form von Wahlplakaten | PP-Index (Plakate pro Parteimitglied) | PP-Index berechnen | Interne Informationen aus den Parteizentralen |

Tabelle 12: Hypothese 7: Koalitionsoptionen II.

Eine weitere unabhängige Variable betrifft die Zusammensetzung der Bundesregierung und damit einen speziellen Aspekt der vorherrschenden Machtkonstellation. Dass eine Partei in Berlin mitregiert, kann Wahlkämpfe auf anderen föderalen Ebenen prägen, wie in Kapitel 3 ausgeführt wurde. Dies gilt besonders in negativer Form, wenn Parteifreunde für die Bundespolitik in Sippenhaft geraten. Dieser Einfluss kann von Anfang des Wahlkampfes an und dauerhaft erfolgen oder zu situativen Momenten neue und entscheidende Kampagnenkreisläufe erzeugen. Aus diesem Umstand leiten sich m.E. zwei Hypothesen ab, die sich inhaltlich und organisatorisch auswirken. Zunächst die inhaltliche Reaktion:

*H8: Wenn eine Partei in der Bundesregierung ist, deren Zustimmungswerte sinken oder niedrig sind, wird sich die Partei im Landtagswahlkampf auf Landesthemen konzentrieren.*

| Hypothese | Unabhängige Variable | Operationalisierung | Messung | Datenquelle |
|---|---|---|---|---|
| Wenn eine Partei in der Bundesregierung ist, deren Zustimmungswerte sinken od. niedrig sind, wird sich die Partei im Landtagswahlkampf auf Landesthemen konzentrieren. | Beteiligung an der Bundesregierung | Bundesweite Umfrageergebnisse im Vorfeld von zwei Zeitpunkten (zwei und sechs Monate vor der Wahl) | Überprüfung der definierten Werte für „gesunken" und „signifikant niedrig" | „Sonntagsfrage", erhoben von Infratest dimap und einer ARD-Rundfunkanstalt |

| Abhängige Variable | Wahlkampf-maßnahme | Operationalisierung | Messung | Datenquelle |
|---|---|---|---|---|
| Konzentration auf Landesthemen | Landespolitischer Schwerpunkt bei der Gestaltung der Wahlplakate | Inhaltsanalyse der kommunizierten Plakatserien | Einordnung der Kommunikation nach den definierten Kriterien | Material der Landesparteien |

Tabelle 13: Hypothese 8: Beteiligung an der Bundesregierung I.

Die nächste Hypothese enthält die organisatorische Folge aus der gleichen Ausgangssituation, die in der Kampagnenpraxis für eine gehörige Portion Zündstoff sorgen kann:

*H9: Wenn eine Partei in der Bundesregierung ist, deren Zustimmungswerte sinken oder signifikant niedrig sind, werden im Landtagswahlkampf weniger Akteure der Bundespartei auftreten.*

| Hypothese | Unabhängige Variable | Operationalisierung | Messung | Daten |
|---|---|---|---|---|
| Wenn eine Partei in der Bundesregierung ist, deren Zustimmungswerte sinken, oder signifikant niedrig sind, werden im Landtagswahlkampf weniger Akteure der Bundespartei auftreten. | Beteiligung an der Bundesregierung | Bundesweite Umfrageergebnisse im Vorfeld von zwei Zeitpunkten (zwei und sechs Monate vor der Wahl) | Überprüfung der definierten Werte für „gesunken" und „signifikant niedrig" | „Sonntagsfrage", erhoben von Infratest dimap und einer *ARD*-Rundfunkanstalt |
| **Abhängige Variable** | **Wahlkampf-maßnahme** | **Operationalisierung** | **Messung** | **Datenquelle** |
| Einbindung der Bundespolitiker | Reduzierte Nachfrage für Wahlkampfauftritte von Bundespolitikern | Fragebogen an Kampagnenverantwortliche | Auswertung der Fragebögen | Interne Informationen aus den Parteizentralen |

Tabelle 14: Hypothese 9: Beteiligung an der Bundesregierung II.

Dafür gilt es die Quantität zu messen, mit der Bundespolitiker einer Partei in einen Landtagswahlkampf eingebunden sind. Das unterliegt gewissen forschungspraktischen Schwierigkeiten, wie im weiteren Verlauf der Arbeit aufgezeigt wird.

Weitere unabhängige Größen liefern die persönlichen Voraussetzungen der Kandidatin oder des Kandidaten. Ihre Bekanntheit und Popularität sind zunächst einmal und unabhängig von den entwickelten Eigenheiten des Kommunikationsstils im Status quo zu analysieren. Als Basis dafür dienen die entsprechenden Umfragewerte, die zusätzlich zur Sonntagsfrage regelmäßig und von unterschiedlichen Meinungsforschungsinstituten erhoben werden, zumeist im Auftrag oder in Kooperation mit einzelnen Medien. Von den Ergebnissen der Umfragen lassen sich konkrete kommunikationsstrategische und organisatorische Wahlkampfschritte ableiten, die gleichermaßen für den Beginn der Kampagne wie für deren Verlauf gelten.

*H10: Wenn ein Spitzenkandidat deutlich höhere Popularitätswerte besitzt als sein direkter Konkurrent, wird er im Wahlkampf seine Person in den Vordergrund stellen.*

| Hypothese | Unabhängige Variable | Operationalisierung | Messung | Datenquelle |
|---|---|---|---|---|
| Wenn ein Spitzenkandidat deutlich höhere Popularitätswerte besitzt als sein direkter Konkurrent, wird er im Wahlkampf seine Person in den Vordergrund stellen. | Popularität der Kandidaten | Umfrageergebnisse zu zwei Zeitpunkten (zwei und sechs Monate vor der Wahl) | Überprüfung der definierten Werte für „deutlich höher" und „direkter Konkurrent" | Ländertrends von Infratest dimap und einer *ARD*-Rundfunkanstalt |
| **Abhängige Variable** | **Wahlkampfmaßnahme** | Operationalisierung | Messung | Datenquelle |
| Gewichtung Person versus Inhalt | Qualitative Gestaltung der Wahlplakate | Inhaltsanalyse der kommunizierten Plakatserien | Einordnung der Kommunikation nach den definierten Kriterien | Material der Landesparteien |

Tabelle 15: Hypothese 10: Popularität.

Ähnlich der inhaltlichen Unterscheidung zwischen landes- und bundespolitischen Themen, geht es hier um die Gewichtung der Kampagnenkommunikation nach Person oder Inhalt. Idealtypisch passt ein auf die Person zugeschnittener Wahlkampf zum Kommunikationsmuster des „Streitbaren", der „Rampensau" oder des „Landesvaters". Um die gleiche abhängige Variable dreht sich auch die nächste Hypothese, die den Bekanntheitsgrad von Kandidatin oder Kandidat zu Grunde legt.

*H11: Wenn ein Spitzenkandidat einen geringeren Bekanntheitsgrad besitzt als sein direkter Konkurrent, wird im Wahlkampf seine Person in den Vordergrund stellen.*

| Hypothese | Unabhängige Variable | Operationalisierung | Messung | Datenquelle |
|---|---|---|---|---|
| Wenn ein Spitzenkandidat einen geringeren Bekanntheitsgrad besitzt als sein direkter Konkurrent, wird er im Wahlkampf seine Person in den Vordergrund stellen. | Bekanntheit der Kandidaten | Umfrageergebnisse zu zwei Zeitpunkten (zwei und sechs Monate vor der Wahl) | Überprüfung der definierten Werte für „geringer" und „direkter Konkurrent" | Ländertrends von Infratest dimap und einer ARD-Rundfunkanstalt |
| **Abhängige Variable** | **Wahlkampfmaßnahme** | **Operationalisierung** | **Messung** | **Datenquelle** |
| Gewichtung Person versus Inhalt | Qualitative Gestaltung der Wahlplakate | Inhaltsanalyse der kommunizierten Plakatserien | Einordnung der Kommunikation nach den definierten Kriterien | Material der Landesparteien |

Tabelle 16: Hypothese 11: Bekanntheit I.

Als Beleg können wissenschaftliche Beobachtungen im multiplen Wahljahr 2009 dienen: Damals nutzten die Sozialdemokraten die Europawahl im Sommer, um ihren im Vergleich zur Kanzlerin weniger bekannten Spitzenmann für die Bundestagswahl im Herbst, *Frank-Walter Steinmeier*, „der breiten Masse näher zu bringen" (Tenscher 2011: 80). Entsprechend „posierte und dominierte" Steinmeier den Europa-Wahlkampf neben dem vergleichsweise unscheinbaren eigentlichen Spitzenkandidaten *Martin Schulz* (Lessinger/Holtz-Bacha 2010: 85f.). Die SPD eröffnete im vermeintlich unwichtigeren Wahlkampf um die Macht in Brüssel also de facto bereits den wichtigeren Wahlkampf um die Macht in Berlin, indem sie versuchte, die Bekanntheit ihres Spitzenkandidaten für die wichtigere Wahl zu steigern.

In einer solchen Situation wird eine Kampagne neben dem kommunikationsstrategischen Schritt der Personalisierung auch einen organisatorischen Schritt ergreifen, um den Bekanntheitsgrad der Kandidatin oder des Kandidaten zu steigern.

*H12: Wenn ein Spitzenkandidat einen geringeren Bekanntheitsgrad besitzt als sein direkter Konkurrent, wird er im Wahlkampf mehr Termine absolvieren.*

| Hypothese | Unabhängige Variable | Operationalisierung | Messung | Datenquelle |
|---|---|---|---|---|
| Wenn ein Spitzenkandidat einen geringeren Bekanntheitsgrad besitzt als einer oder mehrerer seiner direkten Konkurrenten, wird er im Wahlkampf mehr Termine absolvieren. | Bekanntheit der Kandidaten | Umfrageergebnisse zu zwei Zeitpunkten (zwei und sechs Monate vor der Wahl) | Überprüfung der definierten Werte für „geringer" und „direkter Konkurrent" | Ländertrends von Infratest dimap und einer ARD-Rundfunkanstalt |
| **Abhängige Variable** | **Wahlkampfmaßnahme** | **Operationalisierung** | **Messung** | **Datenquelle** |
| Persönlicher Aufwand | Aufwand des Spitzenkandidaten in den letzten zwei Wochen vor der Wahl | Fragebogen an Kampagnenverantwortliche; Medieninhaltsanalyse | Auswertung der Fragebögen; Medienauswertung | Interne Informationen aus den Parteizentralen; Medienarchive |

Tabelle 17: Hypothese 12: Bekanntheit II.

Was damit gemeint ist, veranschaulicht die folgende Frage-Antwort-Passage eines *Spiegel*-Artikels (Fröhlingsdorf 2013: 24) über den Landtagswahlkampf in Niedersachsen im Januar 2013:

„Was muss ein Kandidat tun, den niemand kennt? Er muss reisen, sich unter Menschen mischen, Fähnchen, Kulis oder Rosen verteilen."

Die letzte Hypothese zu dieser unabhängigen Variable nimmt die Perspektive der Gegenseite ein, die mit einem unbekannteren Gegner umzugehen hat. Hier besteht kein Interesse, die Verhältnisse zu ändern.

*H13: Der direkte Gegner eines Kandidaten mit geringerem Bekanntheitsgrad vermeidet es ausdrücklich, dessen Namen zu nennen.*

| Hypothese | Unabhängige Variable | Operationalisierung | Messung | Datenquelle |
|---|---|---|---|---|
| Der direkte Gegner eines Kandidaten mit geringerem Bekanntheitsgrad vermeidet es ausdrücklich, dessen Namen zu nennen. | Bekanntheit der Kandidaten | Umfrageergebnisse zu zwei Zeitpunkten (zwei und sechs Monate vor der Wahl) | Überprüfung der definierten Werte für „geringer" und „direkter Konkurrent" | Ländertrends von Infratest dimap und einer ARD-Rundfunkanstalt |

| Abhängige Variable | Wahlkampf-maßnahme | Operationalisierung | Messung | Datenquelle |
|---|---|---|---|---|
| Kommunikationsmuster „Ignorieren" | Bewusste Nicht-Kommunikation des politischen Gegners | Fragebogen an Kampagnenverantwortliche | Auswertung der Fragebögen | Interne Informationen aus den Parteizentralen |

Tabelle 18: Hypothese 13: Bekanntheit III.

Als Beispiel dafür könnte *Oskar Lafontaine* im saarländischen Landtagswahlkampf 2009 dienen. Der *Tagesspiegel* berichtete damals (Hildisch 2009: 4):

> „Lafontaine (...) spricht in seiner Rede auf dem Landesparteitag den Namen Heiko Maas nicht aus, sondern nennt ihn 'diesen jungen Mann, den wir alle kennen'."

Auch *Peer Steinbrück* bestätigte im Bundestagswahlkampf 2013 diesen strategischen Ansatz. In der Talkshow von *Anne Will* am 13. März 2013 fragte ihn die Gastgeberin direkt:

> „Bringt es Sie gelegentlich zur Weißglut, dass die Titelverteidigerin, die Bundeskanzlerin nämlich, noch nicht mal Ihren Namen in den Mund nimmt?"

*Steinbrücks* Antwort lautete:

> „Nein. Das ist ihr nahegelegte Strategie. Sie muss mich so lange ignorieren, wie es nur irgend geht. Ist doch völlig glasklar. Ich meine, jeder, der ihr einen anderen Rat gibt, den müsste sie rausschmeißen."[84]

Schließlich geht es darum, konkrete Hypothesen für das Wechselspiel zwischen Kandidat und Partei bzw. für den Zustand der Partei im Wahlkampf zu entwickeln. Dabei verschieben sich die Vorzeichen im Vergleich zu den bisherigen Hypothesen. Das liegt an der theoretisch begründeten Annahme, dass in jeder Partei Vetopunkte der Konkordanz,

---

[84] Dass Angela Merkel tatsächlich diese Strategie verfolgte, dokumentiert ein Artikel auf *Spiegel Online* (Wittrock 2013) vom August 2013. Dort heißt es: „Jetzt scheint Peer Steinbrück im Merkel-Kosmos nicht mehr zu existieren. Seit die SPD ihn zum Kanzlerkandidaten gekürt hat, ignoriert die Amtsinhaberin ihn. Sie nimmt seinen Namen nicht in den Mund, das zieht sie eisern durch."

der Expertise und der Delegation allgemein bestehen und für den Wahlkampf der Grundsatz gilt: Je weniger Vetopunkte genutzt werden, desto geschlossener verläuft eine Kampagne und desto höher fallen Mobilisierung und Engagement an der Basis aus. Das führt zu der spannenden Frage: Unter welchen Bedingungen läuft eine Kampagne geschlossen ab bzw. unter welchen Bedingungen bleiben Vetopunkte ungenutzt? Oder, anders formuliert: Wie schließt man die eigenen Reihen?

Als Antwort bietet diese Arbeit vier Hypothesen, die zunächst organisatorisch und kommunikationsstrategisch ansetzen und dann eher (gruppen-) psychologische Aspekte beleuchten. Die erste Hypothese betrifft die Art und Weise, wie die Ansprache an die Parteibasis organisiert wird. Dabei gilt die *Kommunikationshypothese*:

*H14: Je mehr ein Kandidat und seine Kampagne mit der Basis (den einzelnen Parteimitgliedern/Ortsvereinen/Regionalverbänden) kommunizieren, desto höher sind parteiinterne Mobilisierung und Engagement vor Ort.*

| Hypothese | Unabhängige Variable | Operationalisierung | Messung | Datenquelle |
|---|---|---|---|---|
| Je mehr ein Kandidat und seine Kampagne mit der Basis kommunizieren, desto höher sind parteiinterne Mobilisierung und Engagement vor Ort. | Anzahl der Kommunikationseinheiten | | | |
| Abhängige Variable | Wahlkampfmaßnahme | Operationalisierung | Messung | Datenquelle |
| Mobilisierung | Engagement vor Ort | | | |

Tabelle 19: Hypothese 14: Mobilisierung I.

Dieses Prinzip gilt für alle Kommunikationsmittel sowie sowohl für den direkten Kontakt mit jedem Parteimitglied, was heutzutage zumeist über Massenmailings erfolgt, als auch über den jeweiligen Ortsverein. Als unabhängige Variable dient dabei die Anzahl der Kommunikationseinheiten, die von der Zentrale an die jeweiligen Untergliederungen übermittelt werden. Es ist leicht ersichtlich, dass diese Variable eine forschungsorganisatorische Mammutaufgabe darstellt, auf die in Kapitel 6 näher eingegangen wird.

Das gilt auch für die nächste Hypothese, die nicht mehr die Quantität von Kommunikation thematisiert, sondern deren Qualität.

Dahinter verbirgt sich m.e. ein zentraler kommunikationsstrategischer Schritt der Kampagne, insbesondere im Internetzeitalter. Je mehr die Kommunikation mit der Basis das Gefühl vermittelt, dass dezentrales Handeln gewünscht und vor allem von Belang ist, desto mehr Wirkung wird diese Kommunikation erzielen. Auf der Kehrseite hat dies notwendigerweise einen gewissen Kontrollverlust der Kampagnenzentrale zur Folge.[85] Man könnte es als *Graswurzelhypothese* bezeichnen.

*H15: Je mehr selbstständige Aufgaben die Basis bekommt und darin bestärkt wird, desto höher werden parteiinterne Mobilisierung und Engagement vor Ort.*

| Hypothese | Unabhängige Variable | Operationalisierung | Messung | Daten |
|---|---|---|---|---|
| Je mehr selbstständige Aufgaben die Basis bekommt und darin bestärkt wird, desto höher werden Mobilisierung und Engagement vor Ort. | Spielraum für die Basis | | | |
| Abhängige Variable | Wahlkampfmaßnahme | Operationalisierung | Messung | Datenquelle |
| Mobilisierung | Engagement vor Ort | | | |

Tabelle 20: Hypothese 15: Mobilisierung II.

Als negativer Beleg dafür kann der SPD-Bundestagswahlkampf 2009 gelten, zumindest auf Basis des anonymen Artikels in der Wochenzeitung *Freitag*, auf den bereits in Kapitel 2 hingewiesen wurde. Dort geht es vor allem um den Online-Wahlkampf der Kampagnenzentrale, an dem sich die negative Auswirkung von zu viel Kontrolle von oben bzw. zu wenig Freiraum für unten demonstrieren lässt. In dem Artikel heißt es:

„Ein bisschen Web 2.0 gibt es genauso wenig wie ein bisschen schwanger. Wenn man sich für das Leben entscheidet, muss man Kontrollverlust in Kauf nehmen. (...) Wer hier kein Frühwarnsystem hat und nicht delegieren kann, verliert

---

[85] Kontrolle abgeben für eine möglichst breite Mobilisierung, entspricht idealtypisch besonders dem Kommunikationsstil der „Problemlöserin".

Schlagkraft. (...) Jede Entscheidung in der Nordkurve muss durch zahllose Hände gehen, und die letzten zwei Augen, die drauf schauen, sind immer Kajos[86]."

Die dritte und vierte Hypothese behandeln die Psychologie der Basis, die über Medien, parteiinterne Kanäle jeglicher Art und den Kontakt zur Straße den Wahlkampf verfolgt. Dabei bekommt man mit, wer sich vermeintlich auf der Siegerstraße befindet. Etwas valider drückt sich dies in Meinungsumfragen aus, über die wiederum berichtet und geredet wird. Diese Wasserstände zeigen Wirkung. Auch unter Parteisoldaten gelten „allzumenschliche gruppendynamische Prozesse", wie Eilfort (2006: 221) feststellt:

> „Sie wollen lieber einer starken Mannschaft angehören oder verbunden sein, als einer vermeintlichen ‚Gurkentruppe' zugerechnet werden".

Ähnlich der von Noelle-Neumann entwickelten „Schweigespirale" kann auch Euphorie einen Dominoeffekt erzeugen, besonders bei „Personen, die gerne auf der Seite des Siegers stehen" (Schoen 2005: 508; vgl. Stauss 2013: 90). Soziologisch betrachtet kommt hier der „Matthäus-Effekt" zum Tragen (vgl. Merton 1985; Zuckerman 2010), benannt nach den Worten des Evangelisten:

> „Denn wer da hat, dem wird gegeben werden, und er wird die Fülle haben; wer aber nicht hat, dem wird auch, was er hat, genommen werden" (Mt 25, 29).

Dieser psychologische Effekt[87], durch größere Siegchancen zusätzlich angetrieben zu werden, soll hier als *Siegeshypothese* bezeichnet werden:

*H16: Je mehr ein Wahlsieg in Umfragen und Medien vorhergesagt wird, desto höher fallen parteiinterne Mobilisierung und Engagement vor Ort aus.*

---

[86] Als „Nordkurve" wurden die zwei Stockwerke des Willy-Brandt-Hauses bezeichnet, in denen die SPD-Kampagne zur Bundestagswahl 2009 geplant wurde. Kajo Wasserhövel leitete die Kampagne.

[87] Auch andere Verweise in die Soziologie können diesen Effekt illustrieren. So geht auf Lazarsfeld, Berelson und Gaudet (1968: 107ff.) der sog. Bandwagon-Effekt zurück, der ausdrückt, dass die Menschen der Band des Siegers hinterherlaufen, weil jeder auf der Seite des Gewinners stehen will.

| Hypothese | Unabhängige Variable | Operationalisierung | Messung | Daten |
|---|---|---|---|---|
| Je mehr ein Wahlsieg in Umfragen und Medien vorhergesagt wird, desto höher fallen parteiinterne Mobilisierung und Engagement vor Ort aus. | Positiver Trend in Umfragen und Medien | | | |
| Abhängige Variable | Wahlkampfmaßnahme | Operationalisierung | Messung | Datenquelle |
| Mobilisierung | Engagement vor Ort | | | |

Tabelle 21: Hypothese 16: Mobilisierung III.

Erst ab einem gewissen Umfragevorsprung relativiert sich dieser Effekt und kehrt sich mitunter ins Gegenteil. Dann kann das Phänomen auftreten, dass die Mobilisierung zurückgeht, weil sich Parteimitglieder zu siegessicher sind.

Die letzte Hypothese beschreibt eine Form von negativer Mobilisierung, die mit der Attacke wächst, die es an der Wahlurne zu parieren gilt. Ein besonders aggressiver Gegenkandidat oder starke Kritik von außen schließt, wie man sagt, die eigenen Reihen. Die Motivation entsteht aus dem „Impuls, die Alternative zu verhindern" (Stauss 2013: 91). Die amerikanische Wahlkampfrhetorik kennt dafür das schöne Sprachbild „Rallye around the flag", also sich um die Flagge zu versammeln. Damit ist ursprünglich gemeint, dass sich in Krisenzeiten die Bürger oder Wähler hinter dem Amtsinhaber, der die Flagge repräsentiert, versammeln. In diesem Fall versammelt man sich besonders hinter seinem Kandidaten oder seiner Kandidatin.

In der Historie der Bundestagswahlkämpfe verkörpern insbesondere die SPD-Wahlkämpfe gegen die CSU-Spitzenkandidaten *Franz-Josef Strauß* (1980) und *Edmund Stoiber* (2002) diese Form der Mobilisierung. Weil in so einer Situation der motivierende Anstoß der Mobilisierung gewissermaßen aus dem gegnerischen Lager kommt, soll entsprechend von der *Gegnerhypothese* die Rede sein.

*H17: Starke Kritik von außen oder besonders polarisierende Positionen oder Personen beim politischen Gegner erhöhen parteiinterne Mobilisierung und Engagement vor Ort.*

| Hypothese | Unabhängige Variable | Operationalisierung | Messung | Daten |
|---|---|---|---|---|
| Starke Kritik von außen oder besonders polarisierende Positionen oder Personen beim politischen Gegner erhöhen parteiinterne Mobilisierung und Engagement vor Ort. | Kritik von außen; Kommunikationsmuster „Konfrontation" („frontale Angriffsplakate") | | | |

| Abhängige Variable | Wahlkampfmaßnahme | Operationalisierung | Messung | Datenquelle |
|---|---|---|---|---|
| Mobilisierung | Engagement vor Ort | | | |

Tabelle 22: Hypothese 17: Mobilisierung IV.

Damit ist der theoretische Teil abgeschlossen und mit insgesamt 17 Hypothesen zu konkreten Erwartungen an die handelnden Wahlkämpfer verdichtet. Die dazu gehörigen Variablen sollen im folgenden Kapitel 6 definiert und erläutert werden.

# 6. Variablen der Macht: Zur Operationalisierung von Wahlkämpfen

Die Theorie versucht bei aller Vorsicht das Verhalten des Wahlkämpfers in bestimmten Situationen zu bestimmen und damit vorherzusagen, wie Kandidaten und Kampagnen auf die sich bietenden Umstände reagieren. Diese Voraussetzungen erscheinen als *unabhängige Variablen*, während die Reaktionen darauf die *abhängigen Variablen* bilden. In diesem Kapitel sollen nun zunächst die Voraussetzungen skizziert werden, zusammen mit einigen Überlegungen zu ihrer forschungspraktischen Genese in acht Landtagwahlkämpfen. Damit wird die Rampe gebaut für die Überprüfung der abhängigen Variablen und damit der Hypothesen insgesamt. Eine Sonderrolle kommt dabei den Hypothesen 14 bis 17 zu, die sich mit der parteiinternen Mobilisierung befassen. Deren Operationalisierung thematisiert ein eigener Abschnitt am Ende dieses Kapitels.

## 6.1 Unabhängige Variablen

Vorab ist zu erwähnen, dass alle hier verwendeten Daten aus Meinungsumfragen von *Infratest dimap* stammen, die als sog. „Ländertrends" in Kooperation mit der zuständigen *ARD*-Rundfunkanstalt erhoben und publiziert wurden.[88] Diese Ländertrends stellen die Umfragen mit dem besten Vergleichswert da, weil sie in allen Bundesländern erhoben werden und dies stets nach dem gleichen Procedere, d.h. in gleichem Maße repräsentativ und mit ähnlichen Fragen. In sieben von acht Länderfällen konzentriert sich die Analyse jeweils auf die fünf Kampagnen von CDU, SPD, FDP, Grüne und Linke. Nur bei der Analyse des Wahlkampfs in Nordrhein-Westfalen kommen die Piraten als sechste Kraft hinzu.[89] Um

---

[88] Bei Rückfragen an Infratest dimap konnte ich auf die Unterstützung von Senior Consultant Heiko Gothe zählen. Dafür möchte ich mich an dieser Stelle ausdrücklich bedanken.
[89] Damit bleiben die Wahlkämpfe zweier Landesparteien außen vor, die nach den konkreten Wahlen in die Länderparlamente eingezogen sind: die NPD in Mecklenburg-Vorpommern und die Piratenpartei in Berlin. Das liegt zum einen daran, dass m.E. die Rolle der NPD in

sowohl die Status quo-Analyse zu Beginn des Wahlkampfes zu analysieren als auch den Verlauf der Kampagne, wurden zwei Zeitpunkte festgelegt: sechs Monate und zwei Monate vor dem Wahltermin. Der erste Zeitpunkt simuliert den strategischen Auftakt des Wahlkampfes, der zweite Teil läutet dessen Endphase ein. Diese theoretischen Zeitpunkte passen nicht immer zu den in der Realität durchgeführten Ländertrends von *Infratest dimap*: Manchmal erfolgten die Befragungen früher, manchmal später, manchmal gar nicht (Tabelle 23).

| Bundesland | Wahl | Ländertrend I. | Ländertrend II. |
|---|---|---|---|
| Hamburg | 20.02.2011 | - | 13.12.2010 12.01.2011 |
| Sachsen-Anhalt | 20.03.2011 | 21.09.2010 | 19.01.2011 |
| Baden-Württemberg | 27.03.2011 | 08.09.2010 | 03.02.2011 |
| Rheinland-Pfalz | 27.03.2011 | 21.09.2010 | 25.01.2011 |
| Bremen | 22.05.2011 | - | 13.05.2011 |
| Mecklenburg-Vorp. | 04.09.2011 | 12.04.2011 | 29.06.2011 |
| Berlin | 18.09.2011 | 05.04.2011 | 05.07.2011 |
| Nordrhein-Westfalen | 13.05.2012 | - | 15.03.2012 |

Tabelle 23: Analysierte Ländertrends von Infratest dimap.

der nordostdeutschen Landespolitik bzw. deren Strategie im Wahlkampf mit besonderer Analyseschärfe untersucht werden muss, was im Zusammenhang dieser Arbeit nicht zu leisten war. Gleichzeitig sollte die NPD nicht als eine „normale" Partei behandelt werden, ohne auf Besonderheiten auch der Wahlkampfführung einzugehen. Bei den Piraten ist es anders: Die Partei spielte zunächst in den relevanten Ländertrends von Infratest dimap und auch in anderen Umfragen vor der Berliner Abgeordnetenhauswahl keine Rolle, sondern kam erst in den letzten drei Wochen vor dem Berliner Urnengang auf. Damit fehlte die Grundlage für die Analyse des Wahlkampfs nach dem hier vorliegenden Muster. Eine Ausweitung der Analyse auf die Neuwahl in Nordrhein-Westfalen im Mai 2012 änderte diesen Umstand, da dort die Piraten auch in den Vorwahlumfragen eine Rolle spielten. Folglich wurden sie in eine von acht Untersuchungen miteinbezogen.

Diesen Unterschieden wurde mit der Formel begegnet: Durchführbarkeit vor Genauigkeit. Das bedeutet, es wurde stets der Ländertrend verwendet, der am nächsten am Stichtag lag. Das ist m.E. zu vertreten, weil die Termine ohnehin nicht einer gewissen forschungspraktischen Willkür entbehren und es nicht auf den genauen Tag oder die genaue Woche ankommt.

In zwei Fällen konnten jedoch gar keine Ländertrends zugeordnet werden: zum ersten Zeitpunkt in Hamburg und in Bremen. In Hamburg wurde zwischen Februar und Dezember 2010 kein Ländertrend erhoben, was wohl hauptsächlich dem Umstand geschuldet war, dass damals die außerplanmäßige Neuwahl der Hamburgischen Bürgerschaft im Februar 2011 noch nicht abzusehen war. Aus diesem Grund hätte ein erster Ländertrend ohnehin wenig Aussagekraft für die späteren Kampagnen gehabt, weil er vor den Wahlkampf gefallen wäre. Im Bremer Wahlkampf gab es hingegen ein grundsätzliches Datenproblem: Dort führte *Infratest dimap* in der gesamten Legislaturperiode von 2007 bis 2011 nur einen einzigen Ländertrend durch und das eine Woche vor der Wahl.[90] Aus diesem Grund kann eine Analyse sechs Monate vor der Wahl im Bremer Wahlkampf gar nicht stattfinden. Für den Zeitpunkt zwei Monate vor der Wahl gilt das streng genommen auch. Um aber wenigstens über eine Bremer Datengrundlage zu verfügen, wurde die Befragung eine Woche vor der Wahl als zweiter Zeitpunkt interpretiert. Wohl wissend, dass dies die Vergleichbarkeit für Bremen eindeutig schwächt. In Nordrhein-Westfalen lag zwar eine erste Befragung etwas mehr als sechs Monate vor dem Wahltermin vor. Gleichwohl konnte sie wie in Hamburg schlechthin nicht als Basis für den Wahlkampf dienen, weil dieser erst mit der Auflösung des Landtags im März 2012 begann.

Im Folgenden sollen nun die unabhängigen Variablen erläutert und operationalisiert werden, entsprechend der im vorherigen Kapitel entwickelten Hypothesen.

### 6.1.1  Wirtschaftlicher Erfolg

Die erste unabhängige Variable ist der wirtschaftliche Erfolg, der in der Wissenschaft regelmäßig mit politischem Erfolg in Relation gesetzt wurde (vgl. Fröchling 1998; Lewis-Beck 1986, 1996; Lewis-Beck/Stegmeier 2000; Gibowski 1991; Chappell/Veiga 2000). Von dieser Größe hängt das

---

[90] Diese Vorwahlbefragung eine Woche vor der Wahl wird vom Senderverbund der *ARD* finanziert. Frühere Umfragen hätte der zuständige *ARD*-Sender *Radio Bremen* selbst finanziell tragen müssen und verzichtete.

Wahlkampfverhalten von Amtsinhaber wie Herausforderer gleichermaßen ab. Ein wirtschaftlich erfolgreicher Ministerpräsident wird wie in Kapitel 5 ausgeführt seine Bilanz präsentieren und das mit einem staatspolitischen Verantwortungshabitus verknüpfen. Er tendiert zudem dazu, seine Erfolge zu sozialisieren, zu kollektivieren. „Wir" haben etwas erreicht. Der Herausforderer eines wirtschaftlich nicht erfolgreichen Ministerpräsidenten konzentriert sich auf eine v.a. ökonomische Auseinandersetzung über die Regierungsbilanz. „It's the economy, stupid"[91], lautet sein Credo, mit dem er versuchen wird, den Amtsinhaber zu stellen.

Wirtschaftlicher Erfolg spielt also eine große Rolle, in Wahlkämpfen wie im Modell dieser Arbeit. Aber was ist wirtschaftlicher Erfolg und wie kann man diesen messen? Drei Parameter sind dafür m.E. besonders geeignet und sollen in dieser Arbeit analysiert werden: das Wirtschaftswachstum gemessen im *Bruttoinlandsprodukt* (BIP), das *Arbeitnehmerentgelt* und die *Arbeitslosenzahlen*. Diese Trias trägt dem Umstand Rechnung, dass es sich um wirtschaftlichen Erfolg handeln sollte, der bei der Bevölkerung tatsächlich ankommt und zwar nicht als nachrichtliche Information, sondern durch eine Verbesserung ihrer Lebenssituation.

Das ist erstens erfüllt, wenn sich weniger Menschen arbeitslos melden müssen. Zweitens hilft es ihnen, wenn das Arbeitnehmerentgelt steigt.[92] Zudem ist es drittens im Sinne der allgemeinen ökonomischen Entwicklung und damit auch der Menschen, wenn die Wirtschaft des Landes in Form des BIP wächst.[93] Ausgedrückt in diesen drei Parametern gilt es nun wirtschaftliche Erfolge zu definieren. Als Grundlage dienen die jährlichen Daten im Rahmen der Volkswirtschaftlichen Gesamtrech-

---

[91] Der Satz wird dem US-amerikanischen Wahlkampfmanager James Carville zugeschrieben, der besonders für seine Clinton-Kampagnen bekannt wurde. 1992 arbeitete er erfolgreich im Präsidentschaftswahlkampf von Bill Clinton, der damals Amtsinhaber George Bush insbesondere mit dessen ökonomischer Bilanz attackierte. 2008 arbeitete Carvill weniger erfolgreich im Präsidentschaftswahlkampf von Hillary Clinton, die in den demokratischen Vorwahlen Barack Obama unterlag.

[92] Das Arbeitnehmerentgelt eignet sich als vergleichbare Größe, weil dabei anders als bei den Bruttolöhnen oder dem verfügbaren Einkommen die unterschiedlichen Tariflöhne und damit Branchendifferenzen genauso wegfallen wie saisonale Effekte durch Weihnachts- oder Urlaubsgeld. Für diesen Hinweis sei an dieser Stelle dem Statistischen Bundesamt gedankt.

[93] Unerheblich ist es, ob Erfolge bei diesen drei Parametern tatsächlich auf die Arbeit der amtierenden Landesregierung zurückgehen. Es handelt sich schließlich um eine unabhängige Variable.

nung (BIP, Arbeitnehmerentgelt)[94] und die monatlichen Daten von der Bundesagentur für Arbeit (Arbeitslosigkeit) für die acht relevanten Bundesländer.

In den dortigen Wahlkämpfen galt folglich eine Ministerpräsidentin bzw. ein Ministerpräsident als wirtschaftlich erfolgreich im Sinne der aufgestellten Hypothesen, wenn alle drei Parameter dies dokumentierten. Ob dies der Fall war, wurde stets zu zwei Zeitpunkten des Wahlkampfs überprüft, sechs und zwei Monate vor der Wahl. Zu diesen Stichtagen fiel die Bilanz am Arbeitsmarkt positiv für Amtsinhaberin oder Amtsinhaber aus, wenn die Arbeitslosenquote einen geringeren Wert verzeichnete als zwei Monate zuvor und als im Vorjahresmonat oder der Wert zum Stichtag im Vergleich der 16 Bundesländer zum besten Viertel zählt. Diese Definition trägt also dem Umstand Rechnung, dass Wähler in grundsätzlich prosperierenden Ländern dies zwar goutieren, jedoch auch kurzfristig überzeugt werden wollen. Auf diese Weise werden kurzfristig positive Entwicklungen erfasst, die aktuell das Empfinden der Menschen spiegeln. Durch den Vorjahreswert werden gleichsam saisonale Besonderheiten ausgeschlossen. Der interregionale Bezug berücksichtigt zudem Fälle, in denen Erfolg bereits vorhanden ist und deshalb keine neuerliche positive Veränderung eintritt.

Bei den jährlichen Werten des BIP (pro Einwohner) und des Arbeitnehmerentgelts (pro Arbeitnehmer) richtet sich der Blick zu den beiden Stichtagen auf den jeweils aktuellsten Jahreswert. Ist dieser im Vergleich zum Vorjahr mehr gestiegen als im Länderdurchschnitt oder liegt dieser Wert im besten Viertel der Länder, erhält die ökonomische Bilanz der Ministerpräsidentin oder des Ministerpräsidenten eine positive Note. Auch hier sind also kurzfristige wie langfristige Faktoren berücksichtigt. Spiegelbildlich errechnet sich der wirtschaftliche Misserfolg, der die Basis für Hypothese 3 bildet. Dabei wird also das schlechteste Viertel der Bundesländer erfasst genauso wie negative Entwicklungen im Monats- wie im Jahresvergleich.

### 6.1.2 Umfragewerte

Die nächste unabhängige Variable bezieht sich auf die vorliegenden Umfragewerte für die Landesparteien. Dabei wird von einer Konstellation

---

[94] Diese Daten werden von den statistischen Landesämtern erhoben und als Volkswirtschaftliche Gesamtrechnung der Länder vom Statistischen Landesamt Baden-Württemberg verwaltet. Die Daten liegen jährlich vor. Angaben nach Quartalen oder Monaten gibt es nicht.

ausgegangen, in der die eigenen Werte eindeutig schlechter ausfallen als die des direkten politischen Gegners. Dabei stehen erneut der Stichtag sechs Monate bzw. zwei Monate vor der Wahl im Fokus. Betrachtet wird die klassische „Sonntagsfrage", also die Frage: „Wenn am nächsten Sonntag Wahl wäre, welche Partei würden Sie wählen?".

Wer aber ist der direkte politische Gegner? Und was sind eindeutig schlechtere Umfragewerte? Die Verortung des hauptsächlichen politischen Kontrahenten, des direkten Gegners hängt von den Koalitionsoptionen ab (siehe nächster Abschnitt), aber auch von den aktuellen Umfragezahlen, als Ausdruck der aktuellen politischen Stärke. Dabei helfen m.E. traditionelle Definitionen wie die von Volksparteien, Catch-all-Parteien oder Milieuparteien (vgl. Katz/Mair 1996; von Beyme 2000) nur bedingt. Sie werden der vielfältigen Realität auf der Ebene der Landtagswahlkämpfe m.E. nicht in ausreichendem Maße gerecht. Deshalb soll ein Ansatz gewählt werden, der sich an einer quantitativen Definition orientiert. Sowohl, um zu klären, wer ein direkter Konkurrent ist. Als auch, um zu entscheiden, was als eindeutig schlechter zu gelten hat. Beides ist abhängig vom Zeitpunkt des Wahlkampfes.

Die folgenden Definitionen wurde angewandt: Sechs Monate vor der Wahl gilt eine Partei als direkter Konkurrent, die in den Umfragen nicht mehr als 15 Prozentpunkte entfernt ist. Ein Konkurrent wird als eindeutig schlechter eingestuft, wenn er mindestens fünf Prozentpunkte schlechter dasteht. Zwei Monate vor der Wahl gilt eine Partei als direkter Konkurrent, die in den Umfragen nicht mehr zehn Prozentpunkte entfernt ist. Eindeutiger schlechter bedeutet dann ebenfalls, mindestens fünf Prozentpunkte entfernt zu sein.

*6.1.3 Koalitionsoptionen*

Die nächste Variable wurde bereits angedeutet. Als Bestimmungsgröße für den Wahlkampf dienen ebenfalls die sich bietenden Koalitionsoptionen. In einigen Ländertrends fragt *Infratest dimap* explizit nach der „Wunschregierung" oder nach „Koalitionspräferenzen". Doch das ist zum einen nicht flächendeckend der Fall, zum zweiten bleiben zahlreiche Optionen unberücksichtigt. Deshalb wählt die vorliegende Arbeit einen anderen Weg: Welche Koalitionsoptionen für einen Wahlkämpfer bestehen, bemisst sich an drei Kriterien: der *ideologischen* (d.h. traditionellen und programmatischen) Nähe, der *demoskopischen* und der *regionalen* (d.h. persönlichen und historisch gewachsenen) *Verbundenheit*.

Der erste Aspekt liefert eine Fülle von insgesamt elf denkbaren Koalitionen. Diese sind: Schwarz-Gelb, Rot-Grün bzw. Grün-Rot, Schwarz-Grün, Sozial-Liberal, Jamaika (CDU, FDP, Grün), Ampel (SPD,

FDP, Grün), Linksbündnis (SPD, Grün, Linke), Alleinregierung CDU, Alleinregierung SPD, Rot-Rot und die Große Koalition.[95] Das Umfragepotenzial bedeutet nun, dass die Werte aus den Sonntagsfragen (sechs Monate vor der Wahl und dann zwei Monate vor der Wahl) eine Koalition denkbar erscheinen lassen. Das bedeutet, die elf ideologisch möglichen Optionen werden anhand der Umfragen überprüft. Dafür wird die Summe der Prozentpunkte in den Umfragen für die großen Parteien als 100 Prozent genommen. Als Koalitionsoption gilt jede Variante, die mehr als 50 Prozent der Stimmen vereint. Dazu kommt ein Faktor X, der noch als aufholbar angesehen wird. Dieser sinkt, je näher der Wahltag rückt. Sechs Monate vor der Wahl liegt der Faktor X bei zehn Prozentpunkten (also: 50 Prozent der Stimmen für die Koalitionsparteien minus zehn Prozentpunkte). Zwei Monate vor der Wahl liegt der Faktor X nur noch bei fünf Prozentpunkten.

Von den inhaltlich vorstellbaren und rechnerisch möglichen Koalitionsoptionen sind schließlich noch die persönlich ausgeschlossenen abzuziehen. Dies wurde entweder vor der betreffenden Wahl öffentlich kundgetan oder hat sich über die Jahre abgezeichnet und wurde dann aktuell bestätigt. Um diesen regionalen Aspekt zu ermitteln, wurde, wie in Kapitel 4 dargestellt, eine kompakte Medienanalyse durchgeführt: Der Nachname jedes Spitzenkandidaten wurde zusammen mit dem Item „Koalition" als Suchbegriff verwendet, in dem Zeitraum sechs Monate bis zur Wahl. Als Medien wurden die führende Regionalzeitung des jeweiligen Bundeslandes und die überregionale, aber für ihre regionale politische Berichterstattung bekannte *Süddeutsche Zeitung* ausgewählt (Tabelle 3). Dabei wurde nur der explizite Ausschluss einer Koalition berücksichtigt. Abstufungen, wenn etwa Wunschkoalitionen erklärt, aber andere nicht kategorisch ausgeschlossen wurden, zählten nicht.[96] [97]

---

[95] Streng genommen, sind die Alleinregierungen natürlich keine Koalitionen, aber eben Machtoptionen und deshalb spielen sie hier eine Rolle.

[96] Eine solche nicht berücksichtigte Abstufung gab es z.B. zwischen Rot-Rot in Sachsen-Anhalt. Dort schloss SPD-Spitzenkandidat Jens Bullerjahn ausdrücklich und mehrfach eine rot-rote Koalition unter Führung der Linken aus, nicht jedoch unter Führung der SPD. Das erfüllt m.E. nicht den Charakter eines expliziten Ausschlusses einer Koalitionsoption.

[97] Für die Koalitionsabsagen hat die politisch-mediale Klasse den zumeist negativ konnotierten Ausdruck „Ausschließeritis" erfunden. Als Beispiel kann ein Positionspapier der Grünen dienen, aus dem der *Spiegel* im Oktober 2012 zitierte. Darin kritisiert der ehemalige Parteichef Reinhard Bütikofer, dass die Fraktionsvorsitzenden der Partei im Bundestag, Renate Künast und Jürgen Trittin, nach der Abgeordnetenhauswahl in Berlin künftigen

Damit wurde auf den drei Achsen (ideologische Nähe, demoskopische Wahrscheinlichkeit, regionale und persönliche Verbundenheit) für jede einzelne Kampagne bei jeder der acht Landtagswahlkämpfe eine Zahl der möglichen Koalitionen errechnet.[98] Die Hypothesen sehen die Konstellation vor, dass eine Partei über weniger Koalitionsoptionen verfügt als der direkte politische Gegner. Analog zur vorherigen Variable gilt als direkter Konkurrent, wer in den Umfragen sechs Monate vor der Wahl nicht mehr als 15 Prozentpunkte bzw. zwei Monate vor der Wahl nicht mehr zehn Prozentpunkte entfernt ist.

### 6.1.4 Beteiligung an der Bundesregierung

Eine weitere unabhängige Variable weitet den Blick von der Landes- auf die Bundesebene. Die Machtverteilung in Berlin wirkt sich aus auf die Wahlkämpfer vor Ort. Konkret heißt das wie im vorherigen Kapitel ausgeführt: Ist eine Partei Teil der Bundesregierung, deren Zustimmungswerte massiv sinken oder auf anhaltend niedrigem Niveau verbleiben, wird sie sich im Landtagswahlkampf vorwiegend auf Landesthemen und Landespersonal konzentrieren. Sie wird dafür sorgen, dass weniger Akteure der Bundespartei im Land auftreten.

Die Zusammensetzung der Bundesregierung bedarf keiner weiteren Analyse, allerdings muss geklärt werden, wie ein massives Sinken der Zustimmung zu messen ist. Auch dafür wurde sich der Umfragen von *Infratest dimap* bedient, dieses Mal nicht der Ländertrends, sondern der regelmäßig auf Bundesebene durchgeführten Sonntagsfrage.[99] Da die untersuchten Landtagswahlkämpfe allesamt in die Zeit nach der Bundestagswahl am 27.9.2009 fallen, handelt es sich stets um die gleiche Zusammensetzung der Bundesregierung, also um die Parteien CDU, CSU und FDP.

Um die Zustimmung zur Bundesregierung zu ermitteln, wurden die Werte für CDU und FDP addiert[100], in Abgrenzung zu den Werten für

---

Koalitionen mit der Union eine Absage erteilt hätten. Bütikofer schreibt, für solche „Ausschließeritis-Orgien" seien die „zwei Berliner Obergrünen" zu Recht von Parteifreunden „aus der Provinz zurechtgewiesen worden".

[98] Da der persönliche Ausschluss von Koalitionen zumeist im Laufe des Wahlkampfes erfolgte, reduzierte sich die Zahl der Koalitionsoptionen zumeist nicht beim ersten Stichtag sechs Monate vor der Wahl, sondern erst beim zweiten Stichtag zwei Monate vor der Wahl.

[99] Die Frage wurde von Infratest dimap in der Regel alle 14 Tage durchgeführt.

[100] Die CSU als bayerischer Sonderfall spielte in den hier untersuchten Landtagswahlkämpfen keine Rolle. Entsprechend wurden auch ihre Umfragedaten nicht berücksichtigt.

die im Bundestag vertretenen Oppositionsparteien SPD, Linke und Grüne. Als massiv gesunken gilt ein Zustimmungswert, wenn die addierten Prozentpunkte von CDU und FDP bei den drei vorangegangenen Sonntagsumfragen in Folge gesunken sind. Als niedriges Niveau gilt, wenn die Zustimmungswerte der beiden Parteien am Stichtag unter 40 Prozent lagen. Beides wurde für jede Landtagswahl nach dem eingeführten Procedere zunächst für den Zeitpunkt sechs Monate vor der Wahl und dann zwei Monate vor der Wahl überprüft.[101] Daraus ergaben sich konkrete Situationen, denen stets ein „niedriger" Zustimmungswert von unter 40 Prozent zu Grunde lag. Ein „massives" Absinken über drei Monate hinweg fand nicht statt.

### 6.1.5 Popularität der Kandidaten

Darüber hinaus fungieren die Popularität und die Bekanntheit des Spitzenkandidaten als unabhängige Variablen, die ebenfalls anhand der Ländertrends operationalisiert werden konnten. Zunächst zur Popularität: Der Begriff ist nicht einfach mit Beliebtheit zu übersetzen, sondern eher mit der Zustimmung zu einer Person, sowohl politisch als auch persönlich.[102] Gemäß den aufgestellten Hypothesen erscheinen die Situationen relevant, in denen ein Kandidat deutlich höhere Popularitätswerte verzeichnet als ein oder mehrere direkte Konkurrenten, gemessen wie gewohnt einmal sechs Monate und einmal zwei Monate vor der Wahl.[103]

---

[101] Zu dem jeweils genauen Datum wurde die dann aktuellste Umfrage zu Rate gezogen, weil nur sie als Analysegrundlage der Wahlkämpfer dienen konnte. Das führte mitunter dazu, dass Umfragen kurz nach dem Stichtag bewusst nicht berücksichtigt wurden.

[102] In den Ländertrends wird dieser Aspekt mit unterschiedlichen Fragestellungen thematisiert. Häufig wird die Direktwahlfrage gestellt („Wenn man die Kandidaten direkt wählen könnte, für wen würden Sie sich entscheiden?"). Dabei findet sich die offene Variante ohne Namen der Kandidaten und die Variante mit zugespitzten Duellen, bei denen die Befragten zwischen zwei Kandidaten wählen können. In einem Fall (Sachsen-Anhalt, 19.1.2011) wurde das „Profil" des Kandidaten ergründet, indem die Befragten angeben mussten, wie sehr bestimmte Beschreibungen („sympathisch", „führungsstark", „glaubwürdig") zutreffen.

[103] Bei den unterschiedlichen Parametern und Messungen von Popularität stellte sich die Frage nach den Äpfeln und den Birnen. Da diese unterschiedlichen Parameter für die gleiche Thematik jedoch nicht über verschiedene Wahlkämpfe hinweg in Relation gesetzt wurden, sondern nur als eigenständige Vergleichsgrößen für den jeweiligen Wahlkampf dienten, erschien der vorliegende Weg zulässig. Als problematischer erwies sich hingegen, dass durch die Popularitäts-„Duelle" in zahlreichen Ländertrends keine Werte für das

Deutlich höhere Popularitätswerte werden wie folgt definiert: Sechs Monate vor der Wahl gelten die Popularitätswerte eines Kandidaten als deutlich höher, wenn sie mindestens 15 Prozentpunkte über denen des direkten Konkurrenten liegen. Zwei Monate vor der Wahl muss dieser Vorsprung mindestens zehn Prozentpunkte betragen. Auch ein Abstand von fünf Prozentpunkten wäre bereits beachtlich und wohl auch kampagnenrelevant, aber angesichts der unterschiedlichen Fragestellungen von *Infratest dimap* sollte ein bewusster Puffer für eine eindeutigere Sachlage sorgen. Zudem stellt sich erneut die Frage nach den direkten Konkurrenten. Dafür gilt der bekannte Korridor: Sechs Monate vor der Wahl gilt eine Partei als direkter Konkurrent, die in den Umfragen nicht mehr 15 Prozentpunkte entfernt ist. Zwei Monate vor der Wahl wird die Partei als direkter Konkurrent betrachtet, die in den Umfragen nicht mehr zehn Prozentpunkte entfernt ist.

### 6.1.6 Bekanntheit der Kandidaten

Einen ähnlichen Fokus hat die Bekanntheit des Kandidaten. Auch hier wird Bezug auf den direkten Konkurrenten genommen, der sich analog zu den vorhergehenden Abschnitten ableitet und dies ebenfalls zu den beiden Zeitpunkten sechs bzw. zwei Monate vor dem Urnengang. Postuliert wird, dass der Spitzenkandidat mit dem deutlich geringeren Bekanntheitsgrad mehr Wahlkampf machen wird, während der direkte Konkurrent des deutlich unbekannteren Kandidaten diesen im Wahlkampf ausdrücklich ignoriert.

Doch was ist ein deutlich geringerer Bekanntheitsgrad? Auch diese Größe sollte mit den Ländertrends von *Infratest dimap* modelliert werden, was jedoch nicht flächendeckend möglich war. Nicht in allen der Befragungen wurden die Spitzenkandidaten thematisiert und dabei entweder die Antwortoption „Kenne ich nicht" geboten oder explizit die „Bekanntheit" abgefragt.[104] Nur in fünf der acht Bundesländer von Interesse war dies der Fall. Deshalb klafft hier eine kleine Forschungslücke

---

Spitzenpersonal der kleineren Parteien vorlagen.

[104] Manchmal fand sich die Antwort „kenne ich nicht" kumuliert mit „weiß nicht" und „keine Angabe" nur mit dem Hinweis „fehlende Werte zu 100 Prozent", ohne jedoch genauer ausdifferenziert zu werden. Diese Angaben konnte nicht verwendet werden. Das trifft etwa auf den Ländertrend Rheinland-Pfalz am 21.9.2010 zu oder auf den Ländertrend Sachsen-Anhalt am 19.1.2011.

für Baden-Württemberg, Rheinland-Pfalz und Nordrhein-Westfalen. Auch in Hamburg und Sachsen-Anhalt taten sich Lücken auf[105]. Für die Länder mit ausreichender Datenlage gilt: Vereint ein direkter Konkurrent sechs Monate vor der Wahl auf sich mindestens 15 Prozentpunkte weniger bei der Frage „Bekanntheit" oder mindestens 15 Prozentpunkte mehr in puncto „Kenne ich nicht", dann verfügt er über einen deutlich geringeren Bekanntheitsgrad in dem hier relevanten Sinne. Zwei Monate vor der Wahl sinkt die Messlatte auf zehn Prozentpunkte. Das sind die gleichen Werte wie bei der Variable „Popularität", auch hier bewusst gewählt, um Unklarheiten durch unterschiedliche Erhebungsfragen auszugleichen.

## 6.2 Abhängige Variablen

Im nächsten Schritt sollen die Variablen vorgestellt werden, die von den unabhängigen Variablen mutmaßlich beeinflusst werden: die abhängigen Variablen. Dabei geht es um Indikatoren, an denen sich allgemein Wahlkampfhandeln ablesen lässt sowie speziell in der hier theoretisch intendierten Weise. Auch die Operationalisierung der abhängigen Variablen bedurfte einer Vielzahl von Festlegungen und Definitionen. Diese sollen nun vorgestellt werden.

### 6.2.1 Wahlkampfintensität

Die erste Variable dreht sich schlicht um die Quantität von Wahlkampfhandeln. Da sich dies wie mehrfach dargestellt in vielen verschiedenen Bahnen abspielt, bedarf es für die Vergleichbarkeit einer eindeutigen und berechenbaren Größe. Dafür eignet sich m.E. besonders das Wahlplakat

---

[105] Für Hamburg gab es eigentlich keine passende „Bekanntheits-Befragung". Der Ländertrend vom 13.12.2010, zwei Monate vor der Wahl, thematisiert diese Frage nicht, sondern nur ein Ländertrend vom 12.1.2011, einen Monat vor der Wahl. Um die empirische Bandbreite der Arbeit zu steigern, wurde die Abweichung in diesem Variablendetail in Kauf genommen und der Ländertrend im Januar 2011 berücksichtigt. Eine „Bekanntheits-Befragung" sechs Monate vor der Wahl gab es für Hamburg ohnehin nicht. In Sachsen-Anhalt lagen nur im ersten Ländertrend sechs Monate vor der Wahl Angaben zur Bekanntheit vor, im zweiten Trend fielen diese Befragung weg. Eine Ausweichoption nach dem Hamburger Vorbild gab es nicht.

als klassisches Werbemedium der politischen Arena, das allen auch technischen Entwicklungen zum Trotz seine Bedeutung gewahrt hat. Um die Quantität des Wahlkampfs mittels Plakaten zu ermitteln und zu vergleichen, wurde auf Basis der von den Landesparteien übermittelten Informationen der sog. *PP-Index* gebildet. Dahinter verbirgt sich die absolute Zahl der von den Parteizentralen für den Landtagswahlkampf insgesamt produzierten Plakate[106] geteilt durch die Zahl der Parteimitglieder des Landesverbandes[107]. Mit Hilfe des PP-Indikators konnte quantitativ geklärt werden, welche von zwei konkurrierenden Parteien mehr Wahlkampf betrieb. Darüber hinaus konnten auf diesem Weg auch regionale Unterschiede der Wahlkampfintensität ermittelt werden.

### 6.2.2 Einbindung der Bundespolitiker

Bei der Interaktion mit der Bundespartei handelt es sich um eine schwer zu identifizierende und noch schwerer zu vergleichende Größe, weil man sich stets im Ungefähren bewegt: Bundespolitiker haben immer eine gewisse Bedeutung für den landespolitischen Wahlkampf, sei es durch ihre eigene regionale Verbundenheit oder durch persönliche Verbindungen und Treffen mit den im Land verantwortlichen Parteifreunden. Zudem sind Wahlen auf allen föderalen Ebenen auch immer ein Stück weit Abstimmungen über die aktuelle bundespolitische Lage. Dennoch werden, so die Hypothese, die Wahlkämpfer in einem Bundesland sorgfältig abwägen, wie stark bundespolitische Akteure in den Wahlkampf eingebunden werden sollen.

Dafür muss man zunächst definieren, was unter einem bundespolitischen Akteur zu verstehen ist. Dazu zählen die Parteivorsitzende der Bundespartei bzw. der Parteivorsitzende sowie dessen oder deren Stellvertreter, die Bundesminister einer Partei und die Fraktionsvorsitzenden im Deutschen Bundestag. Ein Gradmesser für die strategische Einbindung der Bundespolitik ist die reine Quantität der Auftritte von Bundespolitikern in Wahlkämpfen. Weil dies im Rückblick schwer zu quantifizieren ist, wurde den Kampagnenleitern oder deren Stellvertretern in den Landesparteien eine entsprechende Frage nach dem strategischen Umgang mit der Bundesebene der Partei gestellt und *skalierte Antwortmöglichkeiten* vorgegeben. Die Frage lautete: Wie stark wurde ver-

---

[106] Es wurde schriftlich gefragt: „Wie viele Plakate hat die Partei im Wahlkampf produziert"? Die entsprechende Antwort floss in die Berechnung des PP-Index ein.

[107] Angestrebt wurde die genaue Zahl der Parteimitglieder am Wahltag. In manchen Fällen konnte nur ein Stichtag ermittelt werden, der in etwa im Bereich des Wahltermins lag.

sucht, Unterstützung im Landtagswahlkampf durch persönliche Auftritte von bundespolitischen Spitzenkräften zu bekommen? Als Antwortmöglichkeiten standen zur Auswahl:

- „Es wurde bewusst darauf gesetzt und versucht, möglichst viele möglichst prominente Auftritte zu organisieren."
- „Die bundespolitischen Auftritte waren eine Art der Unterstützung neben anderen. Sie wurden routiniert organisiert und durchgeführt."
- „Es wurde bewusst darauf verzichtet und deshalb gab es nur wenige solche Auftritte."

Bei den Antwortmöglichkeiten wurde gezielt auf Zwischentöne verzichtet, nach dem Prinzip: Lieber wenige eindeutige Aussagen als mehrere zweideutige. Nach diesem Muster wurden alle Zustimmungen für die dritte Antwortoption als klare strategische Positionierung gegen die Bundesebene gewertet. Nur mit einer solchen Antwort galt die entsprechende Hypothese als bestätigt.

Für die weiteren abhängigen Variablen müssen die konkreten inhaltlichen Ausgestaltungen des Wahlkampfs ausgewertet werden. Das soll nach einem kurzen allgemeinen Exkurs zum Medium der Wahlplakate geschehen.

6.2.3    *Exkurs: Klassifizierung von Wahlplakaten*

Politische Botschaften werden auf vielen unterschiedlichen Wegen nach außen kommuniziert. Die Medien der Vermittlung, die Kanäle, auf denen Botschaften transportiert werden, haben sich durch das Internet vervielfältigt. Dennoch vertritt diese Arbeit, wie bereits an anderer Stelle ausgeführt, die Ansicht, dass sich durch die Möglichkeiten des Internets zwar die Wege und auch die Komplexität der Kommunikation verändert haben, aber nicht unbedingt die Botschaft der Kommunikation. Das bestätigen auch die meisten hier untersuchten Kampagnen: Mehrheitlich wurden die gleichen Botschaften über die konventionellen Kanäle wie Plakate oder Werbespots vermittelt wie über neue Web 2.0-Plattformen wie Facebook oder Twitter, seien es politisch-inhaltliche oder persönliche Botschaften.

Dieser Sicht folgend konzentriert sich wie schon erwähnt die Analyse des Wahlkampfs auf den klassischen Kampagnenträger überhaupt: das *Plakat*. Das erscheint mir aus vier Gründen ein vertretbarer und erfolgsversprechender Weg. Erstens erlaubt die inhaltliche Kontinuität über verschiedene Kommunikationskanäle hinweg m.E. eine solche Begrenzung der untersuchten Wahlkampfwerkzeuge. Zum zweiten sind Plakate nach wie vor das wichtigste Wahlkampfmittel in der Realität der Menschen, die sich nicht aktiv informieren. So schreiben Eva-Maria Lessinger und Christina Holtz-Bacha (2010: 112):

„Plakate gehören zu den ältesten Kampagneninstrumenten überhaupt, und in Deutschland haben sie ihren Platz neben den vermeintlich moderneren Wahlkampfkanälen gewahrt. In den letzten Wochen vor dem Wahltermin besetzen Plakate den öffentlichen Raum, keinem anderen Werbemittel lässt sich so wenig ausweichen wie den Wahlplakaten."

Radunski (1980: 111) beschreibt das Plakat als „für das Publikum das Wahlkampfmedium schlechthin (...), das Bestandteil unserer politischer Kultur geworden ist". Für Rosenfeld und Stephan (1994: 24) gilt das Wahlplakat als „das politische Medium par excellence und (das) wird es auch in Zukunft bleiben". Lessinger e.a. (2003: 216) befinden:

„Kein anderes Medium symbolisiert den Wahlkampf besser als das Plakat."[108]

Diese Aussagen haben noch heute Gültigkeit, wie Stephanie Geise (2010: 154f.) unterstreicht. Sie charakterisiert das Wahlplakat als ein „bis heute zentrales Element jeder Wahlkampfkampagne und integralen Bestandteil der Kommunikationsstrategie der Parteien". Im Wahlplakat spiegelten sich sowohl langfristige Trends, die das System der politischen Kommunikation betreffen, als auch situative Einflüsse der Zeit, in der das Plakat gestaltet wurde.

Drittens fungiert das Plakat auch als eine Art Wahlkampfkonzentrat. Anders als der Werbefilm oder die Anzeige auf einer Internetseite muss das Plakat auf der Straße in sehr kurzer Zeit überzeugen. Es gehört somit zum Wesen von Wahlplakaten, dass sie schnell wahrgenommen und schnell verstanden werden müssen (vgl. Lessinger/Holtz-Bacha 2010: 84). Das Plakat wird durchschnittlich nur wenige Sekunden beachtet und muss „effizienter als jedes andere Wahlwerbemittel mit auffälligen Blickfängen und einer unmittelbar verständlichen Aussage operieren, was nur durch eine graphische Schlüsselidee, Vereinfachun-

---

[108] Mitte des letzten Jahrhunderts wurde die Bedeutung von Wahlplakaten noch höher eingeschätzt. In den 1960er Jahren galten intensiv wirkende Plakate als „Königsweg hinein in das Langzeitgedächtnis der Wähler" (Mergel 2010: 162; vgl. Sänger/Liepelt 1965: 6ff.).

gen, Wiederholungen oder aber durch radikale Übertreibungen und bis an Zynismus grenzenden Humor zu erreichen ist" (Prakke 1963: 31).[109] Diese Beschreibung ist mehr als 50 Jahre alt und m.E. aktueller denn je.

Ein viertes und letztes Argument verweist auf den historisch gewachsenen Charakter von politischen Plakaten als Werbeform. Anders als etwa Fernsehspots oder Zeitungsanzeigen werden Plakate regelmäßig und vielfältig dokumentiert und archiviert, bisweilen sogar in Ausstellungen präsentiert (vgl. Lessinger/Holtz-Bacha 2010: 67; vgl. Hagen 1984: 49). Das führte in der vorliegenden Recherche auch dazu, dass innerhalb der Kampagnen qualitative Plakatmotive sowie quantitative Daten über deren Druckauflagen wesentlich leichter zurückverfolgt werden konnten als bei anderen politischen Werbeträgern.

Aus diesen Gründen konzentriert sich die vorliegende Analyse der Landtagswahlkämpfe und damit auch das Gros der abhängigen Variablen auf die Wahlplakate. Dabei werden Stoßrichtung, Ausgestaltung und Auflage der Plakate als bewusste strategische Entscheidungen des Wahlkampfes angesehen und entsprechend bewertet. Sie geben konkret Auskunft darüber, wie sich die Kampagne positioniert. Wie diese Entscheidungen ausfallen und im Sinne der abhängigen Variablen operationalisiert werden können, soll im Folgenden erläutert werden. Davor und dafür jedoch ist ein einordnender und klassifizierender Überblick darüber vonnöten, wie Plakate in deutschen Wahlkämpfen für gewöhnlich ausgestaltet sind.

Dieser Überblick orientiert sich an einem Schema aus der US-amerikanischen Kommunikationsforschung (vgl. Gronbeck 1984: 495; vgl. Müller 1997: 207ff.; vgl. Diamond/Bates 1992: 297ff.). Demnach greifen die Kampagnen in US-Präsidentschaftswahlkämpfen in unterschiedlichen Phasen des Wahlkampfes zu vier unterschiedlichen Typen von Wahlwerbespots. Der dramaturgische Verlauf hat viel mit den systemischen Eigenheiten der Präsidentenwahlen zu tun und auch mit der nationalen politischen Kultur, aber die Unterscheidung nach Typen der Wahlwerbung erscheint m.E. interessant und einen Transfer in deutsche Landtagswahlkämpfe wert. Insbesondere auch, weil diese Unterscheidung wesentlich differenzierter und dadurch auch zielgenauer erscheint als die gängige Aufteilung in die beiden großen Gruppen der Themen-

---

[109] Diese Anforderungen an ein Wahlplakat mussten erst gelernt werden. Legendär ist ein Plakat der CDU aus dem Bundestagswahlkampf 1957, das zusammen mit einem unvorteilhaften Bild einen kompletten Brief von Bundeskanzler Konrad Adenauer an sein Wahlvolk abdruckte. Das Motiv soll damals der Parteivorstand durchgesetzt haben, gegen das Votum der parteiinternen Wahlleitung.

und Kandidatenplakate (vgl. Lessinger/Holtz-Bacha 2010: 68). Stattdessen unterscheiden Diamond und Bates (1992: 297ff.) zwischen *Identitätsspots, Argumentspots, Angriffsspots* und *visionären Spots*. Diese vier Kategorien wurden in der vorliegenden Arbeit auf Wahlplakate übertragen, wie nun kurz erläutert werden soll.

Die Kategorie der *Identitätsplakate* umfasst zunächst und vor allem alle Plakate, die lediglich das Konterfei der Kandidatin oder des Kandidaten zeigen. Die abgebildeten Personen werden versuchen, einen sympathischen, gut gelaunten Eindruck zu vermitteln. Lächeln und lachen ist angesagt. Textlich bietet dieser Plakattyp nur eine simple, symbolische Botschaft oder sogar nur den Namen. Als Beispiel kann ein Motiv aus dem NRW-Landtagswahlkampf 2012 dienen (Abbildung 6). Zu sehen ist die lächelnde SPD-Spitzenkandidatin[110] *Hannelore Kraft*. Dazu sieht man das allgemeine Motto ihrer Kampagne: „NRW im Herzen" und ein Parteilogo, aber keine inhaltliche Aussage. Eine Variante der Identitätsplakate sind sog. Testimonial-Serien. Dabei wird ebenfalls ausschließlich auf Personen gesetzt, allerdings nicht auf das Parteienpersonal selbst, sondern auf möglichst „glaubhafte Zeitzeugen, die für die Qualitäten eines Kandidaten oder einer Partei bürgen" (Müller 1997: 217).[111]

Die Stoßrichtung dieser Gattung Plakate zielt vornehmlich auf die eigene Klientel, auf die Parteimitglieder, die Parteianhänger und die Parteisympathisanten. Diese Art von Plakaten soll Identität neu stiften, die mindestens latent schon vorhanden ist. Man könnte sagen, Identitätsplakate sollen das eigene Lager mobilisieren. Diese Gattung zählt zum Standardrepertoire des Wahlkämpfers und kommt unabhängig vom Kommunikationsstil des Spitzenkandidaten zum Einsatz. Bei der Auflage könnte es jedoch zu Unterschieden kommen: „Rampensau", „Landesvater" und der „Streitbare" werden mutmaßlich besonders auf die Identitätsplakate setzen. Identität kann jedoch nicht nur über Köpfe, sondern auch über Symbole gestiftet werden, die eindeutig mit einer Partei in Verbindung stehen. Als Beispiel kann ein Plakat der Grünen aus dem Wahlkampf zur Europawahl 1979[112] dienen (Abbildung 7). Das bedeutet,

---

[110] Normalerweise steht die Person der oder des Spitzenkandidaten im Mittelpunkt der Identitätsplakate. Ausnahmen zu dieser Regel können selbstverständlich andere Protagonisten der Partei auf Landesebene oder Personal der Bundespolitik sein.

[111] Die US-amerikanische Kommunikationswissenschaft spricht in diesen Fällen von „endorsement", übersetzt in etwa: Bekräftigung.

[112] Die Grünen waren zu diesem Zeitpunkt noch keine offizielle Partei, aber traten bereits und erstmals bei einer Wahl an.

man unterscheidet grundsätzlich zwischen zwei Arten der Identitätsplakate, einem personalisierten und einem symbolischen.

Die Kategorie der *Argumentplakate* transportiert ganz allgemein eine inhaltliche Botschaft, die den Charakter eines gefühligen Slogans übersteigt und über eine sachpolitische Ebene verfügt. Formell ist ein solches Plakat als reine textliche Aussage ohne bildliche Ebene vorstellbar, wie zum Beispiel bei einem Motiv der Linken aus dem Landtagswahlkampf in Nordrhein-Westfalen 2012 (Abbildung 8). Eine andere Variante zeigt den Kandidaten mit inhaltlicher Botschaft. Alternativ können auch Stellvertreter verwendet werden.

Die Argumentplakate kann man darüber hinaus danach unterscheiden, welcher politischer Akteur die inhaltliche Forderung theoretisch umsetzen müsste: Handelt es sich um eine Entscheidung, die tatsächlich von der Landesregierung gefällt wird? Oder geht es um einen Thematik, über die auf Bundesebene verhandelt wird? Die drei folgenden Beispiele sollen dies illustrieren: Das Plakat der Linken (Abbildung 8) fordert eine Millionärssteuer, wohl wissend, dass die Steuergesetzgebung Sache des Bundes ist. Die Partei setzt also hier in einem Landtagswahlkampf bewusst auf ein Bundesthema. Dem gegenüber zeigt Abbildung 9 ein Plakatmotiv der Grünen aus dem Landtagswahlkampf in Sachsen-Anhalt 2011. Die Forderung dort bezieht sich auf die Bildungspolitik, über die Landesregierungen in großen Teilen selbst bestimmen können. Das heißt, die Grünen setzen in diesem Fall bewusst auf ein Landesthema. In Abbildung 10 werden ein geordneter Haushalt und weniger Verschuldung gefordert. Das kann sich auf die Bundes- und auf die Landespolitik beziehen. Entsprechend setzt in diesem Fall die FDP weder bewusst auf die eine noch auf die andere Ebene. Das Motiv ist nicht eindeutig zuzuordnen.

Die inhaltliche Botschaft der Argumentplakate kann sowohl retrospektiv[113] als auch prospektiv ausfallen. Sie dient der sachlichen Auseinandersetzung und Unterscheidung vom politischen Gegner. Deshalb zielt dieser Plakattyp insbesondere auf unentschlossene Wähler oder auf Zweifler in anderen politischen Lagern. Die Argumentplakate dienen daher mehr der gegnerischen Demobilisierung als der eigenen Mobilisierung. Für das eigene Lager bieten die inhaltlichen Botschaften wenig Neues, sie fungieren bestenfalls als Argumentationshilfen. Strategisch

---

[113] Retrospektive Wahlwerbung macht vor allem Sinn aus Amtsinhabersicht. Beispielsweise plakatierte die SPD im Landtagswahlkampf in Nordrhein-Westfalen 2012 konkrete Inhalte der zurückliegenden Regierungsjahre von Hannelore Kraft, z.B.: „Schulfrieden erreicht", oder „Studiengebühren abgeschafft".

passt das Argumentplakat zu demjenigen Kommunikationsstil, der auf eine inhaltlich-sachliche Botschaft setzt, also zu den Typen „Fachmann" und „Problemlöserin".

Die Kategorie der *Angriffsplakate* ist ebenfalls inhaltlich dominiert und kann erneut er als reines Textmotiv, als Textmotiv mit Kandidat oder als Textmotiv mit Stellvertreter gestaltet werden. Der Unterschied besteht in der Schärfe der Kommunikation, der inhaltlichen Konfrontation. In der Praxis zählen dazu häufig Motive, die aus der Sicht des politischen Herausforderers die Versäumnisse der Regierung anprangern.

Dabei gibt es eine moderate, allgemeine Variante, die weder den Gegner genau benennt noch dessen inhaltliche Verfehlungen. Dabei werden häufig Formulierungen gewählt wie „Das Land hat mehr verdient" oder „Wir können es besser". Auf diese Art wird Kritik moderat verpackt. Als Beispiele dafür können ein Plakatmotiv der SPD aus dem Bundestagswahlkampf 2009 mit Spitzenkandidat *Frank-Walter Steinmeier* (Abbildung 11)[114] gelten sowie ein Motiv mit dem späteren Hamburger Bürgermeister *Ole von Beust* (CDU) aus dem Wahlkampf für die Bürgerschaftswahl 1997 (Abbildung 12). Die aggressivere und konkretere Variante des Angriffsplakats richtet sich gegen einen spezifischen politischen Gegner und auf ein spezifisches Themenfeld. Solche Attacken kommen in der hiesigen politischen Kultur eher selten vor, aber es gibt sie. Beispiele wären die Comic-Serie der SPD bei der Europawahl 2009, die sich mit mehreren Plakatmotiven gegen andere Parteien richtete (Abbildung 13 zeigt eines der Motive) oder ein Plakat der Grünen im Bundestagswahlkampf 2009 gegen den damaligen CDU-Innenminister *Wolfgang Schäuble* und dessen Vorstellungen von Datenschutz (Abbildung 14).

Von der Stoßrichtung her zielen die Angriffsplakate zwar auf den politischen Gegner, doch ihre Wirkung sollen sie vor allem im eigenen Lager entfalten. Kein Sympathisant oder Stammwähler einer Partei wird bei Angriffen des Konkurrenten in dessen Reihen überlaufen. Angriffe sollen die eigenen Reihen motivieren und mobilisieren. Das ist jedoch ein schmaler Grat: Je mehr man attackiert, desto mehr kann dies auch die Reihen des Gegners schließen (Hypothese 17).

Bleibt die vierte Kategorie: das *visionäre Plakat*. Diese Vision wird zumeist durch diejenigen verkörpert, die mit der Kampagne angesprochen werden sollen und deren Leben Politik ganz allgemein gesprochen verbessern will: normale Menschen. Der Klassiker des visionären Plaka-

---

[114] Steinmeiers moderate Form des Angriffsplakat mag neben seinem politischen Stil auch der Tatsache geschuldet sein, dass er 2009 zwar als Herausforderer von Bundeskanzlerin Angela Merkel antrat, aber auch als ihr Außenminister und Vizekanzler.

tes zeigt diese Personen in möglichst alltäglichen Situationen und dabei möglichst positiv gestimmt. Oft sind lachende und engagierte Menschen zu sehen, Sinnbilder für ein gesellschaftliches Ideal. Die positive Stimmung folgt dabei dem allgemeinen Diktum der Werbelehre, „dem Rezipienten einen möglichst positiven sozialen und emotionalen Zusatznutzen zu bescheren" (Lessinger/Holtz-Bacha 2010: 84).

Die schöne heile Politikwerbung ist mit der schönen heilen Welt der sonstigen Produktwerbung durchaus zu vergleichen. Zu diesem Befund kommen auch Lessinger und Holtz-Bacha. Ihnen zufolge zählt die „Darstellung vermeintlich authentischer Alltagspersonen in normativ wünschenswerten Lebenswelten" zu den „ältesten emotionalen Strategien der Produktwerbung", die auf die gleiche Art „auch in der politischen Werbung traditionell zum Einsatz" kommt (ebd.: 72). Es gilt als altbewährte Strategie der Wahlwerbung, vermeintliche Alltagsmenschen für sich sprechen lassen (vgl. Kroeber/Riehl 1993: 10ff.). In den meisten Fällen berühren diese Alltagsszenen auch eine sachpolitische Ebene, ohne besonders ins Inhaltliche abzugleiten. Etwa indem man Eltern mit Kindern zeigt, Studenten an der Universität oder Arbeiter in einem Betrieb.

*6.2.4 Gewichtung Person versus Inhalt*

Innerhalb dieser Pole galt es nun eindeutige und nachvollziehbare Kriterien zu entwickeln, wie abhängige Variablen zu operationalisieren und deren Ausprägungen einzuordnen sind. Das betrifft zum Beispiel die Frage: Ab wann liegt ein Schwerpunkt der Plakatkampagne auf der Person der Spitzenkandidatin oder des Spitzenkandidaten? Ab wann stehen in der Plakatkampagne Inhalte im Vordergrund? Dabei ist zunächst die Gesamtheit der Plakatkommunikation, unterteilt in vier Plakatkategorien, in die binäre Unterscheidung zu übersetzen: Person oder Inhalt.

Bei Identitätsplakaten mit einem oder mehreren Kandidaten steht die Person im Vordergrund. Bei symbolischen Identitätsplakaten gibt es keine Gewichtung in eine der beiden Richtungen. Argumentplakate gelten als inhaltliche Plakate, auch wenn die Aussagen eher symbolischer als wirklich argumentativer Natur sind und auch wenn auf den Plakate natürlich trotzdem Menschen zu sehen sind. Wird die inhaltliche Botschaft dagegen mit dem Konterfei der Spitzenkandidatin oder des Spitzenkandidaten kombiniert oder mit Spitzenkandidatin bzw. Spitzenkandidat inmitten einer Menschengruppe, ergeben sich ein inhaltlicher und ein personeller Schwerpunkt, also keine eindeutige Entscheidung für die eine oder die andere Seite.

Vergleichbar verhält es sich mit den Angriffsplakaten. Konzentrieren sie sich auf eine inhaltliche Kritik mit optischer Umsetzung, gelten die Plakate als inhaltlicher Schwerpunkt. Zeigen die Plakate die Spitzenkandidatin oder den Spitzenkandidaten mit einer moderaten Aussage nach dem Motto „Wir können es besser", dann setzt man eher auf die Person denn auf die Sache. Ist eine inhaltlich-aggressive Form des Angriffsplakates gemeinsam mit dem Spitzenpersonal zu erkennen, fehlt eine eindeutige Entscheidung. Schlussendlich stellen die visionären Plakate meist einen inhaltlichen Schwerpunkt dar, weil Alltagssituationen mit einer latenten sachpolitischen Verknüpfung gezeigt werden.

Auf diese Art wurden die Motive der Kampagnen in den acht Landtagswahlkämpfen analysiert und je nach Schwerpunkt Person oder Inhalt zugeordnet. Dabei wurde berücksichtigt, dass nicht jedes Motiv in gleicher Stückzahl hergestellt wurde. Über das Verhältnis der produzierten Plakate ergibt sich die folgende Faustformel: Wenn mehr eindeutig inhaltliche Plakate vorliegen als eindeutig personenbezogene und die inhaltlichem Motive zudem mindestens ein Viertel der Gesamtproduktion ausmachen, dann können wir von einer betont inhaltlichen Kampagne sprechen. Oder davon, dass ein Kandidat im Wahlkampf bewusst die Inhalte in den Vordergrund stellt. Vice versa folgt daraus, bei mindestens einem Viertel eindeutig personenbezogener Plakate und einem Übergewicht im Vergleich zu den eindeutig inhaltlichen Motiven, steht die Spitzenkandidatin oder der Spitzenkandidat im Vordergrund der Kampagne.

### 6.2.5   Konzentration auf Landesthemen

Die nach dem erläuterten Verfahren inhaltlichen Plakatmotive unterteilen sich noch einmal nach landes- und bundespolitischen Inhalten. Dabei geht es wie ausgeführt um die tatsächliche Entscheidungsbefugnis im föderalen System.[115] Diese ist in den Grundzügen klar und dennoch stets im Einzelnen zu analysieren. Das zeigt ein Beispiel: So ist die Bildungspolitik – von der Kinderbetreuung über die Schulform bis zur Studiengebühr – zwar grundsätzlich Ländersache. Über das umstrittene Betreuungsgeld, das etwa im Landtagswahlkampf 2012 in Nordrhein-Westfalen eine Rolle spielte, wurde dennoch auf Bundesebene entschieden.

Dazu gibt es wie ebenfalls dargelegt Fälle, die nicht eindeutig zuzuordnen sind. Etwa, wenn bei der Verschuldung der öffentlichen Haushalte Bund und Länder betroffen sind. Oder, wenn sich die Botschaft

---

[115] Ob ein Bundesgesetz im Bundesrat zustimmungspflichtig ist oder nicht, spielt in diesem Zusammenhang keine Rolle. Auch wenn die Länderkammer zuständig ist, handelt es sich dennoch um die bundespolitische Handlungsebene. Das erscheint auch deshalb plausibel, weil ein Bundesland alleine im Bundesrat wenig ausrichten kann.

nicht im sachlich-inhaltlichen, sondern im rein symbolischen Bereich bewegt. In solchen Fällen gelten die entsprechenden Plakate weder als explizit bundes- noch als landespolitisch. Davon abgesehen gilt der Richtwert: Wenn mehr als die Hälfte der inhaltlichen Motive sich auf die Landespolitik beziehen, dann konzentriert sich die Kampagne eines Wahlkampfs bewusst und explizit auf Landesthemen.

6.2.6    *Kommunikationsmuster „Konfrontation"*

Die Kategorie der Angriffsplakate bedient sich dem Kommunikationsmuster „Konfrontation". Das kann entweder in moderater Form vorkommen, ohne konkreten Adressaten und konkreten Vorwurf, oder in aggressiver Form, also mit konkreter Kritik an konkreten Parteien oder Personen. Üblicherweise zählt dieses Kommunikationsmuster zum Arsenal von Oppositionsparteien am Beginn eines Wahlkampfes und von Regierungs- oder Oppositionsparteien, die am Ende eines Wahlkampfes in den Umfragen zurückliegen.

Zum Operationalisieren dieser Variable wird zunächst die Existenz dieses Kommunikationsmusters recherchiert und anschließend deren Auflage ins Verhältnis zu den insgesamt produzierten Plakaten gesetzt. Wenn es sich um eine aggressive Ausprägung handelt, reicht bereits die Existenz eines Plakatmotives, um dem Kommunikationsmuster zu genügen. Gibt es ein moderates Angriffsplakat, dann müssen mindestens zehn Prozent der Gesamtauflage so gestaltet sein.

6.2.7    *Kommunikationsmuster „Amtsträger"*

Die nächsten beiden abhängigen Variablen konzentrieren sich weniger auf die strategische Stoßrichtung der Plakatkommunikation, sondern auf deren konkrete semantische und symbolische Umsetzung. Dabei soll zunächst geprüft werden, ob das Kommunikationsmuster „Amtsträger" vorkommt. Dies ist gegeben, wenn auf Wahlplakaten zusammen mit dem Kandidaten offizielle Symbole und Bildmotive auftauchen, die mit dem Bundesland im Allgemeinen oder dem Amt des Ministerpräsidenten im Speziellen eindeutig konnotiert sind. Dazu zählen Flagge und Wappen des Bundeslandes, das Gebäude des Regierungssitzes oder andere prägnante bauliche Wahrzeichen sowie andere gesellschaftliche Symbole, die für den überparteilichen Erfolg und die überparteiliche Bedeutung des Bundeslandes stehen. Diese Symbolik kann auch durch die Abbildung passender Personen vermittelt werden. Beispiele könnten das Firmenlogo bzw. der Vorstandsvorsitzende eines globalen Konzerns aus der Region sein oder das Wappen bzw. der Präsident eines über die Landesgrenzen hinaus bekannten und erfolgreichen Sportvereins. Auch das Wort „Ministerpräsident" oder „Bürgermeister", der offizielle Titel also, erscheint in diesem Zusammenhang als staatliches Symbol.

Im Unterschied zu klassischen Identitätsplakaten handelt es sich hier eben nicht um tradierte Wahrzeichen einer Partei oder einer politischen Orientierung (wie z.b. eine Rose oder eine Sonnenblume), sondern um eine – tatsächlich oder gefühlt – offizielle, also staatliche Symbolik. Wird eine solche Symbolik in einer relevanten Größenordnung eingesetzt, klassischerweise in den Wahlkämpfen von Amtsinhabern, dann gilt diese Variable als erfüllt. Als relevant kann ein Anteil von mindestens zehn Prozent an der Gesamtproduktion der Plakate gelten.[116]

### 6.2.8 Kommunikationsmuster „Kollektive Erfolge"

Mit dem Kommunikationsmuster „Kollektive Erfolge" wird das Phänomen gemessen, dass Amtsträger dazu tendieren, aus ihrer Sicht gelungenes politisches Handeln retrospektiv zu sozialisieren. Entsprechende Wahlkämpfe verwenden regelmäßig ein „identitätsstiftendes Wir" (Lessinger/Holtz-Bacha 2010: 73) bzw. andere grammatikalische Formen der ersten Position Plural. Im genannten Sinne kommt dabei weniger eine Form des Pluralis majestatis zum Ausdruck als im Gegenteil ein Pluralis modestiae.[117] Auch das Wort „gemeinsam" wird in diesem Zusammenhang häufig verwendet.

---

[116] Wie staatliche Symbolik oder prominente und beliebte Bürger des Bundeslandes einem Amtsinhaber in die Karten spielen, demonstriert auch eine überlieferte Aussage des langjährigen Regierungschefs von Niedersachsen Christian Wulff. Dieser wurde im Juni 2012 von der Staatsanwaltschaft Hannover im Zuge der Ermittlungen gegen seinen ehemaligen Mitarbeiter Olaf Glaeseker befragt. Aus den Vernehmungsprotokollen zitierte der *Spiegel* (Fröhlingsdorf e.a. 2012: 18) Wulff wie folgt: „Politik Niedersachsens war, den Standort und die Region zu profilieren und Image-Bildung zu betreiben. Gestört hat das immer nur die Opposition, weil die natürlich weiß, dass der Punkt an die Regierung geht, wenn ich den Blumenstrauß Lena überreiche. Aber sobald die jetzige Opposition die Regierung wäre, macht sie es genauso, und die heutige Regierung regt sich dann als Opposition über dieses Verhalten auf. Das ist das politische Geschäft."

[117] Mit dem Plural der Majestät (Pluralis Majestatis) wird eine einzelne Person, meist ein Herrscher, bezeichnet bzw. bezeichnet sich die Person selbst und erhöht sich dadurch bewusst. Als Beispielsatz führt der Duden an: „Wir, Wilhelm, von Gottes Gnaden deutscher Kaiser, weigern uns, auf einem Thron zu sitzen, der ohne „h" geschrieben wird." Im gegenteiligen Fall verwendet ein Einzelner die Wir-Form als Geste der Bescheidenheit (lateinisch

Beispiele für dieses Kommunikationsmuster finden sich in fast allen Wahlkämpfen. Lessinger und Holtz-Bacha haben dies insbesondere für die Kampagne der CDU bei der Bundestagswahl 2009 herausgearbeitet (vgl. ebd.: 99). Als Exempel auf Landeebene kann der Wahlkampf von *Stanislaw Tillich* (CDU) für die sächsische Landtagswahl im August 2009 dienen. Dafür wurde ein Werbespot produziert, der den Ministerpräsidenten in seiner Dienstlimousine und im Kontakt mit Menschen zeigt.[118] Dazu spricht *Tillich* im Off-Maz-Kommentar: Man hört ihn also sprechen, sieht aber nicht, wie er spricht. Insbesondere zum Ende des Werbespots beinhaltet quasi jeder Satz einen Pluralis modestiae:

> „Wir Sachsen haben es immer wieder geschafft. Nach der Wende haben wir unsere Städte aufgebaut, unsere Flüsse sauber gemacht. So sind wir Pisa-Sieger geworden. So haben wir letztendlich die Flut 2002 gemeistert. So haben wir heute die niedrigste Verschuldung in Deutschland. Wir Sachsen sind halt fischelant[119]: Wenn es drauf ankommt, haben wir 'ne Lösung. Wir müssen besonnen bleiben. Wir müssen unsere Orientierung beibehalten. Um eine Krise wie diese zu meistern, ist Orientierung das Wichtigste. Und gemeinsam werden wir das schaffen."[120]

Das Beispiel zeigt eine typische Variante dieses Kommunikationsmusters, indem die Plural-Formen mit landestypischen Formulierungen – in diesem Fall „fischelant" – kombiniert werden. Um dieses Kommunikationsmuster bei Wahlplakaten zu operationalisieren, soll die folgende Regel gelten: Kommen die entsprechenden Wörter „Wir", „Uns", „Gemeinsam" erneut bei mindestens zehn Prozent der Plakatkommunikation in einem Kontext vor, der eindeutig eine größere Gemeinschaft als die eigene Partei oder das eigene Lager miteinschließt (also etwa: „Wir Sachsen...") und auf die erfolgreiche Vergangenheit verweist, dann gilt das

---

*modestia*). Er lässt die eigene Person hinter eine wie auch immer geartete Gemeinschaft oder Gruppe zurücktreten. Das nennt der Duden „Pluralis Modestiae".

[118] Der Werbespot ist über die Internetplattform Youtube frei verfügbar, unter dieser URL: http://www.youtube.com/watch?v=5WHsgdUBOw4.

[119] Wer gewitzt, gewandt und zugleich geschäftig ist, den nennen die Sachsen „fischelant" (Quelle: Deutschlandradio, 5. Oktober 2009).

[120] Ein anderes Beispiel bietet der saarländische Wahlkampf 2009. Damals berichtete der *Tagesspiegel* (Hildisch 2009: 4): „Wenn er (gemeint ist Oskar Lafontaine) über seine Erfolge als Ministerpräsident von 1985 bis 1998 spricht, (...) benutzt er heute noch gerne den Plural ‚wir'."

Kommunikationsmuster „Kollektive Erfolge" als erfüllt. Dabei muss es nicht zwingend um ökonomische Erfolge gehen, jedoch ist dies die klassische Variante.

### 6.2.9 Kommunikationsmuster „Ignorieren"

Die nächste abhängige Variable bezieht sich auf eine Kommunikationsstrategie, die explizit auf Kommunikation verzichtet. Dahinter steht die Annahme, dass bekannte Kandidaten es vermeiden werden, den Namen einer unbekannteren Gegnerin oder eines unbekannteren Gegners in ihrer Wahlkampfkommunikation zu nennen. Als historisches Vorbild könnte *Gerhard Schröder* dienen, der im Bundestagswahlkampf 2005 *Angela Merkel* meist als „Konkurrentin" und „Herausforderin" bezeichnete, oder höchstens despektierlich als „*Frau Merkel*" anredete. Ähnliches wurde über *Hannelore Krafts* Umgang mit *Norbert Röttgen* im Landtagswahlkampf 2012 zumindest berichtet[121]. Stoldt (2012a: NRW-1) schrieb anhand dieses Falls vom „fast klassischen Motto aller Regierenden im Wahlkampf", das da laute:

> „Lasst den Herausforderer kratzen und beißen, das Regierungsoberhaupt verweilt in überparteilicher Sphäre."

Da nicht stattfindende Kommunikation und zumal die Intention dahinter schwerlich über eine reine Dokumentenanalyse von Wahlkampfmaterialien zu erfassen sind, wurden die Wahlkampfverantwortlichen der Landesparteien auch diesbezüglich explizit und skaliert konsultiert. Die Frage lautete: „Wurde gezielt geplant, den Namen der/s gegnerischen Spitzenkandidatin/en bei Reden, Diskussionen und/oder in der Kampagnenkommunikation nicht namentlich zu erwähnen?" Bei den Antwortmöglichkeiten konnte man zwischen diesen drei Optionen wählen:

- *„Ja, das war Teil unserer Strategie."*

- *„Darüber haben wir uns keine Gedanken gemacht."*

---

[121] In der *Welt am Sonntag* hieß es (Stoldt 2012a: NRW-1): „Sie (Hannelore Kraft) beteiligt sich nicht an den Attacken auf Herausforderer Norbert Röttgen. Sie ignoriert ihn weitgehend. Das heißt, genau genommen befasst sie sich unablässig mit Röttgen – indem sie stets betont, sie befasse sich nicht mit ihm. Derbe Tritte überlässt sie anderen, etwa ihrem Bundesvorsitzenden Sigmar Gabriel."

- *„Nein, das war bewusst nicht Teil unserer Strategie."*

Auch bei dieser Frage wurden Zwischentöne bewusst vermieden, um aussagekräftigere Antworten zu generieren. Demnach wurden Zustimmungen für die erste Variante als klares strategisches Bekenntnis gewertet. Nur mit dieser Antwort galt die der Hypothese 13 zugrundeliegende Annahme als bestätigt.

### 6.2.10 Persönlicher Aufwand

Die erste abhängige Variable Wahlkampfintensität misst das Ausmaß des zentral von der Parteispitze in Form von Plakaten in Auftrag gegebenen Wahlkampfes. Davon zu unterscheiden ist das Ausmaß des dezentralen Wahlkampfes vor Ort und das Ausmaß an persönlichem Aufwand, den die Spitzenkandidatin oder der Spitzenkandidat einer Partei betreibt. Letzteres deckt die Variable „Persönlicher Aufwand" ab.

Diese sollte ursprünglich ebenfalls über die schriftlich erhaltenen Informationen aus den Parteizentralen, also über Primärquellen, operationalisiert werden. Diese wurden angefragt, die Zahl der persönlichen Termine der Spitzenkandidaten in den letzten Tagen unmittelbar vor der Wahl zu benennen. Der Rücklauf dieser Anfrage führte zu einem sehr heterogenen Bild. Erstens bei der Daten-Grundlage: Einige der Ansprechpartner in den Parteien, zumeist waren es die Landesgeschäftsführer und/oder ehemaligen Wahlkampfleiter, antworteten nach einer Recherche in den alten Terminkalendern der Kandidaten. Andere behalfen sich, mangels zeitlicher oder organisatorischer Gelegenheit für eine solche Recherche mit einer subjektiven Schätzung. Zweitens erwies sich die Zahl der Auftritte im Kontakt mit den Landesparteien als wenig relevante Größe für das Engagement der Spitzenkandidaten. Die Tour durch die Fußgängerzone etwa stellt streng genommen keinen Auftritt dar, gilt aber zu Recht als Form von emsiger Bürgeransprache.

Drittens fällt es ohnehin schwer, einen allgemeingültigen Maßstab für Engagement im Wahlkampf festzulegen. Denn ob jemand seinen Aufwand als groß empfindet, hängt auch mit der körperlichen Konstitution zusammen oder mit Erfahrungswerten aus früheren Kampagnen. Dazu kam ein viertes Argument: Anders als bei den faktischen Informationen etwa zur Zahl der Plakate oder den strategischen Einschätzungen zum Umgang mit dem politischen Gegner, ging es hier um das persönliche Engagement. Danach zu fragen, vermittelte leicht den Eindruck, dieses in Frage zu stellen, kombiniert mit dem Beigeschmack, dass jemand seinen Job nicht ordnungsgemäß erledigt habe. Das führte regelmäßig zu Antworten nach dem Motto „selbstverständlich hat Herr X viele Termine absolviert" oder „natürlich war Frau X sehr engagiert". Als Folge daraus wurde versucht, das Engagement der Kandidaten eine Stufe tiefer, auf der Ebene der Sekundärquellen in wissenschaftlichen und nichtwissenschaftlichen Veröffentlichungen zu belegen.

### 6.3 Mobilisierung: ein kommunales Forschungsdesiderat

Damit sind die Hypothesen, die sich aus der Analyse des Status quo ergeben haben, abgedeckt. Die übrigen vier Hypothesen drehen sich um das Phänomen der *parteiinternen Mobilisierung*. Diese Voraussagen, bezeichnet als die Kommunikations-, die Graswurzel-, die Sieges- und die Gegnerhypothese, wurden aus einem Ansatz der Vetospieler-Theorie gewonnen und sind in der Operationalisierung mit besonderen Schwierigkeiten verbunden, auf die jetzt eingegangen werden soll.

Alle vier Hypothesen verbindet die gleiche abhängige Variable, nämlich ein Mehr an innerparteilicher Mobilisierung, die sich in einem Mehr an Wahlkampf vor Ort ausdrückt. Das bedeutet, ein Mehr an Wahlkampf ausgehend von dem Engagement an der Basis, mit und ohne Abstimmung mit dem landesweiten Spitzenkandidaten.[122] Ein solcher Wahlkampf vor Ort kann sich in verschiedenen Formen äußern, in einem Mehr an Veranstaltungen mit und ohne Spitzenkandidat, in einem Mehr an Plakatierung, sogar an den Positionen der Plakate, in einem Mehr an Infoständen oder an den Spenden vor Ort. Diese Formen sind Ausdruck der abhängigen Variable „mehr Wahlkampf", der in dieser Arbeit wie dargestellt vier unterschiedliche unabhängige Motive unterstellt werden: die Quantität der Kommunikation zwischen Kampagne und Basis, das qualitative Ausmaß an Kontrollverlust, das eine Kampagne zugunsten einer eigenständigen Basis in Kauf nimmt, die kommunizierte Siegeswahrscheinlichkeit und die Kritik von außen. Diese Einflussfaktoren einzeln zu erheben, voneinander zu trennen und das in acht Bundesländern auf kommunaler Ebene in jeweils einer repräsentativen Größenordnung erfordert einen forschungsökonomischen Aufwand, den diese Arbeit nicht stemmen konnte und der wohl auch nur in gezielten Einzelstudien einer Partei oder eines Bundeslandes zu bewältigen ist.

---

[122] Eine ganz eindeutige Trennung zwischen Fußvolk und Spitzenkandidat kann dabei nicht vorgenommen werden, weil die personellen Verstrickungen zwischen der Kampagne rund um den Kandidaten und den Ortsvereinen stark sein und sich dadurch Wechselwirkungen jeglicher Art ergeben können.

Trotz des Aufwands kann m.E. in dieser Frage ein lohnenswertes Forschungsdesiderat liegen, weil insbesondere in Zeiten, in denen die technischen Möglichkeiten zu Interaktion und Delegation flächendeckend bereitstehen, und vor dem Hintergrund einer wachsenden Nachfrage nach direkter Demokratie hier interessante Anknüpfungspunkte bestehen. Als hilfreich bei der Operationalisierung könnte sich an dieser Stelle der forschungspraktische Kniff erweisen, nicht zuerst die vier unabhängigen Variablen, sondern die eine abhängige Variable zu messen. Man würde also erst die Frage stellen, welche Parteibasis besonders engagiert ist, um dann mit Befragungen oder Primärquellenrecherchen nach möglichen Ursachen zu forschen. Das entspricht nicht der reinen Lehre, könnte m.E. jedoch ein gangbarer, gleichwohl ebenso beschwerlicher Weg sein. Denn auch hier steckt der Teufel im Detail, wie sich im Zuge dieser Arbeit immer mehr offenbarte. Das sei kurz am Beispiel der Infostände demonstriert, einem möglichen Indikator für viel Engagement: In den meisten Bundesländern werden die genehmigten Infostände der Parteien im Wahlkampf nicht zentral erfasst, so dass die Landeswahlleiter darüber keine Auskunft geben können. Diese Informationen bieten nur die jeweiligen Gebietskörperschaften selbst. Das wären allein für Rheinland-Pfalz 211 Ansprechpartner. In anderen Bundesländern wie etwa Berlin bedürfen Infostände gar keiner Genehmigung, weshalb solche Zahlen komplett fehlen.

Auch aus solchen forschungsorganisatorischen Gründen konnte die vorliegende Arbeit ihren vergleichenden Fokus nur auf der Ebene der Bundesländer erfüllen und nicht, wie es für die parteiinterne Mobilisierung nötig gewesen wäre, auch die kommunale Komponente der unterschiedlichen Parteikampagnen in acht Bundesländern berücksichtigen. Wie unterschiedlich diese regionalen Spielfelder ausgestaltet sind, soll im folgenden Kapitel dargelegt werden.

# 7. Acht Länder, acht Wahlkämpfe: das regionale Analyseumfeld

Der Praxistest dieser Theorie erfolgt auf Länderebene und die Auswahl der Fälle orientiert sich an der Aktualität: Acht Wahlkämpfe zu acht Landtagswahlen werden entlang des vorgestellten Modells untersucht. Dafür wird zunächst Land für Land geprüft, ob und in welchem Ausmaß die unabhängigen Variablen nach den ausgeführten Definitionen vorhanden sind. Daraus wird dann gemäß den aufgestellten Hypothesen Land für Land eine Erwartungshaltung für konkretes Wahlkampfhandeln abgeleitet. Die jeweiligen landesspezifischen Befunde sind im Anhang tabellarisch aufgeführt (Tabelle 24 bis 29).

Ergänzend und erläuternd zu den konkreten Aktionen im Wahlkampf bietet zudem jedes Länderkapitel zwei Abschnitte: eine Passage zur *politisch-kulturellen und parteipolitischen Prägung* des Landes sowie ein Überblick über die personelle, inhaltliche und demoskopische Situation der jeweiligen *aktuellen Wahlkämpfe*. Die Abschnitte zur Prägung des Landes sollen etwaige historische Prädispositionen der unterschiedlichen Regionen und der unterschiedlichen Landesparteien erfassen. Dabei sollen latent vorhandene kulturelle Faktoren kenntlich gemacht werden, die potentiell im Wahlkampf zur Geltung kommen können. Sei es als allgemeine Stimmung oder Haltung der Wahlbevölkerung oder als spezielle Strömung innerhalb einer politischen Partei oder politischen Richtung. Die Abschnitte der aktuellen Analyse sollten möglichst unparteiisch und gerade nicht im Lichte der späteren Wahlergebnisse erscheinen. Deshalb wird sich der Expertise von *Infratest dimap* bedient, die gemeinsam mit den zuständigen *ARD*-Anstalten regelmäßig die Stimmungslage im Land erhoben und beschrieben haben. Daraus zitieren die jeweiligen Kapiteln ii. der folgenden Länderabschnitte in großflächiger Weise.[123] Die Ein-

---

[123] Die hier verwendeten Einschätzungen stammen aus den sog. „Wahlreports", die Infratest dimap zu jeder Landtagswahl erstellt und mir freundlicherweise in Teilen zur Verfügung gestellt wurden. In den Wahlreports wurde die „politische Stimmung vor der Wahl" zusammengefasst. Die hier verwendeten Passagen sind lediglich eingekürzt und z.T. umformuliert. Die Ausnahme bildet das Kapitel über Nordrhein-Westfalen, das nicht rechtzeitig in Form eines „Wahlreports" zur Verfügung stand und selbst verfasst wurde.

schätzungen von *Infratest dimap* wurden eine Woche vor der Wahl gewonnen. Sie können somit nicht als Ausgangslage im Sinne des oben theoretisch behandelten Status quo dienen, sondern eben lediglich als Einführung in die Stimmungslage bei den untersuchten Wahlkämpfen.

## 7.1 Hamburg

Im ersten Fall geht es um den Stadtstaat Hamburg, der nach der Bürgerschaftswahl am 20. Februar 2011 von der SPD unter Bürgermeister *Olaf Scholz* regiert wird.

### 7.1.1 Politisch-kulturelle und parteipolitische Prägung

Parteipolitisch wird die Hansestadt geprägt durch eine Erfolgsgeschichte der Sozialdemokratie, die bereits vergleichsweise früh beginnt. Bereits im Jahr 1890, als in den damals drei Reichstagswahlkreisen der Stadt abgestimmt wurde, konnte die Arbeiterpartei sämtliche Mandate für sich verbuchen. Schon im Kaiserreich galt Hamburg somit als „Hochburg der Sozialdemokratie" (von Blumenthal/Zahn 2010: 204). Das mag auch darin begründet liegen, dass im protestantisch geprägten Norden religiöse Fragen allgemein eine weniger große gesellschaftliche Sprengkraft bieten als in anderen Himmelsrichtungen und politische Orientierungen sich eher an der Konfliktlinie zwischen Arbeit und Kapital trennen.

Dieser Fokus auf die Ökonomie, entstanden durch eine jahrhundertalte Tradition im internationalen Handelsverkehr, war eindeutig prägend und wirkt bis heute fort. Der „weltweite Zug der Kaufleute bereitet in der Stadt den Boden für ein weltoffen-freisinniges Denken" (Tilgner 2004: 142) und führt zu einer gewissen liberalen Grundhaltung des politischen Hamburgs und seiner Parteien:

> „Auch wenn der parteipolitisch formierte Liberalismus der FDP zuletzt wenig erfolgreich war, ist das Parteiensystem insgesamt deutlich liberal geprägt" (von Blumenthal/Zahn 2010: 217).

Dieser liberale Geist äußert sich auch in einer starken sozialliberalen Verankerung der über viele Jahrzehnte dominierenden sozialdemokratischen Partei. Als Beleg kann eine Phase von 1957 bis 1974 dienen, in der die SPD vier Mal die absolute Mehrheit der Wählerstimmen errang, aber sich stets für eine Koalition mit der FDP entschied, für das „Bündnis mit dem Bürgertum" (ebd.: 207).[124] [125]

Eine grundlegend weltoffene und liberale Strömung kann auch ein weiteres Charakteristikum des hanseatischen Parteiensystems erklären, nämlich dass sich häufig Koalitionen bilden, die nicht dem jeweiligen Muster auf Bundesebene entsprechen (vgl. ebd. 203). Das gilt erstens mit Blick auf die sog. „Hamburger Verhältnisse". So wurden die Konstellationen nach den Bürgerschaftswahlen 1982 und 1986 genannt, als keine regierungsfähigen Mehrheiten zustande kamen, die SPD geschäftsführend im Amt blieb und nach wenigen Monaten neu gewählt wurde. Zweitens schafften 1993 und 2001 gleich zwei neugegründete und monothematisch rechtsstaatlich bis rechtspopulistische Parteien das Kunststück, auf Anhieb in die Bürgerschaft und auch gleich in den regierenden Senat einzuziehen: die STATT-Partei, die nach einer Kooperation unter dem SPD-Bürgermeister *Henning Voscherau* zwei Senatoren stellte, und die Schill-Partei, die nach der Wahl 2001 mit der CDU von *Ole von Beust* und der FDP koalierte. Man könnte das „kurzfristige Aufkeimen von (rechts-) populistischen Parteien" (ebd.: 212) als Hamburger Eigenart charakterisieren. In der Wählerschaft zwischen Elbe und Alster scheint das Bedürfnis nach einer gewissen Durchlässigkeit zwischen der bürgerlichen Gesellschaft und den politischen Parteien zu existieren.

Ebenfalls in die Reihe der ungewöhnlichen Koalitionsmuster passt das schwarz-grüne Bündnis unter den Bürgermeistern *Ole von Beust* und *Christoph Ahlhaus*, das als Novum in die bundesdeutsche Geschichte einging. An dieser Partnerschaft ist auch interessant, dass sie eine innerparteiliche Entwicklung der Grünen abschließt, die wiederum gut zum allgemein offenen, nüchternen und pragmatischen Politikklima in Hamburg passt. 1982 zog der spätere Hamburger Landesverband der Grünen als Grün-Alternative-Liste (GAL) erstmals in die Bürgerschaft ein und war „programmatisch lange auf dem linken Flügel der Bundespartei angesiedelt" (ebd.: 211). Heute verkörpern die Hamburger Grünen eher einen „pragmatisch gewordenen Landesverband" (ebd.: 216) und sprechen wie in anderen Großstädten verstärkt ein „bürgerliches, eher liberales als linkes Milieu an" (ebd.: 214).

Damit lässt sich als Fazit zu den in der Hansestadt latent vorhandenen politisch-kulturellen und parteipolitischen Faktoren festhalten:

---

[124] In einem Fall 1966 nahmen die Liberalen das Koalitionsangebot der SPD nicht an. Die Absicht zur Machtteilung bestand bei den Sozialdemokraten gleichwohl.

[125] Dieses Bündnis endete 1978, als die FDP an der Fünf-Prozent-Hürde scheiterte. Später erneuerte Klaus von Dohnanyi die sozialliberale Liaison noch einmal von 1987 bis 1991.

Unbenommen vom grundsätzlichen Bedeutungsverlust der Volksparteien besitzt erstens die Hamburger SPD eine *latent dominante Stellung*, während vice versa die Union über strukturelle Schwächen verfügt. Zum zweiten sind Parteiensystem und Parteienlandschaft *liberal-bürgerlich* geprägt. Das äußert sich tendenziell in einer durchlässigen Struktur zwischen Politik und Gesellschaft und in einer sachorientierten und unideologischen politischen Kultur. Drittens gilt die Hamburger Politik als *traditionell eigenständig* und unabhängig von der nationalen Sphäre, weshalb die Bürgerschaftswahlen „nur selten unter einem maßgeblichen bundespolitischen Einfluss" (ebd.: 217) stehen.

### 7.1.2 Wahlkampf zur Bürgerschaftswahl am 20. Februar 2011

Schwarz-Grün hatte es bei den Hamburgern von Anfang an schwer: Bereits nach den Bürgerschaftswahlen 2008 hätten diese eine große Koalition dem schwarz-grünen Experiment vorgezogen. Nach einem Jahr im Amt bewerteten sie Schwarz-Grün bereits mehrheitlich kritisch. Anfang 2010 äußerten sich gut zwei Drittel der Hamburger unzufrieden über die Senatsarbeit. Auch zu Beginn des Jahres 2011 zogen sieben von zehn Hamburgern rückblickend eine eher negative Bilanz. Nach dem Scheitern des Bündnisses und damit verbunden dem vorgezogenen Wahltermin im Februar 2011 fühlten sich viele in ihrer Haltung von vor drei Jahren bestätigt, dass CDU und Grüne nicht zusammenpassen und ein Bündnis beider Parteien allenfalls eine Notlösung bei schwierigen Mehrheitsverhältnissen sein kann.

Der Aufstieg der Hamburger CDU zur Regierungspartei war eng mit dem Namen *Ole von Beust* verknüpft. Der überraschende Rücktritt des Ersten Bürgermeisters nach dem Volksentscheid gegen die Schulreformpläne von Senat und Bürgerschaft im Juli 2010 sorgte für ein Vakuum bei der CDU, das *Christoph Ahlhaus* nicht zu füllen vermochte. Zwar war auch von Beusts Popularität in zwei Jahren Schwarz-Grün gesunken. Sein Zustimmungswert von Anfang 2010 fiel jedoch immer noch doppelt so hoch aus wie der seines Nachfolgers ein Jahr später. Bis zum beginnenden Wahlkampf gelang es *Ahlhaus* nicht, einen Amtsbonus aufzubauen. Nur für jeden fünften Hamburger war er der Wunschkandidat als Bürgermeister. Für die Mehrheit der Bürger hatte die Union mit ihm den falschen Kandidaten – eine Sicht, die selbst in den eigenen Reihen der CDU überwog.

Das Fehlen einer überzeugenden Identifikationsfigur war ein Unterschied zur Ausgangssituation der Union vor drei Jahren, ein deutlich schwächeres Kompetenzprofil ein weiterer. 2008 genoss die CDU auf den Feldern Arbeitsmarkt, Wirtschaft, Kriminalitätsbekämpfung, bei der

Schulden- und der Verkehrspolitik mit Abstand das größte Ansehen aller Parteien in Hamburg. Von der inneren Sicherheit abgesehen, galt die Union nach drei Jahren Schwarz-Grün in keinem Politikfeld mehr als erste Wahl.

In dieser für sie schwierigen Situation traf die CDU auf eine SPD, die im Urteil der Hamburger personell so gut da stand wie lange nicht. Die Sozialdemokraten konnten sich auf einen äußerst populären Spitzenkandidaten stützen. Sechs von zehn Befragten äußerten sich positiv zu *Olaf Scholz*. Für einen Herausforderer sehr selten, wurde der SPD-Politiker *Ahlhaus* für das Amt des Ersten Bürgermeisters deutlich vorgezogen. Scholz galt als kompetenter, glaubwürdiger, führungsstärker sowie als bürgernäher. Ebenso wurde er im Vergleich zu *Ahlhaus* als Politiker gesehen, der eher zur Hansestadt passt und in der Öffentlichkeit die bessere Figur abgab. Mit *Scholz* an der Spitze gelang es der Hamburger SPD, auch inhaltlich an Profil zu gewinnen. Die SPD weckte in fast allen Politikfeldern das größte sachpolitische Vertrauen. Insgesamt ergab sich in Hamburg eine eindeutige Wechselstimmung.

Wie bei der CDU bewerteten die Hamburger auch die Regierungsarbeit der Grünen im gescheiterten schwarz-grünen Senat rückwirkend mehrheitlich kritisch. Allerdings verlor die Partei nirgends sichtbar an Profil, zum Teil stand sie sogar besser da als 2008. Das galt etwa in ihrem Kernbereich, dem Umwelt- und Klimaschutz, wie sie knapp zwei Drittel der Hamburger überzeugte. Das kritische Urteil zur Senatsarbeit ebenso wie ihr Koalitionsbruch bewirkten keine prinzipiellen Zweifel an der Regierungsfähigkeit der Grünen: Jeder zweite Hamburger wünschte sich ihre erneute Beteiligung an der Senatsbildung.

Die Linke verspürte in Hamburg ungeachtet des starken SPD-Profils in Gerechtigkeitsfragen weiterhin Rückhalt im Kernbereich sozialdemokratischer Politik. Ihre Arbeit in der Bürgerschaft, in der die Partei seit 2008 vertreten war, trug mit dazu bei, dass die Linke in Fragen der Sozialpolitik Anfang 2011 mehr Vertrauen genoss als beim Einzug ins Parlament. Der FDP fiel es nach inzwischen sieben Jahren Abstinenz in der Bürgerschaft schwer, Sachvertrauen bei den Hamburgern zu gewinnen. Ein weiteres Handicap für die Hamburger Liberalen bildete die fehlende personelle Kontinuität an der Spitze. Allerdings gelang es der Spitzenkandidatin *Katja Suding* ihre Bekanntheit im Wahlkampf zu verdoppeln. Auch empfanden es die Hamburger als prinzipiell positiv, dass mit ihr eine junge und erfolgreiche Frau aus der Privatwirtschaft für die Liberalen kandidierte.

### 7.1.3 Hypothetisches Wahlkampfverhalten

Nachdem nun die allgemeinen politisch-kulturellen Faktoren und dann die konkreten demoskopischen Begleitumstände aus der Sicht von *Infratest dimap* dargelegt wurden, geht es jetzt entlang der unabhängigen Variablen um die detailliierten Erwartungen im Wahlkampf, die sich aus den Hypothesen ableiten.

Zunächst war es dem Amtsinhaber zwei Monate vor der Wahl möglich, auf eine positive ökonomische Bilanz[126] zu verweisen (Tabelle 24). Entsprechend lassen die Hypothesen 1 und 2 von der CDU – und mit Abstrichen von den Grünen – die Kommunikationsmuster „Amtsträger" und „Kollektive Erfolge" erwarten.

Mit Blick auf die Koalitionsoptionen[127] kann man bei der Union den strategischen Nachteil gegenüber den Grünen feststellen, dass sich ihr weniger Machtoptionen boten[128] (Tabelle 25). Zur gleichen Zeit ergaben sich für die Linke weniger Koalitionsoptionen als für die FDP[129]. Gemäß der Hypothesen 6 und 7 ist zu erwarten, dass im kurzen Hamburger Wahlkampf die Kampagne der CDU gegenüber den Grünen und die Kampagne der Linke gegenüber der FDP die gleichen zwei Verhaltensmuster zeigte: erstens mehr Wahlkampf zu absolvieren als der politische Gegner, also auf einen höheren PP-Wert zu kommen, und zweitens mit dem Kommunikationsmuster „Konfrontation" gegen ihn vorzugehen.

Bei der Beteiligung an der Bundesregierung verzeichnete die schwarz-gelbe Koalition auf Bundesebene zu beiden Zeitpunkten der

---

[126] Bei den jährlichen Parametern Bruttoinlandsprodukt (BIP) und Arbeitnehmerentgelt zählte Hamburg zum besten Viertel aller Bundesländer. Die Arbeitslosenquote im Dezember 2010 lag bei 7,4 Prozent, ein besserer Wert als zu den Vergleichspunkten zwei Monate und ein Jahr zuvor.

[127] In Hamburg konnte der zweite Stichtag im Dezember 2010 anhand eines Ländertrends analysiert werden, in den die beiden ausdrücklichen Koalitionsausschlüsse des Hamburger Wahlkampfs miteinflossen: Die Sozialdemokraten mit Spitzenkandidat Olaf Scholz hatten sich ausdrücklich gegen ein Linksbündnis mit Grünen und Linken ausgesprochen, wie das *Hamburger Abendblatt* am 30.11.2010 berichtete, und damit de facto auch gegen Rot-Rot.

[128] Die Union verfügte über zwei (Jamaika, Große Koalition), die Grünen dagegen über drei Koalitionsoptionen (Rot-Grün, Ampel, Jamaika).

[129] Für die Linke blieb nach der Absage der SPD keine denkbare Machtaussicht, während die Liberalen auf Ampel, Jamaika und die Möglichkeit einer sozial-liberalen Koalition setzen konnten.

Hamburger Analyse einen signifikant niedrigen Zustimmungswert[130] (Tabelle 26). Relevant ist jedoch nur der zweite Termin, der in den tatsächlichen Wahlkampf fällt. Hier lässt die Theorie der Hypothesen 8 und 9 davon ausgehen, dass der inhaltliche Fokus eher auf Landesthemen lag und dass die Akteure der Bundesparteien weniger im Landtagswahlkampf auftraten, weil die Landeskampagnen von CDU und FDP bewusst darauf verzichteten.

Die abschließende konkrete Erwartung an den Hamburger Wahlkampf betrifft die Bekanntheit der Spitzenkandidaten[131]. In dieser Frage kann man für die Grünen einen strategischen Nachteil gegenüber der Union feststellen, weil sich die grüne Spitzenkandidatin *Anja Hajduk* im Wahlvolk als signifikant unbekannter erwies als ihr CDU-Rivale *Christoph Ahlhaus*[132] (Tabelle 27). Entsprechend der Hypothesen 11, 12 und 13 darf also erwartet werden, dass die Grünen die Person von *Hajduk* mehr in den Vordergrund rückten, *Hajduk* selbst mehr persönliches Engagement an den Tag legte als *Ahlhaus* und mehr Termine absolvierte, und dass dieser im Umkehrschluss versuchte, die grüne Kandidatin tunlichst zu ignorieren.

## 7.2    Sachsen-Anhalt

Das zweite Länderbeispiel dreht sich um Sachsen-Anhalt, das nach der Landtagswahl am 20. März 2011 von einer Großen Koalition angeführt von CDU-Ministerpräsident *Reiner Haseloff* regiert wird.

---

[130] Am 20. August 2010 landeten die Bundesparteien von Union und FDP in der Infratest-„Sonntagfrage" bei 36 Prozent. Die Befragung, deren Ergebnisse am zweiten Stichtag zur Hamburger Bürgerschaftswahl vorlagen, datiert auf den 10. Dezember 2010 und sieht Schwarz-Gelb bei 38 Prozent.

[131] Wie erwähnt musste für diese Variable der Ländertrend von Januar 2011 berücksichtigt werden und damit ein Befragungstermin, der von der Zielvorgabe zwei Monate vor der Wahl um zwei Wochen abweicht.

[132] Auf die Frage nach Anja Hajduk antworteten 30 Prozent der Befragten mit der Antwort „Kenne ich nicht", bei CDU-Mann Christoph Ahlhaus taten dies 17 Prozent.

## 7.2.1 Politisch-kulturelle und parteipolitische Prägung

Die Bundesländer unterscheiden sich – wie in Kapitel 3 ausgeführt – zum Teil stark in der Historie, auf die sie zurückblicken können und die sie geprägt hat. Dabei dient das Jahr 1945 als ein historischer Fixpunkt, weil durch die folgenden Festlegungen der Alliierten neue Grenzen geschaffen wurden. Länder, die erst dadurch entstanden sind, hatten weniger Zeit, eine eigene gesellschaftliche Identität und eine eigene politische Kultur zu entwickeln. In doppelter Hinsicht historisch belastet war dieser Prozess in den ostdeutschen Ländern, die nach 1945 zunächst neu zusammengesetzt, dann im Zuge der zentralistischen Konstituierung der DDR wieder aufgelöst wurden, um schließlich im Zuge der Wiedervereinigung erneut zu entstehen[133]. Sachsen-Anhalt ist eines der Länder mit diesem Werdegang, das bis 1945 und dann erneut zwischen 1952 und 1990 auf die eigenständigen Entwicklungen der preußischen Provinz Sachsen und des Herzogtums Anhalt zurückblickt. Erst seit 1992 existiert zwischen Stendal und Halle an der Saale eine eigene Landesverfassung. Nur zum Vergleich: Die erste Konstitution des Landes Bayern stammt aus Jahr 1808.

Sachsen-Anhalt ist also ein Land mit einer „vergleichsweise kurzen landeseinheitlichen historischen Tradition" (Welz 2004: 271), doch deshalb ist es keineswegs unhistorisch. Vielmehr kann es „in seinen Kerngebieten als zusammenhängender historischer Raum, als eine gemeinsame Geschichts- und Kulturlandschaft" (ebd.: 273) betrachtet werden. Bereits das Bistum Halberstadt, 804 von *Karl dem Großen* gegründet, umfasste „entscheidende Teile des heutigen Sachsen-Anhalt" (ebd.). Es handelt sich also um ein Land, das sich durch „eine kurze gemeinsame Geschichte", aber eben auch eine „vielfältige historische Tradition (Detterbeck 2010b: 361) auszeichnet.

Die Gemeinsamkeiten spiegeln sich auch in den politischen Prädispositionen, denn Sachsen wie Anhalt sind historisch betrachtet sozialdemokratische Territorien (vgl. ebd.: 362): Zwischen 1900 und 1933, also in der finalen Phase des Kaiserreich und in der Zeit der Weimarer Republik, behauptete sich die SPD bei allen Reichstagswahlen als stärkste politische Kraft. Diese Tradition wurde durch die Folgen des Krieges und der Zwangsvereinigung von SPD und KPD zur SED überlagert, so dass die Rollen 1989 neu verteilt wurden, mit bis heute spürbaren Konsequenzen:

---

[133] Dieser Schritt wurde mit dem sog. Ländereinführungsgesetz, verabschiedet von der Volkskammer im Juli 1990, streng genommen noch in der DDR vollzogen. Der historische Kontext der Jahre 1989 und 1990 rechtfertigt m.E. indes die obige Formulierung.

Die CDU erhielt in diesem Zusammenhang im wiedervereinigten Sachsen-Anhalt einen „klaren Startvorteil", weil sie als Entsandte des Kanzlers der Einheit auftreten und sich in ihrer konfessionellen Orientierung per se als „Gegenmacht zum alten Regime" (ebd.: 363) gerieren konnte. Das wirkt sich bis heute aus:

> „Die Christdemokraten fanden und finden in den weltanschaulichen Gegnern des alten Regimes, insbesondere den aktiven Kirchenmitgliedern mit ihrer durch staatliche Bedrängung erzeugten starken Milieubildung, ihre treuesten Anhänger" (ebd., vgl. Holtmann 2008).

In gänzlich anderer Form, aber nicht minder wirkten die Wendejahre stilprägend für die Linke in Sachsen-Anhalt, der es gelang, das „traditionelle Milieu der DDR-Dienstleistungsklasse" (Detterbeck 2010b: 364) an sich zu binden und darüber hinaus ein regionales Sammelbecken für alle diejenigen zu schaffen, die der Vereinigung skeptisch bis ablehnend gegenüberstehen (vgl. ebd.).

In diesem Spannungsfeld ist in den vergangenen 20 Jahren ein politisches System entstanden, das m.E. insbesondere durch zwei Befunde zu charakterisieren ist: eine schwache Rolle der politischen Parteien in der Gesellschaft und eine relativ starre sozioökonomische Struktur. Beides kann auch als politisch-kultureller Faktor in Wahlkämpfen eine Rolle spielen. Die schwache Position der Parteien zeigt sich an der geringen Zahl ihrer Mitglieder[134] und an einer „relativ schwachen Verankerung in der Zivilgesellschaft" (ebd.: 365), also in Vereinen, Verbänden und Organisationen. Auch die Wahlergebnisse auf Landesebene können als Dokumente der schwachen Parteien gedeutet werden: Bis zur Landtagswahl 2011 änderte sich mit jeder Legislaturperiode die Regierungskonstellation[135], ausgelöst durch zum Teil erdrutschartige Eruptionen bei den Ergebnissen einzelner Parteien[136]. Für Detterbeck (2010b: 365) belegen diese

---

[134] Das gilt generell für die neuen Bundesländer. So ist exemplarisch der Anteil der Parteimitglieder an der Wahlbevölkerung bei SPD und Grünen in keinem alten Bundesland so schwach wie in den fünf neuen Ländern (vgl. Niedermayer 2009; Detterbeck 2010b).

[135] 1990-1994: CDU/FDP; 1994-1998: Rot-grüne Minderheitsregierung; 1998-2002: SPD-Minderheitsregierung; 2002-2006: CDU/FDP; 2006-2011: Große Koalition.

[136] Zum Beispiel verlor die CDU 1998 12,0 Prozentpunkte, die SPD vier Jahre später sogar 16,0 Prozentpunkte. Die FDP konnte 2002 um 9,0 Prozentpunkte zulegen. 1998 gelang der rechten DVU ein Plus von 12,9 Prozentpunkten.

„Pendelschläge in der Wählergunst" die „Schwäche der Parteien, den Wählermarkt klar zu strukturieren und organisatorisch zu verfestigen". Diese Schwäche gepaart mit den ökonomischen Problemen der Region führen dazu, dass den landespolitischen Akteuren aus Sachsen-Anhalt in der Bundespolitik wenig Bedeutung zukam und zukommt, wobei einzelne Ausnahmen wie *Cornelia Pieper* (FDP) oder *Steffi Lemke* (Grüne) die Regel bestätigen.

Dennoch sorgen labile Parteien und volatile Wahlergebnisse nicht für einschneidende politische Veränderungen, weil die Gesellschaft in einer starren Haltung verharrt: Ein selbstständiger, wirtschaftsaffiner Mittelstand hat sich in Sachsen-Anhalt ebenso zurückhaltend entwickelt wie ein städtisches Bildungsbürgertum. Beides schwächt in der Tendenz die Positionen von FDP und Grünen und trägt dazu bei, dass trotz deutlicher Verschiebungen in den Wahlergebnissen der politische Wettstreit im Grunde auf drei Parteien beschränkt bleibt: CDU, SPD und Linke. Bei allen Landtagswahlen in Sachsen-Anhalt verteilten diese drei Parteien stets mindestens 77 Prozent der Stimmen auf sich (vgl. Detterbeck 2010: 365). Innerhalb dieser Trias haben sich die Verhältnisse zuletzt verschoben. Seit dem Ende des sog. Magdeburger Modell 2002 ist eine „Entfremdung der linken Kräfte" zu beobachten: SPD und Linke unterscheiden sich zunehmend in zentralen Fragen der Finanz- und Arbeitsmarktpolitik. Man kann von einer „zentripetalen Entwicklung der Landes-SPD bei gleichzeitiger Linksstrategie" der Linke (ebd.) sprechen.

Das Fazit zu den Verhältnissen in Sachsen-Anhalt und den dort latent vorhandenen politisch-kulturellen und parteipolitischen Faktoren lässt sich in vier Teile gliedern: Erstens ist es der CDU gelungen, den *ideologischen Startvorteil* nach der Wiedervereinigung in eine „Führungsrolle" zu übersetzen, die aktuell „klar zementiert scheint" und einer „Vormachtstellung" (ebd.: 371) entspricht. Dahinter etablierten sich mit SPD und Linke zwei Parteien eines Lagers, die zunehmend eine „politische Kluft trennt" (ebd.). Zum zweiten ist Sachsen-Anhalt durch eine *gesellschaftlich schwache Stellung von Parteien* und Politik insgesamt geprägt, was mutmaßlich dazu führt, dass im Wahlkampf weniger Sympathisanten mobilisiert als neue Interessenten aktiviert werden müssen. Das kann besondere Anforderungen im politischen Kampf um Aufmerksamkeit nach sich ziehen. Zudem wird das Land drittens durch eine *langjährige ökonomische Schwäche* charakterisiert. Die fehlende wirtschaftliche Dynamik ist zu einem inhaltlichen Dauerthema geworden, auf das Parteien und Wähler reflexartig bis ideologisch reagieren. Hier scheinen insbesondere FDP und Grüne strukturell benachteiligt.

In dieser Situation von schwachen Parteibindungen bei gleichen grundsätzlichen Problemen erscheinen viertens viele Wahlentscheidungen „stark personengebunden" (ebd.). Das zeigt sich auch daran, dass mit *Reinhard Höppner* (SPD) und *Wolfgang Böhmer* (CDU) zwei Ministerpräsidenten jeweils in wechselnden Parteibündnissen das Land insgesamt 17 Jahre regierten[137]. Auch diesbezüglich erscheint die Wahlauseinandersetzung 2011 besonders spannend, als um die Nachfolge der Ära *Böhmer* gerungen wurde.

### 7.2.2 Wahlkampf zur Landtagswahl am 20. März 2011

Die Spitzen der alten schwarz-roten Landesregierung, *Wolfgang Böhmer* und *Jens Bullerjahn*, fanden im Laufe der Legislatur zu einem kooperativen Umgang. Dies wurde von den Bürgern honoriert. Im Februar 2011 äußerte sich knapp die Hälfte der Wahlberechtigten insgesamt zufrieden mit der Regierungsarbeit. Positiv zugute kam der Landesregierung auch die leicht verbesserte wirtschaftliche Stimmungslage im Bundesland. Zwar wird die ökonomische Lage von Sachen-Anhalt weiterhin mehrheitlich skeptisch und deutlich kritischer eingeschätzt als in Deutschland insgesamt, auch konstatierte jeder Zweite, dass ihr Bundesland im Vergleich der neuen Bundesländer mit besonderen ökonomischen und sozialen Problemen zu kämpfen hat. Gleichwohl erkannten die Sachsen-Anhaltiner Fortschritte: Acht von zehn Befragten bescheinigten dem Bundesland, sich in den letzten Jahren positiv entwickelt zu haben.

Bei der CDU gelang in den Umfragen im Wesentlichen der personelle Übergang vom scheidenden Ministerpräsidenten *Böhmer* zum Spitzenkandidaten *Reiner Haseloff*. Der Rückhalt für Wirtschaftsminister *Haseloff* fiel Anfang 2011 in der Bevölkerung ähnlich hoch aus wie für *Böhmer* 2006. Allerdings schickte die Union dieses Mal nicht einen Spitzenkandidaten mit Landesvater-Image ins Rennen. Bei einer Direktwahl zogen die Sachsen-Anhaltiner SPD-Mann *Bullerjahn Haseloff* deutlich vor. Auch galt *Bullerjahn* im Vergleich als sympathischer, glaubwürdiger und führungsstärker. Das Sachprofil der CDU hatte sich nur wenig verändert. In der summarischen Bewertung wurde der Union am ehesten zugetraut, die wichtigsten Probleme des Landes zu lösen. Rückblickend erkannte jeder Zweite an, dass die CDU das Land am besten durch schwierige Zeiten geführt habe.

Der Juniorpartner in der Regierungskoalition war 2011 besser aufgestellt als 2006: Mit der Arbeit des SPD-Spitzenkandidaten und Finanzministers *Jens Bullerjahn* zeigten sich 60 Prozent der Wahlberechtigten zufrieden. Bei der in Sachsen-Anhalt stark diskutierten Frage ange-

---

[137] Höppner von 1994 bis 2002; Böhmer von 2002 bis 2011.

messener Löhne wurde der SPD am meisten zugetraut. *Bullerjahns* strikte Ablehnung eines rot-roten Bündnisses unter Führung der Linke wurde von der Hälfte der Bevölkerung unterstützt. Die Linke genoss in Fragen der sozialen Gerechtigkeit sowie in der Familien- und Bildungspolitik ähnlich großes Vertrauen wie vor fünf Jahren. Auch vor dieser Wahl wurde sie vor allem als Partei wahrgenommen, die Missstände benennt, aber wenig Lösungskonzepte anbieten kann. Mehrheitlich galt sie als Partei des sozialen Ausgleichs und als Vertreterin spezifisch ostdeutscher Interessen. Personell lag die Linke nicht auf Augenhöhe mit CDU und SPD. Spitzenkandidat *Wulf Gallert* erhielt weniger Rückhalt unter den Sachsen-Anhaltinern als deren Frontmänner.

Die FDP des Landes litt unter dem 2006 vollzogenen Wechsel in die Opposition und personellen Veränderungen an der Spitze. Die Liberalen verloren in den Umfragen gegenüber der letzten Landtagswahl in fast allen abgefragten Politikfeldern. Dazu stellten nur neun Prozent der Befragten dem Spitzenkandidaten *Veit Wolpert* ein positives Zeugnis aus. Schließlich fehlte der FDP die bundespolitische Stütze. Steuersenkungen galten in Sachsen-Anhalt als nicht finanzierbar und die Gesamtbilanz der Berliner Politik fiel auch in Magdeburg negativ aus. Die seit 1998 nicht mehr im Landtag vertretenen Grünen genossen dagegen in Sachsen-Anhalt einen Glaubwürdigkeitsbonus. Wie keiner anderen Partei attestierte man den Grünen, dass sie halten, was sie vor der Wahl versprechen. Das basierte ganz entscheidend auf der Konstanz der Grünen in Umwelt- und Klimafragen, allerdings fiel der Partei eine Profilierung jenseits dieser Themen schwer, nicht zuletzt wegen der fehlenden parlamentarischen Vertretung. Eine Wechselstimmung war in Sachsen-Anhalt nicht spürbar. Aus Sicht der Mehrheit der Menschen sollte das Land auch in den folgenden fünf Jahren von einer Großen Koalition geführt werden.

### 7.2.3 Hypothetisches Wahlkampfverhalten

Welche konkreten Aktionen lassen sich anhand der unabhängigen Variablen im Wahlkampf um die Macht in Magdeburg erwarten? Das betrifft zunächst die Variable wirtschaftlicher Erfolg. Damit konnte sich die Große Koalition aus Union und SPD nicht brüsten. Im Gegenteil: Beide Analysen bescheinigten Sachsen-Anhalt ökonomischen Misserfolg (Tabelle 24).[138] Gemäß Hypothese 3 sollte die Opposition und damit vor allem die

---

[138] Sowohl mit Blick auf die jährliche Entwicklung von BIP und Arbeitnehmerentgelt als auch bei den monatlichen erhobenen Arbeitslosenzahlen landete Sachsen-Anhalt im Viertel der Bundesländer mit den schlechtesten Werten.

Linke deshalb auf eine inhaltliche Kampagne setzen und in diesem Sinne ihre Plakate konzipieren. Bei den Umfragewerten lag die SPD eindeutig im Rückstand gegenüber den Konkurrenten von Union und Linke und das zu beiden Stichtagen der Analyse, also mit sechs Monaten Vorlauf im September 2010 und zwei Monate vor der Entscheidung im Januar 2011[139] (Tabelle 28). Aus beiden Konstellationen müssten die Sozialdemokraten in Sachsen-Anhalt den Hypothesen 4 und 5 folgend zwei Lehren ziehen: erstens mehr Wahlkampf betreiben als der politische Gegner und diesen zweitens konfrontativ, also mit „moderaten" oder „aggressiven" Angriffsplakaten, angehen.

Ganz anders sieht es bei den Koalitionsoptionen[140] aus. Da liegen die Sozialdemokraten, ebenfalls zu beiden Stichtagen und gegenüber beiden Kontrahenten strategisch im Vorteil[141] (Tabelle 25). Zudem gibt es ein strategisches Ungleichgewicht zwischen den direkt konkurrierenden kleinen Parteien FDP und Grüne: Zu beiden Beobachtungsterminen konnten die Liberalen auf weniger Möglichkeiten bauen, an die Macht zu kommen[142].

Nach der Theorie (Hypothesen 6 und 7) sorgen diese Koalitionsoptionen für die Erwartung, dass CDU und Linke mehr und aggressiver auftreten würden als die Sozialdemokraten. De facto ist dies das genaue Gegenteil der Ableitung aus den Umfragewerten. Da nur eine Stoßrichtung in der konkreten Kampagne umgesetzt werden kann, heben sich die beiden Prognosen gegenseitig auf. Gleichwohl wird es interessant sein, welche Tendenz in der Praxis die Oberhand gewinnt. Auch die Prognose zur liberalen Kampagne in Sachsen-Anhalt enthält einen Pferdefuß. Die zusätzliche Koalitionsoption erhalten die Grünen mit Verweis auf ein mögliches Linksbündnis. Da jedoch Linke und SPD erstens auch

---

[139] Sechs Monate vor der Wahl kam die SPD auf 21 Prozent der Stimmen, mehr als fünf Prozentpunkte weniger als die Linke und die CDU mit je 30 Prozent. Vier Monate später lag die SPD bei 22 Prozent, im Vergleich zu 32 Prozent für die Union und 28 Prozent für die Linke.

[140] Anders als in Hamburg wurde in Sachsen-Anhalt keine Koalitionsoption explizit ausgeschlossen, so dass die Zahl der Möglichkeiten nach ideologischen und demoskopischen Kriterien auch der finalen Zahl der Koalitionsoptionen entspricht (siehe Tabelle 25).

[141] Sechs Monate und zwei Monate vor der Wahl boten sich CDU (Jamaika, Große Koalition) und Linke (Linksbündnis, Rot-Rot) jeweils zwei Machtoptionen, während die SPD auf drei Varianten zählen konnte (Linksbündnis, Rot-Rot, Große Koalition).

[142] FDP und Grüne konnten auf Jamaika zählen. Den Grünen bot sich außerdem die vage Aussicht auf ein Linksbündnis.

ohne die Grünen über ausreichend Stimmen verfügten und zweitens die SPD zumindest einen Status als Juniorpartner der Linken ausschloss, gilt diese grüne Machtoption als äußerst vage. Gleichwohl gilt es zu beobachten, ob die Liberalen der grünen Konkurrenz mit einem Mehr an Wahlkampf und einem aggressiven Ton begegneten.

Die Beteiligung an der Bundesregierung bringt für CDU und FDP zu den genauen Stichtagen im September 2010 und im Januar 2011 jeweils signifikant niedrige Zustimmungswerte mit sich[143] (Tabelle 26). Gemäß der Hypothese 8 und 9 können also ein landespolitischer Schwerpunkt und wenige Auftritte der Bundesprominenz im bürgerlichen Lager erwartet werden.

Im Wahlkampf von Sachsen-Anhalt spielt auch die unterschiedliche Popularität der Spitzenkandidaten eine Rolle. Dabei blieb der Spitzenkandidat der Linke, *Wulf Gallert*, deutlich hinter seinen beiden Kontrahenten *Reiner Haseloff* und *Jens Bullerjahn* zurück und dies zu beiden Zeitpunkten der Analyse[144] (Tabelle 29). Zwischen den beiden Spitzenmännern von Union und SPD ergaben sich keine signifikanten Unterschiede im Sinne der theoretischen Definitionen. Entsprechend kann man für die Kampagnen von CDU und SPD erwarten, dass sie der Hypothese 10 folgend die Personen ihrer Spitzenkandidaten in den Vordergrund der Kampagnen rückten.

Nicht nur die fehlende Popularität, auch die fehlende Bekanntheit von *Wulf Gallert* entpuppt sich für die Linke als strategischer Kampagnennachteil. Das konnte mit den zur Verfügung stehenden Länder-

---

[143] Am 17. September 2010 kamen die Bundesparteien von Union und FDP in der Infratest-„Sonntagfrage" auf 37 Prozent. Am 21. Januar 2011, also ein Tag nach dem Stichtag, lagen die Koalitionsparteien zusammen bei 38 Prozent.

[144] Im Ländertrend vom 21. September 2010 führten die Meinungsforscher sogenannte Direktwahl-Duelle durch. Das bedeutet, dass zu jeweils zwei Kandidaten gefragt wurde, auf wen von beiden die Wahl fiele, wenn der Ministerpräsident direkt gewählt würde. Dabei lag Haseloff gegenüber Gallert deutlich vorne (44 zu 15 Prozent). Da wiederum Bullerjahn vor Haseloff rangierte (41 zu 34 Prozent), kann angenommen werden, dass Bullerjahn im Vergleich zu Gallert ebenfalls über eine eindeutig höhere Popularität verfügte. Ein tatsächliches demoskopisches Duell der beiden fand jedoch nicht statt. Im zweiten Ländertrend vom 19. Januar 2011 änderte sich die Fragemethode. Jetzt wurden Profile der drei Spitzenkandidaten abgefragt, mit einzelnen Werten zu den Charakterisierungen „sympathisch", „glaubwürdig" und „führungsstark". Zur Operationalisierung wurde jeweils ein Mittelwert der drei Prozentangaben gebildet. Dabei lag Bullerjahn (48 Prozent) vor Haseloff (42) und Gallert (29).

trends allerdings nur für den ersten Stichtag im September nachgewiesen werden[145] (Tabelle 27). Ländertrends im Januar wie im Februar 2011 enthielten keine Angaben zur Bekanntheit der Kandidaten.[146] Somit lässt sich mindestens für die Frühphase des Wahlkampfes gemäß der Hypothesen 11, 12 und 13 erwarten, dass die Linke verstärkt die Person *Gallert* plakatierte, dieser sich mehr persönlich engagierte als *Haseloff* und *Bullerjahn* und diese entsprechend mit dem Kommunikationsmuster „Ignorieren" reagierten.

## 7.3 Baden-Württemberg

Der dritte Fall spielt in Baden-Württemberg. Dort regiert seit der Landtagswahl am 27. März 2011 ein grün-rotes Kabinett unter *Winfried Kretschmann*, dem ersten grünen Ministerpräsidenten der bundesdeutschen Historie.

### 7.3.1 *Politisch-kulturelle und parteipolitische Prägung*

Politische Kultur und regionale Identität entsteht häufig durch öffentlichen Streit: anhand der großen Themen, um die gestritten wird, und durch die gesellschaftliche Tonlage, in der ein Streit ausgetragen wird. Beides wird zunächst einmal von der herrschenden Klasse vorgegeben, gewissermaßen als Ausgangspunkt für gesellschaftliche Auf- und Umbrüche. Das lässt sich m.E. an der politischen Kultur von Baden-Württemberg eindrucksvoll studieren.

Dort finden sich Belege dafür, dass bereits in vordemokratischen Zeiten verhältnismäßig demokratisch gedacht und regiert wurde. Dafür stehen etwa die badischen (1818) und württembergischen (1819) Verfassungen aus dem frühen 19. Jahrhundert, die ausgesprochen modern und repräsentativ erscheinen und geradezu einen „Gegenentwurf zur politischen Kultur im Preußenland der Junker und des Dreiklassenwahlrechts" (Weber 2010: 104) darstellen. Diesen Pioniergeist verkörperte der badische Großherzog *Friedrich I.*, der seit Mitte des 19. Jahrhunderts für eine „liberale Sonderentwicklung Badens" und eine „moderne Form der

---

[145] Bullerjahn verzeichnete dabei einen Bekanntheitsgrad von 82 Prozent. Haseloff kam auf 69 Prozent und Gallert auf 44 Prozent.

[146] Im Ländertrend am 19. Januar 2011 gab es lediglich den Posten „kenne ich nicht / kann ich nicht beurteilen", der nicht weiter aufgegliedert wurde.

Herrschaft" stand (ebd.: 109).[147] So gelang es in den Ländern Baden und Württemberg, monarchische mit demokratischen Elementen zu verbinden, noch ehe der Erste Weltkrieg die Monarchie beendete:

> „Der deutsche Südwesten konnte früher als in anderen Landesteilen die demokratischen und parlamentarischen Spielregeln von Mehrheit und Minderheit einüben" (ebd.: 104).

Entsprechend moderat verlief der politische Streit des Jahres 1918: Was andernorts zu Revolutionen mit Straßenschlachten und Toten führte, blieb im Südwesten „allenfalls Revolte" (ebd.: 109). Dieses relativ milde politische Klima überstand in der Folge auch zahlreiche raue Stürme in der Weimarer Republik. Die Gründungskoalition aus SPD, DDP und Zentrumspartei hielt sich in Baden von 1919 bis 1932 an der Macht. Das gab es sonst nur in Preußen.

Abgesehen vom ähnlich milden politischen Umgangston wurden die Parteien in Baden und Württemberg inhaltlich durchaus unterschiedlich, nämlich durch unterschiedliche Streitlinien geprägt. In Baden ging es um die Religion: Die protestantischen Ansichten aus Preußen trafen auf die katholische Kirche. Als Ausdruck dieses Streits gründete sich in Baden bereits 1869 eine katholische Partei. In Württemberg dominierte besonders nach der Reichsgründung 1871 die nationale Frage: Daran schieden sich die politischen Geister in kleindeutsche, also preußische und föderalistische Befürworter. Weber (2010: 104) zufolge äußern sich diese an den Trennlinien Glaube und Heimat gewachsenen politisch-kulturellen Unterschiede zwischen Baden und Württemberg bis heute in den politischen Parteien.

Zu den gesellschaftlichen Konfliktlinien kamen die wirtschaftlichen Rahmenbedingungen: In beiden Ländern setzte die Industrialisierung relativ spät ein und die klassische „Wandlung der kleinbürgerlichen Industriearbeiter zu klassenbewussten Proletariern fand nur in Ausnahmefällen statt" (ebd.: 106f.). Zahlreiche Beschäftigte der Industrie lebten weiterhin in ländlichen Strukturen und eben vielfach auch mit ländlichem Eigentum. Daher galt:

> „Der durchschnittliche Arbeiter, wenn auch nur mit kleinem Landbesitz versehen, hatte mehr zu verlieren als nur seine Ketten" (ebd.: 106).

---

[147] Aus Friedrichs Zeit stammt der Ausdruck vom „liberalen Musterländle", was heute regelmäßig auf ökonomischen Erfolg reduziert wird (vgl. Weber 2010: 109).

Dieser Umstand gepaart mit einer ausgeprägten liberalen Tradition und der konfessionellen Bedeutung vor allem für Baden führte dazu, dass die klassische Bindung der Arbeiterschaft an ihre Repräsentanten, also an die Gewerkschaften und an die Sozialdemokratie schwächer ausfiel als in anderen Regionen. Oder um es auf den Punkt zu bringen:

> „Die SPD war im Südwesten stets eine pragmatische Partei der Evolution statt der Revolution" (ebd.).

Rücksichtsvolle Herrscher und vorsichtige Beherrschte, das führte zu einer „regionalspezifischen politischen Kultur", die Weber (ebd.: 108) insbesondere durch „offene Milieugrenzen" charakterisiert. Schon früh sorgte das für landesweit ungewöhnliche „Signale zum Konsens", etwa die sog. Großblockpolitik seit Beginn des 20. Jahrhunderts.[148]

Beide Phänomene, die strukturelle Schwäche der SPD[149] und milieuübergreifende Kompromisse, haben sich auch in der bundesdeutschen Entwicklung gehalten und etabliert. Nach der Landesreform 1952, als sich per Volksabstimmung aus den Besatzungsländern Württemberg-Baden, Württemberg-Hohenzollern und Baden das heutige Bundesland formte, kam der Siegeszug der Union dazu, die aus der Schwäche der SPD Kapital schlagen konnte und spätestens unter dem populären Ministerpräsidenten *Hans Filbinger* (1966-1978) zur gefühlten „Baden-Württemberg-Partei" (ebd.: 118) aufstieg. Dabei gelang es der Union eine Art Sammelbecken zu bilden für unterschiedliche konfessionelle Milieus und unterschiedliche regionale Faktoren. Wehling (2004: 201f.) beschreibt die CDU in Baden-Württemberg als „landesweites Bündnis ganz unterschiedlicher Regionalparteien" und Weber (2010: 118) stellt fest:

> „In zahlreichen der (...) regional und konfessionell definierten Landesteile ist die Stimmabgabe für die CDU noch immer ein Bekenntnis zu Region und Religion."

---

[148] Die Großblockpolitik begann mit der Verfassungsreform 1904 und sorgte für nationales Aufsehen, weil erstmals die Nationalliberalen mit den Sozialdemokraten zusammenarbeiteten. Weber (2010: 108): „In Baden paktierte also die ‚Reichsgründungspartei' mit der Partei der ‚Reichsfeinde' – ein einzigartiges Vorkommnis in der deutschen Geschichte vor 1914."

[149] Neben den nackten Wahlergebnissen dokumentiert sich das auch daran, dass abgesehen von Erhard Eppler kein Sozialdemokrat aus Baden-Württemberg in der Bundespolitik Akzente setzte, während von Theodor Heuss über Kurt-Georg Kiesinger bis Klaus Kinkel, von Horst Köhler über Wolfgang Schäuble bis Volker Kauder, zahlreiche bürgerliche Spitzenpolitiker von dort stammen.

Auch aus diesem konservativen Milieus ist seit Ende der 1970er Jahre die neue politische Kraft der Grünen erwachsen, die mit den jüngeren Wahlerfolgen (Landtagswahl März 2011, Bürgermeisterwahl in Stuttgart 2012) inzwischen eine weitere landespolitische Erfolgsstufe erklommen hat. Die Grünen sind traditionell stark im Südwesten verwurzelt – in Karlsruhe gründete sich 1980 der Bundesverband, diverse Spitzen der Bundespartei stammten aus der Region (*Fritz Kuhn, Reinhard Bütikofer, Cem Özdemir*) – und gerade auch am grünen Aufstieg lassen sich die latent wabernden politisch-kulturellen Faktoren des Landes wiedererkennen und zusammenfassen.

So war es typisch für die durchlässigen Milieus von Baden-Württemberg, dass in der hiesigen Anti-AKW-Bewegung „nicht nur vermeintlich alternative Chaoten, sondern eben auch christlich-konservative Landwirte" (ebd.: 116) demonstrierten. Auf der anderen Seite wurde der grüne Landesverband früh von den pragmatischen Realos dominiert, die sich bisweilen als „wertkonservativ und genauso aus einem ökologischen wie aus einem christlichen Humanismus gespeist" (ebd.: 120) erwiesen wie manch konservativer CDU-Wähler.

Damit passen die Grünen in das allgemeine politische Klima des Bundeslandes, das vielleicht mit Ausnahme der Linken bei allen Parteien für einen *„pragmatischeren und realpolitischeren Ton"* (vgl. Eilfort 2006: 220) sorgt als in den jeweiligen Bundesparteien. Zudem erscheinen die Landesverbände *„eher marktwirtschaftlich orientiert* und *eher wertkonservativer"*, pflegen einen gemeinsamen Umgang ohne „Schärfe und missionarische Parteipolitisierung", was laut Eilfort (ebd.) einem spezifischen *„Harmoniebedürfnis der Schwaben"* geschuldet ist.

*7.3.2    Wahlkampf zur Landtagswahl am 27. März 2011*

Die Landtagswahl 2011 war die zweite Wahl in Baden-Württemberg, bei der ein neuer Ministerpräsident erstmals antrat. *Günter Oettinger* hatte im April 2005 das Amt übernommen und wurde 2006 bestätigt. Im Februar 2010 wechselte *Oettinger* als EU-Kommissar nach Brüssel und gab das Amt des Ministerpräsidenten an *Stefan Mappus* ab. Dessen erste Monate waren geprägt durch den Beginn der Bauarbeiten für Stuttgart 21 und die dagegen gerichteten Proteste, die Ende September am „schwarzen Donnerstag" eskalierten. Auf Vorschlag der Grünen wurde *Heiner Geißler* schließlich als Schlichter eingesetzt, der nach mehrwöchigen öffentlichen Verhandlungen einen „Stresstest" durchsetzte, von dessen Ausgang die weiteren Planungen von Stuttgart 21 abhängig gemacht werden sollten. Der Schlichterspruch wurde von allen Seiten akzeptiert, was erheblich zur Beruhigung der Auseinandersetzung beitrug. In der Folge konnte die

CDU zu Beginn des Jahres 2011 verlorenes Terrain wieder gut machen, während die Grünen wieder an Zustimmung verloren.

Gut zwei Wochen vor der Wahl bebte in Japan die Erde, ein nachfolgender Tsunami fegte über das Land und führte zu einer Katastrophe im Atomkraftwerk Fukushima. Eine Woche später eskalierte die Situation in Libyen. Gestützt auf ein UN-Mandat ging eine internationale Koalition militärisch gegen die Truppen von *Muammar al-Gaddafi* vor, was eine deutliche Mehrheit der Bürger in Baden-Württemberg begrüßte. Die Ablehnung der Bundesregierung, sich am Waffengang zu beteiligen, stieß auf ein geteiltes Echo. Die Ereignisse in Libyen und Japan beeinflusste die Menschen zwischen Rhein und Neckar.

Insbesondere die Vorfälle in Fukushima wirbelten die politische Agenda vor der Landtagswahl völlig durcheinander. Das lag auch daran, dass die Energiepolitik in Baden-Württemberg stärker als in anderen Bundesländern von der Atomenergie geprägt wurde und sich der amtierende Ministerpräsident im Herbst 2010 noch besonders für eine Verlängerung der Laufzeiten stark gemacht hatte. Die Bevölkerung sah eine Woche vor der Wahl die künftige Energie- und Atompolitik als das wichtigstes Problem an. Dazu plädierte die Mehrheit für einen Ausstieg aus der Atomenergie möglichst bis 2020. Im Zuge der neu aufkommenden Atomdebatte gewann ein weiteres landespolitisches Thema an Brisanz: Der Erwerb von EnBW-Anteilen, den *Mappus* im Dezember 2010 ohne Zustimmung des Parlaments vollzogen hatte, drohte nach der Abschaltung von Neckarwestheim 1 und Philippsburg 1 zu einem finanziellen Schaden für das Land zu werden.

Auch die Ausgangssituationen der einzelnen Parteien wandelten sich durch den Agendawechsel grundlegend. Die CDU trat letztlich mit einem multiplen Handicap an: Die Auseinandersetzung um Stuttgart 21 und Probleme bei der Landesbank LBBW hatten den Zuspruch für die Landesregierung bereits auf ein Rekordtief sinken lassen. Die Atomdebatte beschädigte nun die Glaubwürdigkeit nicht nur in der Energiepolitik. Der von der Bundespartei initiierte und vom CDU-Landesverband unterstützte Schwenk in der Atompolitik wurde als nicht ausreichend angesehen und zudem als Wahlkampfmanöver gewertet. Gelitten hat in diesem Kontext vor allem das Ansehen von *Stefan Mappus*: Vor allem ihm galt der Vorwurf, die CDU habe beim Thema Atomkraft die Sorgen der Bürger nicht ausreichend ernst genommen. Im Direktvergleich mit seinen Hauptkontrahenten *Nils Schmid* von der SPD und *Winfried Kretschmann* von den Grünen verlor er an Boden und lag in der Direktwahlfrage unmittelbar vor der Wahl klar hinter beiden. Dieses personelle Defizit auszugleichen, fiel der CDU schwer, obwohl sie in Baden-Württemberg nach wie vor deutlich mehr Vertrauen in Sachen Wirtschafts- und Arbeitsmarktpolitik auf sich vereinte als anderen Parteien.

Die SPD vermochte ihr Sachprofil in den letzten fünf Jahren zu schärfen, in den zum Ende des Wahlkampfs vordringlichen energiepolitischen Fragen wurden jedoch auch ihr kaum Lösungen zugetraut. Vielen Wählern blieb zudem ihre Haltung zu Stuttgart 21 unklar. Die Grünen genossen in Baden-Württemberg einen deutlichen Glaubwürdigkeitsvorsprung vor den anderen Parteien, der entscheidend auf ihren konsistenten Positionen in der Umwelt- und v.a. der Energiepolitik beruhte. Die Vorbehalte gegen die Grünen in Wirtschafts- und Arbeitsmarktfragen waren geringer ausgeprägt als vor der letzten Wahl 2006. Ihr Spitzenkandidat *Kretschmann* verfügte über einen beträchtlichen Rückhalt in der Bevölkerung. Auch wenn Amtsinhaber *Mappus* in puncto Wirtschaftskompetenz und Führungsstärke klar vorne lag, galt *Kretschmann* im Vergleich als deutlich sympathischer, glaubwürdiger und bürgernäher.

Die Zugehörigkeit zur Landesregierung wirkte sich auch negativ auf die mitregierende FDP aus. Die Liberalen hatten merklich an Profil verloren: So attestierte ihnen in ihrem Stammland mit einem wirtschaftsstarken Mittelstand nur einer von sieben Befragten, dass sie am meisten von Wirtschaft verstehen. Justizminister *Ulrich Goll* erhielt ein überwiegend negatives Zeugnis. Die Hälfte der Baden-Württemberger ging davon aus, dass er nicht der richtige Spitzenkandidat für die FDP sei. Landespolitisch hatte die FDP damit dem bundespolitischen Gegenwind wenig entgegenzusetzen. Die Linke verfügte in Baden-Württemberg über kein ausgeprägtes Profil. Ein Drittel bescheinigte ihr, sich am stärksten um sozialen Ausgleich zu bemühen. Das ist das niedrigste Niveau an sozialer Kompetenzzuschreibung im Vergleich aller Bundesländer.

Fazit: Vor dem Hintergrund der Kritik an Landesregierung und Ministerpräsident herrschte in Baden-Württemberg grundsätzlich eine Wechselstimmung, die sich am Ende des Wahlkampfes zuspitzte: Eine Woche vor der Wahl sprachen sich 60 Prozent der Befragten für einen politischen Wechsel aus.

### 7.3.3 Hypothetisches Wahlkampfverhalten

Unabhängig von den aktuellen Effekten in der letzten Woche lassen die theoretischen Variablen das folgende Wahlkampfverhalten erwarten: Der wirtschaftliche Erfolg in Baden-Württemberg konnte zum zweiten Stichtag im Januar 2011 dokumentiert werden (Tabelle 24)[150] und nur der

---

[150] Bei der Höhe des Arbeitnehmerentgelts und der Arbeitslosigkeit lag Baden-Württemberg

überdurchschnittlich starke Einbruch des BIP in Folge der Wirtschafts- und Finanzkrise verhinderte die gleiche Nachricht am ersten Stichtag im September 2010. Somit kann man von der CDU-Kampagne, eingeschränkt auch von der FDP-Kampagne, die Kommunikationsmuster „Amtsträger" und „Kollektive Erfolge" erwarten.

Die Umfragewerte sprachen zu Beginn des Wahlkampfs, zum ersten Stichtag im September 2010, eine klare Sprache für die regierende Union.[151] Sowohl gegenüber der SPD als auch gegenüber den Grünen, beide mussten nach der entwickelten Arithmetik als direkte Gegner gelten, lag die CDU signifikant im Vorteil[152] (Tabelle 28). Daraus wäre zu folgern, dass Rot und Grün mehr Engagement in die Kampagnen investierten und dabei mit moderaten oder aggressiven Angriffsplakaten gegen die Union zielten.

Anders sah es bei den Koalitionsoptionen[153] aus. Dabei musste die CDU im September 2010 einen strategischen Nachteil verzeichnen, nämlich weniger Machtmöglichkeiten als die SPD und noch weniger als die Grünen[154] (Tabelle 25). Demzufolge hätte diesbezüglich die Union entsprechend mehr und aggressiver Wahlkampf absolvieren müssen. Wie bereits in Sachsen-Anhalt widersprechen sich auch hier die Ableitungen aus den Hypothesen 4 und 5 einerseits (Umfragewerte) sowie 6

---

im besten Viertel aller Bundesländer. Das BIP wuchs im relevanten Jahr 2010 um 6,8 Prozent – mehr als der nationale Durchschnitt von 4,5 Prozent.

[151] Auch zum zweiten Stichtag lag die CDU eindeutig vorne, allerdings so weit, dass SPD und Grüne nicht mehr als direkte Konkurrenten galten, was sie de facto aufgrund der Schwäche des liberalen Koalitionspartners natürlich trotzdem waren.

[152] Sechs Monate vor der Wahl kam die SPD auf 21 Prozent der Stimmen, die Grünen auf 27 Prozent, während die CDU bei 35 Prozent lag.

[153] Im Wahlkampf von Baden-Württemberg wurden zwei Koalitionen ausdrücklich ausgeschlossen. Beide Festlegungen erfolgten erst nach dem Jahreswechsel und flossen demnach erst in den zweiten Stichtag ein: CDU-Ministerpräsident Stefan Mappus schloss eine Große Koalition aus, wie die *Süddeutsche Zeitung* am 24. Januar berichtete. FDP-Spitzenkandidat Ulrich Goll schloss eine Ampelkoalition aus, wie den *Stuttgarter Nachrichten* vom 25. Februar zu entnehmen ist. Dieser Termin liegt streng genommen nach der Veröffentlichung des zweiten Ländertrends, gleichwohl kommt er noch rechtzeitig, um die Rechenspiele um die Macht in Stuttgart signifikant zu beeinflussen.

[154] Im September 2010 konnte die CDU auf drei Koalitionsoptionen bauen (Schwarz-Grün, Jamaika, Große Koalition). SPD und Grüne konnten dagegen auf vier (Rot-Grün, Ampel, Linksbündnis, Große Koalition) bzw. fünf Varianten (Rot-Grün, Schwarz-Grün, Ampel, Jamaika, Linksbündnis) setzen.

und 7 (Koalitionsoptionen) andererseits zum gleichen Analysezeitpunkt. In diesem Sinne heben sich die beiden Erwartungen gegenseitig auf und es gilt genau zu analysieren, welche von beiden Prognosen eher zutrifft. Was bleibt, ist der strategische Nachteil der Sozialdemokraten mit Blick auf die Grünen, sowohl im September als auch im Februar[155]. Auch das müsste mehr Engagement und einen aggressiven Ton zur Folge haben. Gerade letzteres würde überraschen. Ebenfalls mit Blick auf die Koalitionsoptionen galt die FDP zu beiden Stichtagen als Konkurrent der Linke und verfügte jeweils über mehr Möglichkeiten[156] (Tabelle 25).

Auch die Beteiligung an der Bundesregierung wurde für CDU und FDP zu den neuralgischen Zeitpunkten im Landtagswahlkampf relevant. Im September 2010 und im Januar 2011 übermittelten die Sonntagsfragen in beiden Fällen signifikant niedrige Zustimmungswerte[157] (Tabelle 26). Das ließ laut der Hypothesen 8 und 9 auf den bewussten Fokus auf Länderthemen sowie den ebenso bewussten Verzicht von Auftritten der schwarz-gelben Bundesprominenz schließen, was angesichts der aus der Region stammenden politischen Schwergewichte wie *Wolfgang Schäuble*, *Volker Kauder* oder auch *Dirk Niebel* tatsächlich bemerkenswert wäre.

---

[155] Zum zweiten Stichtag boten sich der SPD zwei Optionen (Rot-Grün, Linksbündnis), den Grünen vier (Rot-Grün, Schwarz-Grün, Jamaika, Linksbündnis). Durch den Ausschluss von Ampel und Großer Koalition und weil zum zweiten Stichtag Schwarz-Gelb wieder rechnerisch möglich wurde, hatte die Union plötzlich einen strategischen Vorteil gegenüber SPD (3:2). Allerdings trennten die beiden 18 Prozentpunkte, sie galten also nicht mehr als direkte Konkurrenten.

[156] Für die Linke stand als einzige Option das Linksbündnis im Raum, das allerdings lediglich theoretischer Natur war, weil beide Partner auch ohne die Linke eine deutliche Mehrheit besaßen. Der FDP boten sich zwei Optionen: im September Jamaika und Ampel, im Februar Schwarz-Gelb und Jamaika.

[157] Am 17. September 2010 kamen die Bundesparteien von Union und FDP in der Infratest-Befragung auf 37 Prozent. Am 21. Januar 2011 lagen die Koalitionsparteien zusammen bei 38 Prozent. Damit wurden aus terminlichen Gründen (Tabelle 27) für Baden-Württemberg die gleichen bundespolitischen Sonntagsfragen zu Rate gezogen wie zuvor für Sachsen-Anhalt und später für Rheinland-Pfalz.

## 7.4 Rheinland-Pfalz

Am 27. März 2011 wurde zeitgleich auch in Rheinland-Pfalz gewählt. Dort regiert seither ein rot-grünes Kabinett, zunächst unter der Führung von *Kurt Beck*, inzwischen von *Malu Dreyer* (beide SPD).

### 7.4.1 Politisch-kulturelle und parteipolitische Prägung

Der Wahltermin im März 2011 ist nicht das einzige, was die benachbarten Bundesländer Baden-Württemberg und Rheinland-Pfalz verbindet. Beide Länder gelten als klassische Bindestrichländer, also als „Komposita der Nachkriegszeit" (Matz 2008: 222).[158] Beide Länder atmen die „ausgleichende Kultur des Südwestens" (Eilfort 2006: 220), die mit Blick auf Rheinland-Pfalz auch als „Kultur der Mitte" (Sarcinelli 2010a: 17) oder „gemäßigtes politisches Klima" (Haungs 1986: 202) beschrieben wurde. Das hat eine politisch-kulturelle Lektion bewirkt, die Lisa Caspari (2011d) für die ZEIT so formulierte:

> „Alle rheinland-pfälzischen Politiker wissen: Zwischen Zweibrücken und Ahrweiler wird Wert auf einen moderierenden Politikstil gelegt, Streitereien werden von den allermeisten Bürgern bei Wahlen nicht quittiert."

Zu dieser sachorientierten Atmosphäre passt, dass die rheinland-pfälzische Politik in besonderer Weise von zwei Persönlichkeiten im Amt des Ministerpräsidenten beeinflusst wurde: *Helmut Kohl* (1969-1976) und *Kurt Beck* (1994-2013). Die beiden Personen prägten das parteienpolitische Machtverhältnis der jeweiligen Zeit. Gleichwohl agierten natürlich auch Kohl und Beck nicht im luftleeren Raum, sondern in einem politisch-kulturellen Rahmen entlang von Konfliktlinien, die „bei allen historischen Wandlungsprozessen nach wie vor prägend sind für die Organisation politischer Willensbildung, für die Partizipationsstruktur und überhaupt für die politische Kultur des Landes" (von Beyme 2004: 136). Auch für die Frage, ob sich dominante Stellungen einer Partei in einer regionalen politischen Kultur etablieren, sind diese Konfliktlinien von besonderer Bedeutung (vgl. Sarcinelli/Werner 2010: 309; Mielke/Eith 2000: 255).

---

[158] Der anfangs als künstlich empfundene Charakter der Landesgrenzen von Rheinland-Pfalz kommt auch in den offenbar seinerzeit verbreiteten Bezeichnungen „Land aus der französischen Retorte" und „Kunstschöpfung der französischen Zonengeographie" zum Ausdruck, die Sarcinelli (2010a: 14) zitiert.

In Rheinland-Pfalz spielten diese Rahmenbedingungen eindeutig der CDU in die Karten, die für ihre Anhängerschaft „klassische Milieustrukturen" vorfand (Sarcinelli/Werner 2010: 310): eine mehrheitlich katholische Prägung im überwiegend ländlichen oder kleinstädtischen Raum. Eine Konstellation, die der Union über lange Zeit hinweg eine hegemoniale Stellung verschaffte:

> „Die CDU war von Anfang an die stärkste politische Kraft im Land. Trotz eines kontinuierlichen Aufwärtstrends hatte die SPD bis zur Wahl 1991 nie eine Mehrheitschance" (ebd.: 304).

Sarcinelli und Werner erkennen gar für die Jahre zwischen Ende des Zweiten Weltkriegs und Wiedervereinigung eine „geradezu strukturelle Asymmetrie zwischen Christdemokraten und Sozialdemokraten im rheinland-pfälzischen Parteienwettbewerb" (ebd.). Das hat sich seither verändert, aber nicht etwa ins Gegenteil gekehrt, wie zumindest die seither durchgängig sozialdemokratisch geführte Mainzer Staatskanzlei vermuten ließe. Diese These einer überwundenen Asymmetrie ohne neue Hegemonialstellung untermauern Sarcinelli und Werner (2010: 316) mit Blick auf die Wahlergebnisse ober- und unterhalb der Landesebene: Kommunal- und bundespolitische Daten belegen das nach wie vor vorhandene konservative Potential.[159]

Das verdeutlicht, welche persönliche Strahlkraft die SPD-Ministerpräsidenten, zunächst *Rudolf Scharping* und dann *Kurt Beck*, entfachen konnten, die das Selbstverständnis der Sozialdemokratie als „Rheinland-Pfalz-Partei" formten, wie es in der Landessatzung von 2002 formuliert wurde. Insbesondere *Kurt Beck* wuchs im Zuge seiner Amtszeit immer mehr in die idealtypische Rolle des Landesvaters hinein, der bewusst den Eindruck vermittelte, an Medien und politischen Konkurrenten vorbei direkt mit dem Volk zu kommunizieren und dabei als aufmerksamer Zuhörer und emsiger Kümmerer aufzutreten. Das wirkte:

> „Durch seinen unprätentiösen und bürgernahen Regierungsstil („Nah bei den Menschen") konnte Beck nicht nur eigene Akzente setzen, sondern wurde auch zu einem wesentlichen Garanten des sozialdemokratischen Erfolges im Land Rheinland-Pfalz" (ebd.: 309).

---

[159] Exemplarisch sei darauf verwiesen, dass das Zweitstimmenergebnis der CDU bei Bundestagswahlen in Rheinland-Pfalz stets über dem Bundesdurchschnitt lag.

Nah bei den Menschen zu sein, heißt mehr als in anderen Bundesländern, sich zu der ländlich geprägten Region zu bekennen. Der agrarische Sektor hat trotz Strukturwandel in Rheinland-Pfalz eine unverändert große Bedeutung, die sich weniger in volkswirtschaftlichen Größen bemisst, als mit Blick auf „Erscheinungsbild, Identität, regionale Kultur und Folklore des Landes" (ebd.: 310). Das ländliche Element, die rurale Struktur von Rheinland-Pfalz findet sich immer wieder in der Literatur – Schiffmann (2010: 31) zitiert das „klassische Klischee vom Land der Rüben und Reben", Sarcinelli (2000: 22) beschreibt den „besonderer Bezug zu Wein und Rhein" – und es übt bis heute einen wichtigen identitätsstiftenden und identitätserhaltenden Einfluss aus.

*Kurt Beck* wusste stets, diese regional-kulturelle Karte zu spielen. Eine Eigenschaft, die die Union in Person von *Julia Klöckner*, einer ehemaligen Wein-Königin und ehemaligen Chefredakteurin des „Sommelier-Magazins", inzwischen erkannt und adaptiert hat. Oder, wie *Spiegel Online* (2009) das Duo *Beck* und *Klöckner* charakterisierte:

> „Beide gehen auf die Menschen zu, beide haben mit ihrer volksnahen Art Erfolg. Klöckner schwärmt von heimischem Grauburgunder, Beck von Schnüffel – seinem Lieblingsgericht aus gepökelten Schweineschnauzen."

Auch in anderen Bereichen zeigen sich Gemeinsamkeiten zwischen CDU und SPD. So gilt etwa der SPD-Landesverband in Rheinland-Pfalz im Vergleich mit anderen sozialdemokratischen Bastionen als von jeher eher rechts. Die Zahl der Mitglieder der Landesparteien und deren Untergliederungen in Stadt-, Gemeinde- und Ortsverbände offenbart mindestens heute eine weitgehende „Strukturähnlichkeit" (Sarcinelli/Werner 2010: 315) von CDU und SPD.

Damit lassen sich als latent vorhandene Faktoren für Rheinland-Pfalz festhalten: erstens eine verhältnismäßig eigenständige und *stark ausgeprägte Regionalkultur*, die sich auf die geographische Struktur beruft und ihre Produkte preist; zweitens eine zunehmende *Ähnlichkeit der beiden großen Parteien* in Inhalt, Struktur und Auftreten des Spitzenpersonals; drittens eine auch durch diese Nähe begünstigte *Form der politischen Zusammenarbeit*, die man ähnlich wie in Baden-Württemberg als *moderat* oder *pragmatisch* beschreiben kann. Viertens bietet dieses Klima *Raum für Persönlichkeiten*, die in der Lage sind überparteiliche Allianzen zu schmieden und den spezifischen regionalen Geist von Rheinland-Pfalz zu verkörpern.

## 7.4.2 Wahlkampf zur Landtagswahl am 27. März 2011

Im Verlauf der Legislaturperiode und im Zuge der zwischenzeitlichen Übernahme des bundesweiten SPD-Parteivorsitzes durch *Kurt Beck* war der Rückhalt der Landes-SPD und des Ministerpräsidenten in Rheinland-Pfalz insgesamt zurückgegangen. Allerdings stieg das Ansehen der ausschließlich von der SPD geführten Landesregierung kurz vor der Landtagswahl wieder an: Mehr als die Hälfte der Befragten stellten eine Woche vor der Wahl dem Kabinett *Beck* ein gutes Zeugnis aus. Damit wurde auch die gute wirtschaftliche Entwicklung honoriert, die zwei Drittel positiv einschätzten. In Folge dessen hat sich auch die Problemwahrnehmung deutlich verändert. Während fünf Jahre zuvor die Arbeitslosigkeit als Problem Nummer 1 angesehen wurde, hatte sich nun – gleichauf mit ökonomischen Themen – die Bildungspolitik in den Fokus der Rheinland-Pfälzer geschoben. Die Atom- und Energiepolitik wurde kurz vor der Wahl zwar nicht so häufig genannt wie im benachbarten Baden-Württemberg, aber immerhin noch jeder Sechste sah in dieser Thematik eines der drängendsten Probleme.

Das Kompetenzprofil der SPD hatte sich wenig verändert. Wie schon 2006 gelang es den Sozialdemokraten auch 2011, sich inhaltlich breit aufzustellen. Einbußen musste die Partei dagegen bei der Popularität des Spitzenpersonals hinnehmen: In der direkten Konfrontation *Becks* mit der CDU-Herausforderin *Julia Klöckner* hätte sich zwar noch eine Mehrheit für den Amtsinhaber entschieden – sein Vorsprung war jedoch deutlich geringer als 2006. *Klöckner* konnte genauso viele Sympathiepunkte einsammeln wie der Regierungschef. Dafür galt der SPD-Mann als der Kandidat mit der höheren Glaubwürdigkeit, mehr Bürgernähe und einem besseren öffentlichen Auftreten. Auch inhaltlich konnte sich die CDU 2011 etwas stärker profilieren als 2006. Dies galt vor allem für die Wirtschafts- und Beschäftigungspolitik. Allerdings herrschte unmittelbar vor dem Wahlgang an Rhein und Mosel keine Wechselstimmung, denn jeder Zweite glaubte nicht, dass eine CDU-geführte Regierung die Probleme des Landes besser lösen könnte.

Wie in Baden-Württemberg konnten die Grünen auch in Rheinland-Pfalz auf einen enormen Glaubwürdigkeitsbonus setzen. Wie keiner anderen Partei traute man den seit 2006 nicht mehr im Landtag vertretenen Grünen zu, dass sie halten, was sie vor der Wahl versprechen. Dieser Glaubwürdigkeitsvorsprung basierte ganz entscheidend auf ihrer Beharrlichkeit in Umwelt- und Klimafragen und der aktuellen Diskussion um die deutsche Atompolitik. Neben diesem Thema und der geringen Bedeutung wirtschaftlicher Fragen kam den Grünen auch ein gewisses Unbehagen an der SPD-Alleinregierung zugute.

Für die FDP in Rheinland-Pfalz schlug in der letzten Legislaturperiode zunächst der landespolitische Bedeutungsverlust nach dem Wechsel von der Landesregierung in die Opposition negativ zu Buche. Ihre Kompetenzwerte hatten sich 2011 gegenüber 2006 durchweg verschlechtert. Dieses geschwächte Sachprofil ging einher mit einer geringen Zugkraft des Spitzenkandidaten *Herbert Mertin*. Schließlich fehlte der Partei auch in Rheinland-Pfalz bundespolitischer Rückenwind. Steuersenkungen als das jahrelange FDP-Erfolgsthema galten auch hier als nicht finanzierbar, der Positionswechsel in der Atompolitik überzeugte wenig. Die Linke, die bislang nicht im Mainzer Landtag vertreten war, hat in Rheinland-Pfalz ein schwächeres Profil als in anderen westdeutschen Bundesländern. Ihre Kernkompetenz im Feld der sozialen Gerechtigkeit kam im Wahlkampf nicht zuletzt auch wegen der starken Position der Landes-SPD nur wenig zur Geltung.

### 7.4.3 Hypothetisches Wahlkampfverhalten

Theoretisch begründet lassen sich konkrete Erwartungen an den Wahlkampf formulieren. Die Kriterien des ökonomischen Erfolgs erfüllt Rheinland-Pfalz bei der ersten Analyse im September 2010 (Tabelle 24).[160] Die SPD-Regierung um *Kurt Beck* konnte also sachlich berechtigt auf die Kommunikationsmuster „Amtsträger" und „Kollektive Erfolge" setzen.

Bei den Umfragewerten sind die unabhängigen Maßgaben lediglich für die kleinen Parteien gegeben, unter denen sich zu beiden untersuchten Stichpunkten die Grünen gegenüber der FDP und gegenüber den Linken eindeutig hervortun[161] (Tabelle 28). Daraus wäre zu folgern, dass beide Kontrahenten der Grünen im Wahlkampf mehr Engagement an den Tag legten und mit moderaten oder aggressiven Angriffsplakaten die Grünen ins Visier nahmen.

Diese Erwartung wird auch durch die Variable der Koalitionsoptionen[162] geweckt, bei der sich den Grünen über die gesamte Kampagne

---

[160] Beim Rückgang des BIP sowie beim Anstieg des Arbeitnehmerentgelts entwickelte sich Rheinland-Pfalz im zugrundeliegenden Gesamtjahr 2009 besser als der Durchschnitt aller Bundesländer. Die Arbeitslosenquote lag im September 2010 bei 5,3 Prozent. Das war besser als in den Vergleichsmonaten und zudem einer der vier besten Werte im interregionalen Vergleich.

[161] Sechs Monate vor der Wahl kamen die Grünen auf 16 Prozent der Stimmen, die Linke dagegen auf fünf und die FDP auf vier Prozent. Zwei Monate vor der Wahl lagen die Grünen bei 13, Linke und FDP bei fünf Prozent.

[162] In Wahlkampf von Rheinland-Pfalz wurden zahleiche Koalitionsoptionen ausgeschlos-

hinweg eine gegenüber FDP und Linke günstigere Situation bietet[163]. Zudem ist bei dieser Variable die regierende SPD gegenüber der CDU strategisch im Vorteil[164] (Tabelle 25). Entsprechend kann man mit besonderem Eifer und gesteigerter Streitbereitschaft bei der CDU rechnen.

Bei der Variable Beteiligung an der Bundesregierung ähnelt die Konstellation in Rheinland-Pfalz der in den genau oder quasi zeitgleichen Wahlkämpfen in Baden-Württemberg und Sachsen-Anhalt, mit dem Unterschied, dass beide Parteien der Bundesregierung in Rheinland-Pfalz aus der Opposition heraus antraten. Für beide Parteien ergaben die Sonntagsfragen im September 2010 und im Januar 2011 signifikant niedrige Zustimmungswerte[165] (Tabelle 26). Das lässt auch für Rheinland-Pfalz vermuten, dass die Landesthemen im Vordergrund standen und auf Auftritte der Bundesprominenz bewusst verzichtet wurde.

Konkrete Anhaltspunkte finden sich auch mit Blick auf die Popularität der Spitzenkandidaten von Union und SPD. Zu beiden Analyse-

---

sen. Diese Festlegungen erfolgten erst im März und damit nach der Veröffentlichung des zweiten Ländertrends am 27. Januar. Gleichwohl kann man davon ausgehen, dass diese strategischen Schritte bereits im Vorfeld bekannt wurden und die politische Mathematik signifikant beeinflussten. Deshalb wurden die folgenden Koalitionsausschlüsse noch in die Analyse des zweiten Termins miteinbezogen: Jürgen Trittin, grüner Fraktionsvorsitzender im Bund, schloss eine Zusammenarbeit mit der CDU in Rheinland-Pfalz aus, wie die *Rhein-Zeitung* vom 11. März 2011 berichtete. Das betrifft ein mögliches schwarz-grünes Bündnis und die Jamaika-Variante. Zugleich erteilte Trittin auch einer Ampel-Koalition eine Absage. SPD-Ministerpräsident Kurt Beck schloss ein Linksbündnis aus, wie ebenfalls die *Rhein-Zeitung* am 21. März 2011 schrieb (Tabelle 26).

[163] Sechs Monate vor der Wahl boten sich den Grünen rechnerisch satte fünf Koalitionsoptionen (Rot-Grün, Schwarz-Grün, Ampel, Jamaika, Linksbündnis), der FDP dagegen nur zwei Varianten (Ampel, Jamaika) und der Linken nur eine (Linksbündnis). Zum zweiten Stichtag verblieb den Grünen lediglich die Koalitionsoption Rot-Grün. FDP und Linke hatten zu diesem Zeitpunkt keine Machtoption mehr.

[164] Zum ersten Stichtag konnte die SPD auf vier Optionen (Rot-Grün, Ampel, Linksbündnis, Große Koalition) zählen, die CDU auf drei (Schwarz-Grün, Jamaika, Große Koalition). Nach den Ausschlüssen blieben der SPD zwei Varianten (Rot-Grün, Große Koalition), der CDU eine (Große Koalition).

[165] Am 17. September 2010 kamen die Bundesparteien von Union und FDP in der Infratest-Befragung auf 37 Prozent, am 21. Januar 2011 auf 38 Prozent, siehe Baden-Württemberg und Sachsen-Anhalt.

zeitpunkten stellte *Infratest dimap* die Direktwahl-Frage von *Beck* oder *Klöckner* und zu beiden Zeitpunkten ergaben sich eindeutige Verhältnisse zugunsten des Amtsinhabers[166] (Tabelle 29). Gemäß Hypothese 10 sollte die sozialdemokratische Kampagne also die Person von *Kurt Beck* besonders im Schlagabtausch mit der Union in den Vordergrund stellen und die Plakatmotive der Kampagne entsprechend gestalten.

## 7.5 Bremen

Am 22. Mai 2011 wählten die Bürgerinnen und Bürger von Bremen eine neue Bürgerschaft. Dabei wurde der rot-grüne Senat unter Führung von Bürgermeister *Jens Böhrnsen* (SPD) im Amt bestätigt.

### 7.5.1 Politisch-kulturelle und parteipolitische Prägung

Die Historie und Sozialstruktur Bremens kann als Musterbeispiel für einen Nährboden gelten, auf dem eine sozialdemokratische Vormachtstellung heranwächst. Spätestens seit Mitte des vergangenen Jahrhunderts wurde das sozioökonomische Bild dominiert von „Beschäftigten einer industrialisierten Stadtregion mit stark besetztem öffentlichen Dienst" (Billerbeck 1991: 120). Die Kernwählergruppen der CDU (Katholiken, Landwirte, Handwerker und selbstständige Mittelständler) waren dagegen „deutlich unterrepräsentiert und spielten gar keine oder nur eine nachrangige Rolle" (Probst 2010: 196).

Die strukturellen Vorteile wurden ergänzt durch prägende Persönlichkeiten der Sozialdemokratie. Das beginnt bereits zu Beginn des Jahrhunderts mit dem späteren Reichspräsidenten *Friedrich Ebert*, der in der Bremischen Bürgerschaft (1900-1905) und allgemein in der Arbeiterbewegung der Hansestadt sein „politisches Rüstzeug" (Mühlhausen 2006: 46) erwirbt. Nach dem Zweiten Weltkrieg werden fast 45 Jahre Bremer Politik maßgeblich von drei Sozialdemokraten geprägt: *Wilhelm Kaisen, Hans Koschnick* und *Henning Scherf*. Von der NS-Zeit abgesehen lässt sich deshalb mit Probst (2010: 193) ein „charakteristisches Merkmal" für die Bremer Politik im gesamten 20. Jahrhundert festhalten: die *Stellung der SPD* als dominante Partei.

---

[166] Im September 2010 stimmten 32 Prozent direkt für Klöckner und 54 Prozent direkt für Beck. Im Januar 2011 kam Klöckner auf 34 und Beck auf 50 Prozent.

Diese herausragende Position hat nicht nur Wahlergebnisse, sondern auch die „Interaktionsbeziehungen zwischen den Parteien" geprägt und „der Politik in Bremen ihren Stempel aufgedrückt" (ebd.: 199). Bis heute profitiert die SPD von diesem Status, auch wenn allgemeine Erosionserscheinungen auch das Bremer Parteiensystem erreicht und dafür gesorgt haben, dass die Partei die „Eindeutigkeit ihrer Vormachtstellung eingebüßt und an Integrationsfähigkeit nach innen und außen verloren" (ebd.: 200) hat. Gleichwohl kann als zweiter latent vorhandener politisch-kultureller Faktor eine allgemeine *Sozialdemokratisierung* der Bremer Politik gelten, die sich in der Popularität des Bürgermeisters ebenso äußert wie in inhaltlichen Annäherungen der anderen Parteien.

Als dritter Faktor bleibt ähnlich wie schon in Sachsen-Anhalt und beim nächsten Länderfall in Mecklenburg-Vorpommern die *strukturelle ökonomische Schwäche*: Politik in Zeiten leerer Kassen ist in Bremen zu einem Dauerzustand avanciert, an den sich Regierende wie Regierte gewöhnt haben.

### 7.5.2 Wahlkampf zur Bürgerschaftswahl am 22. Mai 2011

Bei der vorangegangenen Bürgerschaftswahl 2007 schloss die SPD wie bei allen 16 Bürgerschaftswahlen zuvor als stärkste Partei ab und entschied sich anschließend gegen die Fortsetzung der sogenannten Sanierungskoalition mit der Union und für ein Bündnis mit den Grünen. Trotz enormer Herausforderungen und anhaltender Strukturprobleme – Bremen hat die höchste Pro-Kopf-Verschuldung aller Bundesländer, die meisten Arbeitslosen in den alten Bundesländern und eine hohe Kinderarmut – verlief die rot-grüne Zusammenarbeit weitgehend harmonisch. Kurz vor der Wahl 2011 zog fast die Hälfte der befragten Bremer eine positive Bilanz für die Landesregierung. Der Rückhalt des Senats fiel damit deutlich größer aus als bei der rot-schwarzen Vorgängerkoalition.

Weitaus wichtiger als die aktuelle wirtschaftliche Stimmung war für diesen Rückhalt ein Grundvertrauen in Personal- und Sachangebot der Regierungsparteien. Der SPD gelang in Bremen der Brückenschlag zwischen Wirtschaftsfreundlichkeit und Sozialpolitik. Dieses inhaltliche Erscheinungsbild wurde dabei ganz wesentlich von der Person des Bürgermeisters geprägt. *Jens Böhrnsen* hatte seine Popularität in den vergangenen vier Jahren gesteigert. Auch wenn er an die überragenden Zustimmungswerte seines Vorgängers *Henning Scherf* nicht ganz heranreichte, war er mit 74 Prozent doch der mit Abstand beliebteste Landespolitiker.

Die Union galt inhaltlich wie personell nicht als politische Alternative. Nur jeder fünfte Bremer vertraute darauf, dass ein CDU-geführter

Senat die Probleme besser anpacken könnte. Zur Profilschwäche der Partei haben wohl auch personelle Veränderungen beigetragen, die sich mit dem Wechsel der Landesvorsitzenden vollzogen haben. Die erstmals angetretene Spitzenkandidatin *Rita Mohr-Lüllmann* verschaffte der CDU in dieser Situation keine Abhilfe. Die Bremer Grünen konnten die Einbindung in die Regierungsverantwortung sichtbar zur Sachprofilierung nutzen. Nach vier Jahren Senatsarbeit wurden sie kurz vor der Wahl in allen Politikfeldern besser bewertet. Zu diesem insgesamt positiven Bild trug Spitzenkandidatin und Finanzsenatorin *Karoline Linnert* wesentlich bei. Faktisch ohne Konkurrenz waren die Grünen auch in Bremen mit ihren Kernthemen in der Umwelt- und Energiepolitik, die auf der aktuellen Problemagenda der Bremer zwar hinten anstanden, seit dem Atomunglück in Fukushima und der schwarz-gelben Energiewende die bundesdeutsche Debatte aber maßgeblich prägten.

Die Linke, die 2007 vom Zustrom ehemaliger SPD-Wähler profitiert hatte, bekam 2011 ein schlechtes Zeugnis ausgestellt. Nach Ansicht einer Mehrheit der Bremer hatte die Partei in der Bürgerschaft keine ordentliche Politik gemacht. Auch den Liberalen war es in vier Jahren nicht gelungen, durch die Fraktionsarbeit in der Bürgerschaft Sachvertrauen aufzubauen. Auch konnten sie aus der Profilschwäche der Bremer Union keinen Nutzen ziehen. Die Kompetenzwerte für die FDP fielen 2011 schlechter aus als 2007. Dieses schwache Sachprofil ging einher mit der geringen Zugkraft des liberalen Spitzenkandidaten *Oliver Möllenstädt*, den nur zehn Prozent der Befragten positiv kommentierten.

### 7.5.3 Hypothetisches Wahlkampfverhalten

Aus dem ökonomischen Rahmen und aus den Umfragewerten ergeben sich für die Hypothesen keine relevanten Konstellationen.[167] Das ist erst bei den Koalitionsoptionen[168] der Fall. Wie dargelegt konnte *Infratest dimap* in Bremen nur eine Umfrage zehn Tage vor der Wahl durchführen. Dabei boten sich den Grünen mehr Machtvarianten als den direkten Konkurrenten von der CDU und damit ein strategischer Vorteil (Tabelle

---

[167] Die strukturelle ökonomische Schwäche Bremens zeigt sich bei der Arbeitslosigkeit, nicht jedoch beim Bruttosozialprodukt per Einwohner. Bei diesem Wert lag Bremen sogar im besten Viertel der Bundesländer.

[168] Im Bremer Wahlkampf schloss die Grüne Spitzenkandidatin Karoline Linnert eine Zusammenarbeit mit der CDU ausdrücklich aus, wodurch die Koalitionsoptionen Schwarz-Grün und Jamaika wegfielen. Von dem Ausschluss Linnerts berichtete der *Weser Kurier* am 14.5.2011.

25)[169]. In ähnlicher Form war die Linke gegenüber der FDP im Vorteil[170]. Demzufolge hätten Union und FDP einen besonders engagierten und aggressiven Wahlkampf führen müssen.

Bei der Variable Beteiligung an der Bundesregierung lässt sich beim ersten Stichtag im November 2010 ein bundesweiter Wert für Schwarz-Gelb von unter 40 Prozent messen, also eine niedrige Zustimmung in der hier definierten Form[171] (Tabelle 26). Am zweiten Stichtag bleibt die schwarz-gelbe Zustimmung über dem kritischen Bereich. Das bedeutet, insbesondere in der Anfangsphase des Wahlkampfs sollten die bundespolitischen Zugpferde von Union und FDP nicht überall in Bremen willkommen gewesen sein und die Bremer Kampagnen sich auf landespolitische Inhalte konzentriert haben.

Nicht nur bei den Koalitionsoptionen konnten die Grünen gegenüber der Union punkten, auch bei der Bekanntheit des Spitzenpersonals. *Karoline Linnert* erhielt in diesem Punkt bei der *Infratest*-Umfrage einen um 20 Prozentpunkte besseren Wert als *Rita Mohr-Lüllmann*[172] (Tabelle 27). Entsprechend ist zu erwarten, dass sich die konservative Spitzenkandidatin erstens mehr auf Plakaten zeigte, sich zweitens persönlich mehr verausgabte, um den Rückstand wett zu machen, und dass drittens die Grünen auf *Mohr-Lüllmann* mit dem Kommunikationsmuster „Ignorieren" reagierten.

Anders sieht das bei den kleinen Parteien FDP und Linke aus. Bei den Koalitionsoptionen verfügt die Linke über gewisse Vorteile. Bei der Bekanntheit der ersten Reihe liegen jedoch die Liberalen vorne[173] (Tabelle 27). Das lässt auf ein Ignorieren der linken Doppelspitze *Kristina Vogt* und *Klaus-Rainer Rupp* schließen und vice versa auf deren besonderen Einsatz, plakatiert wie persönlich.

---

[169] Die CDU konnte nur auf eine Große Koalition setzen. Die Grünen verfügten über die drei theoretische Koalitionsoptionen: Rot-Grün, Ampel und Linksbündnis.

[170] Für die Linke waren die Szenarien Rot-Rot und Linksbündnis denkbar, für die FDP lediglich die Ampel. Allerdings mussten von Anfang an alle Koalitionsoptionen dieser beiden Parteien als unwahrscheinlich gelten, weil SPD und Grüne gemäß der Umfragedaten auch ohne dritten Partner regieren konnten.

[171] In der Sonntagsfrage vom 12.11.2010 kam Schwarz-Gelb addiert auf 36 Prozent.

[172] Linnert wurde ein Bekanntheitsgrad von 64 Prozent attestiert. Ihre Konkurrentin Mohr-Lüllmann kam auf 44 Prozent.

[173] Der Liberale Oliver Möllenstädt verfügte über einen Bekanntheitsgrad von 38 Prozent, die Spitzenkandidatin der Linke Kristina Vogt lag bei 25 Prozent.

## 7.6 Mecklenburg-Vorpommern

Das nächste Länderbeispiel behandelt die Landtagswahl am 4. September 2011 in Mecklenburg-Vorpommern. Mit der Wahl wurde die Große Koalition unter Ministerpräsident *Erwin Sellering* (SPD) im Amt bestätigt.

### 7.6.1 *Politisch-kulturelle und parteipolitische Prägung*

Am Beispiel von Baden-Württemberg wurde aufgezeigt, wie politische Kultur durch Formen von vordemokratischer Herrschaftsausübung in demokratische Bahnen gelenkt wurde. In Mecklenburg-Vorpommern lässt sich das Gegenteil beobachten. Die beiden mecklenburgischen Großherzogtümer, Mecklenburg-Schwerin und Mecklenburg-Strelitz, fielen als die Teilstaaten im kaiserlichen Flickenteppich des Deutschen Reiches auf, die bis 1918 über keine eigene parlamentarische, sondern weiterhin über eine (gemeinsame) mittelalterlich-ständische Verfassung verfügten. Während nationalstaatlich das Frauenwahlrecht eingeführt wurde, blieben in Mecklenburg die „Rittergutsbesitzer die dominierende politische Kraft" (Schoon 2010: 243). Bis 1908 waren dort Parteien sogar verboten und durften lediglich zu den Reichstagswahlen öffentlich in Erscheinung treten. Damit wurde es den Arbeitern und dem ohnehin spärlich existenten liberalen Bürgertum zusätzlich erschwert, ein politisches Bewusstsein zu entwickeln.

Schoon zufolge ist diese historische Perspektive entscheidend für die heutige Analyse, die ansonsten nur „unzureichend" ausfallen kann (ebd.), sowohl mit Blick auf konkrete Formen des Parteiensystems als auch hinsichtlich der gesamten politischen Kultur. Zuspitzt lässt sich das Erbe des Landes zusammenfassen als eine gewisse obrigkeitsstaatliche Tradition und als mangelnde demokratische Erfahrung, die durch die DDR-Zeit zusätzlich verstärkt wurde. Als landesweites Gebilde entstand Mecklenburg-Vorpommern, ähnlich wie bereits am Fall Sachsen-Anhalt geschildert, erstmals kurzzeitig nach dem Zweiten Weltkrieg und dann nach der Wiedervereinigung. Gleichwohl weisen beide Landesteile, die mecklenburgischen Regionen Schwerin und Strelitz sowie der westliche Teil der preußischen Provinz Pommern „strukturelle Gemeinsamkeiten" (ebd.) auf.

Das betrifft besonders ein spezifisches Charakteristikum, das in vergleichbarer Form für Rheinland-Pfalz gilt: die ländliche Prägung der Region. Mecklenburg-Vorpommern besitzt deutlich die geringste Bevölkerungsdichte aller Bundesländer[174]. Als einzige Großstadt des Landes versammelt Rostock mehr als 200.000 Einwohner. Allerdings verbindet sich diese rurale Prägung anders als in Rheinland-Pfalz aus den genannten Gründen nicht mit einer Tradition des freien Bauernstandes, eher schon einer Tradition der großagrarischen Gutswirtschaft. Charakteristisch sind also *geringe urbane Strukturen* und *geringe marktwirtschaftliche Erfahrung*. Insgesamt ist mit Steffen Schoon festzuhalten, dass Mecklenburg-Vorpommern von den großen Umbrüchen des 19. Jahrhunderts (Industrialisierung, Urbanisierung) und den damit einhergehenden Konfliktlinien nur partiell betroffen war. Das wirkt fort (ebd.):

„Bis heute symbolisieren die kleinen Landstädte mit weniger als 10.000 Einwohnern und einer kleingewerblich statt mittelständisch geprägten Wirtschaftsstruktur diese fehlende Entwicklung."

Einen zusätzlichen Schub in diese Richtung lieferten die vier Jahrzehnte DDR-Herrschaft. Mecklenburg-Vorpommern, gelegentlich auch „Land am Rand" bezeichnet, zählte zu den volkswirtschaftlichen Profiteuren der Planwirtschaft: Die Industrie an der Küste wurde ausgebaut, in Werften und den Rostocker Hafen zentral investiert. Umso schwerer fiel und fällt die Umkehr von Staats- zu Marktwirtschaft. Das spiegelt sich mannigfaltig in der regionalen politischen Kultur und äußert sich in einer strukturellen ökonomischen Schwäche und einer vergleichsweise geringen Akzeptanz des politischen Systems. Dazu konstatiert die Literatur eine „insgesamt skeptische Einstellung zur Parteiendemokratie" (ebd.: 244) und eine „problematische Lage aller Parteien im Land" (ebd.: 253).

Die ist in Mecklenburg-Vorpommern nicht wie in anderen Bundesländern durch die Hegemonialstellung einer Partei geprägt, sondern durch das Zusammenspiel von drei verlässlichen Größen: SPD, CDU und Linken. Die Sozialdemokraten fungieren dabei inzwischen als eine Art primus inter pares. Seit 1998 stellen sie den Ministerpräsidenten und die Machtverteilung im Schweriner Landtag kürt die SPD zu einer „Dreh- und Angelpunkt-Partei, gegen die keine Mehrheitsbildung möglich ist" (Grabow 2008: 287). Gerade ein Blick auf die Organisationsstruktur der SPD zeigt jedoch den Traditionsbruch in der Region. Anders als sonst ist die Partei nicht bei Arbeitern verwurzelt, sondern bei Angestellten und Akademikern. Zudem mangelt es an langjährigen Mitgliederbeständen,

---

[174] Stand 31.12.2011 vermeldete das Statistische Bundesamt für Mecklenburg-Vorpommern 70 Einwohner pro Quadratkilometer. Zum Vergleich: In Nordrhein-Westfalen waren es 523, also mehr als das Siebenfache.

weil die Partei sich eben erst nach der Wende neu aufbaute. Das mag eine gewisse historische Leichtigkeit mit sich bringen, weil man sich für nichts rechtfertigen muss. Gleichwohl führt das im dünn besiedelten Nordosten zu ganz grundsätzlichen Problemen (Schoon 2010: 247):

„In vielen Gegenden des Landes gibt es de facto keine SPD."[175]

Wie sehr die vermeintliche SPD-Dominanz bröckelt, zeigt sich, wenn man unter die Decke der Landtagswahlergebnisse blickt. Die Wahlen auf Kreisebene dominiert eigentlich seit 20 Jahren die CDU, 2005 und 2009 rangierten die Sozialdemokraten sogar nur an dritter Stelle. Zudem sind die Regionen klar verteilt: In Vorpommern schneidet die Union stets besser ab als die SPD. Das kann an der noch ländlicher geprägten Struktur liegen oder an der überlieferten Tradition: Das östliche Vorpommern bildete vor 1933 eine konservative Hochburg, während im westlichen Mecklenburg schon damals mehrheitlich sozialdemokratisch gewählt wurde. Es lässt sich also – auch das ein politisch-kultureller Faktor – nicht nur von einer *obrigkeitsstaatlichen Tradition*, sondern auch von einer gewissen *Beständigkeit im Wahlverhalten* sprechen.

Das zeigt sich ebenfalls an der anhaltenden Zustimmung für die Linke, die auch von den Anhängern des alten Systems getragen wird. Ähnlich wie in Ostberlin zählten überdurchschnittlich viele Menschen in Mecklenburg-Vorpommern zur „technischen, kulturellen und administrativen Dienstklasse der DDR und zum näheren Umfeld der SED" (ebd.: 248). Deren Einfluss zeigt sich laut Steffen Schoon heute noch etwa in den Städten Rostock, Schwerin und Neubrandenburg, die von der SED-Führung bevorzugt wurden und heute als Hochburgen der Linke gelten.

### 7.6.2  Wahlkampf zur Landtagswahl am 4. September 2011

Die SPD unter Ministerpräsident *Harald Ringstorff* hatte sich nach der letzten Landtagswahl 2006 gegen die Fortsetzung von Rot-Rot entschieden und für ein Bündnis mit der CDU. Die rot-schwarze Koalition, seit Oktober 2008 geführt von *Erwin Sellering*, arbeitete geräuschlos und skandalfrei und kam trotz einer umstrittenen Verwaltungsreform ohne größere koalitionsinterne Reibereien aus. Auf der Habenseite der Landesregierung standen vor der Landtagswahl 2011 ein ausgeglichener Haushalt und eine gesunkene Arbeitslosigkeit, wenn auch auf hohem Niveau.

---

[175] So kommt die SPD insgesamt in Mecklenburg-Vorpommern auf 2800 Mitglieder. Zum Vergleich: In Nordrhein-Westfalen sind es 140.000, also genau 50 Mal so viel.

Ungeachtet der dennoch zahlreichen wirtschafts- und sozialpolitischen Probleme zogen laut Umfrage 55 Prozent der Wahlberechtigten eine positive Regierungsbilanz. Rot-Schwarz verfügte damit über einen Rückhalt in der Bevölkerung, den keine Landesregierung in Mecklenburg-Vorpommern zuvor erreichte.

Das Anpacken der als wichtig betrachteten Probleme (Lage am Arbeitsmarkt, Schulpolitik) wurde vor der Wahl am ehesten der SPD zugetraut. Die Partei schaffte es, soziale wie ökonomische Themen zu besetzen. Daran hatte auch der Wechsel an der Regierungsspitze vom Rostocker *Ringstorff* zum Ruhrpottler *Sellering* nichts geändert: Er war mit 79 Prozent der mit Abstand beliebteste Landespolitiker. Das positive Gesamturteil des Kabinetts kam dem Koalitionspartner CDU deutlich weniger zugute. Die Erfolge wurden stärker dem Lager des Ministerpräsidenten zugeschrieben, so dass die Union in Sach- wie Personenbewertung deutlich hinter der SPD zurückblieb.

Das konnte auch der Spitzenkandidat nicht ausgleichen. Von Innenminister *Lorenz Caffier* gingen kaum positive Impulse aus. Bei allen wichtigen Politikereigenschaften hatte er in den Umfragen das Nachsehen hinter SPD-Spitzenmann *Sellering*. In dieser Situation verschaffte auch die Bundespartei der Landes-CDU nur wenig Rückenwind: Die Leistungen der unionsgeführten Bundesregierung wurden nach knapp zwei Jahren Amtszeit nur von jedem Vierten honoriert. Zur Amtsführung der Kanzlerin, die ihren Bundestagswahlkreis auf Rügen hat, fiel das Urteil in Mecklenburg gespalten aus (48 zu 52 Prozent).

Die Linke, zwischen 1998 und 2006 Juniorpartner der SPD, wartete vor dieser Wahl mit einem konsolidierten Sachprofil auf. Nach fünf Jahren Opposition wurde ihr ähnlich viel zugetraut wie 2006, bei einigen Themen mehr als der CDU. Nach wie vor galt die Linke als die Partei, die sich am ehesten um ostdeutsche Interessen kümmert. Personell war die Partei nicht ganz so gut aufgestellt wie 2006. Bei Spitzenkandidat *Helmut Holter* hielten sich positive und kritische Urteile in etwa die Waage.

Der FDP war es in zurückliegenden fünf Jahren nicht gelungen, durch ihre Fraktionsarbeit Sachvertrauen aufzubauen. Ihre Kompetenzwerte fielen durchweg schlechter aus als vor der Wahl 2006, bei der die Partei erstmals nach zwölf Jahren wieder ins Parlament einzog. Die Grünen hofften 2011 darauf, erstmals überhaupt in den Landtag einzuziehen. Dass die Chancen dafür so gut standen wie noch nie im Nordosten hatte konjunkturbedingt mit dem geringeren Problemdruck in ökonomischen Fragen zu tun. Aber eindeutig positiv wirkte sich für den kleinsten Landesverband der Grünen auch die Energiedebatte aus, weil sie die sachpolitische Stärke der Partei betonte.

## 7.6.3 Hypothetisches Wahlkampfverhalten

Der ökonomische Erfolg bleibt in Mecklenburg-Vorpommern aus (Tabelle 24). Zu beiden Zeitpunkten im März und im Juli 2011 liefert die Analyse eindeutig negative Vorzeichen.[176] Daher ist mit sachlichen Schwerpunkten in den Oppositions-Kampagnen gegen SPD und CDU zu rechnen.

Auch aus den Umfragewerten im April 2011, also durch den ersten analysierten Ländertrend[177], ergeben sich konkrete Erwartungen. Bei den etablierten drei Parteien richten sich diese besonders an die Linke, die sich gegenüber der Konkurrenz von Union und SPD im Rückstand befand[178] (Tabelle 28). Entsprechend engagiert und kämpferisch sollte die linke Kampagne ausfallen. In ähnlicher Weise sollte die Union den Koalitionspartner von der SPD angehen. Diese Erwartungen legen sich mit Verlauf des Wahlkampfs. Zum zweiten Stichtag im Juni fällt die Linke zu weit ab, um noch als Konkurrent zu gelten. CDU und SPD hingegen liegen zu dicht beieinander, um eindeutig einen strategischen Vorteil zu identifizieren.

Bei den kleineren Parteien befinden sich die Grünen zu Beginn der Kampagne in einer Sandwich-Position zwischen FDP und Linke[179] (Tabelle 28). Das lässt grüne Angriffe auf die Linke genauso erwarten wie liberale Vorstöße auf die Grünen. Im Laufe der Kampagne missglückt der FDP der Sprung aus der Bedeutungslosigkeit, so dass es für die Grünen nur noch um die Linke geht. So lässt auch die zweite Analyse im Juni auf einen engagierten und aggressiven grünen Wahlkampf schließen.

Die Variable der Koalitionsoptionen[180] verdeutlicht insbesondere den klaren strategischen Vorteil der Sozialdemokraten gegenüber der

---

[176] Bei allen drei Parametern (BIP, Arbeitnehmerentgelt, Arbeitslosenquote) und zu beiden Zeitpunkten zählten die Werte aus Mecklenburg-Vorpommern zum schlechtesten Viertel der Bundesländer.

[177] Leider findet sich kein Ländertrend für Mecklenburg-Vorpommern im März 2011, so dass wie erwähnt für den ersten Stichtag auf eine spätere Befragung, veröffentlicht am 13. April 2011 zurückgegriffen wurde.

[178] Im April 2011 kam die Linke auf 20 Prozent der Stimmen. Die CDU rangierte bei 27, die SPD bei 34 Prozent.

[179] Im April liegen die Grünen mit zehn Prozent zwischen der Linken mit 20 Prozent und der FDP mit drei Prozent. Im Juni kommen die Grünen auf acht, die Linke auf 17 Prozent.

[180] Im Wahlkampf von Mecklenburg-Vorpommern wurden keine Koalitionen unter den demokratischen Parteien ausdrücklich ausgeschlossen.

Union[181] (Tabelle 25). Das gilt für April wie für Juni. Das bedeutet, dass in diesem Länderbeispiel Umfragewerte und Koalitionsoptionen die gleiche Erwartung schüren, in diesem Fall an eine konfrontative CDU-Kampagne gegen den eigenen Koalitionspartner.[182]

Bei der Beteiligung an der Bundesregierung lag die Zustimmung zu Merkels Mannschaft bei der ersten Untersuchung im April 2011 über der kritischen Grenze von 40 Prozent[183] (Tabelle 26). Bis Ende Juni sank der Wert jedoch auf 38 Prozent[184], so dass mindestens zum Ende der schwarz-gelben Kampagnen auf landespolitische Schwerpunkte und Distanzierungen zu achten ist. Angesichts der Beliebtheit von *Angela Merkel* wäre dies eine bemerkenswerte Nachricht.

Die strategischen Vorteile der SPD in diesem Wahlkampf zeigen sich auch und besonders an der Person ihres Spitzenkandidaten *Erwin Sellering*. Seine Popularität lag deutlich über der seiner Konkurrenten *Lorenz Caffier* (CDU) und *Helmut Holter* (Linke)[185] (Tabelle 29). Ähnlich sieht es bei der Bekanntheit des Spitzenpersonals aus: *Sellering* rangierte klar vor *Caffier* und *Holter*[186] (Tabelle 27). Darüber hinaus kann die Linke hier einen strategischen Vorteil gegenüber der direkten grünen Konkurrenz verbuchen: Deren Spitzenkandidatin *Silke Gajek* galt zu Beginn und während des Wahlkampfs als relativ unbekannt.[187]

---

[181] Die SPD verfügte im April 2011 über fünf Möglichkeiten (Rot-Grün, Ampel, Linksbündnis, Rot-Rot, Große Koalition), die Union lediglich über eine (Große Koalition).

[182] Grundsätzlich bestätigen die Daten von Infratest den oben zitierten Satz von Karsten Grabow aus dem Jahr 2008, wonach ohne die SPD nicht regiert werden konnte. Unterschiede ergaben sich lediglich aus der Zahl der Kooperationsmöglichkeiten mit der Sozialdemokratie. Hier bot sich dem linken Lager mit Grüne und Linke eine Art natürlicher Vorteil gegenüber dem bürgerlichen Lager aus CDU und FDP (siehe Tabelle 26). Da sich die Realität dieser Koalitionsoptionen jedoch stets um die Gunst von Sellerings SPD drehte, erscheinen diese Vorteile m.E. nur arithmetischer Natur.

[183] Bei der Sonntagsfrage am 10. März 2011 kamen CDU und FDP auf 41 Prozent.

[184] In der zweiten Analyse wurde die Sonntagsfrage vom 24. Juni 2011 berücksichtigt.

[185] Im Ländertrend April 2011 kam Sellering auf stattliche 65 Prozent. Caffier lag bei 15, Holter bei 18 Prozent. Im Ländertrend Juni fiel Holters Partei bereits aus der direkten Wertung. Caffiers Popularität sank auf zwölf Prozent. Sellering steigerte sich auf 67 Prozent.

[186] Im April und im Juni kannten Sellering jeweils 90 Prozent der Befragten. Caffier (75/71) und Holter (64/66) kamen auf ordentliche, allerdings klar kleinere Bekanntheits-Werte.

[187] Gajek konnte ihren Bekanntheitsgrad von 16 Prozent im April auf 21 Prozent im Juni steigern, lag damit aber nach wie vor deutlich hinter Holter.

Entsprechend ist zu erwarten, dass die SPD-Kampagne ihren populären und bekannten Kandidaten in den Vordergrund stellt, mit ihm wirbt und die unbekannteren Konkurrenten *Caffier* und *Holter* versucht zu ignorieren. Von den im direkten Vergleich unbekannteren Kandidaten *Caffier*, *Holter* und besonders *Gajek* kann man besonderen Einsatz erwarten und eine besondere Darstellung der eigenen Person. *Holter* wiederum sollte Auseinandersetzungen mit den Grünen gemieden haben oder zumindest den Namen seiner unbekannteren Konkurrentin.

## 7.7 Berlin

Auch im nächsten Länderbeispiel wurde ein Amtsinhaber bestätigt, allerdings regiert *Klaus Wowereit* (SPD) nach der Berliner Abgeordnetenhauswahl am 18. September 2011 nicht mehr einen rot-roten, sondern einen rot-schwarzen Senat.

### 7.7.1 *Politisch-kulturelle und parteipolitische Prägung*

Die politisch-kulturelle Genese Berlins erscheint zunächst untrennbar mit der *Multifunktionalität* der Stadt als Kommune, Bundesland und Bundeshauptstadt verbunden. Schon allein ob dieser Stellung erweist sich die Berliner Politik und Parteienlandschaft als Sonderfall (vgl. Lempp 2010: 162). Noch prägender als die Phasen als landesweite Hauptstadt im Deutschen Reich und in der Bundesrepublik waren jedoch die Jahre dazwischen. Die *einzigartige Erfahrung der geteilten Stadt*, die Berlin zum Schauplatz und Symbol des Kalten Krieges stilisierte, bleibt bis heute ein politisch-kultureller Faktor mit konkreten Konsequenzen.

So muss Berlin als einziges deutsches Bundesland in Ost und West „die Folgen der 40-jährigen Teilung Deutschlands auch in sich selbst bewältigen" (Reichart-Dreyer 2008: 147). Das äußerte sich in zum Teil schwierigen innerparteilichen Vereinigungsprozessen[188] und äußert sich bis heute in stark unterschiedlichen Stimmenverhältnissen entlang der alten Grenze. Und es zeigt sich in einem besonderen politisch-kulturellen Erbe des alten West-Berlins. Als jahrzehntelange Exklave in

---

[188] Als Beispiel könnte das Verschmelzen der grünen Landesverbände dienen, das Lempp (2010: 171) so beschreibt: „Die in ihrem Selbstverständnis dezidiert linke Alternative Liste (AL) West-Berlins traf auf Bürgerrechtler, die sich über ihre Opposition zum Realsozialismus definierten."

der DDR entwickelte sich dort eine Art Insel-Mentalität, die sich einerseits gegen den kommunistischen Nachbarn richtete[189] und sich andererseits auf die staatliche Alimentierung aus Bonn verlassen konnte. Dabei hat sich m.e. eine gewisse *Tradition einer etatistischen Sonderrolle* herausgebildet, die latent bis heute schwelt. Aktuell leitet sich der Anspruch auf bundesweite Unterstützung insbesondere aus der Position als Hauptstadt ab, die in Berlin auch alle Interdependenzen zwischen Bund und Land zu einem Spezialfall macht.[190]

Die besonderen historischen Konditionen des Berliner Parteiensystems stammen auch aus dessen früher Existenz nach dem Zweiten Weltkrieg: Bereits bevor die westlichen Alliierten im Sommer 1945 ihre Bezirke der Stadt übernahmen, hatte die Sowjetische Militäradministration Anfang Juni in ganz Berlin Parteien wieder zugelassen und ihnen in den zivilen Verwaltungen der Bezirke eine frühe Handlungsmacht verliehen, mit der das Berliner Parteiensystem zu einem „Vorbild für die Entwicklung der Parteiensysteme in den anderen Regionen Deutschlands" (Reichart-Dreyer 2008: 147) avancierte.

Daraus, so die These von Ingrid Reichart-Dreyer, haben die Berliner unter den Landesverbänden ihrer Organisationen einen „Führungsanspruch hergeleitet, den keine der ehemaligen Berliner Westparteien wirklich durchsetzen kann" (ebd.) oder jemals konnte. Im Gegenteil: In den innerparteilichen Machtstrukturen von Union und SPD spielten die Berliner Landesverbände eher eine untergeordnete bundespolitische Rolle (vgl. Lempp 2010: 169). Mit den Ausnahmefällen *Willy Brandt* und mit Abstrichen *Egon Bahr* sowie *Richard von Weizsäcker* gelangten keine vormaligen Berliner Landespolitiker in wirklich herausragende Positionen der Bundesebene. Anders stellte sich das bei den Grünen dar. Deren landesweite Entwicklung wurde stets von den Berliner Verhältnissen geprägt[191] – eine Entwicklung, die – so der gescheiterte grüne Plan – bei

---

[189] So lässt sich etwa bei der West-Berliner SPD eine „traditionell stark antikommunistisch ausgerichtete Programmatik" (Lempp 2010: 167) beobachten, die mit Blick auf die besondere Lage der Stadt zu erklären ist.

[190] Das betrifft bei den Hypothesen etwa die unabhängige Variable der Beteiligung an der Bundesregierung. Weniger ob der personellen als ob der lokalen Überschneidung scheinen ein paar Fragezeichen angebracht, ob die Schlussfolgerungen im Berliner Fall greifen.

[191] Für die Grünen war Berlin stets eine „Hochburg" (Lempp 2010: 170) mit Strahlkraft in die gesamte Partei. Berliner Grüne wirkten als Bundesministerin (Renate Künast) und EU-Kommissarin (Michaele Schreyer), führten die grüne Bundestagsfraktion und Bundespartei (jeweils Künast). Dazu holte Christian Ströbele 2002 das bis dato erste direkte Bundestagsmandat der Partei im Berliner Wahlkreis Friedrichshain-Kreuzberg-Prenzlauer Berg Ost.

der Abgeordnetenhauswahl 2011 mit der ersten grünen Regierenden Bürgermeisterin gekrönt werden sollte.

Diese insgesamt besondere Gemengelage hat dazu geführt, das sich bis heute nicht ein Berliner Parteiensystem herausgebildet hat, sondern eigentlich drei, mit den entsprechenden politisch-kulturellen Implikationen. Darunter findet sich erstens das *westdeutsche Modell*, wie es sich in Grundzügen auch etwa in Rheinland-Pfalz oder Nordrhein-Westfalen zeigt: Dort geben die Volksparteien Union und SPD noch die Richtung vor, die Linke spielt eigentlich keine Rolle. Dieses Modell, das „westdeutsche Vierparteiensystem der Vorwendezeit" (ebd.: 172) offenbart sich in ehemaligen West-Berliner Bezirken wie Steglitz-Zehlendorf oder Charlottenburg-Wilmersdorf.

Daneben hält sich das *ostdeutsche Modell*, wie es auch in Mecklenburg-Vorpommern oder Sachsen-Anhalt anzutreffen ist und allgemein lange Zeit für die neuen Bundesländer prägend war: Dort regiert im Grunde ein Dreiparteiensystem aus SPD, CDU und vor allem Linke, der in einigen Teilen durchaus der Charakter einer Volkspartei zukommt. Diese Konstellation findet sich etwa in den ehemaligen Ost-Berliner Bezirken Treptow-Köpenick oder Marzahn-Hellersdorf. Dazu kommt drittens eine Melange aus beidem: das *gesamtdeutsche Modell*. Dort hat sich das Fünfparteiensystem etabliert, wie es auch im Bundestag vorherrscht, gekennzeichnet durch den Stimmenverlust von CDU und SPD sowie die Problematik, dass es strukturell weder für Schwarz-Gelb noch für Rot-Grün für eine sichere Mehrheit reicht. In Berlin findet sich dieses Prinzip etwa in den Bezirken Mitte oder Friedrichshain-Kreuzberg, die im Zentrum der Stadt liegen oder sich aus alten Ost- und West-Teilen zusammensetzen.

In diesem Gesamtbild aus „regional deutlich differenzierten Parteiensystemen" (Lempp 2010: 162) verfügt die politische Kultur Berlins über ein Alleinstellungsmerkmal. Gleichzeitig spiegelt sich damit in der Stadt „im Kleinen die Gesamtheit der bundespolitischen Parteienlandschaft mit all ihren wiedervereinigungsbedingten Sonderphänomenen und Eigentümlichkeiten" (ebd.). Das gilt ebenso für die Gesamtheit der acht hier analysierten Länderfälle. Denn abgesehen von den unterschiedlichen Parteiensystemen in Ost und West zeigen sich in Berlin auch die normalen Erfahrungen eines Stadtstaates, wie dies in Hamburg und Bremen ebenfalls zu beobachten ist. Dazu zählen etwa die *multikulturelle Prägung* aus dem Zusammenleben vieler Ethnien auf begrenztem Raum oder besonders im Fall von Berlin die *urbane Kultur eines ausgeprägten künstlerisch-medialen Milieus*, das neue Ansprüche an Wahlkampf und politische Kommunikation im allgemeinen erhebt.

## 7.7.2 Wahlkampf zur Abgeordnetenhauswahlen am 18. September 2011

Die SPD unter *Klaus Wowereit* fand sich nach der Wahl zum Abgeordnetenhaus 2006 in der strategischen günstigen Position, dass gegen die Sozialdemokraten keine Regierungsbildung möglich war und sie zwischen drei potentiellen Koalitionspartnern wählen konnte: Linke, Grüne und CDU. Wowereit und die SPD entschieden sich letztlich für eine rot-rote Fortsetzung, die während der Amtsperiode auch weitgehend harmonisch und geräuschlos funktionierte. Erfolge sah der Senat in der Kita- und Hortbetreuung, bei der Neuansiedlung und Neugründung von Unternehmen, bei der Senkung der Arbeitslosigkeit und der Schulsanierung. In die Kritik geriet die Landesregierung unter anderem wegen des Umgangs mit der S-Bahn-Misere, aufgrund sich häufender Übergriffe im Nahverkehr, einer Serie von Brandanschlägen und durch Klagen über anziehende Mieten in Szenevierteln.

Anders als etwa in Sachsen-Anhalt, Bremen oder Mecklenburg-Vorpommern, wo Landesregierungen trotz fortbestehender wirtschafts- und sozialpolitischer Probleme ihre Popularität steigern konnten, blieb der Zuspruch für die Arbeit des Berliner Senats nur etwa auf dem Niveau der Wahl von 2006. Dennoch war die Person *Wowereit* nach wie vor der mit Abstand populärste Politiker der Stadt. Als dessen größte Stärken wurde seine Ausstrahlung als Sympathieträger, seine Bürgernähe und die Verkörperung des Berliner Lebensgefühls angesehen. Im Kompetenzurteil der Berliner lag er dagegen nicht wesentlich besser als *Frank Henkel* von der CDU und *Renate Künast* von den Grünen. Generell schnitten die Sozialdemokraten in der Sachbewertung nicht so gut ab wie im Personenurteil.

Trotzdem fiel es der Union schwer, als ernsthafte SPD-Alternative wahrgenommen zu werden. Spitzenkandidat *Henkel* genoss zwar mehr Zustimmung als *Friedbert Pflüger* fünf Jahre zuvor, aber jeder zweite Berliner bemängelte eine Woche vor der Wahl, dass der Union auch dieses Mal ein Kandidat mit dem Format eines Regierenden Bürgermeisters fehle. Die Linke musste ihre zweite Amtsperiode als Regierungspartei mit größeren Vertrauenseinbußen beenden. So sah man sich mit dem Vorwurf konfrontiert, mit einem pragmatischen Regierungskurs viele Prinzipien aufgegeben zu haben. Spitzenkandidat und Wirtschaftssenator *Harald Wolf* erreichte zwar in der Umfrage kurz vor der Wahl ähnliche Zustimmungswerte wie 2006, aber er entwickelte eine geringere Zugkraft als die grüne Kontrahentin *Künast*.

Mit der gestandenen Spitzenpolitikerin traten die Grünen erstmals mit dem Anspruch an, ins Rote Rathaus einzuziehen. Ein Vorhaben, das anfangs durchaus erfolgversprechend schien. Der Wunsch nach einer Grünen-Bürgermeisterin verflog allerdings im Wahlkampf. Unmittelbar vor der Wahl blieben die Grünen in der Kandidatenbewertung deutlich hinter der SPD zurück. Der FDP gelang es nicht, durch die Arbeit der Fraktion im Abgeordnetenhaus Sachvertrauen zu halten: Die Kompetenzwerte der Partei fielen fast durchweg schlechter aus als vor der Wahl 2006. Im Feld der Wirtschaftspolitik hatte sich das den Liberalen zugeschriebene Vertrauen sogar halbiert. Nur beim Thema Datenschutz trauten die Befragten der FDP noch etwas zu, wobei auf diesem Gebiet die Piratenpartei im Verlauf des Wahlkampfes zunehmend an Boden gewann.

### 7.7.3 Hypothetisches Wahlkampfverhalten

In Berlin zeigt sich eine besondere Konstellation, die sich von den anderen Länderfällen unterscheidet. Relativ viele Parteien lagen in den Umfragen in einem relativ engen Korridor: So trennte im ersten untersuchten Ländertrend die Grünen als Partei mit dem besten Umfragewert von der Linke als Partei mit dem viertbesten Umfragewert gerade einmal 13 Prozentpunkte. Das führt dazu, dass die aufgestellten theoretischen Kriterien im Fall von Berlin deutlich häufiger erfüllt werden als in anderen Bundesländern.

Das betrifft zunächst eben die Variable der Umfragewerte. Darin ist zum einen der Rückstand der Union dokumentiert, zu Beginn der Kampagne gegenüber SPD und Grünen. Im Laufe des Wahlkampfs konnten die Konservativen zu den Grünen aufschließen. Der Nachteil im Vergleich zu den Sozialdemokraten blieb erhalten[192] (Tabelle 28). Wie oben erwähnt lag auch die Linke als viertstärkste Kraft der Stadt im Konkurrenz-Radius von 15 Prozentpunkten. Sie konnte sich also beim Kampagnenstart Hoffnungen machen, an die Großen heranzukommen. Zwei Monate vor der Wahl galt das nur noch mit Blick auf CDU und Grüne.[193] Das lässt auf eine fulminante Linke-Kampagne schließen. Auch die darbende FDP durfte sich in der ersten Analyse im April als direkter Konkurrent der Linke fühlen. Das hat allerdings nur mathematische Gründe und erledigt sich bis zum Juli. Geringer als zehn Prozentpunkte wird die

---

[192] Der erste Berliner Stichtag wurde aus Ermangelung an einem Ländertrend im März 2011 auf den 6. April festgelegt. Dabei lag die Union bei 21 Prozent, also fünf Prozentpunkte und mehr hinter SPD (26) und Grünen (28). Am zweiten Stichtag rangierte die CDU bei 23, die Grünen bei 24 und die SPD bei 29 Prozent.

[193] Zwei Monate vor der Wahl lag die Linke in der Infratest-Umfrage bei 14 Prozent, nicht mehr als zehn Prozentpunkte entfernt von der Union (23) und den Grünen (24).

Differenz der beiden Parteien in den Umfragen nicht. Eine echte machttaktische Verschiebung ereignet sich während der Kampagnen im Binnenverhältnis von SPD und Grünen. Wie dargestellt lagen die Grünen zu Beginn des Wahlkampfs knapp vorne. Bis Juli drehte die SPD die Vorzeichen, so weit, dass der Abstand auf die neuralgischen fünf Prozentpunkte angewachsen war (Tabelle 28). Das spricht für eine energische und aggressive Schlussoffensive der Grünen gegen die SPD.

Dieser Anreiz für die Grünen wird durch die Koalitionsoptionen[194] nicht bestärkt, aber auch nicht geschwächt. Sowohl Rot als auch Grün bieten sich bei beiden Analysen je fünf Machtvarianten und somit kein gegenseitiger Vor- oder Nachteil[195] (Tabelle 25). Allerdings bestätigt diese Variable den Handlungsdruck der CDU einerseits und der Linke andererseits. Bei beiden ergeben sich eindeutige Argumente für eine entsprechende Kampagne gegen einerseits (für die Union) SPD und Grüne sowie andererseits (für die Linke) gegen CDU und Grüne.[196]

Die Beziehung zur Bundespolitik ist in der Bundeshauptstadt Berlin wie dargelegt ohnehin eine besondere. Gleichwohl wurde auch hier die Variable Beteiligung an der Bundesregierung gemessen. Zum ersten Stichtag blieb die Koalition von Schwarz-Gelb knapp über der magischen Grenze, zum zweiten Stichtag fiel sie darunter[197] (Tabelle 26). Damit könnte man begründen, warum sich die Berliner Kampagnen von Union und FDP in der Schlussphase des Wahlkampfes von den Bundesparteien distanzierten und sich auf die Landespolitik konzentrierten.

Auch bei den persönlichen Daten der Spitzenkandidaten erfüllen sich zahlreiche Kriterien. So lag der SPD-Amtsinhaber *Klaus Wowereit* bei der Popularität deutlich vor seinem CDU-Herausforderer *Frank Henkel* und der Grünen-Politikerin *Renate Künast*. Das blieb auch im Verlauf des Wahlkampfs so[198] (siehe Tabelle 29). Das lässt bei der SPD auf eine eindeutige Personalisierung schließen.

---

[194] Im Berliner Wahlkampf wurden keine Koalitionen ausdrücklich ausgeschlossen.

[195] Die Rechenspiele der SPD ergaben die Optionen Rot-Grün, Ampel, Linksbündnis, Rot-Rot und Große Koalition. Die Grünen konnten auf Rot-Grün, Schwarz-Grün, Jamaika, Ampel und Linksbündnis zählen.

[196] Die Union lag mit drei Koalitionsoptionen (Schwarz-Grün, Jamaika, Große Koalition) hinter SPD und Grünen mit den aufgezeigten fünf Varianten. Die Linke konnte lediglich auf die Fortsetzung von Rot-Rot oder auf ein Linksbündnis hoffen.

[197] Am 18. März notierte Infratest die Bundesparteien von CDU und FDP addiert bei genau 40 Prozent. Am 22. Juli lagen sie bei 37 Prozent.

[198] Wowereit entschied im April die von Infratest durchgeführten Popularitäts-Duelle gegen Künast (55 zu 30 Prozent) und Henkel (67 zu 19 Prozent) klar für sich. Das blieb auch in der

Bei der Bekanntheit der Kandidaten lag *Wowereit* ebenfalls vorne, wenig überraschend nach zehn Jahren als Regierender Bürgermeister. Paroli bieten konnte ihm nur die etablierte Bundespolitikerin *Renate Künast*, die anderen Kandidaten fielen deutlich ab[199] (Tabelle 27). Damit ergibt sich zu Beginn des Wahlkampfs und auch im weiteren Verlauf ein klarer strategischer Vorteil für die rote und die grüne Kampagne im Umgang mit den unbekannten Kandidaten *Henkel* und *Wolf* (Kommunikationsmuster „Ignorieren") sowie ein klarer Auftrag an die Wahlkämpfer von CDU und Linke, ihre Kandidaten tunlichst bekannter zu machen. Die Linke kann das noch eher verschmerzen, weil der langjährige Wirtschaftssenator *Wolf* immerhin deutlich vor *Henkel* und dem FDP-Obmann *Christoph Meyer* rangierte.[200]

Abschließend sei auch in Berlin auf den ökonomischen Misserfolg hingewiesen, der zu beiden Zeitpunkten festgestellt werden kann (Tabelle 24).[201] Deshalb muss man davon ausgehen, dass die politischen Gegner des rot-roten Senates ihre Kampagnen allgemein und speziell ihre Plakatkampagnen inhaltlich statt persönlich gestalteten.

## 7.8  Nordrhein-Westfalen

Der letzte Länderfall dreht sich um Nordrhein-Westfalen und die dortige Landtagswahl am 13. Mai 2012, seit der das rot-grüne Kabinett von Ministerpräsidentin *Hannelore Kraft* gestützt von der Mehrheit des Düsseldorfer Landtages regiert.

---

Juli-Analyse so, in der Wowereit den Vorsprung zu Künast deutlich ausbaute (62 zu 23 Prozent), während er gegenüber Henkel acht Prozentpunkte verlor (60 zu 20 Prozent).

[199] Wowereit und Künast kannten zu Beginn des Wahlkampfs nur drei bzw. zehn Prozent der Befragten nicht, deutlich weniger als bei Frank Henkel (58 Prozent) und Harald Wolf (43 Prozent). Bei der zweiten Untersuchung im Juli ergab sich ein ähnliches Bild: Wowereit (3 Prozent) und Künast (8 Prozent) vor Henkel (56 Prozent) und Wolf (44 Prozent).

[200] Wolf (43/44 Prozent) distanzierte Henkel (58/56 Prozent) und Meyer (82/80 Prozent) im April und im Juli deutlich.

[201] Die Arbeitslosenquote Berlins zählte eindeutig zu den schlechtesten Werten im Vergleich aller Bundesländer. Die Entwicklung beim BIP und beim Arbeitnehmerentgelt verlief 2010 unterdurchschnittlich.

## 7.8.1 Politisch-kulturelle und parteipolitische Prägung

Auch bei Nordrhein-Westfalen handelt es sich um ein klassisches Kompositum der Alliierten, ein Bindestrichland, das in diesen Grenzen erst seit 1945 besteht. Gleichwohl verbindet die drei Bestandteile – die preußische Provinz Westfalen, den nördlichen Teil der preußischen Rheinprovinz und das Land Lippe-Detmold – mindestens partiell eine ähnliche Prägung. Das betrifft zum einen den religiösen Einfluss, der sich in Nordrhein-Westfalen in einem stark verankerten Katholizismus äußerte und durch überdurchschnittliche Wahlerfolge der Zentrum-Partei als dessen politischen Arm (vgl. Rohe 1985: 24f.; Solar 2010: 277).[202] Die zweite gemeinsame Prägung lässt sich auf die Formel bringen: Wenig Land, viel Industrie. Auch das zeigt sich augenscheinlich im Kontrast zum übrigen Deutschen Reich: Bereits 1882 arbeiteten 50,1 Prozent der Beschäftigten Nordrhein-Westfalens in der Industrie, in Deutschland insgesamt lag der Wert bei 34,8 Prozent. Umgekehrt waren 41,6 Prozent der landesweit Beschäftigen in der Landwirtschaft tätig, in Nordrhein-Westfalen allein lediglich 29,2 Prozent.

Beide Aspekte, die katholische Tradition und der hohe Industrialisierungsgrad, können damals wie heute als latent vorhandene politisch-kulturelle Faktoren der Region gelten, die sich zum Teil widersprechen. Denn während die religiöse Prägung eher der Zentrums-Partei oder nach dem Zweiten Weltkrieg der CDU in die Karten spielte, gilt das städtische Arbeitermilieu eigentlich als Geburtsstätte der Sozialdemokratie. Dieser Konflikt löste sich mindestens in den ersten Jahrzehnten der Industrialisierung bis zum Ende der Weimarer Republik ganz anders, als es die medial oft strapazierte Bezeichnung Nordrhein-Westfalens als „Stammland der SPD" vermuten lässt. Dieses Attribut gerät zum Mythos insbesondere mit Blick ins Ruhrgebiet, das „für die Sozialdemokratie lange Zeit eine politische Diaspora" (Rohe 1985: 23; vgl. von Alemann/Brandenburg 2000: 124) darstellte. Die beiden Westprovinzen waren alles andere als ein ideales Terrain für die SPD. Das dokumentiert die Historie der Arbeiterbewegung in der Region (Dowe (1974: 77f.).

Tatsächlich beobachtet die Literatur, wie die Menschen im heutigen Nordrhein-Westfalen im Kaiserreich weniger sozio-ökonomisch als

---

[202] So lag der Stimmenanteil des Zentrums im Durchschnitt des gesamten Kaiserreichs bei 11,2 Prozent, in Nordrhein-Westfalen bei 34,5 Prozent. Das deckt sich mit dem Anteil der Katholiken in der Bevölkerung: Im Jahr 1900 waren 69,4 Prozent der Rheinländer katholisch und 51,2 Prozent der Westfalen.

konfessionell-religiös geprägt wurden (vgl. Solar 2010: 276) und gerade deshalb in den industrialisierten Regionen „nicht entlang der Klassenlinie, sondern entlang der Konfessionslinie gewählt" (Rohe 1985: 25) wurde. Dabei gelang es dem Zentrum, die katholischen Arbeiter in einem hohen Maße für sich zu gewinnen und zu einem jahrzehntelangen „Sperrfaktor für die Sozialdemokratie" (ebd.) zu avancieren.

In dieser Zeit teilte sich das Parteiensystem in Nordrhein-Westfalen in drei grundsätzliche Blöcke auf: ein sozialistisches Lager, ein katholisches Lager und ein bürgerliches Lager. Zum Ende der Kaiserzeit gestaltete sich diese Dreilagerkonstellation zunehmend ausgeglichener, sowohl in Westfalen als auch im Rheinland. Auch in der Weimarer Zeit blieben die Machtverhältnisse der Blöcke zueinander relativ konstant, nicht jedoch innerhalb der Blöcke. Im linken Lager erzielten die Sozialdemokraten in der Region stets Wahlergebnisse unter dem nationalen Schnitt, während die kommunistische KPD stets über dem landesweiten Schnitt rangierte. Das nationale Lager wurde schließlich von den Nationalsozialisten bestimmt und übernommen (vgl. ebd.: 34ff.).

Nach 1945 veränderte sich das Parteiensystem und die Kräfteverhältnisse zwischen den Parteien nachhaltig und „zugunsten der Sozialdemokratie" (Klönne 1985: 78): Der national-bürgerliche Block war zunächst stark diskreditiert und später von der FDP, die in Nordrhein-Westfalen eher deutschnational geprägt ist als linksliberal-freisinnig wie in den Hansestädten oder im Südwesten (vgl. Dittberner 2005: 292ff.; Lösche/Walter 1996), nicht mit der früheren politischen Stärke vertreten. Die Kommunisten litten unter der Nachkriegssituation einer geteilten Nation, in der die KPD zunehmend als „verlängerter Arm einer fremden Macht" (Klönne 1985: 80) wahrgenommen wurde. Die neugegründete CDU als überkonfessionelle Partei bemühte sich zwar die tradierte katholische Hegemonie zu übernehmen, doch das gelang nur zum Teil. Insgesamt rückte die Union im Vergleich zum Zentrum sozial- und wirtschaftspolitisch weiter nach rechts.

Von diesen Entwicklungen begleitet, gelang der SPD eine „imponierende Nachkriegsgeschichte": der Aufstieg zur „Staatspartei des Reviers" und damit in eine Position, „die sie historisch niemals besessen hatte" (Rohe 1982: 346). Etwa ab Ende der 1950er Jahre entstanden die größten Wählerhochburgen der Partei und damit der Ruf vom Stammland. Seit dieser Zeit gehört die SPD gewissermaßen zum „Lebensalltag des Ruhrgebiets" (Solar 2010: 285) und entwickelte sich zum Symbol „eines um Gewerkschaften, Großbetriebe und Kommunen zentrierten unideologischen Milieus der kleinen Leute" (Coumanns/Krämer 2001: 286). Parallel und wechselseitig beeinflusst mit diesem Aufstieg etablierte sich der sog. Rheinische Kapitalismus, eine volkswirtschaftliche Spielart, die auf einem „sozialorientierten Grundkonsens" (Castelucci 2001: 20f.) beruht sowie einer „grundsätzlichen Neigung, auch bei eindeutigen Mehrheitsverhältnissen auf Kooperation statt Konflikt, auf Konsens statt Dissens und Konkordanz statt Konkurrenz zu setzen" (Dörner 2001: 71; vgl. von Alemann 2001: 53, Neumann 2012: 194).

Diese Form des korporatistischen Regierens (vgl. Korte u.a. 2006: 38) verkörperte insbesondere SPD-Ministerpräsident *Johannes Rau*, der das Land 20 Jahre lang regierte (1978 bis 1998) und seiner Partei mit großen Popularitätswerten dreimal die absolute Mehrheit sicherte. *Rau* gelang es, zum Landesvater aufzusteigen, der allen politischen Lagern als authentischer Repräsentant Nordrhein-Westfalens galt (vgl. von Alemann/Brandenburg 2000: 39). Er wurde für seine anpackende, unideologische und menschliche Art an der Spitze der Landesregierung geschätzt – ein Bedürfnis, das m.E. seither im Bewusstsein der Menschen wabert und als politisch-kultureller Faktor relevant werden kann. Das wusste *Jürgen Rüttgers*, der als selbst ernannter „Arbeiterführer" in *Raus* Fußstapfen treten wollte[203] und das wusste *Hannelore Kraft* insbesondere in ihrem Wahlkampf 2012.[204]

Damit lassen sich zunächst drei politisch-kulturelle Faktoren resümieren: Zum einen eine nach wie vor *katholische Prägung*, die der Uni-

---

[203] Rüttgers Strategie beschreibt ein Porträt in der *Welt am Sonntag* (Frigelj 2010: 6). Dort heißt es: „Rüttgers besaß einst einen Masterplan. Er ließ seine Zukunft vorbereiten. Sein engster Vertrauter, Boris Berger, Leiter der Abteilung III für Regierungsplanung in der Düsseldorfer Staatskanzlei, hatte ihm detaillierte Drehbücher geschrieben. Rüttgers solle das ‚Image des omnipräsenten Landesvaters' und einen ‚ambulanten Regierungsstil' pflegen, schlug ihm Berger in einem internen Vermerk vor. (...) Rüttgers solle die ‚Rolle des Kümmerers' übernehmen. Rüttgers hat sich an solche Regieanweisungen gehalten. (...) Er schuf sich eine Identität, als Erbe von Johannes Rau. Er wollte sich neu erfinden, wenngleich als Kopie. Er wollte sein wie der populäre Landesvater und Bundespräsident, der vom ‚Versöhnen statt spalten' sprach." Im *Handelsblatt* (Müller 2010: 4) hieß es zeitgleich über Rüttgers: „Er gibt den Kümmerer, den Bischof, der in jeder Kirche predigt, den Ministerpräsidenten für alle (...). Den großherzigen Stil schätzen sie in Nordrhein-Westfalen. Zur Perfektion entwickelte ihn einst Johannes Rau. Dem ‚guten Menschen aus Wuppertal', wie sie dem SPD-Mann huldigten, ist der gute Mensch aus Pulheim gefolgt: Jürgen Rüttgers. Sauber, ehrlich, klar, manchmal etwas ehrpusselig – so gab er sich. Es hat funktioniert."

[204] Auch NRW-Finanzminister Norbert Walter-Borjans scheint diese Art angenommen zu haben. Am 2.12.2012 schätzte Karl-Rudolf Korte in einem Beitrag der Sendung *Westpol* im *WDR*-Fernsehen Borjans' Stil so ein: „Der Finanzminister pflegt einen eher rheinischen Stil: gesellig, dialogisch, konsensual ausgerichtet. Er ist nicht auf Hierarchie gebürstet."

on insbesondere in den ländlichen Gebieten im Sauerland, am Niederrhein oder im Münsterland weiterhin den Rücken stärkt. Zum anderen eine industrielle Struktur oder mindestens ein *industrielles Erbe*, das der Diskussion um Arbeitsbedingungen und Strukturwandel nach wie vor eine große politische Strahlkraft verleiht. Drittens ein verbreitetes *Bedürfnis nach einem parteiübergreifenden Kümmerer* oder einer entsprechenden Kümmerin in der Politik, nach pragmatischen und sozial verträglichen Lösungen.[205] Oder wie es der ehemalige Chefredakteur der *Rheinischen Post* Sven Gösmann zusammengefasst hat:

> „Im Land der Eckkneipen und des Karnevals kommt man mit dem Herzen erfahrungsgemäß weiter als nur mit der Ratio."

Ein vierter Faktor dreht sich um das einflussreiche Wechselspiel mit der Bundespolitik. Die Landespolitik im einwohnerreichsten und am dichtesten besiedelten Bundesland wies „fast immer einen starken bundespolitischen Akzent auf" (Bick 1985: 209), schon alleine weil der Landtag bis zu Beginn der 1970er Jahre stets ein dreiviertel Jahr nach der Bundestagswahl gewählt wurde. Zudem blickten Bundeskanzler und Bundesparteien stets bangen Blickes auf die Machtverteilung in Düsseldorf. Von hier aus kamen regelmäßig wegweisende Botschaften für die Bundeshauptstadt, in Bonner wie in Berliner Zeiten. So gingen den ersten sozialliberalen und rot-grünen Bundesregierungen zeitnah entsprechende Bündnisse in Düsseldorf voraus.[206] In der Folge der Landtagswahl von

---

[205] Diese drei Faktoren prägen die politische Kultur und die Parteienpolitik in ganz Nordrhein-Westfalen. Gleichwohl fällt es schwer, von einer einheitlichen Landeskultur oder gar Landesidentität zu sprechen. Gerade das Binnenverhältnis zwischen Rheinländern und Westfalen gibt grundsätzlich und regelmäßig Anlass zum Spott. So beobachtet der Kölner Kabarettist Konrad Beikircher „zwei inkompatible Völkerschaften, die seit 60 Jahren in einer Wohngemeinschaft zusammenleben" (zitiert nach Kranenpohl 2008: 328), und die Kabarettisten Rüdiger Hoffmann und Jürgen Becker fassen das Miteinander von Rheinländern und Westfalen so zusammen: „Es ist furchtbar, aber es geht" (zitiert nach Korte u. a. 2006: 28).

[206] Ab 1966 regierte Heinz Kühn in Nordrhein-Westfalen eine sozial-liberale Landesregierung. Ab 1969 folgte Willy Brandt mit einer sozial-liberalen Bundesregierung. Ab 1995 regierte Johannes Rau in Nordrhein-Westfalen eine rot-grüne Landesregierung. Ab 1998 folgte Gerhard Schröder mit einer rot-grünen Bundesregierung. Einen ähnlichen Effekt könnte es auch 2013 geben, wenn nach den Bundestagswahlen eine rot-grüne Mehrheit an die Macht käme.

2005 wurde sogar der Bundestag aufgelöst. Von daher scheint es auf der Ebene der nordrhein-westfälischen Landespolitik vertretbar, die *Bundespolitik als potentiell stets relevanten Einflussfaktor* zu bezeichnen.

### 7.8.2 Wahlkampf zur Landtagswahl am 13. Mai 2012

Ziemlich genau zwei Jahre hielt sich die 2010 gebildete rot-grüne Minderheitsregierung von Ministerpräsidentin *Hannelore Kraft* im Amt. Dann mussten Neuwahlen her. Vorausgegangen war ein Streit um den Haushalt für das Jahr 2012, dem letztlich alle drei Oppositionsparteien die Zustimmung verweigerten. Vor allem das Votum der FDP überraschte, weil den Liberalen umfragebedingt das geringste Interesse an einer Neuwahl attestiert wurde. Als es doch so kam, entschieden sich die Parteien für den spätesten Wahltermin, den die Verfassung vorsah, aber auch damit blieben lediglich zwei Monate für den Wahlkampf.

Dabei war mit dem Anlass zur Landtagsauflösung bereits ein Thema des Wahlkampfs gesetzt. Die Kritik an der Haushaltsführung des Landes, an der zu hohen Verschuldung der Regierung Kraft setzte sich fort und wurde insbesondere von CDU-Herausforderer *Norbert Röttgen* aufgegriffen. „Politik aus den Augen unserer Kinder" kürten die Konservativen zum zentralen Leitspruch ihrer Kampagne. Das Defizit der Amtsinhaberin sollte als Bürde für kommende Generation vermittelt werden. Als ein Manko sollte sich erweisen, dass sowohl *Röttgen* als auch der FDP-Spitzenkandidat *Christian Lindner* zwar die ausufernden Staatsausgaben kritisierten, aber selbst kaum konkrete Sparoptionen anboten.

Das zweite zentrale Thema des Wahlkampfes lieferte *Röttgen* selbst. Schon kurz nachdem er seine Kandidatur verkündet hatte, wurde er mit der Frage konfrontiert, ob er das Amt des Bundesumweltministers auch im Fall einer Wahlniederlage aufgeben würde, ob er also auch als Oppositionsführer nach Düsseldorf wechseln würde. *Röttgen* blieb bis zuletzt ein klares Bekenntnis schuldig, was ihm auch aus den eigenen Reihen viel Kritik einbrachte. In der letzten Woche vor der Wahl unternahm *Röttgen* zudem den Versuch, die bundespolitische Bedeutung der NRW-Wahl zu nutzen, und vermengte dabei nicht nur Inhalte, sondern auch Personen. Mit der Aussage, im Land werde auch über den europaweiten Sparkurs von *Angela Merkel* abgestimmt, sorgte er für Gegenwind und wohl auch maßgeblich für seine spätere Absetzung in Berlin.

In umgekehrter Weise positionierte sich *Lindner* zur Bundespartei: Er grenzte sich ab. Er ging dabei geschickt vor, ohne den Vorsitzenden *Philipp Rösler* zu brüskieren, wie dies der Spitzenkandidat in Schleswig-Holstein, *Wolfgang Kubicki*, quasi zeitgleich tat. *Lindner* wählte subtile Botschaften, etwa beim Plakatdesign. Dort prangte unter Name und Logo stets die Aufschrift „Meine FDP".[207] Mit *Lindner* an der Spitze gelang es den Liberalen im Verlauf des Wahlkampfs in den Umfragen zu klettern, von zwei Prozent bei der Auflösung des Landtages auf sechs Prozent kurz vor der Wahl. Das blieb nicht ohne Wirkung auf die anderen Parteien. Insbesondere die grüne Spitzenkandidatin *Sylvia Löhrmann* arbeitete sich bei ihren Auftritten und Statements immer wieder an der Person *Lindner* ab.

Eher unauffällig gestalteten sich die Kampagnen der Linke und der Piraten. Beide folgten dem Trend der vorherigen Landtagswahlen – in unterschiedliche Richtungen. Die Linke konnte dem allgemeinen Bedeutungsverlust wenig entgegensetzen. Die Piraten lagen nach den Erfolgen in Berlin, dem Saarland und Schleswig-Holstein bei jeder Umfrage jenseits der Fünf-Prozent-Hürde.

Als prägend für den Wahlkampf erwies sich zudem das gewachsene Image von *Hannelore Kraft* als sich kümmernde Landesmutter. Beim direkten Vergleich mit *Röttgen* führte Kraft zunehmend überlegen. Zum Schluss der Kampagne billigte man ihr sogar bei der Wirtschaftskompetenz höhere Werte zu. Auch wurden ihre ersten beiden Regierungsjahre mit der „Schulfrieden" genannten Einigung in der Bildungspolitik und mit dem Entlastungspakt für die kommunalen Finanzen insgesamt positiv bilanziert.

---

[207] Diese Absetzbewegung beobachtete auch die *Welt am Sonntag* (Stoldt 2012b: NRW-1): „Christian Lindner kann mit der Nase sprechen. Missfällt ihm etwas, weiten sich sogleich seine Nasenflügel. So war es auch am Sonntag auf dem Bonner Münsterplatz zu beobachten (...). Vor rund 500 Zuhörern (...) erzählte Philip Rösler eine verwickelte Geschichte von Bürokraten, die kaffeeverkaufende Bäckereien mit nur einer Toilette kaputtreglementierten. Dabei bewies Rösler sein Faible für derben Klamauk. Unermüdlich ließ er seine Fantasie ums ‚Klo' kreisen, um ‚in die Hose' machende Zeitgenossen, um Menschen, die ‚mal dringend müssen' oder auch um ‚Männlein und Weiblein', die gerne ‚zusammen auf Klo' verschwänden. Mit versteinerter Miene stand Linder neben dem kalauernden Parteifreund und stellte die Nasenflügel hoch. Seine eigene Rede begann er mit einer Absetzbewegung: ‚Mätzchen machen wir nicht, Gags überlassen wir anderen. Schon im Stil wollen wir uns unterscheiden', so sprach er – als gehörte Rösler nicht zu diesem liberalen ‚Wir', das er beschwor. Ganz falsch dürfte dieser Eindruck nicht sein. Die nordrhein-westfälische FDP unter Lindner profiliert sich unverkennbar (...) gegen die eigene Bundespartei."

### 7.8.3 Hypothetisches Wahlkampfverhalten

Die Wahlkampfberechnungen dieser Arbeit werden im achten Länderbeispiel um eine neuen Parameter erweitert: die Piratenpartei. Aus den genannten Gründen findet deren Premiere in Nordrhein-Westfalen statt, wo die Piraten bei beiden demoskopischen Analysen eine gewichtige Rolle spielten und damit auch das Zusammenspiel der etablierten Kräfte veränderten. In Anlehnung an die geläufige Umschreibung der Außenpolitik Bismarcks als Spiel mit den fünf Kugeln (vgl. Haffner 1987: 60ff.; von Krockow 1997: 325ff.) könnte man anmerken: Durch die Piratenpartei in Nordrhein-Westfalen wird in den hier analysierten Wahlkämpfen erstmals eine sechste (demokratische) Kugel in die Luft geworfen.

Wie wirkt sich das auf den Wahlkampf aus, bzw. zunächst auf die unabhängigen Variablen? Bei den Umfragewerten fächert sich dadurch das Feld der kleinen Parteien noch weiter auf. Dabei lagen die Grünen eindeutig vor Piraten, Linke und FDP, sowohl im November 2011 als auch nach der Neuwahl-Entscheidung im März 2012[208] (Tabelle 28). Entsprechend kann ein geballtes Engagement gegen die Grünen erwartet werden. Streng nach der Theorie hätte man gemäß der ersten Umfragen im Herbst 2011 auch einen strategischen Nachteil der Grünen gegenüber der Union zu konstatieren. Wirklich kampagnenrelevant können aber im Fall von Nordrhein-Westfalen nur die Umfragedaten nach der Neuwahl-Entscheidung im März 2012 sein. Insofern entfällt der Nachteil für die Grünen.

Bei den im März gemessenen Koalitionsoptionen[209] kommt es zu einem Patt zwischen Union und SPD[210] (Tabelle 25). Bei den kleinen Par-

---

[208] Im Oktober 2011 landeten die Grünen bei 16 Prozent der Stimmen, vor Piraten (7 Prozent), Linke (4 Prozent) und FDP (3 Prozent). Im März 2012 kamen die Grünen auf 14 Prozent, Piraten auf fünf Prozent, Linke auf vier Prozent und FDP auf zwei Prozent.

[209] Im Wahlkampf von Nordrhein-Westfalen schloss die SPD eine Zusammenarbeit mit der Linke aus, wodurch die Koalitionsoptionen Linksbündnis und Rot-Rot aus der Rechnung fallen. Von diesem Ausschluss durch SPD-Spitzenkandidatin Hannelore Kraft berichtet die *Süddeutsche Zeitung* am 16. April 2012. Streng genommen schloss zudem der Fraktionsvorsitzender der Grünen im Bundestag, Jürgen Trittin, eine Koalition mit der CDU auf Landesebene aus, wie er dies auch bereits für Rheinland-Pfalz getan hatte. Doch im Unterschied zu Rheinland-Pfalz widersprach in Nordrhein-Westfalen der Fraktionsvorsitzende der Grünen im Landtag, Reiner Priggen, ausdrücklich. Konkret auf Trittins Worte angesprochen, entgegnete Priggen der Rheinischen Post vom 20. März 2012: „Es bleibt bei unserer Position von 2010, dass wir keine Ausschließeritis machen."

teien bietet sich für die Linke wie für die Piraten keinerlei Koalitionsoption. Beide sind demzufolge auch bei dieser Variable im strategischen Nachteil gegenüber den Grünen mit insgesamt vier und gegenüber der FDP mit immerhin zwei Machtoptionen.[211]

Die Beteiligung an der Bundesregierung fällt nicht ins Gewicht, weil die Zustimmung für Schwarz-Gelb im März 2012 bei genau 40 Prozent lag. Auch die Bekanntheit der Spitzenkandidaten kommt nicht in Betracht, weil *Infratest dimap* die Frage nicht stellte. Thematisiert wurde dagegen die Popularität von *Kraft* und *Röttgen* in einem Direktwahl-Duell, das die Amtsinhaberin eindeutig für sich entschied[212] (siehe Tabelle 29). Die SPD sollte also mit Hypothese 10 gute Gründe haben, die Kampagne stark auf ihre Spitzenkandidatin auszurichten.

---

[210] Die SPD konnte auf Rot-Grün, Ampel und Große Koalition zählen, die Union vice versa auf Schwarz-Grün, Jamaika und die Große Koalition.

[211] Grüne: Rot-Grün, Schwarz-Grün, Ampel, Jamaika. FDP: Ampel, Jamaika.

[212] In der Direktwahlbefragung kam Hannelore Kraft auf 57 Prozent Zustimmung und Norbert Röttgen auf 26 Prozent. Das bestätigte das Bild vom Ländertrend im Oktober 2011, vor der Neuwahl-Entscheidung. Dabei kam Kraft auf 52, Röttgen auf 30 Prozent.

# 8. Faktencheck: Länderspezifische Befunde in acht Wahlkämpfen

Damit ist die Rampe gebaut für den Abgleich mit den tatsächlichen Kampagnen der Landesparteien, für den Vergleich von theoretischer Prognose und realem Handeln, für den Moment der Wahrheit. Dabei gilt es genau zu prüfen, inwiefern und in welchem Maß die Annahmen der Hypothesen erfüllt wurden, ergo inwiefern und in welchem Maß die ausführlich dargelegten unabhängigen Variablen der Wahlkämpfe auch die ebenfalls ausgeführten abhängigen Variablen nach sich zogen. Neben der so gemessenen Erklärungskraft des theoretischen Modells sollen andere erklärende Faktoren überprüft werden, insbesondere die beiden Einflussgrößen, die im Laufe der Arbeit als ebenfalls potentiell entscheidend charakterisiert und exponiert wurden: der individuelle Kommunikationsstil der Spitzenkandidaten und die regionale politische Kultur. Beide Aspekte sind dabei nicht losgelöst voneinander zu betrachten, weil die Kandidaten in der Regel aus der Region stammen und diese Verwurzelung sich in persönlichen Eigenheiten und Vorlieben ausdrückt.

Im folgenden Kapitel ist Bundesland für Bundesland zunächst jeweils dokumentiert, wie das erwartete Wahlkampfhandeln in der Realität ausfiel. Auf diesen Praxistest der Hypothesen folgen jeweils einzelne Absätze, ob und inwiefern regionale Spezifika und/oder die persönlichen Stile der Kandidaten den Wahlkampf prägten.[213]

## 8.1 Wahlkampf zur Bürgerschaftswahl in Hamburg

Nach der Neuwahlentscheidung am 28. November 2010 (vgl. Meyer 2010: 1) zeichnete sich in einem kurzen Wahlkampf zwischen Alster und Elbe wie dargestellt schnell ein deutlicher Vorsprung für die Sozialde-

---

[213] Dabei stützt sich die Analyse, wie in Kapitel 4 erwähnt, neben den Primärquellen der Protagonisten auch auf ausgewählte Zeitungs- und Forschungsliteratur, hier insbesondere auf die regelmäßig und zeitnah veröffentlichen Wahlanalysen der Zeitschrift für Parlamentsfragen.

mokraten ab. Das prägte zwar den gesamten Wahlkampf, sorgte aber gleichwohl dafür, dass die SPD gewissermaßen in einer eigenen Liga spielte, jedenfalls nicht mehr als direkter Konkurrent angesehen wurde. Daraus folgte, dass die Sozialdemokraten, die nach der Wahl mit absoluter Mehrheit regieren sollten, aus dem vorgestellten theoretischen Raster dieser Arbeit fielen. Deshalb konnte innerhalb des Modells, anhand der unabhängigen Variablen keine Aussage über und keine Erwartungshaltung an den SPD-Wahlkampf formuliert werden. Das galt jedoch nicht für die persönlichen und die regional-kulturellen Faktoren, wie an den entsprechenden Stellen gezeigt werden soll.

*8.1.1 Erklärungskraft der Hypothesen*

Damit kommen wir zu den aus dem Modell entwickelten Erwartungen, die sich zunächst um die wirtschaftliche Lage der Stadt drehen. Die positive ökonomische Bilanz ließ von Union und Grünen die Kommunikationsmuster „Amtsträger" (Hypothese 1) und „Kollektive Erfolge" (Hypothese 2) erwarten. Konnte dies nachgewiesen werden? Die Antwort lautet: Ja und Nein.

Die Union stellte im Hamburger Wahlkampf neun Plakatmotive her, sechs für A0-Formate und drei als Großflächen-Plakate. Auf zwei der sechs A0-Formate wurde für *Christoph Ahlhaus* das Kommunikationsmuster „Amtsträger" angewandt, indem Name und Foto mit der Formulierung „Unser Bürgermeister" verbunden wurde (exemplarisch Abbildung 15). Diese Motive wurden in hoher Auflage gedruckt und nahmen insgesamt fast 30 Prozent der Plakatkampagne ein. Auf einem der Großflächenmotive rühmte sich die CDU ihrer Bilanz in der Sicherheitspolitik. Dabei wählte sie die Formulierung „Unsere Bilanz für Hamburg: Kriminalität minus 25% Und nu?" (Abbildung 16) und somit das Muster „Kollektive Erfolge", allerdings in einem inhaltlich anderen Politikfeld.

Bei den Grünen gab es insgesamt fünf Plakatmotive, die jedoch weder Bezug nahmen auf ein offizielles Symbol der Stadt, noch auf bis kurz zuvor von Grünen besetzte Senatorenposten und auch nicht die allgemeine oder ökonomische Bilanz der Grünen als Regierungspartei thematisierten. Mit anderen Worten: Man konnte auf den Plakaten nicht erkennen, dass die Grünen zuvor regiert hatten. Ein Umstand, der vielleicht damit zu erklären ist, dass die Grünen die Regierungskoalition mit der CDU aktiv aufgekündigt und damit ein Experiment für gescheitert erklärt hatten. Das bedeutet, dass für Hamburg die Hypothesen für den Wahlkampf einer wirtschaftlich erfolgreichen Regierung beim großen Koalitionspartner zutreffen, beim kleinen Koalitionspartner nicht. Allerdings zeigte sich, dass die CDU bei der inhaltlichen Regierungsbilanz eher auf das Thema Innere Sicherheit setzte als auf die Wirtschaft. Weitere konkrete Maßnahmen ließen sich aus den Machtoptionen ableiten. Demnach sollte die Union mehr Wahlkampf betreiben als die Grünen (Hypothese 7) und mit dem Kommunikationsmuster „Konfrontation" gegen die Grünen agieren (Hypothese 6). Konnte dies nachgewiesen werden? Die Antwort lautet hier: Nein und Ja.

Die Intensität des Wahlkampfs wird über den sog. PP-Index abgebildet, der die Gesamtzahl der Plakate mit der Zahl der Mitglieder in Relation setzt. So können wie in diesem Fall auch Parteien unterschiedlicher Größe miteinander verglichen werden. Die PP-Indizes der Hamburger Parteien sprechen dabei eine deutliche Sprache und widersprechen dem prognostizierten Geschehen: Die CDU kommt auf einen deutlich niedrigen PP-Wert als die Grünen und sogar auf den geringsten gemessenen Wert der relevanten Hamburger Parteien insgesamt (Tabelle 30).

Die andere Hypothese trifft hingegen zu. Bei genauer Analyse der neun Plakatmotive der CDU finden sich ein moderates und ein aggressives Angriffsplakat. Das moderate Modell, ohne konkreten Vorwurf und konkreten Adressaten („Echte Erfolge statt teurer Versprechen", Abbildung 17) liegt nicht in ausreichender Auflage vor, um bereits allgemein von einem konfrontativen Kommunikationsmuster zu sprechen. Das ist allerdings angebracht, mit Blick auf das aggressive Motiv, das sich konkret an unter anderem die Grünen wendet und konkrete Vorwürfe vorbringt („Wer Citymaut und neues Schulchaos will, muss Rot-Grün wählen", Abbildung 18).[214][215]

---

[214] Dieses Motiv als aggressives Angriffsplakat zu kategorisieren, erscheint umso mehr treffend, als die inhaltlichen Vorwürfe z.T. offenbar wider besseren Wissens erhoben wurden. So berichtet der *Spiegel* (Latsch 2011: 36) von einem Dialog bei der Vorstellung des Plakatmotivs. Dort soll ein Journalist den CDU-Wahlkampfleiter Gregor Jaecke gefragt haben: „Wann hat sich die SPD für eine Citymaut ausgesprochen?" Jaecke soll geantwortet haben: „Mir ist keine diesbezügliche Äußerung von Olaf Scholz oder anderen SPD-Politikern bekannt." Auf die Nachfrage „Und warum schreiben Sie das trotzdem?" soll Jaecke erwidert haben: „Nun ja, die Grünen würden schon dafür sorgen."

[215] Auch in der wissenschaftlichen Analyse wurde Ahlhaus' aggressive Kampagne gegen die Grünen diagnostiziert. Patrick Horst (2011: 728) stellte fest: „Der Wahlkampf der CDU war von Beginn an davon geprägt, dass die Partei (...) über keine realistische Machtoption verfügte. (...) Ahlhaus (...) suchte sein Heil in der Abgrenzung vom ehemaligen Koalitionspartner."

Ebenfalls mit Blick auf die Koalitionsoptionen musste mit entsprechend verstärkter Aktivität der Linke im Vergleich zur FDP gerechnet werden. Der PP-Index erfüllt diese Erwartungshaltung (Tabelle 30). Demnach haben die Linken im Verhältnis zu ihrer Mitgliederzahl mehr Wahlkampf betrieben als die Liberalen (Hypothese 7). Auch in der konfrontativen Wahlkampfführung lässt sich die Theorie verifizieren (Hypothese 6). Dafür spricht allgemein eine gewisse Schärfe in der Kampagnenkommunikation, etwa in dem Slogan „Hartz IV muss endlich weg!" und dafür spricht insbesondere ein Motiv, das auf 700 von knapp 5000 Plakaten gedruckt wurde, also auf mehr als zehn Prozent der Gesamtauflage. Das Motiv ist, wie häufig bei der Linke, als reines Textplakat konzipiert, mit der Botschaft: „Millionäre zu Kasse: 150 neue Steuerprüfer!" (Abbildung 19). Da dieser Slogan eindeutig als Drohung zu lesen ist, etwaige Steuerhinterzieher staatlich zur Rechenschaft zu ziehen und sich ebenso eindeutig gegen die höchsten Einkommen in der Gesellschaft und damit mindestens klischeemäßig gegen FDP-Wähler richtet, kann dieses Plakatmotiv m.E. als moderates oder sogar als aggressives Angriffsplakat gewertet werden. Die Konsequenzen sind aufgrund der Motivauflage identisch.

Die nächste Erwartung thematisiert das Verhältnis von Landes- und Bundespolitik, das bei den entsprechenden Kampagnenleitungen von CDU und FDP mit einem skalierten Fragebogen abgefragt wurde. Nach der Theorie hätten beide Hamburger Landesverbände erstens die Einbindung der Bundespolitiker in den Wahlkampf wohl dosieren müssen (Hypothese 9). In der Praxis bekannten sich beide Parteien zu einem genau gegenteiligen Vorgehen. Beide Parteien wählten die Antwortoption, wonach gerade versucht wurde, möglichst viele prominente Auftritte zu organisieren. Für die FDP betonte der Landesgeschäftsführer *Matthias Still* sogar zusätzlich:

> „Die Präsenz von Bundespolitikern war hoch, die FDP Hamburg hat ausdrücklich KEINE Distanzierungs-Strategie zur Bundespartei verfolgt."

Die zweite Konsequenz der geringen Zustimmung auf Bundesebene sollte in einem besonderen landespolitischen Schwerpunkt der Kampagnen bestehen (Hypothese 8). Um das zu überprüfen wurden die Plakatmotive der Hamburger CDU und FDP einzeln analysiert und entsprechend der in Kapitel 6 ausgeführten Modalitäten bewertet. Im Ergebnis setzte die Union tatsächlich in einem signifikanten Umfang auf landespolitische Fragen. Mehr als ein Drittel (36,84 Prozent) der Plakate thematisierten explizit die Bereiche Kriminalität, Polizei, Schulen und Stadtverkehr. Die Plakat-Kampagne der FDP war relativ schnell analysiert: Sie bestand aus lediglich drei Motiven, von denen nur eines die mehr oder weniger inhaltliche Botschaft bereithielt: „Bildung, Familie, Mittelstand" (Abbildung 20). Es ließe sich mutmaßen, dass das Kampagnenteam um die FDP-Spitzenkandidatin *Katja Suding* damit vor allem Themen der Hamburger Politik meinte, wirklich ersichtlich ist es nicht. Auch entsprechend der Operationalisierung der Variable „Konzentration auf Landesthemen" scheint es sich hier um einen klassischen Fall von Weder-noch zu handeln: weder ein eindeutiger Bezug auf die Bundespolitik, noch auf die Landespolitik. Insofern ist die theoretische Annahme zur FDP-Kampagne nicht erfüllt, allerdings auch nicht widerlegt.

Ein weiterer Komplex richtet sich auf die Bekanntheit der Spitzenkandidaten. Weil deutlich weniger der von den Demoskopen Befragten die Grüne *Anja Hajduk* kannten als *Christoph Ahlhaus*, sollte sie diesem mit personalisierten Plakatmotiven (Hypothese 11) und mit besonderem persönlichen Engagement (Hypothese 12) begegnen und vice versa von diesem mit dem Kommunikationsmuster „Ignorieren" bedacht werden (Hypothese 13). Die letzte Erwartung widersprach der gerade bestätigten expliziten und aggressiven Strategie der Union gegen die Grünen. Zudem blieb der CDU-Maßstab in Sachen Bekanntheit weniger die grüne Spitzenkandidatin als der SPD-Spitzenmann *Olaf Scholz*, der höhere Bekanntheitswerte verbuchte als *Ahlhaus*. Insofern passt es ins Bild, dass diese Schlussfolgerungen nicht belegt werden konnten. Die CDU-Kampagnenleitung widersprach auf Nachfrage explizit der These, *Anja Hajduk* ignoriert zu haben.

Auch die Plakatmotive der Grünen entsprachen nicht den Erwartungen. Nur eines von fünf Motiven und auch 20 Prozent der Auflage entfielen auf die Spitzenkandidatin. Für ein besonderes persönliches Engagement *Hajduks* fanden sich ebenfalls keine Anzeichen, weder in den direkten Angaben der Landespartei noch in der nichtwissenschaftlichen oder wissenschaftlichen Berichterstattung. Eine Erklärung könnte in der „politischen Demut" (Horst 2011: 730) der Grünen liegen, deren wichtigste Themen aus der Regierungszeit (Schulreform, Stadtbahn) im Wahlkampf keine Rolle spielten und die nach dem missglückten schwarz-grünen Versuch „in die Defensive gedrängt" (ebd.) wurden[216].

---

[216] Diese Demut lässt sich mit unterschiedlichen Details belegen: Mit der im *Hamburger Abendblatt* zitierten Aussage der Landeschefin Katharina Fegebank, wonach die Grünen in den neuen Senat gehörten, weil „wir vieles verstanden haben, was die letzten zweieinhalb Jahre passiert ist" (Kresse 2011: 8), damit, dass die Grünen für ihr Wahlprogramm nicht

## 8.1.2 Erklärungskraft politisch-kultureller Faktoren

Bei den politisch-kulturellen Faktoren Hamburgs, die in diesem Wahlkampf zum Tragen kamen, ist an erster Stelle die exponierte Stellung der SPD zu nennen, die es schaffte, an die alte Hegemonie der Partei anzuknüpfen. Das gelang durch einen gezielten Rückgriff auf eine hanseatisch-politische Tradition: den Schulterschluss zwischen Sozialdemokratie und Hamburger Wirtschaft. So präsentierte die SPD im Wahlkampf den parteilosen Präses der Hamburger Handelskammer als Kandidaten für den Posten des Wirtschaftssenators und einen weiteren führenden Reeder aus der Hafenwirtschaft als Neumitglied auf einem vorderen Listenplatz. Anders als zu früheren Zeiten schloss die SPD unter Olaf Scholz das „Bündnis mit dem Bürgertum" (von Blumenthal/Zahn 2010: 207, vgl. Stauss 2013: 30) nicht mit der FDP, sondern innerhalb der eigenen Partei. Das äußerte sich auch in der eigenen Plakat-Kampagne. Die Motive mit den Ein-Wort-Botschaften „Klarheit", „Vernunft", „Verantwortung" in Verbindung mit dem Konterfei des Spitzenkandidaten (Abbildung 21) kann man durchaus als wirtschaftsaffine Motive bezeichnen.

Politisch-kulturell lässt sich unter Umständen auch eine strategische Entscheidung der CDU-Kampagne erklären. Wie erwähnt stellte die Union explizit die Bilanz ihrer Regierungszeit bei der Kriminalitätsbekämpfung heraus, verbunden mit der Fragestellung „Und nu?", die insinuiert, dass unter einem SPD-geführten Senat die Kriminalität wieder zunehmen werde (Abbildung 16). Der Rückgriff auf das klassisch konservative Politikfeld der Inneren Sicherheit hat in der Hansestadt mit Blick auf die Erfolge der STATT- und der Schill-Partei eine gewisse Wahlkampfhistorie. Entsprechend erinnerte dieser Teil der *Ahlhaus*-Kampagne an den „Law-and-Order"-Appell von *Ronald Schill* und an „blanken Populismus" (Keding 2011: 8).

Zudem fanden sich zwei weitere politisch-kulturelle Faktoren wieder, die in Kapitel 7 aufgezeigt wurden: Die FDP-Spitzenkandidatur der gerade 35-jährigen PR-Beraterin *Katja Suding* nach fünf Jahren Parteizugehörigkeit kann als Beleg der für Hamburg typischen durchlässigen Struktur zwischen Politik und Gesellschaft gewertet werden. Darüber hinaus blieb auch dieser Wahlkampf in der Hansestadt relativ eigenständig und unabhängig von der bundespolitischen Sphäre, wie unter ande-

---

einmal eine Überschrift fanden (vgl. Horst 2011: 730) oder anhand der später dokumentierten parteiinternen Kritik, dass die Grünen im Wahlkampf „zu wenig versprochen haben" (Volkmann-Schluck 2011: 12).

rem der aufgezeigte landespolitische Schwerpunkt der CDU-Kampagne unterstreicht.

### 8.1.3 Erklärungskraft der Kommunikationsstile

Anhand der in Kapitel 5 ausgeführten Idealtypologie der Kommunikationsstile lassen sich zusätzliche Aussagen über das Verhalten der Spitzenkandidaten und ihrer Kampagnen treffen. *Olaf Scholz* kommt dem Idealtypus „Fachmann" sehr nahe, der mit einer inhaltlich-sachlichen Botschaft sowie einer souverän-kontrollierten Art besticht und zudem eher zu umständlichen Formulierungen neigt[217]. Das passt zum nüchternen und sachlichen Wahlkampf der Hamburger SPD sowie zu den beschriebenen Ein-Wort-Plakaten[218].

Die FDP-Kampagne zielte bei überschaubaren Inhalten vor allem auf Aufmerksamkeit[219]. Die erreichte sie durch ihre Spitzenkandidatin *Katja Suding*, deren individueller Kommunikationsstil auf eine persönlich-emotionale Botschaft und einen emotional-extravaganten Habitus setzte. Das äußerte sich etwa in der Kombination aus einem betonten Lächeln *Sudings* und ihrem leuchtend-gelben Friesennerz, die sich auf den meisten Plakatmotiven zeigte, zum Teil mit der schriftlichen Ergänzung: „Positiv denken. Positiv handeln" (Abbildung 22). Insofern kann man in *Sudings* Stil Elemente der „Rampensau" erkennen.

Bürgermeister *Christoph Ahlhaus* entsprach nicht dem Kommunikationstypus „Landesvater", was neben seiner Heidelberger Herkunft auch seiner kurzen Amtszeit geschuldet sein kann. Stattdessen wies er Züge des „Streitbaren" auf, der eher versucht zu spalten, denn zu versöhnen. In diesen Kontext würde seine Plakat-Kampagne gegen Rot-Grün passen und sein möglicherweise populistischer Reflex, auf das der Provokation dienliche Thema Innere Sicherheit zu setzen.

Die Grüne-Spitzenkandidatin *Anja Hajduk* erscheint dem Idealtypus der „Problemlöserin" nahe zu kommen, die inhaltlich zu überzeugen sucht. Ihrem Naturell nach stellt sie statt der eigenen Person die inhalt-

---

[217] Seine hölzerne Sprache als SPD-Generalsekretär hat Scholz in der politisch-medialen Klasse einst den Spitznamen „Scholzomat" eingebracht (vgl. Doemens 2010: 7).

[218] Wie es zu dieser Plakatkampagne kam, beschreibt Frank Stauss von der federführenden Agentur Butter in seinem Buch „Höllenritt Wahlkampf" (2013: 26ff.).

[219] Katja Suding äußerte sich am 29. Januar 2013 in der Talkshow von *Markus Lanz* über den Hamburger Wahlkampf. Dort sagte sie: „Es war ein Wahlkampf, wo alle Spitzenkandidaten extrem personalisiert haben. Die Plakate waren alle völlig inhaltsfrei."

lich-sachliche Botschaft in den Vordergrund. Das könnte ein Indiz dafür liefern, warum die Hypothese 11 in Hamburg widerlegt wurde, wonach ein unbekannterer Spitzenkandidat die eigene Person verstärkt thematisiert. Als problematisch für die Problemlöserin *Hajduk* erwies sich zudem, dass mit Schulreform und Stadtbahn zwei zentrale Vorhaben in ihrer Zeit als Senatorin nicht realisiert werden konnten.

## 8.2 Wahlkampf zur Landtagswahl in Sachsen-Anhalt

Auch der Wahlkampf in Sachsen-Anhalt soll in diesem Sinne dreigeteilt analysiert werden, erneut zunächst mit einem Überblick, inwiefern die theoretischen Hypothesen das tatsächliche Geschehen der Kampagnen erklären konnten.

### 8.2.1 *Erklärungskraft der Hypothesen*

Dabei ließ die schwache ökonomische Bilanz der schwarz-roten Regierung zunächst erwarten, dass die Linke als Hauptopposition ihre Kampagne inhaltlich ausrichtet, um das Regierungslager bewusst in der Sache zu stellen (Hypothese 3). Diese Erwartung bestätigte sich mit Blick auf die Plakatkommunikation der Linke, die quantitativ mehr auf inhaltliche Themen („Mindestlohn", „Lernen", „Kita") setzte, denn auf das Motiv ihres Spitzenkandidaten *Wulf Gallert*. Dabei griff die Partei auf das für sie typische reine Textplakat zurück (exemplarisch Abbildung 23).
Danach galt es im Geflecht der drei großen Landesparteien CDU, SPD und Linke ein theoretisches Dilemma zu behandeln. Mit Blick auf die Umfragewerte lagen die Sozialdemokraten im Rückstand und hätten eine entsprechende Angreifer-Attitüde entwickeln, also mehr und aggressiver Wahlkampf betreiben müssen (Hypothese 5, Hypothese 4). Die Koalitionsoptionen zugunsten der SPD zogen genau die gegenteilige Erwartung nach sich (Hypothese 7, Hypothese 6). In der Realität lassen sich über den Kampagnen-Aufwand der drei Parteien keine seriösen Aussagen treffen, weil SPD und Linke bei den PP-Werten nahezu gleichauf liegen und die CDU in Sachsen-Anhalt eine Auskunft über die Gesamtauflage der Plakate ablehnte. Auf der anderen Seite fanden sich Angriffsplakate jeglicher Art in diesem Wahlkampf so gut wie gar nicht, in jedem Fall nicht zwischen den drei großen Parteien. Insofern kann der theoretische Zielkonflikt, ob nun die Umfragewerte alleine oder die u.a. daraus folgenden Koalitionsoptionen das Wahlkampfhandeln bestimmen, am Beispiel von Sachsen-Anhalt nicht beantwortet werden.

Das relativ harmonische Miteinander der Parteien, der „Schlagabtausch mit Wattebäuschen" (Holtmann/Völkl 2011: 748) oder „Kuschelwahlkampf" (Meiritz 2011), offenbarte sich auch zwischen FDP und Grünen, so dass auch die abgeschwächte Erwartung an eine aggressive liberale Kampagne nicht eintrat (Hypothese 6). Auch lag der PP-Wert der Grünen, also die Zahl der Plakate pro Parteimitglied, deutlich über dem ebenfalls hohen Wert der FDP (Hypothese 7), was auch mit der sehr geringen Mitgliederzahl bei den Grünen zu erklären ist. Immerhin war zum Schluss der Kampagne, als die Grünen angesichts von Fukushima auf ihr Kernthema Atomausstieg setzten (Abbildung 24), von einem sehr engagierten FDP-Endspurt zu lesen. In der *Mitteldeutschen Zeitung* (Kranert-Rydzy e.a. 2011) hieß es:

„Zum Schluss haben die Liberalen alles nach vorn geworfen: 300 Großplakate mit dem Ehrenvorsitzenden Hans-Dietrich Genscher als Motiv wurden noch geordert; eine sechsstellige Zahl an Postwurfsendungen mit dem gleichen Konterfei und dem Spitzenkandidaten Veit Wolpert als Briefmarke auf der Rückseite im ganzen Land verteilt."

Im Lager von Union und FDP war mit Blick auf die Bundesregierung mit einem landespolitischen Fokus zu rechnen (Hypothese 8) und mit weniger Auftritten der Bundesprominenz (Hypothese 9). Die Einordnung der FDP-Plakatmotive fiel nicht leicht. Zwar trugen durchweg alle Motive auch den Schriftzug „Leidenschaft für Sachsen-Anhalt", die inhaltlichen Botschaften jedoch blieben im Ungefähren oder verwiesen zumindest nicht eindeutig auf eine föderale Zuständigkeit. Exemplarisch sei auf die Aussage „Wir tun alles für bessere Bildungschancen verwiesen" (Abbildung 25), die sich sowohl auf Bundes- als auch auf Landesebene beziehen kann. Die liberale Landespartei hat sich also explizit zu ihrem Land bekannt, aber nicht in Form von landespolitischen Plakatmotiven.

Die inhaltliche Konzentration auf die Landesebene konnte bei der CDU-Kampagne eindeutig nachgewiesen werden. Zudem kann eine Aussage von *Haseloff* als Beleg gelten. Am Montag nach der Wahl in Sachsen-Anhalt und vor den Wahlen in Baden-Württemberg und Rheinland-Pfalz trat *Haseloff* in Berlin vor die Kameras und erklärte seine Strategie im Wahlkampf zu einer Art Blaupause für seine Partei:

„Die Bundes-CDU kann daraus lernen, dass sie sehr, sehr landesspezifische Themen formulieren muss" (zitiert nach Krause 2011b: 7).

Gleichwohl versicherte die Kampagnenleitung der Union in Sachsen-Anhalt, im Wahlkampf bewusst auf möglichst viele Auftritte der bundespolitischen Spitzenkräfte gesetzt zu haben. Die gleiche Einschätzung kam auch aus der liberalen Kampagne, allerdings mit einem interessanten Hinweis. Hauptgeschäftsführer *Andreas Schnurpel* erklärte:

> „Diese Auftritte waren im Umfang von unserer Seite (...) kaum beeinflussbar, wurden vielmehr von der Bundespartei angeboten und von uns entsprechend eingetaktet."

Das lässt den Schluss zu, dass die Auftritte der Spitzenpolitik im Land nicht immer – wie theoretisch unterstellt – auf eine eigenständige Entscheidung der Landesverbände zurückgehen.

Darüber hinaus ließen die unterschiedlichen Werte bei Popularität und Bekanntheit der Spitzenkandidaten Schlüsse über den Wahlkampf zu, die sich in weiten Teilen bewahrheiteten. In beiden Kategorien blieb *Wulf Gallert* hinter *Reiner Haseloff* und *Jens Bullerjahn* zurück. Das hieß zunächst, dass die beiden populäreren Kandidaten von Union und SPD jeweils ihre Kampagnen an den Kandidaten ausrichteten (Hypothese 10). Das lässt sich bei der SPD mit Zahlen belegen. Die Plakate mit *Bullerjahn* umfassen mehr als die Hälfte der Plakatkommunikation. Bei der CDU waren keine quantitativen Daten erhältlich, allerdings eine Übersicht über die Plakatmotive, die ebenfalls mehrheitlich den Spitzenkandidaten zeigen.

Die übrigen Schlussfolgerungen drehten sich um die Bekanntheit und unterstellten den bekannteren Kandidaten *Haseloff* und *Bullerjahn*, den unbekannteren *Gallert* tunlichst zu ignorieren (Hypothese 13). Die CDU bestätigte diesen strategischen Ansatz via Fragebogen explizit. Die SPD gab an, sich keine diesbezüglichen Gedanken gemacht zu haben. Im Umkehrschluss sollte *Gallert* versuchen, seine geringe Bekanntheit durch besonderes Engagement zu kompensieren (Hypothese 12). Auch das wurde aus der Kampagne heraus schriftlich bestätigt. Die Landesgeschäftsstelle erklärte, im Vergleich der Spitzenkandidaten habe *Gallert* den „größten Aufwand" betrieben. Theoretisch hätte es die mangelnde Bekanntheit auch gerechtfertigt, mehr die Person als die Inhalte zu plakatieren (Hypothese 11). Hier zeigt sich ein weiterer Zielkonflikt, denn wie oben dargestellt ging die Linke die kriselnde Landesregierung eben gerade inhaltlich an. Man hielt also die Angriffsfläche der Regierung für wichtiger als die Bekanntheit des eigenen Kandidaten.

## 8.2.2 Erklärungskraft politisch-kultureller Faktoren

Unter dem Strich konnten die Hypothesen also durchaus reales Wahlkampfhandeln erklären bzw. vorhersagen, wenn auch nicht in jedem Punkt. Insbesondere konnte nicht erklärt werden, warum die drei großen Parteien trotz knapper Konstellationen und unterschiedlicher Koalitionsoptionen so gemäßigt miteinander umgingen (vgl. Meiritz 2011, Bangel 2011a)[220] und der Wahlkampf „jeglicher dramatisierender Höhepunkte entbehrte" (Holtmann/Völkl 2011: 748).

Dafür kann man m.E. politisch-kulturelle und persönliche Gründe anführen. Wie im vorherigen Kapitel ausgeführt, ist Sachsen-Anhalt durch eine Schwäche des politischen Systems als Ganzes geprägt, über Parteigrenzen hinweg. Ebenso gemeinsam sind die strukturelle ökonomische Schwäche sowie der gemeinsame Kampf der demokratischen Parteien gegen die NPD. Das alles schweißt die politischen Kräfte eher zusammen, als dass es sie spaltet. Man mag andere Ansätze und Vorstellungen haben, aber die Probleme sind die Gleichen. Dieser Geist, sich mehr als in anderen Bundesländern als gemeinsame politische Klasse zu verstehen und eine gemäßigte politische Streitkultur zu pflegen oder zu entwickeln, spricht auch aus einer medial veröffentlichten Reaktion von *Reiner Haseloff*. Der *ZEIT*-Reporter Christian Bangel (2011a) schilderte seine Begegnung mit dem CDU-Spitzenkandidaten so:

„Als Haseloff gefragt wird, was an der Kritik vom konturlosen Kuschelwahlkampf dran sei, reagiert er mit Wucht. ‚Uns soll niemand sagen, wie wir Wahlkampf zu führen haben.' Das sei hier keine Castingshow. Würde die Auseinandersetzung wie im Westen laufen, ‚die Leute würden glauben, wir verstehen ihre Probleme nicht'. Die West-Wahlkämpfe, ‚Rituale einer eher saturierten Gesellschaft', die widerten ihn manchmal an."

---

[220] So warnte CDU-Spitzenkandidat Reiner Haseloff auf seiner Wahlkampfabschlussveranstaltung in Dessau lediglich vor einem rot-roten Bündnis. „Nie wieder Rote Laterne" war vor Ort auf Schildern zu lesen (vgl. Kranert-Rydzy e.a. 2011) – eine Forderung, die eher den ökonomischen Zustand als die politische Ideologie kritisiert. Annett Meiritz (2011) formuliert es auf *Spiegel Online* so: „In Sachsen-Anhalt sollte Wahlkampf anders heißen, sinnliche Einstimmung zum Wahlsonntag zum Beispiel."

In dieser Situation von schwachen Parteibindungen bei gleichen grundsätzlichen Problemen erfolgt die politische Bindung zumeist stark entlang von Personen. Auch dieses politisch-kulturelle Phänomen ließ sich im vorliegenden Wahlkampf beobachten. Die Union integrierte mit diesem Hintergrund den langjährigen Ministerpräsidenten und Landesvater *Wolfgang Böhmer* in ihre Plakatkampagne, der symbolisch den Staffelstab an *Haseloff* weiterreichte, flankiert von dem Wortwitz „Sachsen-Anhaltend Erfolgreich" (Abbildung 26).

*8.2.3 Erklärungskraft der Kommunikationsstile*

Der moderate Umgang der Spitzenkandidaten hat auch persönliche Gründe. Einerseits durch langjährige Verbindungen: *Bullerjahn* hat mit *Haseloff* in der Landesregierung zusammengearbeitet, mit *Gallert* gilt er seit den Jahren der Minderheitsregierung unter linker Duldung als persönlich befreundet (vgl. Bangel 2011b, Steffen 2011). Andererseits durch persönliche Kommunikationsstile: Das betrifft vor allem *Wulf Gallert*, der als Oppositionsführer wohl am meisten den Ton der Debatte bestimmte. Der Stil des Linke-Spitzenkandidaten geht anhand der gelernten Typologie in die Richtung „Landesvater", obgleich er kein Land regiert. *Gallert* schätzte den alten konservativen Ministerpräsidenten *Böhmer* als „unabhängig" und wird selbst als ideologiefrei und „volkstümlich" (Bangel 2011b) beschrieben. Weniger Klassenkampf, mehr Runder Tisch. Diese Art des „verhinderten Landesvaters" (ebd.) hilft, die mangelnden Angriffe zu erklären.

Auch *Reiner Haseloff* ist nicht der Prototyp eines aggressiven Wahlkämpfers, sondern eher der Typ „Fachmann". Einer, der seinen Stil über den Inhalt definiert und nicht über den politischen Auftritt. Einer, der lieber alleine vor ausgewähltem Publikum doziert, als sich in die hitzige Redeschlacht zu werfen. Die *ZEIT* nannte *Haseloff* einen „Zahlenflüsterer" (Bangel 2011a). *Spiegel Online* erklärte den promovierten Physiker zum „Dr. Unbekannt", ein „guter Beamter" und „Verwalter", aber „niemand, der Menschen mitreißt" und „nicht für Gefühlsausbrüche bekannt" (Gathmann/Popp 2011).[221]

*Jens Bullerjahn*, der dritte prägende Charakter des sachsen-anhaltinischen Wahlkampfs, ist der „lockerste Spitzenkandidat", ein

---

[221] Dieser persönliche Stil des heutigen Ministerpräsidenten prägte die Kampagne. Da half es auch nicht, dass Haseloff sich bisweilen mühte, andere Seiten zu zeigen, etwa als er der *Super Illu* von seinem ersten Kuss in Wittenberg berichtete (vgl. Meiritz 2011).

„Kumpeltyp" (Steffen 2011). Er hat erkennbar keine Berührungsängste, verkörpert den extrovertiert-engagierten Kommunikationshabitus und wendet sich besonders an zufällige Kommunikationsadressaten. Er plaudere gerne über Hardrock und Motorradtouren, heißt es über ihn (ebd.), und dass er besser als *Haseloff* auf Menschen zugehen könne. *Bullerjahns* Wahlkampfstil tendiert zwischen den Polen „Rampensau" und „Landesvater" mit Tendenz zur ersten Kategorie.

Das zeigte sich in der letzten Wahlkampf-Woche, als die SPD in den Umfragen zulegte und deren Spitzenkandidat *Bullerjahn* Aufwind bekam. Plötzlich kam doch noch zumindest eine Brise Schärfe in den Wahlkampf: Bei der SPD-Abschlussveranstaltung in Halle wandte sich *Bullerjahn* gegen *Haseloff* und dessen Kritik an einer rot-roten Alternative. *Bullerjahn* sprach von einer „Angstkampagne" gegen das linke Lager und kritisierte populistische Forderungen, „die selbst die Linke in den Schatten stellen" (Kranert-Rydzy e.a. 2011). Schließlich forderte der Sozialdemokrat mit Blick auf *Reiner Haseloff*:

> „Der darf nicht Ministerpräsident werden."

Diese Aussage ist interessant, weil sie partout nicht zum Klima des Wahlkampfs passt und weil *Bullerjahn* heute wie damals mit *Haseloff* am Koalitionstisch sitzt.

## 8.3  Wahlkampf zur Landtagswahl in Baden-Württemberg

Die zeitgleichen Kampagnen im Südwesten der Republik, in Baden-Württemberg und Rheinland-Pfalz, sind Beispiele dafür, wie ein externer Effekt (Fukushima) einen Wahlkampf verändern kann. Das prägte insbesondere das politische Klima in Baden-Württemberg, wo damals vier Atomkraftwerke in Betrieb waren und mit *Stefan Mappus* ein bekennender Befürworter der Atomkraft regierte. Trotz des unvorhersehbaren Ereignisses sollen zunächst die drei bekannten Erklärungsansätze überprüft werden: Hypothesen, politisch-kulturelle Faktoren, Kommunikationsstile.

### 8.3.1  *Erklärungskraft der Hypothesen*

Die Hypothesen ließen für das wirtschaftlich starke Baden-Württemberg auf einen ökonomischen Fokus der Regierungsparteien schließen. Konkret sollte sich das bei der CDU- und mit Abstrichen auch bei der FDP-Kampagne in den Kommunikationsmustern „Amtsträger" (Hypothese 1) und „Kollektive Erfolge" (Hypothese 2) äußern. Diese Erwartung erfüllte sich bei der Union. Die Kampagne um Amtsträger *Mappus* entsprach dem Anspruch, indem sie auf sämtlichen Plakaten das Landeswappen Baden-Württembergs integrierte, auf zwei von insgesamt 13 Plakatmotiven sogar die Landeskarte von Baden-Württemberg abbildete und indem *Stefan Mappus* auf einem zentralen Motiv als „Unser Ministerpräsident" gepriesen wurde (Abbildung 27).

Für die Kommunikation nach dem Muster der „Kollektiven Erfolge" spricht bereits der ebenfalls durchgängige Slogan „Gemeinsam für Baden-Württemberg" sowie Formulierungen wie „unser Land", „unsere Heimat" oder „unsere Zukunft". Bei diesen und anderen Motiven, die insgesamt mehr als die neuralgischen zehn Prozent der Gesamtauflage ausmachten, wurde zudem explizit auf die ökonomischen Erfolge des Landes hingewiesen, am meisten zugespitzt in dem Motiv „Damit Baden-Württemberg Nr. 1 bleibt", das mit Spiegelstrichen die positive Entwicklung bei z.B. Arbeitslosigkeit oder Wirtschaftswachstum benennt (Abbildung 28). Die FDP kommunizierte ebenfalls die Erfolge der Landesregierung („Vorn bleiben. Erfolgsmodell Baden-Württemberg"), jedoch ohne vereinnahmende kollektive Form.

Darüber hinaus offenbarte sich das gleiche Dilemma wie schon in Sachsen-Anhalt. Der reine Rückstand in den Umfragen ließ sowohl von SPD als auch von den Grünen einen aggressiven und engagierten Wahlkampf gegen die CDU erwarten (Hypothese 4, Hypothese 5). Die Koalitionsoptionen sprachen hingegen für eine besonders aggressive und engagierte Gangart der Union gegen Rot-Grün (Hypothese 6, Hypothese 7). In der Realität ließen sich Anzeichen für beide Richtungen finden: Die PP-Werte der Opposition lagen über denen von CDU und FDP (Tabelle 30), was allerdings bei fast doppelt so vielen CDU- als SPD-Mitgliedern kaum anders möglich war.[222] Bei den Plakaten fanden sich grüne Angriffsplakate gegen Schwarz-Gelb („Schwarz-Gelb nicht verlängern", Abbildung 29) genauso wie ein Angriffsplakat der CDU gegen die linken Parteien („Arbeit schafft man nicht mit links", Abbildung 30).

Auch medial gab es Indizien für einen insgesamt aggressiven Wahlkampf. Wie die *Süddeutsche Zeitung* (Blechschmidt/Deininger 2011:

---

[222] Im Widerspruch zu den PP-Werten gibt es zudem Indizien für eine sehr aktive CDU-Kampagne. So zitierte die *Süddeutsche Zeitung* (Blechschmidt/Deininger 2011: 7) einen anonymen CDU-Mann mit der Aussage: „Wir müssen jede Großmutter ins Wahllokal bringen."

7) berichtete, gelang es CDU-Generalsekretär Thomas Strobl, „bei absolut jedem Thema einen Satz über die ‚Kommunisten' oder die ‚extremistische Linke' einzuflechten". Bei *Mappus'* Auftritt auf dem Landesparteitag seiner Partei berichteten die *Stuttgarter Nachrichten* (Krause 2011a: 6) von „ätzender Kritik und beißendem Hohn", etwa bei der Bildungspolitik. SPD und Grüne würden die Einheitsschule proklamieren, „aber das stürzt die Schulen ins Chaos und bringt unsere Kinder um ihre Chancen". In diesem Ton kommunizierte jedoch nicht nur die Union, sondern Regierung und Opposition gleichermaßen (Krause 2011b: 7):

> „CDU und FDP auf der einen Seite sowie SPD und Grüne auf der anderen Seite tun derzeit alles dafür, um den Graben zwischen beiden Lagern immer tiefer zu schaufeln. Der Ton im Landtagswahlkampf ist rauer geworden, jede Pressemitteilung ist gespickt mit Attacken auf den politischen Gegner."

In der Rückschau wurden „wechselseitige persönliche Angriffe der Spitzenkandidaten" und ein „in seinem Ausmaß bisher unbekanntes Negative Campaigning" als „feste Bestandteile des Wahlkampfs 2011" (Gabriel/Kornelius 2011: 789) bezeichnet.

Somit kann auch in Baden-Württemberg das theoretische Dilemma zwischen den Variablen Umfragewerte und Koalitionsoptionen nicht gelöst werden. Stattdessen gilt es zu konstatieren, dass ein Widerspruch in diesen Variablen in Baden-Württemberg mit einem verschärften Lagerwahlkampf einherging. Dazu passt, dass SPD und Grüne sich untereinander nicht als Konkurrenten begriffen und dass auch die FDP – laut Umfragen in keinem Konkurrenzverhältnis zu Rot-Grün – in den aggressiven Ton der Auseinandersetzung einstimmte[223].

In einem anderen Fall trafen die Hypothesen zu den Umfragewerten zu. Die Linke nahm den knappen Rückstand zur FDP zum Anlass, erstens mehr Wahlkampf als die Liberalen zu machen (Hypothese 5) und diese zweitens zumindest moderat mit dem Plakatmotiv „Damit die Arroganz der Macht ein Ende findet" (Abbildung 31) anzugreifen (Hypothese 4).

---

[223] So knöpfte sich der gewöhnlich eher zurückhaltende FDP-Spitzenkandidat Ulrich Goll den Kontrahenten Kretschmann ungewohnt unsachlich vor. Wenn der über Wirtschaft rede, „nehmen sich die Märchen aus 1001 Nacht wie empirische Untersuchungen aus" (Deininger 2011: 2), und der FDP-Fraktionsvorsitzende im Landtag, Hans-Ulrich Rülke, nannte die Grünen eine widersprüchliche „Dagegen-Partei". Inzwischen sei es so weit, „dass die Grünen per SMS zur Demonstration gegen Mobilfunkmasten aufrufen" (ebd.).

Zudem war zu erwarten, dass auch die hiesigen Landesparteien von Union und FDP ob der schlechten Umfragewerte der Bundesregierung auf Landesthemen (Hypothese 8) und bevorzugt Landespersonal (Hypothese 9) setzten. Das stimmte zum Teil. Tatsächlich lag der Fokus der CDU-Kampagne eindeutig auf der Landespolitik, während die meisten FDP-Motive weder der einen noch der anderen föderalen Ebene zuzurechnen waren und wie in Hamburg und Sachsen-Anhalt eher allgemeine Politikfelder ansprachen. Die Frage nach dem bewussten Verzicht auf das Spitzenpersonal der Bundespolitik wurde im Südwesten verneint. Eindeutig von der CDU, die versicherte, „bewusst auf möglichst viele bundespolitische Auftritte" gesetzt zu haben. Etwas moderater von der FDP, deren Kampagnenleitung die bundespolitische Einbindung in ihren Landtagswahlkampf als „routiniert organisiert und durchgeführt" einstufte.

Zu den persönlichen Umfragedaten der Spitzenkandidaten ergaben sich für Baden-Württemberg keine konkreten Hypothesen. Bei der ersten Umfrage im September 2010 verzichteten die Demoskopen von *Infratest dimap* auf Fragen zu Popularität und Bekanntheit des Spitzenpersonals zugunsten von Fragen zu Stuttgart 21. Bei der zweiten Umfrage im Januar lagen die Popularitätswerte von *Mappus* und *Schmid* (39 zu 36 Prozent) sowie von *Mappus* und *Kretschmann* (43 zu 36 Prozent) zu nahe beieinander. Die Bekanntheit wurde erneut nicht thematisiert.

### 8.3.2 Erklärungskraft politisch-kultureller Faktoren

Das „Harmoniebedürfnis der Schwaben", verstanden als einen gemeinsamen Umgangston ohne „Schärfe und missionarische Parteipolitisierung" (Eilfort 2006: 220), wurde in diesem Wahlkampf eindeutig überlagert. Der jahrelange zum Teil erbitterte Streit um den Stuttgarter Bahnhof sowie die Tatsache, dass durch Fukushima alte ideologische Gräben neu aufgerissen wurden, haben das politische Klima zwischen Rhein und Neckar belastet. Das äußerte sich auch darin, dass die Oppositionsparteien auf den Wahlplakaten entweder wie die Linke pauschal die „Arroganz der Macht" kritisierten oder wie SPD (Abbildung 32) und Grüne (Abbildung 33) konkret mehr Volksabstimmungen und direkte Demokratie forderten. Sowohl Stuttgart 21 als auch Fukushima müssen als besondere Ereignisse für die politisch-kulturelle Situation in Baden-Württemberg angesehen werden.[224]

---

[224] Mappus selbst merkte laut *Frankfurter Allgemeine Zeitung* (Soldt 2011: 3) bei einer Wahlveranstaltung in Markgröningen an: „So einen Wahlkampf, wo es alle Vierteljahr lang

Andererseits, und das weist bereits auf die Kommunikationstypen hin, wurde dieser ideologische Streit durchweg von Personen geführt, die bei aller Vorsicht als pragmatisch und wertkonservativ gelten können. Gerade die rot-grünen Spitzenkandidaten Schmid und Kretschmann traten weniger als Revolutionsführer denn als Realpolitiker in Erscheinung. Das passt wiederum zum politisch-kulturellen Erbe der Region und erklärt erstens, dass die Angriffsplakate wenn überhaupt eher moderat als aggressiv ausfielen, und zweitens dass der Machtwechsel, der auf den Wahlkampf folgte, in einem strukturell so wertkonservativen Land überhaupt möglich war.

### 8.3.3 Erklärungskraft der Kommunikationsstile

Das leitet direkt zu der Person *Winfried Kretschmann* über, der es gelingt, wertkonservative Natur wie ländliche Struktur von Baden-Württemberg zu verkörpern. *Kretschmanns* persönliche Art hat seinen Wahlkampf geprägt und seine Wahlchancen gesteigert. Dieser Stil ist allerdings im Reigen der idealen Kommunikationstypen etwas schwer einzuordnen und rangiert zwischen den Typen „Landesvater" und „Fachmann".

Das beginnt bereits bei *Kretschmanns* Kommunikationsbotschaft: dem Bezug zur Natur[225], dem Erhalt der Schöpfung als „engagierter Christ und Naturliebhaber" (Lau 2011a: 13). Das lebt der „passionierte Wanderer, begeisterte Müsli-Esser, treue Kirchgänger" (König 2011: 32ff.) so glaubwürdig, dass man von einer persönlich-emotionalen Botschaft sprechen kann, was eher dem „Landesvater" entspricht. Gleichzeitig erscheint diese Haltung etwa in der zentralen Frage der Energiepolitik als inhaltlich-sachlich. *Kretschmanns* Kommunikationshabitus wirkt kontrolliert, er erklärt lieber als er streitet. So beschreibt ihn der *Stern* als „demütig", „besonnen und zurückgenommen" (ebd.). Das passt zum „Fachmann". Darüber hinaus predigte *Kretschmann* immer Pragmatismus und galt in seiner Partei stets als Realpolitiker[226]. Er verkörperte das Überpar-

---

schwierige Themen reinhagelt, habe ich noch nicht erlebt. Aber einfache Sachen kann jeder machen."

[225] Auf die Frage, warum er sich den Grünen angeschlossen habe, antwortete Kretschmann regelmäßig: „Aus Liebe zur Natur, einer emphatischen Liebe zur Natur." Auf der Schwäbischen Alb, erklärte er, „kenne ich jeden Felsen" (vgl. Lau 2011a: 13).

[226] Laut *Stern* (König 2011: 32ff.) hielt er einst dagegen, als ein grüner Parteitag den CDU-Mann Gerhard Mayer-Vorfelder zum „Faschisten" erklären wollte. Oder er warb früh für Regierungsbeteiligungen seiner Partei, erst in rot-grünen, später in schwarz-grünen Koalitionen, wofür Kretschmann damals von Petra Kelly scharf kritisiert wurde.

teiliche, galt als konservativer Grüner[227] und kommunizierte in diesem Sinn bereits als „Landesvater", ehe er diese Position in realiter bekleidete. Im Wahlkampf 2011 führte das dazu, dass der grüne Spitzenkandidat zu vielem taugte, aber nicht zum „Feindbild des Bürgertums im Südwesten", wie es im *Tagesspiegel* prägnant formuliert wurde (Haselberger/Monath/Muschel 2011: 4):

> „Naturliebhaber und Wanderer, Mitglied im Kirchenchor und im Schützenverein – an seiner Lebensführung kann auch der konservativste CDU-Anhänger keinen Anstoß nehmen."

Sein SPD-Äquivalent *Nils Schmid* passt dagegen eindeutig zum Typus „Fachmann". Ihm fehlt das Empathische von *Kretschmann*: Eine inhaltliche Botschaft kombiniert er mit kontrolliertem Habitus und der Vorliebe, eher vor einem ausgewählten Zuhörerkreis zu sprechen. *Schmid* glaubt stets an die Kraft des Sacharguments. Der *Tagesspiegel* zitierte ihn mit dem Satz (Haselberger 2011a: 4):

> „Ich setze meine Punkte. Nicht die, die am meisten reden, werden am meisten geschätzt."

Die *FAZ* beschreibt *Schmid* als „leise und fleißig" (Preuss 2011: 16). Er selbst weiß um seine mangelnde Ausstrahlung, seine Wirkung und seinen Hintergrund als Musterschüler: Einser-Abiturient, promovierter Prädikatsjurist, anerkannter Finanzexperte seiner Fraktion (vgl. Haselberger 2011a: 4). Entsprechend wirbt *Schmid* für sich selbst als „Garant für wirtschaftliche Vernunft" (Preuss 2011: 16). Volkstribun geht anders, aber der Sachpolitiker stellt Sachargumente in den Vordergrund, bewusst in Abgrenzung zu Amtsinhaber *Mappus*. So klang das bei einem Auftritt Schmids in seinem Wahlkreis Reutlingen (Haselberger 2011a: 4):

> „Wer dieses Land beherrschen will, der sollte auch sich selbst beherrschen. (...) Ich bin ein berechenbarer Politiker, auf mich kann man sich verlassen."

---

[227] So berichtete die *ZEIT* (Lau 2011a: 13) von einem Telefonat mit Stefan Mappus, der versicherte, Kretschmann häufig gesagt zu haben: „Winfried! Du bisch kei Grüner." Überliefert ist auch das gute Verhältnis, das Kretschmann zu seinen Vorgängern Lothar Späth, Erwin Teufel und Günther Oettinger pflegte (König 2011: 32ff.).

Besonders interessant im Wahlkampf von Baden-Württemberg war die Person *Stefan Mappus*. Wenn die persönlichen Kommunikationsstile von *Kretschmann* und *Schmid* helfen zu verstehen, warum ein Machtwechsel überhaupt möglich wurde, dann kann die persönliche Art des Amtsinhabers ein Stück weit erklären, warum dieser Wahlkampf im Südwesten aggressiver und kompetitiver geführt wurde als sonst. Die Attribute, mit denen *Mappus* in den Medien belegt wurde, sprechen bereits eine eindeutige Sprache: „der Boxer" (*FAZ*/Soldt 2011: 3), „der Raufbold" (*Stern*/König 2011: 32ff.), „der Klassenbulle in einer permanenten Schulhof-Rauferei" (*Tagesspiegel*/Birnbaum 2011: 3). So wird *Mappus'* Auftreten und Vorgehen im Wahlkampf beschrieben, das m.E. dem Idealtypus des „Streitbaren" nahe kommt.

*Stefan Mappus* bevorzugt die frontale Art der Kommunikation mit persönlich-emotionalem Inhalt. Dazu agierte er parteiintern wie parteiextern nicht selten provokant oder polarisierend, bisweilen sogar „forscher, als es seine erarbeitete Autorität eigentlich zuließ" (Soldt 2011: 3)[228]. Die politische Welt von *Mappus* drehte sich stets um den politischen Gegner, seine Art der Politik und der Kommunikation hatte immer eine kompetitive Komponente. Das war die Disziplin, in der er dachte. Umso mehr, als *Mappus* im Wahlkampf unter Druck geriet (ebd.):

> „Doch je größer der Handlungsdruck wurde, desto deutlicher schimmerte wieder derjenige durch, den die Menschen in Pforzheim, Mühlacker und Enzberg, wo er aufgewachsen ist, kennengelernt haben: der politische Boxer, der Haudegen, der ‚Landeshalbstarke', wie ihn der Grüne Boris Palmer einmal nannte."

Aus dieser Haltung heraus versuchte er im Wahlkampf, „mit großer Zähigkeit und auch Brutalität" (ebd.) das Amt des Ministerpräsidenten zu verteidigen, das er sich vor allem parteiintern erkämpft hatte.[229] Dabei

---

[228] Diese Beschreibung in der *Frankfurter Allgemeinen Zeitung* bezog sich darauf, dass Mappus in der Debatte um die Laufzeitverlängerung der Atomkraftwerke im Sommer 2010 die Bundeskanzlerin aufforderte, Umweltminister Norbert Röttgen zu entlassen.

[229] Mit dieser Art brachte Mappus auch den besonnenen Kretschmann gegen sich auf. Aus der CDU waren Zweifel am Gesundheitszustand des 62-jährigen Kretschmanns laut geworden. Darauf antwortete dieser in der *Welt am Sonntag* (Crolly 2011: 10): „Das hat mich getroffen. Die Kampagne um meine Gesundheit und auch mein Alter soll ja suggerieren: Der Kretschmann ist nur ein Pappkamerad, im Hintergrund lauert der Özdemir. In dieser Kombination ist das perfide und unanständig. Aber Mappus' unakzeptable Angriffe gehen auch gegen Parteifreunde, wie Stuttgarts Oberbürgermeister Schuster oder Umweltminister

zeichnete sich sein Wahlkampfstil auch durch einen extrovertiert-engagierten Kommunikationshabitus aus, durch ein „impulsives" (Schlieben 2011a) und „hemdsärmeliges" (Soldt 2011: 3) Auftreten mit „starken Sätzen" (Schlieben 2011a) und einer „robust volkstümlichen Sprache" (Birnbaum 2011: 3). Dieser Habitus passt nicht ganz zum Idealbild des „Streitbaren", dessen Eigenschaften *Mappus* sonst nahezu passgenau verkörpert. Doch auch mit diesem kleinen Schönheitsfehler kann man m.E. resümierend davon sprechen, dass in weiten Teilen der streitbare persönliche Kommunikationsstil von *Stefan Mappus* nolens volens zu einem für die landestypischen Gepflogenheiten untypisch streitbaren Wahlkampf in Baden-Württemberg führte.

## 8.4 Wahlkampf zur Landtagswahl in Rheinland-Pfalz

In Rheinland-Pfalz, einem Bundesland ohne aktives Atomkraftwerk, verlief die politische Auseinandersetzung zeitgleich etwas weniger scharf als in Baden-Württemberg. Das lag auch an dem persönlichen Stil von Ministerpräsident *Kurt Beck*, der das Land bereits seit 1994 regiert. Doch zunächst sollen auch hier die theoretisch prognostizierten Wahlkampfhandlungen überprüft werden.

### 8.4.1 Erklärungskraft der Hypothesen

Der wenigstens zum Teil erzielte ökonomische Erfolg unter der alleinigen SPD-Regierung ließ auf die Kommunikationsmuster „Amtsträger" (Hypothese 1) und „Kollektive Erfolge" (Hypothese 2) bei den Sozialdemokraten schließen und diese Erwartung bestätigte sich auch. Ein Motiv, das den Anforderungen an den „Amtsträger" entspricht, zeigte *Kurt Beck* mit der Aufschrift „Der Ministerpräsident" (Abbildung 34) und umfasste weit mehr als zehn Prozent der SPD-Plakatkampagne. Auch das Kommunikationsmuster „Kollektive Erfolge" konnte festgestellt werden: Von dem gerade erwähnten „Ministerpräsident"-Plakat abgesehen, trugen sämtliche Motive die Unterzeile „Auf gutem Kurs, Rheinland-Pfalz!".

---

Röttgen. Sie zeigen, ebenso wie etwa der EnBW-Deal am Parlament vorbei, dass er einen Regierungsstil pflegt, dem Besonnenheit, Maß und Berechenbarkeit fehlen." Diese Meinung hatte Kretschmann nicht exklusiv. Im Verlauf des Wahlkampfs wurde Mappus „zunehmend zur Symbolfigur für einen von großen Teilen der Bevölkerung abgelehnten Politikstil" (Gabriel/Kornelius 2011: 788).

Das bedeutet, die Erfolge – auch die ökonomischen – wurden umfangreich betont (vgl. Gothe 2011: 766). Dazu gab es mehrere Motive, auf denen sich *Beck* gemeinsam mit normalen Menschen zeigte, was bereits die Interpretation zuließe, der gute Kurs sei dem Kollektiv zu verdanken. Endgültig verdeutlicht wird dies durch die in relevanter Größenordnung verwendete Formulierung „Heimat für...", mit der auf gemeinsame Erfolge etwa in der Wirtschafts- oder der Bildungspolitik hingewiesen wurde (Abbildung 35).[230]

Bei den Umfragewerten lagen die größeren Parteien so nahe beieinander, dass keine eindeutigen Aussagen zu treffen waren. Bei den kleineren Parteien verfügten die Grünen über signifikante strategische Vorteile, auf die FDP und Linke mit einem Plus an Engagement sowie moderaten oder aggressiven Angriffsplakaten gegen die Grünen reagieren sollten (Hypothese 5, Hypothese 4). Die vorhandenen Koalitionsoptionen verstärkten genau diese Prognose (Hypothese 6, Hypothese 7), die sich jedoch mehrheitlich nicht bewahrheitete. Zwar führten die Angaben aus den Parteizentralen zu einem höheren PP-Wert der Linke im Vergleich zu den Grünen, der FDP-Wert lag allerdings noch niedriger. Die Plakat-Analysen der liberalen und der linken Kampagnen ergaben zudem keine Angriffsplakate im hier verstandenen und definierten Sinne.

Anders sah das im Koalitionspoker der großen Parteien aus. Der SPD standen mehr Optionen offen, was die CDU zu mehr Engagement und aggressiven Motiven antreiben sollte. Beides ließ sich beobachten. Der errechnete PP-Index fiel für die Union höher aus und auch die Medien dokumentierten den überaus engagierten CDU-Wahlkampf (Hypothese 7). So schrieb etwa die in Koblenz erscheinende *Rhein-Zeitung* von einem „Dauerfeuer der Union", einer „schon fast penetranten öffentlichen Präsenz" von Partei und Kandidatin und hielt fest (Ruch 2011: 5):

> „Mit einem gewaltigen Aufwand hat (...) Spitzenkandidatin Julia Klöckner eine Maschinerie angeworfen, die die SPD im Lande zunehmend unter Druck bringt. Die CDU-Vorsitzende mobilisiert alles und jeden, sie twittert und meldet sich über Facebook, sie reist unermüdlich landauf, landab, lächelt in Aberhunderte Kameras. Sie bombardiert die Landespresse mit einer die Schmerzgrenze errei-

---

[230] Wie zuvor allgemein am Beispiel von Sachsen aufgezeigt, belegt auch Rheinland-Pfalz, dass für kollektive Errungenschaften gerne mit dem Heimat-Bezug für die regionale politische Kultur geworben wird. So warb die SPD etwa mit einem Plakatmotiv, das Mutter und Kind in Faschingsverkleidung zu dem Motto zeigte: „Heimat der Lebenslust". Allgemein lässt sich der Versuch der SPD konstatieren, mit einem „modern interpretierten Heimat-Begriff als die Rheinland-Pfalz-Partei" (Gothe 2011: 766) zu erscheinen.

chenden Flut an Pressekonferenzen, sie karrt alte und junge Politprominenz als Berater ins Land, und sie bohrt mit ihren Helfern gnadenlos in den politischen Wunden der SPD."

Auch in puncto Aggressivität erfüllte die CDU-Kampagne die Erwartungen (Hypothese 6). Wie ein internes Dokument aus der Kampagnenführung belegt, wurde die Zeile „Zukunft statt Vergangenheit" als so genanntes „Leitthema" der Kampagne gewählt. Das findet sich wieder in der auf verschiedenen und häufig kommunizierten Motiven verwendeten Aufschrift „Zukunft wählen". Dazu wurde die Vergangenheit auch mehrfach personifiziert und zur Abwahl von *Kurt Beck* aufgerufen, etwa in den Formulierungen „Politik ohne Bart" (Abbildung 37) oder „*System Beck* muss weg" (Abbildung 38). Insofern verwendete die CDU-Kampagne sowohl moderate als auch aggressive Angriffsplakate.[231]

Die Landesparteien von CDU und FDP versicherten auch in Rheinland-Pfalz, sich im Wahlkampf nicht von den Bundesparteien abgegrenzt zu haben, indem weniger Auftritte mit den Spitzenkräften organisiert wurden (Hypothese 9). Die Aussagen kamen von Primärquellen und sind insofern nicht in Frage zu stellen. Im Fall der FDP sei aber zumindest ein kleines Fragezeichen erlaubt. Grund dafür ist eine Aussage von Spitzenkandidat *Herbert Mertin* im Dezember 2010, die bundesweit für Aufregung sorgte (Abbildung 39). Auf die Frage, ob man sich Auftritte des damaligen Bundesvorsitzenden *Guido Westerwelle* im Landtagswahlkampf wünsche, antwortete Mertin auf *Spiegel Online*:

„Ich kann mich nicht erinnern, jemals einen solchen Wunsch geäußert zu haben (...) Die Stimmung ist nicht so, dass sein Auftreten an der Basis als hilfreich angesehen wird. Es ist Tatsache, dass die FDP seit Monaten nicht aus dem Tief herauskommt. Es mag ungerecht sein, aber so ist das nun mal in der Politik: Das wird ein Stück weit auch an der Person von Herrn Westerwelle festgemacht. (...) Fakt ist, dass die Person des Bundesvorsitzenden uns seit Monaten wie ein Klotz am Bein hängt."

---

[231] Darüber hinaus ging Julia Klöckner auch mit regelmäßig bei Auftritten formulierten Sprachbildern rhetorisch-aggressiv gegen den Amtsinhaber vor. Am Prägnantesten erscheint, dass sie häufig von „Rheinland-Filz" sprach, um zu erklären, wie sich das Land unter der Führung Becks entwickelt habe (vgl. Gothe 2011: 767). Der *Spiegel* (Bartsch 2011: 32) resümierte die konfrontative CDU-Strategie mit diesen Worten: „Jung gegen alt, Frau gegen Mann, blond gegen Bart".

Im gleichen Zusammenhang galt es zu analysieren, inwieweit Union und FDP sich inhaltlich von der Bundesebene abgrenzten und verstärkt auf Landesthemen setzten (Hypothese 8). Bei der Union traf dies zu. Die Kampagne stellte zwar vor allem die Person der Spitzenkandidatin in den Vordergrund, bei den explizit inhaltlichen Plakaten dominierte jedoch die Bildungspolitik (vgl. Gothe 2011: 767) mit einem eindeutig landespolitischen Fokus, etwa mit der Aufschrift „Schützt das Gymnasium" (Abbildung 40). Bei der FDP fiel das Ergebnis anders aus: Die Analyse ergab eine eindeutig inhaltliche Kampagne, deren meiste Plakate weder eindeutig bundes- noch landespolitisch zugeteilt werden konnten, weil sie häufig rein symbolische Aussagen boten wie „Leistung belohnen!" (Abbildung 41). Jedoch zeigte sich auch bei den Plakatmotiven der Liberalen die feste Verankerung in der Region, etwa durch Weinberge im Bildhintergrund oder durch die gleich bleibende Unterzeile „Rheinland-Pfalz im Herzen".

Schließlich ließ sich erwarten, dass die SPD ihren populären Spitzenmann *Kurt Beck* besonders in den Vordergrund stellte (Hypothese 10) und das tat sie eindeutig. Knapp zwei Drittel der Plakatkampagne zeigte ausschließlich die Person *Beck*. Dazu kommen Themenplakate, auf denen er ebenfalls zu sehen war. Auch in der Analyse von Heiko Gothe (2011: 766) stand bei der SPD *Beck* „im Vordergrund des Wahlkampfs".[232]

Unter dem Strich trafen also die meisten konkreten Erwartungen an die Kampagnen in Rheinland-Pfalz zu. Als kleiner Wermutstropfen bleibt, dass die Theorie keine Anhaltspunkte für den Wahlkampf der Grünen lieferte. Denn angetrieben durch den Zeitgeist, aber auch durch engagiertes und z.T. kreatives eigenes Zutun (exemplarisch Abbildung 42) gelang den Grünen in Rheinland-Pfalz eine Verdreifachung ihres Wähleranteils, die landeshistorisch stärkste Wählerbewegung einer Partei und der direkte Sprung aus der außerparlamentarischen Opposition in die Regierung (vgl. ebd.: 770).[233]

---

[232] Aus Ermangelung an Infratest-Daten zur Bekanntheit der Spitzenkandidaten kamen die entsprechenden Hypothesen in Rheinland-Pfalz gar nicht erst in Betracht. Gleichwohl finden sich Indizien, dass Amtsinhaber Kurt Beck seine Herausforderin Julia Klöckner gemäß Hypothese 13 behandelte, sie also ignorierte. Lisa Caspari (2011b) formulierte es in einem Porträt über den Wahlkämpfer Beck für ZEIT Online so: „Seine Herausforderin, die ambitionierte CDU-Spitzenkandidatin und Parlamentarische Staatssekretärin im Bundesverbraucherschutzministerium, Julia Klöckner, nennt Beck nicht einmal mit Namen."
[233] Spätestens damit überwand der grüne Landesverband auch ein altes Stigma von Joschka Fischer. Der langjährige Frontmann der Bundespartei und gebürtige Hesse soll zahlreichen

## 8.4.2 Erklärungskraft politisch-kultureller Faktoren

Eine besonders ausgeprägte Regionalkultur ist in der politischen Landschaft von Rheinland-Pfalz unverkennbar und das offenbarte sich auch in diesem Wahlkampf. Insbesondere die beiden Spitzenkandidaten mit Ambitionen auf das Amt des Ministerpräsidenten, *Kurt Beck* und *Julia Klöckner*, demonstrierten und inszenierten gleichermaßen ihre Verbundenheit mit der Region: *Beck* etwa mit der beschriebenen „Heimat"-Kampagne, *Klöckner* indem sie alle Plakatmotive mit dem kleingedruckten Zusatz versah: „Unsere Heimat. Unsere Zukunft." Auch der inhaltliche Fokus der Union auf das Landesthema Bildung passt da ins Bild.[234]

Dass *Beck* einmal mehr den eigenständigen politisch-kulturellen Anspruch von Rheinland-Pfalz bediente und verkörperte, überrascht nicht. Eher schon, dass die Winzertochter *Julia Klöckner* den Anforderungen der Region ebenfalls in besonderem Maße zu genügen scheint. So bescheinigt ihr Hans-Artur Bauckhage, FDP-Politiker und lange Landesminister unter *Beck*, im *Spiegel* (Bartsch 2011: 32):

> „Sie kann etwas, was sonst kaum einer so gut kann wie Kurt Beck. Sie kann auf Menschen zugehen und Marktplätze umarmen."

Damit bestätigen sich in der Person der CDU-Spitzenkandidatin und heutigen Oppositionsführerin gleich zwei Spezifika, die zuvor in dieser Arbeit herausgearbeitet wurden: dass die politische Kultur zwischen Rhein und Mosel sich erstens weniger an Parteigrenzen orientiert als an Persönlichkeiten, die in der Lage sind, unprätentiös und überparteilich aufzutreten; und dass dies zweitens die beiden Volksparteien und ihre Exponenten einander immer ähnlicher werden lässt.

Als weiteren politisch-kulturellen Faktor wurde der pragmatische und moderate Umgang der Parteien miteinander benannt.[235] Das

---

Medienberichten zufolge einmal gesagt haben: In Rheinland-Pfalz gebe es in seiner Partei weniger „Fundis" und „Realos", dafür vor allem „Banalos".

[234] Ein interessantes Gedankenspiel enthält die Vorstellung, wie Kurt Beck als Bundesvorsitzender seiner Partei die Kampagne im Land organisiert hätte. Die Vermutung liegt nahe, dass er dann weniger auf seine Rolle als Volk und Region verbundener Landesvater und eher auf seine Rolle im Bund hätte setzen müssen.

[235] Das überparteiliche, pragmatische Vorgehen Becks thematisiert auch ein Porträt der *FAZ* im Oktober 2012. Dort heißt es: „Er konnte Brücken bauen, stand nicht für die Rechte oder Linke, sondern für eine Mitte, die pragmatisch handelte und doch auch den linken Flügel samt Gewerkschaften einband, ohne sich zu verbiegen" (Holl 2012: 1).

könnte ein Hinweis sein, warum wie erwähnt unter den kleineren Parteien der strategische Vorteil der Grünen von FDP und Linke nicht wirklich attackiert wurde.

### 8.4.3 Erklärungskraft der Kommunikationsstile

Gerade bei so starken Persönlichkeiten und so stark auf persönliche Seiten setzenden Charakteren wie *Kurt Beck* und *Julia Klöckner* ist es interessant, ihre Kommunikationsstile entlang der entwickelten Idealtypologie einzuordnen. Dabei passen die identifizierten Typen zum bereits analysierten Wahlkampfgeschehen und erklären dies zusätzlich.

*Beck* verkörperte in diesem und früheren Wahlkämpfen nahezu idealtypisch den Kommunikationstyp „Landesvater", indem er extrovertiert-engagiert eine emotionale Botschaft vermittelte und bewusst als persönlicher Vertreter seiner Region zu erkennen war, der sich demonstrativ unters Volk mischte, seine Nähe zu den Wählern mit dem Ausdruck „Nah' bei de Leut" zum Credo erhob und dafür „in Berlin als ‚Provinzonkel' mit pfälzischem Dialekt geschmäht" (Holl 2012: 1) wurde. Er kommunizierte mit den Bürgern in jeder Lebenslage, also nicht nur an ausgewählten Orten, und er verstand es, Interaktivität mit den Wählern herzustellen oder mindestens zu simulieren. Er trat auf als „Navigator für elementare Lebensfragen", als ein „globaler Bürgermeistertyp: ein kommunal geprägter Kümmerer mit fürsorglich-präsidialer Leutseligkeit" (Korte 2010: 292f.). Er warb für Zusammenhalt, für Integration, nach dem alten Wahlspruch von *Johannes Rau* „Versöhnen statt spalten".

Der Wahlkampf von *Klöckner* vermittelte den Eindruck, dass sie diese Disziplin auch beherrschen kann, insbesondere wie erwähnt im Umgang mit der ländlichen Umgebung und ihrer Bewohner.[236] Im Wahlkampf 2011 war von *Julia Klöckner* allerdings auch etwas anderes gefragt. Die Kombination aus erstens einem altgedienten und alleinregierenden Ministerpräsidenten mit der ein oder anderen Angriffsfläche, zweitens dem knappen, aber nicht aussichtslosen Rückstand in den Umfragen sowie drittens der mangelnden Koalitionsoption ohne die SPD führte dazu, dass *Klöckner* einen Kommunikationsstil an den Tag legte, der dem Typus „Rampensau" nahekam. In Botschaft und Auftreten ähnelte sie der emotionalen und extrovertierten Art *Becks*, doch sie war deutlich konfrontativer, echauffierte sich stets über das „System *Beck*" und wirkte bei ihren

---

[236] Klöckner selbst bezeichnet sich als „geländegängig", was Lisa Caspari (2011a) auf ZEIT Online so übersetzte: „Sie kommt vom Land, sie kann mit den Leuten, ist immer für ein Schwätzchen bei einem Weinchen zu haben."

Auftritten „erfrischend bis respektlos" (Bartsch 2011: 32). Man könnte resümieren, der Unterschied im Kommunikationsstil zwischen Landesvater *Beck* und Rampensau *Klöckner* war im Wahlkampf 2011 schlicht das Amt, das der eine hatte und die andere wollte. Zudem ließe sich mutmaßen, dass der Kommunikationsstil von *Klöckner* bereits 2011 die Landesmutter in spe andeutete. Das ist eine These, die möglicherweise in künftigen Wahlkämpfen aufgegriffen werden kann.

Ein weiterer Kommunikationstypus konnte für die Doppelspitze der Grünen festgestellt werden. Das Duo *Eveline Lemke* und *Daniel Köbler* trägt Züge vom Kommunikationstypus „Problemlöserin", weil es den beiden erkennbar um die Sache ging, sie stets auf der Sachebene argumentierten und auch auf ihren Plakaten vor allem inhaltlich warben. Der Atomschwenk der Bundesregierung nach Fukushima und kurz vor den Wahlen in Rheinland-Pfalz verschaffte der grünen Sachpolitik zusätzliche Glaubwürdigkeit und genau mit dieser Sachpolitik riefen die beiden Spitzenkandidaten zur Wahl auf[237]. Entsprechend dem Idealtypus setzten die Grünen auch auf einen interaktiven Kommunikationsstrom, insbesondere mit der Parteibasis. Auch dabei vermittelte *Köbler* die Botschaft, dass es weniger um Personen als um Inhalte geht (Caspari 2011c):

„Wir haben uns personell neu aufgestellt und unsere Inhalte in vielen fruchtbaren Diskussionen mit der Basis neu definiert. Unser Wahlprogramm wurde von unseren Delegierten zu hundert Prozent befürwortet."

Auch mit diesen sachorientierten Kommunikationsstilen der beiden Spitzenkandidaten lässt sich m.E. der Wahlkampf der Grünen in Rheinland-Pfalz erklären.

## 8.5 Wahlkampf zur Bürgerschaftswahl in Bremen

Ähnlich der Situation in Hamburg zeichnete sich auch der Wahlkampf in Bremen durch einen großen Umfragevorsprung der Sozialdemokraten aus, sowohl im Bezug auf die gesamte Partei als auch auf die Person von Bürgermeister und Spitzenkandidat *Jens Böhrnsen* in puncto Popularität und Bekanntheit. Das führte dazu, dass sich auch in dieser Hansestadt

---

[237] Das taten sie zum Beispiel in einem gemeinsamen Interview mit ZEIT Online (Caspari 2011c), in dem Köbler erklärte: „Wir haben die besten Zukunftsrezepte für das Land." Und: „Uns gibt es nur im Original."

mangels Konkurrenz keine hypothetischen Annahmen im Sinne der hier aufgestellten Theorie für die SPD-Kampagne ergaben.

Gleichwohl stellte diese Dominanz ein weiteres Mal eine politisch-kulturelle Besonderheit Bremens unter Beweis, die sich auch auf die anderen Parteien und das politische Klima im Wahlkampf insgesamt auswirkte.

### 8.5.1  Erklärungskraft der Hypothesen

Die konkreten Erwartungen aus dem theoretischen Modell beziehen sich zunächst auf die Machtoptionen, die den Grünen einen strategischen Vorteil gegenüber der Union verschafften. Entsprechend galt es zunächst die Plakat-Kampagne der Union zu analysieren. Dabei zeigte sich einerseits, dass die CDU eindeutig nicht mehr Plakate pro Mitglied produzierte als die Grünen, andererseits mit einem aggressiven Angriffsplakat gegen SPD und Grüne für sich warb (Abbildung 43). Somit erfüllten die CDU-Wahlkämpfer die Hypothese 6, nicht jedoch die Hypothese 7.

Die Koalitionsoptionen richteten den Blick zudem auf die FDP-Kampagne, weil sich den Liberalen weniger Machtvarianten boten als der Linke. Auch hier wurde nur eine von beiden Hypothesen erfüllt: Die FDP kam auf einen höheren PP-Wert als die Linke (Tabelle 30), verzichtete jedoch auf das Kommunikationsmuster „Konfrontation". Allerdings sind diese Erwartungen an FDP und Linke ohnehin mit einem Fragezeichen versehen, weil jegliche Koalitionsoptionen der Parteien auf Grüne und SPD bauen musste, die auch ohne dritte Kraft mehrheitsfähig waren.

Auch mit der Beteiligung in der Bundesregierung sind die Bremer Parteien zum Teil entsprechend der Hypothesen umgegangen, zum Teil nicht. In der Hansestadt konnte ein weiteres Mal nicht belegt werden, dass Union und FDP bewusst auf Auftritte der Bundesprominenz verzichteten (Hypothese 9). Für die CDU versicherte *Heiko Strohmann*, stellvertretender Fraktionsvorsitzender in der Bremer Bürgerschaft, schriftlich, dass nationale Entwicklungen wie die Wahlniederlagen in anderen Bundesländern oder die Energiewende im Zeichen von Fukushima „nur inhaltliche Veränderungen und keine personellen zur Folge" hatten. Auch die FDP setzte auf die Berliner Größen. Das erscheint glaubhaft, weil die liberale Bundespartei mitten im Bremer Wahlkampf einen mindestens gefühlt neuen Hoffnungsträger an der Spitze installierte. *Philipp Rösler* wurde am 13. Mai in Rostock zum Parteivorsitzenden gewählt, also eine Woche vor der Bremer Wahl. Tatsächlich standen seine Kandidatur und vor allem die Demission *Westerwelles*, schon deutlich länger fest. Die Person *Rösler*, „immerhin ein Norddeutscher", gebe der

FDP im Wahlkampf zusätzlichen Schwung, erklärte der Bremer Spitzenkandidat *Oliver Möllenstädt* (Brandt 2011). Während Hypothese 9 also nicht erfüllt wurde, handelten FDP und mit Abstrichen die CDU nach der Maxime von Hypothese 8: Sie setzten auf Landesthemen. Von zwei inhaltlichen FDP-Plakaten thematisierte eines die Bildung, also ein Feld, das sowohl Bund als auch Land betrifft, und das andere die Infrastruktur in Bremen. Die Auflagen waren gleich verteilt. Deshalb konnte 50 Prozent der inhaltlichen Plakat-Kampagne als Bekenntnis zur Landespolitik gewertet werden, deutlich mehr als die festgelegte Grenze von einem Drittel. Bei der Union wurde diese Messlatte knapp gerissen. Ein Motiv, das explizit die städtische Haushalts- und Verkehrspolitik kritisierte (Abbildung 43), machte 31,5 Prozent der inhaltlichen Plakat-Kampagne aus. Da jedoch keines der anderen inhaltlichen Motive explizit Bundesthemen zeigte, sondern nur Weder-Noch-Motive, kann die Hypothese m.E. mit einem Schönheitsfehler als erfüllt gelten. Mit Blick auf die oben zitierte Aussage *Strohmanns* erscheint dies allemal zulässig.

Schließlich gab die unterschiedliche Bekanntheit der Spitzenkandidaten Anlass für konkrete Vorhersagen. Das betraf zunächst die Kampagne der CDU mit *Rita Mohr-Lüllmann*. Sie stellte erwartungsgemäß ihre Person in den Vordergrund (Hypothese 11). Die explizit personenbezogenen Plakate machten ein Viertel der Plakat-Kampagne aus und wurden in höherer Auflage produziert als die explizit inhaltlichen Plakate. Auch die zweite Annahme traf zu: *Mohr-Lüllmann* legte ein besonderes Engagement an den Tag, um ihre mangelnde Bekanntheit zu kompensieren (Hypothese 12). Das dokumentierte ein detaillierter Einblick in den berstenden Terminkalender der Spitzenkandidatin und eine Aussage von *Martin Roth*, Landesgeschäftsführer der CDU, der es so formulierte:

> „Rita Mohr-Lüllmann war in der heißen Phase des Wahlkampfs nahezu pausenlos im Einsatz."

Auch in der Medienberichterstattung wurde der große Einsatz der CDU-Kandidatin gerade im Vergleich zur Grünen-Kandidatin *Karoline Linnert* thematisiert.[238] Dass die Grünen es entsprechend auch aktiv vermieden,

---

[238] In einem Artikel im *Weser Kurier* verwies CDU-Sprecher Gunnar Meister auf „ganz viele Termine" seiner Spitzenkandidatin, die jedoch kaum wahrgenommen würden. Im gleichen Artikel wird der Wahlkampf von Jens Böhrnsen und Karoline Linnert als „passiv" und „komfortabel" charakterisiert: „Sie können sich gelassen zurücklehnen und den politischen Gegner beobachten. Und genauso halten sie es auch" (Brandt 2011).

die konservative Konkurrenz beim Namen zu nennen (Hypothese 13), wurde zumindest offiziell nicht bestätigt.
Die unterschiedliche Bekanntheit wurde nach der Theorie auch zum Thema zwischen FDP und Linke. Das linke Spitzenduo *Kristina Vogt* und *Klaus-Rainer Rupp* lag diesbezüglich hinter dem liberalen Spitzenkandidaten *Oliver Möllenstädt* und hätte entsprechend die eigenen Personen in den Vordergrund stellen müssen (Hypothese 11). Das war in der Kampagnenrealität nicht der Fall, wäre allerdings nach den Erfahrungen der anderen Wahlkämpfe für die Linke auch untypisch gewesen. Für die zweite Schlussfolgerung auf besonderes Engagement der Linke-Kandidaten gerade im Vergleich zur FDP (Hypothese 12) gibt es dagegen Hinweise.[239] Dass drittens die FDP das Linke-Personal bewusst ignorierte (Hypothese 13), wurde von den Liberalen nicht bestätigt.

### 8.5.2 Erklärungskraft politisch-kultureller Faktoren

Die exponierte Stellung der SPD wurde in Kapitel 7 als prägender Faktor der politischen Kultur Bremens herausgearbeitet. Dies zeigte sich auch im Wahlkampf 2011 bzw. kann helfen, diesen zu erklären. Dabei geht es um mehr als den Wahlerfolg der Sozialdemokraten unter einem über den Parteien stehenden Bürgermeister *Böhrnsen*. Vielmehr offenbart diese Dominanz einen Eckpfeiler des Parteiensystems, der Einfluss hat auf die Handlungen anderer Parteien und das politische Klima insgesamt.

Eine so verstandene Sozialdemokratisierung lässt sich in den aktuellen Kampagnen m.E. an zwei Fällen aufzeigen: Erstens am Verhalten der Grünen, die eine realistische Machtchance als Seniorpartner mit der CDU kategorisch ausschlossen. Gegenüber der *ZEIT* bezeichnete *Karoline Linnert* diese Option als „absurd" und stellte fest (Caspari 2011e):

„Das wäre doch reine Machtgier".

---

[239] So erklärte Landesgeschäftsführer Andreas Hein dem *Weser Kurier* (Brandt 2011) mit Blick auf den acht Wochen andauernden Wahlkampf: „Wir waren von Anfang an dabei", während FDP-Spitzenkandidat Möllenstädt einräumte, „später als andere Parteien" in den Wahlkampf einzusteigen. Passend dazu wird im gleichen Artikel auch Doris Achelwilm, Sprecherin der Linke-Bürgerschaftsfraktion, mit dem Satz zitiert: „Unsere Spitzenkandidatin Kristina Vogt hat ganz viele Termine." Und auch die anderen Kandidaten der Partei seien im Stress.

Harmonie und Kontinuität statt Machtstreben und Polarisierung. Das kann man auch aus der CDU-Kampagne in Bremen herauslesen. Anders als die Landesverbände in den anderen beiden analysierten Stadtstaaten, unter *Christoph Ahlhaus* in Hamburg und unter *Frank Henkel* in Berlin, verzichtete die Bremer CDU darauf, mit dem Themenkomplex Innere Sicherheit, Kriminalitätsbekämpfung, Justiz den Senat anzugreifen. Das Feld gilt als sicheres Terrain, um die konservative Klientel zu erreichen und ideologische Klischees vom laschen Umgang der Linken mit Straftätern zu bedienen. In der politischen Kultur Bremens scheint das nicht anzukommen.

Ein anderer Faktor des hiesigen Klimas, die strukturelle ökonomische Schwäche, spielte in diesem Wahlkampf kaum eine Rolle. Das kann daran liegen, dass einzelne Rahmendaten, etwa das Wirtschaftswachstum, sich positiv entwickelten. Gleichwohl erscheint insbesondere der Rückhalt für die grüne Spitzenkandidatin, als Finanzsenatorin in einem Schuldenland, erstaunlich (vgl. Probst 2011: 813).

*8.5.3 Erklärungskraft der Kommunikationsstile*

Erkenntnisse über den Bremer Wahlkampf erhält man auch, indem man die Kommunikationsstile der Spitzenkandidaten in die entwickelte Idealtypologie einordnet. Bürgermeister *Jens Böhrnsen* agiert dabei in den „Fußstapfen von *Henning Scherf*" (ebd.: 807) als klassischer „Landesvater", der sich aus kontroversen Debatten heraushält und als überparteilich geriert. *Böhrnsens* Koalitionspartnerin *Karoline Linnert* kommuniziert eher nach dem Modus der „Problemlöserin". Sie setzt auf die inhaltlich-sachliche Kommunikationsbotschaft und kann durchaus auch dafür kämpfen. In einem ZEIT-Porträt wird *Linnert* als „undogmatisch" und „pragmatisch" beschrieben (Caspari 2011e). Ihr geht es um die Sache. Auf ihre Arbeit als Finanzsenatorin angesprochen, erklärt sie:

„Ich will das weitermachen, ich habe noch viel zu tun."

Auch ihre Gegenspielerin von der CDU argumentiert vor allem inhaltlich-sachlich. *Rita Mohr-Lüllmann* bevorzugt fachpolitische Diskussionen und Auftritte im ausgewählten Adressatenkreis, wie ihre lange Liste an Unternehmensbesuchen im Bremer Wahlkampf unterstreicht. Sie verkörpert in starkem Maße den Kommunikationstypus „Fachmann". Anders ist dies beim FDP-Spitzenkandidat *Oliver Möllenstädt*. Dessen Stil zeichnet auch durch eine persönlich-emotionale Ansprache aus, wie etwa sein Plakatmotiv offenbart, das *Möllenstädt* im Jogging-Outfit zeigt, mit dem Werbespruch „Bremen nach vorne bringen" (Abbildung 44). Auch sonst fällt auf, dass der FDP-Mann vor Provokationen keine Scheu hat[240]. Insofern sind ihm durchaus Züge der „Rampensau" zu attestieren.

## 8.6 Wahlkampf zur Landtagswahl in Mecklenburg-Vorpommern

Damit kommen wir zum Wahlkampf in Mecklenburg-Vorpommern, der ähnlich wie in Rheinland-Pfalz und Bremen von einer starken SPD mit populärem Regierungschef geprägt wurde. Auch hier soll zunächst ein Blick darauf geworfen werden, in welchem Maß die Hypothesen den tatsächlichen Wahlkampf erklären konnten.

### 8.6.1 *Erklärungskraft der Hypothesen*

Diese prognostizierten zunächst, dass aufgrund der anhaltenden ökonomischen Schwäche des Landes die Opposition die inhaltliche Auseinandersetzung suchen, also eher Inhalte als Personen in den Vordergrund rücken würde (Hypothese 3). Das war auch der Fall. Die Linke setzte mehrheitlich auf reine Textplakate mit inhaltlicher Botschaft. So auch bei der spektakulärsten Plakataktion dieses Wahlkampfes: In den Morgenstunden des 4. Juli 2011 brachte die Linke überraschend ein überdimensionales Plakat an der Rügenbrücke an (Abbildung 45), mit dem Satz: „Ihnen einen schönen Urlaub! Der Kellnerin einen guten Lohn!"[241]. Die Grünen entschieden sich sogar fast ausschließlich gegen Personenplakate und für eine „themenlastige" (Koch/Olbrich 2011: 72) Kampagne.

---

[240] Wie der *Spiegel* 2009 (53: 148) berichtete, erwarb sich Möllenstädt sogar den Titel „Mini-Sarrazin von der Weser". Die Linke in der Bremischen Bürgerschaft kritisierte den FDP-Landesvorsitzenden wiederholt wegen „verbaler Ausfälle". Für besonderen Ärger sorgte eine Äußerung zu Hartz IV. Möllenstädt lehnte den Vorschlag ab, Hartz-IV-Bezieherinnen pauschal Geld für Verhütungsmittel zu zahlen. In der Presserklärung der FDP hieß es: „Eine Erhöhung des Regelsatzes werden die Empfängerinnen eher in den nächsten Schnapsladen tragen, als diesen in Vorsorge und selbstbestimmte Familienplanung zu investieren." Ein Bremer Bürger erstatte daraufhin Anzeige wegen Volksverhetzung, was die Staatsanwaltschaft jedoch ablehnte.

[241] Die Aktion zog eine Strafe nach sich, die nach Schätzungen des Nordkuriers bei mehreren Tausend Euro lag und von der Bundestagsfraktion übernommen wurde. Für das Einholen des etwa 14 Meter großen Plakats musste die einzige Zufahrt auf die Insel Rügen für zwei Stunden gesperrt werden.

Die besonders zu Beginn des Wahlkampfs schlechten Umfragewerte für die Linke ließen zudem einen sehr aggressiven und engagierten Kurs gegen Union und SPD erwarten (Hypothese 4, Hypothese 5). Das erfüllte sich nur zum Teil. Der besondere Aufwand der Partei ließ sich anhand der PP-Werte[242] nachweisen (Tabelle 30), ein direkter Angriff in der Plakatkommunikation hingegen nicht. Das kann daran liegen, dass es in Mecklenburg-Vorpommern „traditionell wenige Angriffswahlkämpfe" (Maser/Scheele 2011: 61) gibt. Vermutlich liegt es aber auch an den Koalitionsmöglichkeiten der drei Parteien. CDU und Linke blieb jeweils nur die Machtoption als Juniorpartner der SPD und beide strebten dies auch offen an[243]. Unter diesen Umständen konnte die Linke „kaum einen echten Angriff auf die SPD" (ebd.: 62) starten und auch auf die Union fiel es schwer, weil diese in der Regierung gut mit der SPD auskam und sich auch im Wahlkampf demonstrativ zurückhielt. Die SPD wiederum erklärte ihren defensiven Wahlkampf explizit mit dem Vorsprung in den Umfragen[244] und stützt insofern die theoretischen Annahmen.

Nach der Theorie galt die CDU als Konkurrent der SPD und gemäß der geringeren Anzahl an Koalitionsoptionen hätte sie diese in Form und Aufwand attackieren müssen (Hypothese 6, Hypothese 7). Allerdings hing wie erwähnt die einzige Machtvariante der CDU von der SPD ab und auch von der Tatsache, diese nicht zu überflügeln. So schrieb die *FAZ* über *Lorenz Caffier*, er müsse „verlieren, um zu bleiben" (Pergande 2011a: 4) und der *Tagesspiegel* mutmaßte, der CDU-Spitzenkandidat werde „Gern auch Zweiter" (Frost 2011: 6). Andere beobachteten bei *Caffier* und der Union eine „defensive Haltung gegenüber der SPD"

---

[242] Bei den PP-Werten ergab sich in Mecklenburg-Vorpommern ein forschungspraktisches Problem, durch das der quantitative Aufwand nicht wie sonst recherchiert werden konnte. Um die Plakatierung der rechtsextremen NPD zu begrenzen, legten zahlreiche Kommunen ein Höchstmaß an Plakaten fest. Das führte in diesen Kommunen zu einer gleich bleibenden Plakatierungszahl quer durch alle relevanten Kampagnen.

[243] Die mehrheitliche Bereitschaft der Linke zu einer rot-roten Koalition zeigte sich auch bei der parteiinternen Aufstellung der Landesliste für den Wahlkampf (Koschkar/Schoon 2012: 6): „Der Reformer-Flügel unter dem Landesvorsitzenden Steffen Bockhahn und Fraktionschef Helmut Holter setzte zum großen Teil Kandidaten durch, die uneingeschränkt für eine Regierungsbeteiligung eintraten, so dass in den Medien danach von der ‚Sellering-Liste' die Rede war."

[244] Wörtlich bestätigte SPD-Landesgeschäftsführer Thomas Krüger: „In der Tat haben wir kein Negative Campaigning gemacht. Darauf haben wir verzichtet. Das mussten wir auch nicht machen."

(Huchel/Rausch 2011: 52) und einen „mangelnden Siegeswille gegenüber dem amtierenden Ministerpräsidenten" (ebd.: 51). Entsprechend fanden sich keine Belege dafür, dass die CDU in Mecklenburg-Vorpommern diese Hypothese erfüllte.

Aus den Umfragewerten heraus konnte man zudem einen engagierten und aggressiven Wahlkampf der Grünen erwarten (Hypothese 5, Hypothese 4), insbesondere mit der Stoßrichtung gegen die Linke. Der besonders große Aufwand der Grünen ließ sich eindrucksvoll belegen. Die Partei verzeichnete den mit Abstand größten PP-Wert. Auch das Wahlprogramm der Grünen war mit 38.000 Wörtern das mit Abstand umfangreichste (Koch/Olbrich 2011: 71). Angriffsplakate gegen die Linke oder andere Parteien fanden sich bei den Grünen nicht, verbale Angriffe gegen die Linke insbesondere in der Debatte um die DDR-Vergangenheit hingegen schon.[245]

Der aus den bundesweiten Umfragedaten abgeleitete Rat, sich von der Bundesregierung abzugrenzen, ergab sich in Mecklenburg-Vorpommern in abgeschwächter Form, nämlich nur zum zweiten Stichtag. In der Realität spiegelte sich das nicht wider, weder in einer Skepsis gegenüber bundespolitischen Auftritten (Hypothese 9), noch in einem landespolitischem Fokus (Hypothese 8). In der Plakatkampagne der Union fand sich im hier definierten Sinn überhaupt keine explizit inhaltliche Aussage, also auch keine landespolitische Aussage.[246] Bei den bundespolitischen Auftritten setzte die CDU im Heimatland von *Angela Merkel* auf besonders viel Prominenz und wurde „stark vom Führungspersonal der Bundesebene unterstützt" (Koschkar 2011: 13). Der CDU-Landesverband in Schwerin bestätigte acht Veranstaltungen mit der Bundeskanzlerin

---

[245] Als einige Mitglieder der Linkspartei demonstrativ nicht am Gedenken an die Maueropfer teilnahmen, kritisierte Silke Gajek in Pressemitteilungen (28.7. und 14.8.2011) die Linke als „eine bei zentralen Fragen zerstrittene Partei", die zu einer klaren Positionierung in der Mauerfrage „derzeit offenbar nicht in der Lage" sei und versuche, sich über den Wahltag hinaus um eine Klärung zu drücken (vgl. Koch/Olbrich 2011: 73).

[246] Auch die *FAZ* (Pergande 2011a: 4) stellte fest, dass Caffier „alle Inhalte" vermeide. Stattdessen drehte sich die gesamte Kampagne um den Begriff „Zukunft". Der wurde erst auf ungewöhnliche Weise mit dem Namen Caffier in Verbindung gebracht („C wie Zukunft", Abbildung 46), um Aufmerksamkeit zu erzeugen (Huchel/Rausch 2011: 50), und später dann mit verschiedenen Verben kombiniert (z.B. „Zukunft anpacken" oder „Zukunft meistern"). Laut Koschkar und Schoon (2012: 6) lag diese „unspezifische Kampagne" ohne „klare inhaltliche Botschaften" auch „an dem fehlenden Willen, eine erkennbare inhaltliche Auseinandersetzung mit dem Koalitionspartner zu suchen".

sowie weitere 13 mit anderen Bundesministern und Ministerpräsidenten. Das war mehr als in früheren Kampagnen, oder wie der *Nordkurier* (Koslick 2011) feststellte:

„So viel Bundesprominenz hat das Land noch nie gesehen."

Die Strategie der CDU, mit der Bundeskanzlerin auf Landesebene zu punkten, erkannte auch die Konkurrenz. SPD-Landesgeschäftsführer *Thomas Krüger* erklärte:

„Die CDU hat stark auf Berlin gesetzt und ist mit Frau Merkel massiv reingegangen. Sie ist auf acht Großkundgebungen aufgetreten. Das ist sehr viel."

Auch die FDP grenzte sich personell wie inhaltlich nicht von der Bundesebene ab. Das zeigte sich insbesondere bei dem bemerkenswerten Plakat gegen die vermeintlichen Pläne der rot-grünen Bundestagsopposition zur Euro-Rettungspolitik. „Eurobonds machen arm. Sie und M-V.", lautete die Zeile der Liberalen (Abbildung 47).[247]

Weitere Erwartungen knüpften sich an die persönlichen Umfragewerte der Spitzenkandidaten. *Erwin Sellering* rangierte, ausgestattet mit „extrem großem Amtsbonus" (Koschkar/Schoon 2012: 5), bei Popularität und Bekanntheit deutlich vor *Caffier* und *Holter*, der wiederum deutlich bekannter war als das grüne Gespann *Silke Gajek* und *Jürgen Suhr*. Entsprechend sollte erstens die Kampagne der SPD auf den Ministerpräsidenten zugeschnitten sein (Hypothese 10) und das war sie auch. „Natürlich haben wir gewusst, dass unser Spitzenkandidat das stärkste Argument ist", erklärte *Thomas Krüger*, der damals als Wahlkampfleiter fungierte. In diesem Sinne verzichtete die SPD auf reine Textplakate und vergrößerte stattdessen die Personenplakate, um unter *Sellering* noch Platz zu haben für eine dreizeilige Botschaft. Die zweite Annahme zur SPD-Kampagne bewahrheitete sich ebenfalls: Es wurde vermieden, die Konkurrenz zu thematisieren (Hypothese 13). *Krüger* erklärte:

---

[247] Die Ursachen für die Einbindung von Berliner Politikern und Berliner Politik in die Landeskampagnen können m.E. ganz unterschiedlich erklärt werden. Bei der Union spielt sicher die Herkunft der populären Kanzlerin eine Rolle. Bei der FDP ließe sich vermuten, dass „innerparteiliche Scharmützel" (Koschkar/Schoon 2012: 6) auf Landesebene – der designierte Spitzenkandidat wurde beim Landesparteitag nicht gewählt – dafür sorgten, dass nationale und supranationale Themen an Bedeutung gewannen.

„Es gab Umfragen mit Persönlichkeitswerten des Spitzenkandidaten, die uns stabil vorne gesehen haben. Da muss man den anderen nicht angreifen. Das muss man nicht machen."

Dass die Spitzenmänner von CDU und Linke versuchten, mit besonderem persönlichen Einsatz ihre Bekanntheit zu steigern (Hypothese 12), wurde weder bestätigt noch dementiert. Theoretisch hätte es die mangelnde Bekanntheit von *Helmut Holter* auch erfordert, ihn in den Vordergrund der Plakatkampagne zu stellen (Hypothese 11). Wie bereits in Sachsen-Anhalt widerspricht sich dies jedoch mit dem inhaltlichen Schwerpunkt gegen die ökonomische Bilanz der Regierung (Hypothese 3). Genau wie in Sachsen-Anhalt entschied sich die Kampagnen-Leitung der Linke auch in Mecklenburg-Vorpommern für die inhaltliche Auseinandersetzung.

Bei der Union bestätigte sich die Hypothese 11: Die Kampagne stellte eindeutig ihren Spitzenkandidaten in den Vordergrund. Wie Landesgeschäftsführer *Klaus-Dieter Götz* bestätigte, zeigten alle A1-Motive der CDU „nur *Caffier* mit Namen ohne Slogan".

*8.6.2 Erklärungskraft politisch-kultureller Faktoren*

Ein politisch-kultureller Ansatz kann m.E. dazu beitragen, die fehlende Aggressivität im mecklenburg-vorpommerischen Wahlkampf zu erklären[248]. Ähnlich wie in Sachsen-Anhalt sorgen die anhaltende ökonomische Schwäche, die auch personell problematische Lage aller Parteien und das gemeinsame Engagement der Demokraten gegen die NPD zu einer wenig ausgeprägten Streitkultur im Land. Wie Maser und Scheele (2011: 61) beschreiben, gab es seit dem Duell zwischen *Harald Ringstorff* und *Eckhard Rehberg* im Jahr 2002 keinen Angriffswahlkampf mehr. Dazu kommt, dass in Mecklenburg-Vorpommern im Gegensatz zu anderen neuen Bundesländern die Wahlgeschichte nach der Wende durch eine hohe Beständigkeit im Wahlverhalten geprägt ist (vgl. Koschkar/Schoon 2012: 3). Keine Streitkultur, konstante Parteineigungen – beide Faktoren bestärkten die Parteien, insbesondere CDU, Linke und Grüne, darin, die

---

[248] Die *Berliner Zeitung* (Honnigfort 2011: 6) beschrieb den Umgang der Parteien miteinander so: „Man streitet sich natürlich nicht im Wahlkampf. Die Zeit vergeht geräuschlos. Sellering lobt und lächelt, die Linke ist vor allem mit sich befasst, die CDU hofft, dass es bald vorbei ist. Grüne und FDP spielen keine Rolle, die NPD – Wiedereinzug fraglich – hetzt auf hochgehängten Plakaten vor sich hin."

Vormachtstellung der SPD im Wahlkampf 2011 nicht zu sehr in Frage zu stellen, was letztlich in einen „themenarmen und müden Wahlkampf" (ebd.: 4) mündete.

Auch der ländliche Charakter der Region prägte ähnlich wie in Rheinland-Pfalz den Wahlkampf, ohne das damit Abweichungen von den Hypothesen erklärt werden können. Regionale Bezugspunkte finden sich etwa in dem CDU-Plakat „Zukunft ernten. In einem gesunden ländlichen Raum", in dem Plakat der Grünen „Hokus Pokus Omnibus!" (Abbildung 48) oder in der Tatsache, dass die SPD nach Aussagen von *Thomas Krüger* regelmäßig einen Musiker an ihren Info-Ständen auftreten ließ, der mecklenburgische Lieder spielte.

*8.6.3    Erklärungskraft der Kommunikationsstile*

Zu der defensiven Wahlkampfstrategie der SPD rund um die Person *Erwin Sellering* passen dessen persönlicher Kommunikationsstil und seine Vita. „Er ist kein Ostler, aber er setzt sich für uns ein", sagten mehrere Passanten in Rostock über ihn (Schlieben 2011b). In der Presse gilt er als „Ossi-Versteher" (*FAZ*) oder als „Polit-Ossi" (*Berliner Zeitung*). Tatsächlich vermittelt *Sellering*, der 1994 aus dem Ruhrpott in den Nordosten zog, den Eindruck, genau zu wissen, wie die Menschen in seiner Region ticken, und er hat keine Berührungsängste. So schrieb Stephan Haselberger (2011b: 3) über *Sellerings* Stil:

> „Gute Laune verbreiten – das kann er. Gern legt er älteren Wählerinnen dann kurz die Hand auf den Arm. Auch das kann Sellering: Menschen berühren, Nähe erzeugen, ohne ihnen zu nahe zu treten."

Zum Markenzeichen im Wahlkampf wurden *Sellerings* Blumen. Er mischte sich auf Marktplätzen unter die Menschen und verteilte rote Rosen. „Wir sind dahin gegangen, wo Menschen sind und haben das Gespräch gesucht", erklärte Wahlkampfleiter *Thomas Krüger*. Die Rosen hätten dabei als „Türöffner" gedient. *Sellering* vermittelte beim Rosenverteilen den Eindruck, „dass er es genießt, weil er die Leute mag" (Schneider 2011: 5). In der Typologie der Stile kommt *Sellering* dem Ideal des „Landesvaters" sehr nahe: durch seine extrovertierte Art, seine persönlich-emotionale Botschaft – symbolisiert durch die überreichte Rose – und seine zufällige Ansprache der Menschen auf der Straße.

Bei *Caffier* ist die Einordnung seines Kommunikationsstils schwieriger. Er hat sich als Urgestein im Schweriner Landtag den Ruf eines sturmerprobten Managers erworben, der „Mann für Krisen aller Art" (Pergande 2011a: 4). Er wird als „eher zurückhaltend"

(Huchel/Rausch 2011: 50) beschrieben. Einer, der nicht poltert, sondern in Ruhe Politik macht. Der große Auftritt liege ihm nicht, „Hinterzimmer sind ihm lieber" (Pergande 2011a: 4). Dazu passt seine Zurückhaltung mit Wahlkampfattacken und das passt zum Idealtypus „Fachmann", der sachlich-inhaltlich argumentiert und dabei nicht als brillanter Redner auffällt (vgl. Huchel/Rausch 2011: 51). Es passt allerdings nicht zu seiner inhaltsleeren, eher persönlich-emotionalen Kampagne („C wie Zukunft"). Sie steht im „Kontrast zum Spitzenkandidaten" (ebd.: 50).

## 8.7 Wahlkampf zur Abgeordnetenhauswahl in Berlin

Der siebte Fall spielt in Berlin und beleuchtet den dortigen Wahlkampf für die Abgeordnetenhauswahl im September 2011. Auch hier wird als Erstes die Erklärungskraft der Hypothesen bewertet.

*8.7.1 Erklärungskraft der Hypothesen*

Der ökonomische Misserfolg der Stadt ließ annehmen, dass die Opposition diese Lage ausnutzt und schwerpunktmäßig die Schwachstellen inhaltlich thematisiert (Hypothese 3). Das bestätigte sich bei den Kampagnen der beiden großen Oppositionsparteien Grüne und CDU zum Teil. Beide gingen die Bilanz von *Klaus Wowereit* mit konkreten inhaltlichen Kritikpunkten an, auch die ökonomische Bilanz (Abbildung 49, Abbildung 50). Allerdings genügte die Motivverteilung der Plakate nur bei den Grünen den Anforderungen an eine schwerpunktmäßig inhaltliche Kampagne. Bei der Union stand summa summarum *Frank Henkel* im Mittelpunkt der Plakatkommunikation.

Die Berliner CDU führte einen „Problem-Wahlkampf" (Caspari 2011f), der unter dem Motto lief: „Damit sich was ändert". Dabei legte die CDU den Aufwand und die Schärfe an den Tag, die nach den Umfragewerten und den Koalitionsoptionen insbesondere gegenüber der SPD auch zu erwarten waren. Das zeigte sich in einem höheren PP-Wert (Hypothese 5, Hypothese 7) und in Angriffsplakaten (Hypothese 4, Hypothese 6), die etwa ein verbranntes Auto zeigten, verbunden mit der rhetorischen Frage: „Muss Berlin das verstehen?" (Abbildung 51). Auch von der Linke konnte anhand von Umfragen und Koalitionsoptionen viel und konfrontativer Wahlkampf gegen SPD und Grüne erwartet werden. Das trat nicht ein, auch wenn der PP-Wert der Linke über dem der SPD lag. Nach zehn Jahren Regierungsbeteiligung fiel der Linke um *Harald Wolf* ein aggressiver Wahlkampf offenbar schwerer als *Henkels* Union aus der Opposition heraus.

Bei der Kampagne der Liberalen stimmten die Vorhersagen wieder. Die FDP übertrumpfte die in Umfragen vor ihr liegende Linke im PP-Wert (Hypothese 5)[249] und plakatierte eine Reihe von Angriffsplakaten (Hypothese 4) gegen allgemein linke Vorhaben wie die Gemeinschaftsschule, Tempo 30 oder sogar die autofreie Stadt. Dabei schlugen die Liberalen einen ironisch-schnippischen Ton an (Abbildung 52) oder erklärten direkt: „Berlin macht man nicht mit Links".

Interessant ist das Verhältnis von SPD und Grünen. Hier zeigt sich die theoretisch behandelte Dynamik von Wahlkämpfen. Bei der ersten Status quo-Analyse lagen die Grünen in den Umfragen knapp vor der SPD. Das änderte sich im Laufe des Wahlkampfs signifikant, so dass die Grünen in die Defensive gerieten und entsprechend reagierten: Die Zahl der Plakate pro Mitglied fiel bei den Grünen deutlich höher aus als bei der SPD und die Plakatserien der Grünen richteten sich unter dem Motto „Da müssen wir ran!" explizit gegen vermeintliche Defizite der SPD-Politik (vgl. Niedermayer 2012: 21). Die Grünen trauten sich erstmals, die „Hegemonie der SPD im linken Lager in Frage zu stellen", wie *Renate Künast* später selbst erklärte (Bauchmüller/Rossmann 2012: 5), und dabei verhielten sie sich gemäß der Hypothesen 4 und 5: Sie machten mehr Wahlkampf als die Sozialdemokraten und griffen diese an.[250]

Bei der Wechselwirkung zwischen Landes- und Bundespolitik zeigte sich in Berlin ein ähnlicher Widerspruch zwischen Theorie und vermittelter Praxis wie in anderen Bundesländern und zudem ein Phänomen, das bereits in Mecklenburg-Vorpommern zu beobachten war. Die Zustimmung zu Schwarz-Gelb im Bund lag am Ende des Wahlkampfs unter 40 Prozent. Entsprechend hätte man erstens Auftritte der Bundesprominenz zurückhaltend in Anspruch nehmen sollen (Hypothese 9). Das war nach Auskunft der Kampagnen von CDU und FDP nicht der Fall. Die Union sprach von „eher mehr" Auftritten der Bundespolitiker,

---

[249] Der große Aufwand der FDP-Kampagne spricht auch aus einem Kommentar der inzwischen verstorbenen *Tagesspiegel*-Journalistin Tissy Bruns (2011: 8). Darin schildert sie, wie sie aus dem Urlaub nach Berlin zurückkehrt, „in den Sog eines aufwühlenden Wahlkampfs". Zur Anzahl der liberalen Wahlplakate merkt sie prophetisch an: „Die FDP macht mehr Worte als voraussichtlich Prozente."

[250] Die SPD hingegen musste nicht angreifen und formulierte das in einer Pressemitteilung zum Kampagnenstart auch so: „Auf unseren Plakaten verzichten wir weiterhin bewusst auf Parolen, Forderungen, Angriffe oder Plattheiten – und zeigen ganz einfach die Menschen, für die die SPD in Berlin arbeitet und Politik macht."

namentlich von *Angela Merkel, Volker Kauder* und *Hermann Gröhe,* gab allerdings einschränkend zu bedenken:

> „Durch die ständige Präsenz der Bundespolitik in Berlin genießen Wahlkampfauftritte von Bundespolitikern hier einen anderen Stellenwert als in anderen Teilen der Republik."

Zweitens hätten die Berliner Parteien gerade am Ende der Kampagne auf kommunale Themen setzen sollen (Hypothese 8). Bei der CDU passierte das explizit, bei der FDP nur mit Abstrichen. Rein quantitativ bezog sich die Mehrheit der FDP-Plakate auf Berlin, jedoch nicht wirklich im Sinne einer politischen Forderung. Zudem wichen die Liberalen wie schon in Mecklenburg-Vorpommern kurz vor dem Wahltag sogar auf das Feld der Europapolitik aus. Am Freitag vor der Wahl wurden etwa 200 Banner mit dem Slogan „Keine Euro-Zeche für Berlin! FDP stärken" zusätzlich auf die Wahlplakate geklebt.[251] Inhaltlich verfasste die Berliner FDP einen „Beschluss zur Eurokrise", indem man sich dagegen wehrt, dass „deutsche und Berliner Steuerzahler die Zeche für Misswirtschaft und mangelnde Sparbemühungen in einigen europäischen Ländern zahlen sollen". Zudem erklärte Spitzenkandidat *Christoph Meyer* auf der Homepage des Landesverbandes die Abgeordnetenhauswahl zu einer „Abstimmung über die Haltung der FDP zum künftigen Umgang mit der europäischen Verschuldungskrise" (Meyer 2011).

Die persönlichen Werte der Spitzenkandidaten sahen wie bei anderen hier untersuchten Wahlkämpfen auch den SPD-Amtsinhaber klar im Vorteil: *Klaus Wowereit* lag bei Popularität und Bekanntheit eindeutig vorne. *Renate Künast* konnte ihm mit Abstrichen noch Paroli bieten, die Spitzenkandidaten der anderen Parteien nicht. Entsprechend stand der Regierende Bürgermeister im Mittelpunkt der SPD-Kampagne (Hypothese 10).[252] Auch *Künast* wurde bewusst thematisiert. Zwar erfüllt die Anzahl der eindeutig auf die Person zugeschnittenen Plakate nicht die hier

---

[251] Das geht aus mehreren Medienveröffentlichungen (*Süddeutsche Zeitung, Spiegel Online,* etc.) hervor sowie aus Recherchen der *ARD*-Sendung *Hart aber fair,* die von der Berliner FDP-Zentrale bestätigt wurden.

[252] Daran bestand kein Zweifel, auch wenn die Sozialdemokraten in Kooperation mit der Werbeagentur Butter einen ungewöhnlichen Ansatz verfolgten: In der ersten Plakatwelle wurden „nur Berliner Lebenswelten" (Stauss 2013: 56) gezeigt und in der zweiten Welle Wowereit mit „ebenfalls sehr ausgefallenen Motiven" (ebd.), z.B. einem kleinen Mädchen in der Kita, das Wowereit ihr „Schnappi-Krokodil" (ebd.) ins Gesicht hält (Abbildung 53).

aufgestellten Kriterien. Gleichwohl sind für die Grünen, die traditionell auf Inhalte setzen, personalisierte Motive wie „*Renate* kämpft, *Renate* arbeitet, *Renate* sorgt" bereits bemerkenswert. In der Retrospektive wurde ein „von den Grünen noch nie so extrem personalisiert geführter Wahlkampf" (Niedermayer 2012: 20) konstatiert.

Die theoretischen Annahmen sahen vor, dass die weniger bekannten Kandidaten bewusst ignoriert wurden (Hypothese 13). Die SPD gab an, sich dazu „keine Gedanken gemacht" zu haben. Die grüne Kampagnenführung bestätigte diese Strategie explizit. Und auch *Katina Schubert*, Landesgeschäftsführerin der Linke, deren Protagonist *Harald Wolf* zwar hinter *Wowereit* und *Künast*, aber immer noch deutlich vor *Henkel* und *Meyer* rangierte, bestätigte mit Blick auf die schwarz-gelben Spitzenkandidaten:

> „Es fanden keine Erwähnungen statt. In Wahlkampfauftritten schon gar nicht, aber auch nicht bei Presseterminen."

Im Gegenzug sollten die unbekannteren Kandidaten einen besonderen persönlichen Aufwand erbringen (Hypothese 12). Die FDP um *Christoph Meyer* machte dazu keine Angaben. Der CDU-Landesverband betonte die zahlreichen Termine von *Frank Henkel*, dessen „durchschnittlicher Wahlkampftag etwa um 7 Uhr morgens (...) begann und gewöhnlich zwischen 22 Uhr und 0 Uhr endete". Die Linke verwies ebenfalls auf das hohe Engagement von *Harald Wolf* neben seiner parallelen Senatorentätigkeit. CDU wie Linke trafen jedoch keine Aussagen über den Aufwand ihrer Spitzenmänner im Vergleich zu den anderen Kandidaten.

Die Union erfüllte die Hypothese 11, indem sie wie erwähnt ihren Spitzenkandidaten in den Vordergrund der Kampagne stellte. Damit löste die Union den Widerspruch zwischen Hypothese 3 und Hypothese 11 anders als die Linke in Sachsen-Anhalt und Mecklenburg-Vorpommern: Die Berliner CDU entschied sich für einen Personen-Wahlkampf. Auch die Linke in Berlin wäre aufgrund der Bekanntheitswerte von *Harald Wolf* dazu angehalten gewesen, verzichtete aber. Das widerspricht der Theorie der Hypothesen, aber passt durchaus zur allgemeinen Parteiräson. Auch die FDP verzichtete auf Personalisierung, allerdings auch weitgehend auf ernsthafte inhaltliche Botschaften.

*8.7.2 Erklärungskraft politisch-kultureller Faktoren*

Die in Kapitel 7 dargelegten politisch-kulturellen Faktoren hatten auch in Berlin einen spürbaren Einfluss auf den Wahlkampf, zum Teil können sie sogar dabei helfen, die realen Kampagnen zu erklären. Das betrifft besonders den historisch-kulturellen Charakter der ehemals geteilten Stadt. Die unterschiedliche Prägung der Stadtviertel beeinflusste die Wahlkämpfer, wie der Mitinhaber der für die *Wowereit*-Kampagne zuständigen Werbeagentur Butter, Frank Stauss (2013: 47), erklärte:

> „Berlin ist nicht ohne Grund eine sehr spannende Stadt. Das liegt an der extrem unterschiedlichen Zusammensetzung seiner Einwohner – und das muss man natürlich bei der Kampagnenentwicklung berücksichtigen. (...) Kein zweiter Wählermarkt ist so divers und damit anspruchsvoll."

Die SPD entschied sich für eine Kampagne, die diese Vielfalt als Faktum betonte und nicht versuchte, sie in die eine oder andere Richtung zu formen. „Berlin verstehen", lautete das zentrale SPD-Motto. Diese Strategie zielte darauf, als Partei für die gesamte Stadt wahrgenommen zu werden und gleichzeitig der Konkurrenz zu attestieren, nur Teile der Stadt zu verstehen. Küpper (2011) erkannte darin einen „Platzhirsch-Wahlkampf" und Schlieben (2011c) interpretierte den „Subtext" der Botschaft so:

> „Die Linke wird (...) im Osten gute Ergebnisse erzielen, die Grünen in den hippen Stadtteilen wie Mitte oder Kreuzberg, die CDU im wohlhabenden Südwesten. Aber nur die SPD verstehe sie alle, Ossis wie Wessis, Hipster wie Spießer."

Auch die Grünen versuchten in ihrer Kampagnenkommunikation, die unterschiedlichen Prägungen Berlins zu verbinden, etwa mit dem Plakatmotiv „Eine Stadt für Soja und Soljanka" (Abbildung 54). Die Linke dagegen setzte mindestens mit einem Motiv ganz bewusst auf Abgrenzung. Die inhaltliche Botschaft für bezahlbare Mieten wurde mit dem Slogan zugespitzt: „Mieter vor Wild-West schützen!" (Abbildung 55). Das kann man als eine gezielte Botschaft für die Anhänger in den ehemaligen Ostbezirken der Stadt verstehen, für die sich Spitzenkandidat und Wirtschaftssenator *Harald Wolf* laut *Tagesspiegel* (von Törne 2011: 10) im Westen Berlins mehrfach rechtfertigen musste.

Als gewachsenes Merkmal der Berliner Politik gilt die untergeordnete bundespolitische Bedeutung. Das war auch in diesem Wahlkampf zu spüren. Bundespolitische Themen spielten so gut wie keine Rolle. Der Versuch der FDP, mit Euro-Politik zu punkten schlug Fehl, ebenso das Vorhaben von Bundespolitikerin *Renate Künast*, als Bürgermeisterin ins Rote Rathaus einzuziehen. Als ein Grund dafür benennt die *ZEIT*-Reporterin Mariam Lau (2011b: 8) das verbreitete Wissen, „dass die Fraktionsvorsitzende der Grünen im Bundestag nicht in der Berliner Landespolitik bleiben wird, wenn sie es nicht ganz nach oben schafft".

Lau zog dazu das folgende Fazit, das mit Blick auf die Wahl in Nordrhein-Westfalen nahezu prophetisch anmutet:

„Kaiser oder gar nichts – das mögen Wähler nirgendwo."

Auch andere Charakteristika wie die multikulturelle Prägung und das für Berlin typische künstlerisch-mediale Milieu hinterließen Spuren in den Wahlkampagnen der Parteien. Exemplarisch sei auf das grüne Credo „Eine Stadt für Köfte und Klopse" (Abbildung 56) hingewiesen sowie auf zwei Motive der Piratenpartei, die erstmals Mitte August in den Umfragen auftauchte und der es in Berlin gelang, sowohl medien-affine (Abbildung 57) als auch parteien- und systemkritische Wähler (Abbildung 58) anzusprechen.

*8.7.3 Erklärungskraft der Kommunikationsstile*

Natürlich prägten auch die persönlichen Kommunikationsstile den Berliner Wahlkampf. Insbesondere lohnt es sich hier nach einer Begründung zu suchen, warum es zu der beschriebenen machttaktischen Verschiebung zwischen SPD und Grünen kam. Frank Stauss (2013: 52) beschreibt, dass man in *Wowereits* Sinne die Auseinandersetzung mit *Künast* auf der „emotionalen Ebene" führen wollte und nicht auf der „rationalen" (vgl. Niedermayer 2012: 22). Dieses Vorhaben leuchtet ein, wenn man die individuellen Wahlkampfstile der beiden Protagonisten beleuchtet.

*Klaus Wowereit* hat keine Berührungsängste mit dem Wahlvolk. Er gilt den Medien als „Menschenfänger" oder „Omaknutscher" (Schlieben 2011c), der „seine ,Icke'- und ,Wattn?'-Sprüche an- und ausknipst wie andere Menschen ihre Nachttischlampe" (Schindler 2011: 3), der nicht nur auf Partys mit Promis schäkert, sondern „genauso gern alte und arme Menschen herzt" (Schlieben 2011c), „wehrlose Rentner duzt" und „vergnügt in der Menge badet" (Schindler 2011: 3). Diesen extrovertiert-engagierten Habitus der Kommunikation verbindet *Wowereit* mit der „natürlichen Begabung zur extrem verdichteten politischen Kommunikation" (Bruns 2011: 8). Als berühmteste Beispiele gelten sein Outing („Ich bin schwul und das ist auch gut so") und die Formulierung, wonach Berlin „arm, aber sexy" sei. In der aktuellen Kampagne gelang ihm mit „Berlin verstehen" ebenfalls die pointierte Zuspitzung einer persönlich-emotionalen Botschaft. Mit diesen Zutaten kann *Wowereit* als ein gefühliger Vertreter des Kommunikationstypus „Landesvater" gelten und sein Stil als wichtiger Faktor für den Erfolg[253].

In dieser emotionalen Disziplin konnte *Künast* nicht mithalten, ihr fehlt das „Landesmutter-Gen, das Herz hinter der Schnauze" (Lau 2011b: 8). Die Botschaft der grünen Politikerin ist der politische Inhalt und das betont sie auch. „Ich bin halt kein Popstar. Bei mir geht es mehr um Inhalte", sagte *Künast* der ZEIT (ebd.). Für Ideen und Argumente versteht sie es zu kämpfen und engagiert zu werben, wie *Künast* ohnehin als Kämpfernatur beschrieben wird, eine streitlustige Idealistin, die dabei bisweilen etwas verbissen wirken kann. In diesem Naturell ähnelt ihr Wahlkampfstil dem von *Andrea Ypsilanti*, mithin dem Idealtypus der „Problemlöserin".

Mit dieser Art wollte *Künast* die Probleme Berlins anpacken, aber ihre Partei wurde von der SPD überflügelt. Dazu trug auch eine gewisse „Kratzbürstigkeit" *Künasts* bei, „die sie immer weiter (...) von der Gutmütigkeit eines *Wowereits*" (Feldenkirchen 2011: 32) entfernte und immer mehr in die „Rolle der die Stadt madig machenden ,Meckerliese'" (Niedermayer 2012: 21) bugsierte. Dass dies auch daran gelegen haben könnte, dass politische Kultur und Kommunikationsstil der Kandidatin nicht zusammenpassten, beschreibt Mariam Lau (2011b: 8) so:

> „Der Mythos Berlin lebt vom Scheitern, vom Sich-Durchwursteln, von Straßenkämpfen gestern, heute und immerdar. In Stuttgart oder Hamburg wird von Bürgermeistern auch wirtschaftlicher Erfolg erwartet; in Berlin erntet man mit so etwas eher Misstrauen. Es läuft, irgendwie. Es ist schön hier. Es ist brennend interessant. Wozu eine Trümmerfrau?"

*Frank Henkel* fiel im Berliner Wahlkampf einerseits als Typ „Rampensau" auf, der energisch, laut und bisweilen „populistisch" (Caspari 2011f) den Regierenden Bürgermeister attackierte. Dabei passte *Henkels* Auftreten und die kompetitive Art des 47-Jährigen zu seiner emotionalen Botschaft „Damit sich etwas ändert". Andererseits scheute er auch keine kontroversen Themen und offenbarte demnach Züge des „Streitbaren".

Auch bei *Harald Wolf* passte die Kommunikationsbotschaft zumeist zum Kommunikationshabitus, allerdings in ganz anderer Weise. Der Politiker der Linke wird als „Versöhner" (Hoffmann 2011: 21) und als „bodenständig" (von Törne 2011: 10) beschrieben, mit dem Attribut

---

[253] So charakterisierte Caren Miosga in den *ARD-Tagesthemen* am Berliner Wahlabend die Kampagne von Wowereit und der SPD als „Vati-kümmert-sich-schon-Wahlkampf".

des „Aktenfressers" (von Bebenburg 2002: 4) für besonders akribische Sachpolitiker. Er ist „kein Charismatiker" (von Törne 2011: 10), eher ein „Meister des ganz leisen Humors" (Hoffmann 2011: 21), „sachkompetent, aber wenig mitreißend" (Niedermayer 2012: 23). Er hat sich in seiner Zeit als Wirtschaftssenator den Ruf erworben, auch über Parteigrenzen hinweg inhaltlich zu argumentieren. Der Hauptgeschäftsführer der Berliner Industrie- und Handelskammer bezeichnete den Senator *Wolf* als „pragmatisch, ansprechbar, vertrauensvoll" (von Törne 2011: 10). Dieser Politikertypus kommuniziert nach der Art des „Fachmanns": inhaltlich, kontrolliert, eher als Dozent denn als Dompteur. Es erscheint nachvollziehbar, dass die Linke mit diesem Spitzenkandidaten – zumal aus der Regierung heraus – weniger aggressiven Wahlkampf betrieb, als dies theoretisch prognostiziert wurde.

## 8.8 Wahlkampf zur Landtagswahl in Nordrhein-Westfalen

Der achte und letzte Länderfall spielt in Nordrhein-Westfalen, wo im März 2012 im Streit um den neuen Haushalt der Landtag aufgelöst wurde (vgl. Bajohr 2012: 544) und im Mai Neuwahlen stattfanden.

### 8.8.1 *Erklärungskraft der Hypothesen*

Entsprechend konnte lediglich eine *Infratest*-Umfrage zwei Monate vor der Wahl berücksichtigt werden, ähnlich wie im Hamburger Neuwahl-Wahlkampf. Das allein führte dazu, dass die Theorie weniger Anhaltspunkte für das Kampagnenverhalten der Akteure lieferte. Dazu kamen andere Faktoren, wie die Auswahl der demoskopischen Fragen, außergewöhnliche Antworten oder Ergebnisse der Ableitungen, die allesamt dazu führten, dass im Wahlkampf von Nordrhein-Westfalen wenige Hypothesen konkret zu prüfen waren.

So konnte das Land erstens nach den entwickelten Maßstäben weder als ökonomisch stark noch als schwach eingestuft werden. Zweitens erklommen die Zustimmungswerte für die Bundesregierung bei der von Infratest gemessenen Momentaufnahme im März 2012 gerade die magische Grenze von 40 Prozent. Drittens wurde wie schon in Baden-Württemberg die Bekanntheit der Spitzenkandidaten nicht repräsentativ abgefragt. Viertens lagen CDU und SPD bei den Umfragewerten zu nahe beieinander, um die unabhängige Variable zu erfüllen, und verfügten zudem noch über die gleiche Zahl an Koalitionsoptionen.

Deshalb galt es für die Hypothesen eher die Kampagnen der kleineren Parteien unter die Lupe zu nehmen. Dieser Kreis erweiterte sich durch die Piraten erstmals auf vier Parteien, die gemäß der Umfrageanalyse im März 2012 alle im direkten Konkurrenzverhältnis standen. Dabei lagen Linke, Piraten und FDP eindeutig hinter den Grünen, die zudem über mehr Koalitionsoptionen verfügten. Entsprechend war mit energischen (Hypothese 4, Hypothese 6) und engagierten (Hypothese 5, Hypothese 7) Kampagnen gegen die Grünen zu rechnen und das bewahrheitete sich auch zum Teil. Die PP-Werte von Linke und Piraten lagen deutlich über dem der Grünen und bei den Liberalen zog sich durch die gesamte Plakat-Kommunikation das Prinzip Abgrenzung, zumeist mindestens implizit gegenüber den Grünen. Bei mehreren FDP-Motiven kann man von moderaten Angriffsplakaten sprechen, etwa bei den Motiven „Bezahlbare Energie statt teure Ideologie" (Abbildung 59) oder „Schulen besser machen und nicht gleicher" (Abbildung 60).

Aus den persönlichen Umfragewerten der Spitzenkandidaten ergab sich eine einzige theoretische Schlussfolgerung und die trat in der Realität in vollem Umfang ein. In der Frage der Popularität rangierte *Hannelore Kraft* ziemlich deutlich vor ihrem Herausforderer *Norbert Röttgen* (57 zu 26 Prozent). Diesen Vorsprung nutzte die SPD, indem sie *Kraft* als Person eindeutig in den Vordergrund der Kampagne rückte (Hypothese 10, vgl. Bajohr 2012: 549). Allein das A0/A1-Porträtplakat der Ministerpräsidentin, versehen mit der Zeile „NRW im Herzen", wurde in einer Auflage von mehr als 50.000 Stück produziert. Dazu kamen weitere Großflächen-Motive mit Kraft, etwa im Sandkasten mit Kindern oder in einem Betrieb mit Mitarbeitern und Lärmschutz-Kopfhörern (Abbildung 61). Die Personalisierung bestätigt auch Frank Stauss (2013: 65), der mit der Agentur Butter auch *Krafts* Wahlkämpfe 2010 und 2012 betreute:

> „Die Kampagne der Ministerpräsidentin setzte mit großer Wucht auf ihre persönlichen Beliebtheitswerte und eine Politik des Gemeinsinns."

*8.8.2 Erklärungskraft politisch-kultureller Faktoren*

Demzufolge bleiben aus den Hypothesen keine offenen Fragen, die mit dem Verweis auf politisch-kulturelle Faktoren in Nordrhein-Westfalen erklärt werden könnten. Gleichwohl fanden sich insbesondere in der Kampagne der SPD Hinweise auf diese Faktoren. Das gilt etwa für ein Plakatmotiv, das gar nicht von der SPD selbst entworfen wurde, sondern von zwei Tübinger Studenten. Die Partei hatte zu einem Kreativwettbewerb aufgerufen, mit der Vorgabe, „die NRW-SPD plakativ auf den Punkt zu bringen", und Jonathan Gauß und Erik Flügge reüssierten mit dem Motiv „Currywurst ist SPD" (Abbildung 62). Über den Politikgehalt dieser Aussage mag man streiten, ohne Zweifel kommt darin aber der kulinarisch-kulturelle Hintergrund der Region zum Ausdruck. Auch andere SPD-Motive wie das reine Textplakat „Industriestandort sichern" (Abbildung 63) sind eindeutig regionalpolitisch zu erklären.

Als wichtigster politisch-kultureller Faktor dieses Wahlkampfes erscheint, dass es den Sozialdemokraten offenbar gelang, das landesweit verbreitete Bedürfnis nach einem pragmatischen, parteiübergreifenden Kümmerer oder in diesem Fall einer Kümmerin zu bedienen. Das passte zum individuellen Kommunikationsstil der Ministerpräsidentin, die in der Rolle als *„Hannelore Rau"*[254] gut funktionierte und dessen Rezept „Versöhnen statt Spalten" (Diehl 2012b) zu neuem Leben erweckte. Aber das erfüllte eben auch das regional besondere Verständnis von bodenständiger Führung und Nähe zwischen Regierenden und Regierten, das Bedürfnis nach „Kummerblick und Kodderschnauze, mit der sich Menschen an Rhein und Ruhr wohl fühlen" (Dahlkamp/Schmid 2012: 28). Die gebürtige Mülheimerin *Kraft* spielte im Wahlkampf stets und gerne die Ruhrgebiets-Karte[255] und erinnerte an die sozialdemokratische Tradition in der Region. Das kam an. Bereits nach der ersten Prognose am Wahltag bilanzierte im Beisein des Autors ein hochrangiger deutscher Wahlanalytiker im Düsseldorfer Landtag:

---

[254] Auch in der *ZEIT* urteilten Marc Brost und Anna Kemper (2012: 8) über Hannelore Kraft: „Von allen seinen Nachfolgern ist sie Rau am ähnlichsten. Eine Kümmerin." Ihre Art zu regieren sei „nicht geprägt von Arroganz und ideologischen Grabenkämpfen. Sondern von Pragmatismus." Dieser Rückgriff auf Rau scheint von den Strategen der SPD-Kampagne gezielt geplant gewesen zu sein. Der Werber Stauss (2013: 61) beschreibt anschaulich die Arbeit an der Kraft-Kampagne 2010: „Unsere Kreativen griffen ganz tief in den Farbtopf und brachten die Farben der 1970er Jahre zurück ins Straßenbild. Wir wollten die Menschen im Unterbewusstsein an die Glanzzeit erinnern, als NRW und die SPD eins waren, das Ruhrgebiet die Republik versorgte und man mit Landesvater Johannes Rau gerne ein Pils, Alt oder Kölsch trinken wollte."

[255] Der Kabarettist Konrad Beikirchner sieht auch in Krafts Herkunft und Dialekt einen Grund für ihr gutes Image (zitiert bei Brost/Kemper 2012: 8): „Sie hat einen Bonus, denn das Ruhrgebiet hat diesen Touch von Authentizität. Weggucken, verlegen sein, Konjunktive verwenden – das geht überhaupt nicht. Wenn einer sagt: ‚Dat kannze miä abba glauben!', klingt das ehrlich."

„Wir erleben heute eine SPD, die es eigentlich gar nicht mehr gibt."[256]

Darüber hinaus bewahrheitete sich einmal mehr der potentielle Einfluss der Bundespolitik auf die Landtagswahlen in Nordrhein-Westfalen. Das ergab sich alleine dadurch, dass mit *Norbert Röttgen* und *Christian Lindner* ein aktiver und ein ehemaliger Bundespolitiker führende Wahlkampfrollen übernahmen. Zudem sorgte die auch in Berlin und München geführte Debatte über das richtige Verhalten von *Röttgen* zwischen Landes- und Bundespolitik für Aufsehen[257] und avancierte zu einer „Bürde für den christdemokratischen Wahlkampf" (Bajohr 2012: 550).

### 8.8.3 Erklärungskraft der Kommunikationsstile

*Hannelore Kraft* trat als Landesmutter auf, was wie gesagt wohl sowohl ihrem Kalkül als auch ihrem Naturell entsprach. Zumindest war es mit ihrer persönlichen Art möglich, diese Rolle authentisch auszufüllen. So lautete die Einschätzung mehrerer Beobachter, zum Beispiel von Jürgen Dahlkamp und Barbara Schmid (2012: 28) im *Spiegel*:

---

[256] Diese alte Zeit spiegelte sich jedoch auch in der konfessionellen Wähleranalyse und das durchaus bemerkenswert aus Sicht der Union. Denn obwohl die CDU insgesamt auf deutlich weniger Stimmen kam als die SPD (26 zu 39 Prozent), lag die Union bei den Stimmen der Katholiken vorn (37 zu 33 Prozent), während die Protestanten sehr deutlich zugunsten der Sozialdemokratie votierten (47 zu 21 Prozent). Das ergaben die Analysen der Forschungsgruppe Wahlen (2012: 42-45, zitiert nach Bajohr 2012: 559). Diesen Zahlen sagen nichts über die politische Kultur des Wahlkampfes aus, aber sie unterstreichen einmal mehr „des Kirchturms langen Schatten" (Mielke 1991: 139; vgl. auch Pappi 1979: 472).

[257] Horst Seehofer übte öffentlichen Druck auf Röttgen aus. Dieser sollte versichern, auch im Fall einer Wahlniederlage als Oppositionsführer nach Düsseldorf zu wechseln. Der CSU-Chef tat dies mit einer Vehemenz, die politische Beobachter darüber spekulieren ließ, ob Seehofer Röttgen bewusst aus dem Berliner Kabinett drängen wollte (vgl. Hefty 2012: 10). So empfahl der bayerische Ministerpräsident dem NRW-Landeschef bereits am Tag nach der Landtagsauflösung in der *Süddeutschen Zeitung*: „Wenn ich mich einer Aufgabe verschreibe, dann ohne Rückfahrkarte. (...) Ich bin der Meinung – voll für NRW." Um zwei Tage später in der *Welt am Sonntag* nachzulegen: „Er kann als Umweltminister natürlich ohne Probleme Wahlkampf führen. Er sollte sich allerdings bald entscheiden, ob er sich der Sache NRW verschreibt."

„Wenn sie draußen im Land mit Arbeitslosen spricht, dann kennt sie das von ihrem Mann, der mal die Kündigung kurz vor Weihnachten bekam. Und wenn sie bei der Trauerfeier für die Opfer der Love Parade eine Rede hält, dann könnte sie von ihrem Sohn erzählen, der selbst in Duisburg war und den sie auf seinem Handy nicht mehr erreichen konnte. Und wenn sie mit den Hinterbliebenen telefoniert, dann weiß sie, wie das ist, wenn der Tod zu früh kommt. Sie selbst hat ihren 50. Geburtstag nicht gefeiert, weil ihr Vater nicht nur mit 50 Jahren starb, sondern genau an seinem 50. Geburtstag. Und deshalb muss sich Kraft im Wahlkampf zwar immer noch ständig inszenieren, als Landesmutti, zu der man gern mal zum Quatschen auf eine Tasse Kaffee rüberkommen könnte. Aber verstellen muss sie sich dafür nicht."

Damit kommt *Kraft* ihrem Vorgänger *Johannes Rau* und dem Ideal des Kommunikationstypus „Landesvater" sehr nahe. Sie vereint eine persönlich-emotionale Botschaft mit einem extrovertiert-engagierten Habitus der Kommunikation. Sie sucht das Bad in der Menge und die bewusste Interaktion mit den Menschen.

Eine etwas ähnliche Art zeigt sich bei der grünen Spitzenkandidatin *Sylvia Löhrmann*. Auch sie strahlt „etwas Vertrauenswürdiges, Bodenständiges" (Lukoschat 2012) aus, allerdings kommt sie mehr als *Hannelore Kraft* vom Inhalt her und offenbart auch häufiger eine aggressive Attitüde. Deshalb passt der individuelle Kommunikationsstil von *Löhrmann* zum Idealtypus der „Problemlöserin", die extrovertiert-engagiert für ihre Sache streitet. Das zeigt sich auch darin, dass *Löhrmann* das gemeinsame Regierungsprojekt und die Zusammenarbeit mit *Hannelore Kraft* inhaltlich auf grünen Wahlplakaten thematisierte (Abbildung 64) und auch die umstrittene gemeinsame Haushaltspolitik bewusst und originell aufgriff (Abbildung 65) bzw. vor allem gegen Angriffe der FDP verteidigte.

Deren Spitzenkandidat *Christian Lindner* hatte in diesem Wahlkampf eine besondere Rolle: Er kam als Heilsbringer zu einer Partei am Abgrund (vgl. Bajohr 2012: 545f.) und er setzte auf einen betont inhaltlichen und betont sachlichen Kommunikationsstil.[258] Diese Art scheint den strategischen Gegebenheiten geschuldet: *Lindner* wollte die politische

---

[258] Der *Tagesspiegel* (Sirleschtov 2012: 3) attestierte Lindner auf seinen Wahlplakaten einen zurückhaltenden Auftritt. Er sehe „nachdenklich, analysierend, nie (...) reißerisch aus". Das sei ein „Paradox", heißt es weiter: „Ausgerechnet Christian Lindner, einer der schillerndsten Newcomer am politischen Himmel der vergangenen Jahre, nimmt sich selbst als Person in seinem ersten Wahlkampf bewusst zurück. Bis zur Unkenntlichkeit."

Seriosität verkörpern, die er Rot-Grün absprach; *Lindner* wollte die inhaltliche Eindimensionalität der FDP im Bund erweitern.[259] Aber diese Art scheint m.E. auch seinen individuellen Stil zu treffen, obgleich sich dieser bei einem damals 33-Jährigen ohne Zweifel noch modifizieren kann. Dabei erscheint insbesondere *Lindners* Kommunikationshabitus charakteristisch. Dieser bleibt – ausgesprochen bemerkenswert für einen Mann seines Alters – beinahe ausnahmslos in einem souverän-kontrollierten Zustand, gepaart mit einer gewissen Lässigkeit. *Lindner* kommt damit sehr nahe an die Maximalausprägung dieses Merkmals heran, die, wie an anderer Stelle ausgeführt, immerhin von Barack Obama verkörpert wird. Auch *Christian Lindner* wirkte in seiner Kampagne in Nordrhein-Westfalen manchmal ein wenig kühl und unnahbar und kam in seinem Kommunikationsverhalten häufig mit auffällig wenigen Gesten aus. In das Raster der fünf Idealtypen lässt sich *Lindner* damit nur schwer einordnen. Er erscheint auch in dieser Beziehung als ein besonderer Fall.

Der individuelle Kommunikationsstil von CDU-Spitzenkandidat *Norbert Röttgen* ist hingegen relativ einfach zu interpretieren. Er kommt dem Idealtypus „Fachmann" sehr nahe. *Röttgen*, der als „Kopfmensch" (Diehl/Hebel 2012) oder als „Intellektueller" (Alexander 2012: 6) charakterisiert wird, versuchte in der Kampagne, „an die Vernunft der Menschen zu appellieren" (Diehl/Hebel 2012) und inhaltlich-sachlich mit Argumenten zu überzeugen. Er verband diese Botschaft meist mit einer kontrollierten Attitüde, die jedoch weniger souverän als oft insistierend wirkte. Dirk Kurbjuweit (2012: 36) bezeichnet *Röttgens* Stil als eine Form von „offensiver Intelligenz", die sich so äußert:

„Er zeigt allen, wie klug er ist, und er macht das so, dass viele den Eindruck haben, er wolle ihnen zeigen, dass er klüger ist als sie."[260]

---

[259] Im *Stern* (Himmelreich 2012: 44ff.) heißt es dazu: „Lindner plant keine völlig neue Partei. Er will nur mehr Themen. Und einen neuen Stil. Hauptsache, seriös." Eine subtile Abgrenzung von der Bundesebene seiner Partei und von ihrem Bundesvorsitzenden Philipp Rösler kann man in dem durchgängigen Schriftzug „Das ist meine FDP" auf Lindners Wahlplakaten erkennen.

[260] Auch an anderer Stelle wird Röttgen eine besserwisserische Art zugeschrieben. So schreibt Jörg Diehl (2012a): „Der Christdemokrat ist ein eloquenter und intelligenter Mann, doch er präsentiert sich, als werde am 13. Mai derjenige gewählt, der die richtigste Antwort weiß."

Zu diesem Stil gehört die Vorliebe, alleine zu dozieren statt mit knappen konfrontativen Statements zu streiten (solitäre Kommunikationsdisziplin). Und dazu passt auch eine gewisse Distanz zum Wahlbürger (frontaler Kommunikationsstrom), die *Norbert Röttgen* im Wahlkampf von Nordrhein-Westfalen mehrfach offenbarte. So berichtete etwa die *Welt am Sonntag* (Alexander 2012: 6), „wie der schlauste Politiker Berlins im dümmsten Wahlkampf Deutschlands fremdelt". Dabei heißt es:

> „Um genau 15.15 Uhr trifft der Kandidat zum ersten Mal auf Bürger. Genauer: auf Kinder. Röttgen (...) will ‚Politik aus den Augen unserer Kinder machen' (Anm. d. Red.: So lautet die Zeile auf einem CDU-Wahlplakat, Abbildung 66). Das passt – eigentlich. Denn schon das erste, vielleicht elfjährige Zahnspangenmädchen, das zu ihm geschoben wird, siezt er versehentlich. Und den neunjährigen Luca fragt er: ‚Musst du zur Schule?' Um 15.15 Uhr."

# 9. Ergebnisse: Blick zurück und nach vorn

Damit ist der empirische Teil der Arbeit abgeschlossen, die theoretischen Aussagen sind mit der Realität der Wahlkämpfe abgeglichen und es gilt nun, ein finales Fazit zu ziehen. Dieses soll erörtern, wie sich die Antworten der Wahlkampfakteure und die Angaben aus den Kampagnen erstens auf das theoretische Modell selbst auswirken, also inwiefern sich Hypothesen bestätigen ließen oder inwiefern und warum grundlegende Annahmen in der Wirklichkeit nicht vorkamen.

Zweitens soll aufgezeigt werden, wie sich die Hypothesen im Lichte der beiden anderen Schlüsselfaktoren dieser Arbeit bewährt haben: der *regionalen politischen Kultur* und der *individuellen Kommunikationsstile der Kandidaten*. Zusätzlich werden die Hypothesen mit Blick auf die unterschiedlichen Parteien gespiegelt. Das geschieht mit dem Ziel, schlussendlich resümieren zu können, welche Hypothesen allgemein mit einer gewissen Wahrscheinlichkeit eintreten und welche Hypothesen je nach politischer Kultur, je nach Kommunikationstypen und je nach Partei wahrscheinlicher oder unwahrscheinlicher werden.

Das führt zu einem konkreten *Leitfaden für Wahlkämpfer*, der thesenartig und auch ein wenig essayistisch aufbereitet wurde. Er soll eine Hilfestellung für Wahlkämpfer selbst bilden und für diejenigen, die Kampagnen von der Bürgermeister- bis zur Bundestagswahl professionell begleiten. Abschließend sollen – wieder streng wissenschaftlich – Möglichkeiten und Grenzen der gesamten Arbeit zusammengefasst, zusätzliche Aussagen und Aspekte noch einmal beleuchtet und eventuell daraus folgende Forschungsfragen erläutert werden.

## 9.1 Fazit I: Wie hat sich das Modell empirisch bewährt?

Tabelle 31 bietet eine Übersicht darüber, welche Hypothesen bei welchen Kampagnen in welchen Bundesländern bestätigt wurden. Dieses Resultat soll nun entlang der einzelnen Hypothesen ausgeführt werden. Zur Erinnerung sind die Hypothesen dazu jeweils noch einmal aufgeführt.

*H1: Ein wirtschaftlich erfolgreicher Amtsinhaber präsentiert seine Bilanz mit staatspolitischem Verantwortungshabitus.*

*H2: Ein wirtschaftlich erfolgreicher Amtsinhaber tendiert dazu, die Erfolge zu sozialisieren. „Wir" haben etwas erreicht.*

Beide Hypothesen thematisieren den Wahlkampf einer wirtschaftlich erfolgreichen Regierung. Diese ökonomische Bedingung konnte bei den acht Bundesländern drei Mal festgestellt werden (Hamburg, Baden-Württemberg, Rheinland-Pfalz) und in allen drei Fällen trafen die hypothetischen Annahmen zu. Die Hypothese 2 wurde in allen Bundesländern vollständig erfüllt, die Hypothese 1 insbesondere in Baden-Württemberg und Rheinland-Pfalz. Der Hamburger Regierungschef *Christoph Ahlhaus* stellte ebenfalls die gemeinsamen Erfolge („unsere Bilanz") in den Vordergrund, allerdings besonders auf dem Feld der Inneren Sicherheit. Zudem ergab sich eine wichtige Erkenntnis: Die Kommunikationsmuster „Amtsträger" und „Kollektive Erfolge" werden nur von der Partei des Regierungschefs verwendet. Die kleinen Koalitionspartner, in diesen Fällen die Hamburger Grünen und die FDP in Baden-Württemberg, greifen nicht darauf zurück.

Ebenfalls drei Bundesländer wurden als wirtschaftlich nicht erfolgreich eingestuft (Sachsen-Anhalt, Mecklenburg-Vorpommern, Berlin) und kamen deshalb für Hypothese 3 in Frage.

*H3: Der Herausforderer eines wirtschaftlich nicht erfolgreichen Amtsinhabers setzt auf die inhaltliche Auseinandersetzung mit der Bilanz der Regierung.*

Diese Vorhersage betraf insgesamt fünf Wahlkampf-Kampagnen und vier von ihnen verhielten sich entsprechend. Die Linke in Sachsen-Anhalt und Mecklenburg-Vorpommern sowie die Grünen in Mecklenburg-Vorpommern und Berlin setzten auf einen inhaltlichen Oppositionswahlkampf. Nur die Berliner Union mit *Frank Henkel* schnitt die Kampagne auf den Kandidaten zu. An dieser Stelle wurde ein potentiell theoretischer Widerspruch mit Hypothese 11 deutlich, wonach unbekanntere Kandidaten ihre Person in den Vordergrund stellen. Von dieser Zwickmühle waren drei der fünf Kampagnen betroffen. Die Linke in Sachsen-Anhalt und Mecklenburg-Vorpommern entschied sich gemäß Hypothese 3 für einen inhaltlichen Fokus. Die CDU in Berlin entschied sich gemäß Hypothese 11 für eine personalisierte Strategie.

Die Kampagne der Berliner Grünen zeigte darüber hinaus, dass sich die Prognose von Hypothese 3 auch mit Hypothese 10 widersprechen kann, die populären Kandidaten eine Personalisierung empfiehlt.

Dabei gilt ebenfalls: Entweder eine Kampagne stellt eine inhaltliche Botschaft in den Vordergrund oder die Person des Kandidaten oder der Kandidatin. Die Grünen setzten auch in der Hauptstadt auf Inhalte und das erscheint interessant: Selbst eine grüne Kampagne um eine prominente und profilierte Politikerin wie *Renate Künast* genügte nicht den quantitativen Ansprüchen an einen personalisierten Wahlkampf. Das unterstreicht, wie sehr sich die Grünen als Partei der Inhalte begreifen.

Die Hypothesen 4 bis 7 sagten für zwei ähnliche, aber unterschiedliche Konstellationen jeweils gleiche Konsequenzen voraus. Das betraf zunächst eine aggressive Wahlkampf-Führung, gemessen an entsprechenden Plakatmotiven, die mit den Hypothesen 4 und 6 vorhergesagt wurde.

H4: *Wenn eine Partei in den aktuellen Umfragewerten schlechter abschneidet als der direkte politische Gegner, plant sie einen konfrontativen Wahlkampf.*

H6: *Wenn eine Partei über weniger Koalitionsoptionen verfügt als der direkte politische Gegner, plant sie einen konfrontativen Wahlkampf.*

Das aggressive Vorgehen der Wahlkämpfer konnte unter dem Strich in signifikantem Umfang festgestellt werden. In 25 Kampagnen der acht Länder galt mindestens eine der unabhängigen Variablen dieser Hypothesen als erfüllt. In elf dieser Kampagnen, also bei 44 Prozent der Fälle, kamen aggressive Wahlplakate tatsächlich zum Einsatz. Für ein Land, dessen nationale politische Kultur bisher wenig empfänglich für Formen von negative campaigning schien, ist das eine bemerkenswerte Größenordnung. Darüber hinaus lassen sich die Fälle von aggressiver Wahlwerbung regional unterscheiden, wie das nächste Kapitel zeigen wird.

Das zweite Verhaltensmuster, das Parteien im Rückstand theoretisch attestiert wurde, entspricht den Hypothesen 5 und 7.

H5: *Wenn eine Partei in den aktuellen Umfragewerten schlechter abschneidet als der direkte politische Gegner, macht sie mehr Wahlkampf.*

H7: *Wenn eine Partei über weniger Koalitionsoptionen verfügt als der direkte politische Gegner, macht sie mehr Wahlkampf.*

Diese Vorhersagen trafen mehrheitlich zu. In 56 Prozent der 25 Kampagnen, also konkret bei 14 Fällen wurde der politische Gegner in der an den Plakaten gemessenen Wahlkampfintensität übertroffen. In weiteren vier

Fällen konnte dies wegen fehlender Angaben aus zwei Landesparteien nicht überprüft werden.

Im Faktencheck der Hypothesen 4 bis 7 zeigte sich darüber hinaus ein theoretisch spannender Konflikt, der jedoch nicht endgültig aufgelöst werden konnte. In zwei Bundesländern (Sachsen-Anhalt, Baden-Württemberg) ergaben sich aus den beiden unabhängigen Variablen der Umfragewerte einerseits und der Koalitionsoptionen andererseits widersprüchliche Prognosen für das Verhalten der Wahlkampfakteure. Mithilfe der abhängigen Variablen sollte geklärt werden, ob allein die demoskopische Rangliste der Umfragewerte oder die daraus abgeleitete Machtperspektive das Handeln bestimmt. Doch in keinem der beiden Bundesländer konnte diese Frage entschieden werden. In Sachsen-Anhalt sorgte keiner der beiden Faktoren bei einer Partei für eine aggressive Kampagne und die PP-Werte für die Wahlkampfintensität konnten nicht verglichen werden, weil eine Landespartei die entsprechenden Daten nicht frei gab. In Baden-Württemberg gab es dagegen von beiden Lagern aggressive Kampagnen, sowohl von denen, die in den Umfragen hinten lagen, als auch von der Partei mit den geringeren Koalitionsoptionen. Bei den PP-Werten gab es zwar ein Ergebnis, jedoch eines, das durch die immens hohe Zahl der CDU-Mitglieder in Baden-Württemberg verzerrt erscheint. Deshalb kann eine allgemeine Aussage im obigen Sinne mit den erzielten Ergebnissen nicht erfolgen.

Die Vorhersagen 8 und 9 kümmerten sich um die Landesparteien, die mit einer in der Kritik stehenden Bundesregierung aus dem eigenen Lager umgehen mussten. Diese Situation war in allen analysierten Landtagswahlkämpfen abgesehen von Nordrhein-Westfalen gegeben, wobei sich natürlich nur die Kampagnen von CDU und FDP mit dieser Frage befassen mussten. Gemäß der ersten Prognose sollten sich die Wahlkämpfer inhaltlich um ihr Bundesland kümmern.

*H8: Wenn eine Partei in der Bundesregierung ist, deren Zustimmungswerte sinken oder niedrig sind, wird sich die Partei im Landtagswahlkampf auf Landesthemen konzentrieren.*

Diese Vorgabe erfüllten durchgängig alle untersuchten Kampagnen der CDU. Selbst in Mecklenburg-Vorpommern als dem Heimatland der Kanzlerin setzten die Wahlkämpfer der Union zwar auf viele Auftritte von Angela Merkel, aber inhaltlich auf landespolitische Themen. Etwas anders sah dies bei den Liberalen aus. Für die FDP konnte in fünf von sieben Fällen kein inhaltlicher Schwerpunkt zugeordnet werden. Stattdessen verblieben die Aussagen häufig im Ungefähren oder waren eher symbolischer Natur. Für die beiden Wahlen im September 2011 in Mecklenburg-Vorpommern und Berlin lässt sich zudem der Versuch der FDP-Wahlkämpfer dokumentieren, mit eurokritischen Inhalten im Landtagswahlkampf zu punkten. Das gilt insbesondere für Mecklenburg-Vorpommern. Dieser strategische Winkelzug widersprach diametral der aufgestellten Theorie und sorgte auch innerhalb der liberalen Bundespartei mindestens für Verwunderung.

Die zweite Prognose für die Landesparteien im bundespolitischen Zugzwang drehte sich um das Berliner Personal.

*H9: Wenn eine Partei in der Bundesregierung ist, deren Zustimmungswerte sinken oder signifikant niedrig sind, werden im Landtagswahlkampf weniger Akteure der Bundespartei auftreten.*

Dieser Aussage stimmte kein einziger der befragten Kampagnenmitarbeiter zu. Insofern offenbart sich an dieser Stelle die theoretische Schwachstelle dieser Arbeit oder zumindest ein *gravierendes Operationalisierungsproblem*: Offiziell will niemand bestätigen, dass man sich im Landtagswahlkampf von der Bundespartei distanziert hat. Allgemein werden in der retrospektiven Befragung gerne Dinge verklärt. Zudem will mit dem strategischen Blick auf die weitere Karriere niemand als Nestbeschmutzer gelten. Das erscheint nachvollziehbar, aber in zumindest einem Fall auch politisch unehrlich: Bei der FDP in Rheinland-Pfalz ging wie dokumentiert eine offizielle Distanzierung von der Bundespartei im Wahlkampf mit der gegenteiligen Aussage nach dem Wahlkampf einher.

Es erscheint daher angebracht, in dieser Frage unterschiedliche Gruppen von Antworten zu kategorisieren. Es gibt zunächst Fälle, in denen das Bundespersonal qua Herkunft tatsächlich eine wichtige Rolle im Landtagswahlkampf spielt, auch wenn die Umfragen auf Bundesebene nachteilig ausfallen. Dazu zählte *Angela Merkel* für die CDU in Mecklenburg-Vorpommern und *Philipp Rösler* für die Bremer FDP. Zum zweiten erklärten insgesamt sieben Kampagnen explizit, dass sie möglichst viele Auftritte aus der Bundespolitik anstrebten. Dazu gehörten die Kampagnen beider Parteien in Hamburg und Sachsen-Anhalt, die CDU-Kampagnen in Baden-Württemberg und Rheinland-Pfalz sowie die FDP-Kampagne in Mecklenburg-Vorpommern. Zwei Kampagnen (FDP Baden-Württemberg, CDU Bremen) bekannten sich darüber hinaus zu einem routinierten Umgang mit den bundespolitischen Auftritten, während die FDP in Rheinland-Pfalz wie erwähnt einen Widerspruch zu Aussagen im Wahlkampf offenbarte. Eine Ausnahme bildet die Situation in der Hauptstadt. Berliner Auftritte von Ministern und Kanzlern bedürfen eines geringeren Aufwandes und haben stets eine andere Wirkung

als in anderen Städten fernab der Hauptstadt, worauf die Berliner CDU-Kampagne explizit verwies.
Unter dem Strich muss für diese Hypothese jedoch ein mangelndes Ergebnis konstatiert werden. Die theoretische Vorhersage konnte nicht bestätigt werden, weil es möglicherweise hier und da an einer Portion politischer Ehrlichkeit oder an Vertrauen in die Diskretion der Analyse fehlte[261], weil die Landesparteien – wie die FDP in Sachsen-Anhalt andeutete – zum Teil keinen Einfluss auf die Termine der Berliner Parteigrößen besaßen oder weil die Aussagen wie im Fall von *Merkel* in Mecklenburg-Vorpommern oder *Rösler* in Bremen schlicht nicht zutrafen.
Bei der zehnten Vorhersage zeigte sich dagegen wieder eine sehr hohe Trefferquote.

*H10: Wenn ein Spitzenkandidat deutlich höhere Popularitätswerte als sein direkter Konkurrent besitzt, wird er im Wahlkampf seine Person in den Vordergrund stellen.*

Dieser Zusammenhang kam für insgesamt sieben Kampagnen in Frage und konnte bei sechs der sieben Fälle tatsächlich belegt werden. Die SPD-Spitzenkandidaten *Jens Bullerjahn, Kurt Beck, Erwin Sellering, Klaus Wowereit* und *Hannelore Kraft* münzten ihre Popularität in eine entsprechende Kampagne um, genauso wie der CDU-Spitzenkandidat *Reiner Haseloff*. Auch die beliebten SPD-Kandidaten *Olaf Scholz* und *Jens Böhrnsen* setzten auf Personalisierung, wurden jedoch wie ausgeführt aufgrund der fehlenden Konkurrenzsituation nicht berücksichtigt. Der einzige Fall, in dem eine populäre Kandidatin ihre Kampagne eher inhaltlich ausrichtete, ist der grüne Wahlkampf in Berlin. Wie oben dargestellt entsprach das Wahlkampfverhalten von *Renate Künast* damit der Hypothese 3, nicht jedoch der Hypothese 10.

---

[261] Wenn der Distanzierungsthese zugestimmt wird, geschieht das zumeist anonym. Ein besonders augenscheinliches Beispiel ist im *Spiegel* dokumentiert, aus dem Landtagswahlkampf von Jürgen Rüttgers 2010. Dort heißt es (Brandt e.a. 2010: 18): „Derzeit hält sich Ministerpräsident Jürgen Rüttgers mit Attacken gegen Berlin noch zurück, intern betont er immer wieder, dass er keine Kampagne gegen Merkel machen wolle. Aber das muss nicht so bleiben. ‚Wir schauen uns das noch an bis Mitte März', sagt einer von Rüttgers' Ministern. ‚Wenn die Koalition dann immer noch so ein desaströses Bild abgibt, legen wir den Schalter um. Dann machen wir Wahlkampf gegen Berlin.'" Eine solche Aussage von einem Landesminister erscheint als direktes Zitat kaum denkbar. Gleichwohl widerspricht die Anonymität dem wissenschaftlichen Kriterium der Nachvollziehbarkeit und ist insofern nicht ideal.

Weitere drei Hypothesen beziehen sich die Bekanntheit der Spitzenkandidaten, die allerdings in drei der acht Bundesländer (Baden-Württemberg, Rheinland-Pfalz, Nordrhein-Westfalen) gar nicht erhoben wurde. In den übrigen fünf Ländern identifizierten die unabhängigen Variablen insgesamt 27 Kampagnen, in denen die Wahlkampfakteure in elf Fällen, also zu 41 Prozent, im Sinne der Theorie agierten.

*H11: Wenn ein Spitzenkandidat einen geringeren Bekanntheitsgrad besitzt als sein direkter Konkurrent, wird im Wahlkampf seine Person in den Vordergrund stellen.*

Die Ergebnisse zu dieser Hypothese offenbaren eine interessante Unterscheidung zwischen den Parteien. So beherzigten die drei betroffenen CDU-Kampagnen (Bremen, Mecklenburg-Vorpommern, Berlin) allesamt den theoretischen Ratschlag und schnitten ihren Wahlkampf auf die Spitzenkandidaten zu. Die Linke reagierte genau gegenteilig: In keiner der vier zu berücksichtigenden Kampagnen (Sachsen-Anhalt, Bremen, Mecklenburg-Vorpommern, Berlin) stand die Person im Vordergrund.

*H12: Wenn ein Spitzenkandidat einen geringeren Bekanntheitsgrad besitzt als sein direkter Konkurrent, wird er im Wahlkampf mehr Termine absolvieren.*

Mit dieser Hypothese sollte der persönliche Einsatz der Kandidaten im Wahlkampf verglichen werden, allerdings gestaltete sich die Operationalisierung dafür etwas schwierig. Nach Hypothese 9 zeigte sich hier eine weitere theoretische Schwachstelle: Die Zahl der Termine, die ein Spitzenkandidat im Wahlkampf absolviert, konnten nicht immer von den Kampagnen recherchiert werden. Die stattdessen überlieferten Schätzwerte boten erstens eine verminderte Vergleichbarkeit, zweitens stufte jede Kampagne den Aufwand des eigenen Spitzenkandidaten im Vergleich zur Konkurrenz als höher ein.

*H13: Der direkte Gegner eines Kandidaten mit geringerem Bekanntheitsgrad vermeidet es ausdrücklich, dessen Namen zu nennen.*

Bei dieser Hypothese funktionierte die Befragung der Kampagnenmitarbeiter deutlich besser. In vier von neun untersuchten Fällen verhielten sich die Wahlkämpfer wie vorhergesagt. Dabei ergab sich in einem Fall ein weiterer theoretischer Zielkonflikt. Die Hamburger CDU hätte entsprechend der Hypothese 6 die Grünen angreifen und entsprechend der

Hypothese 13 die Grünen ignorieren sollen. Die Entscheidung war eindeutig: Die Union in der Hansestadt setzte auf den politischen Angriff.

## 9.2 Fazit II: Was ergeben sich für Erkenntnisse?

Neben dem reinen Blick auf die Hypothesen ergeben sich aus den acht analysierten Wahlkämpfen ein paar zentrale Beobachtungen. Zum einen eine auffällige *Vormachtstellung der Sozialdemokratie*: In fünf der acht Fälle gingen die SPD-Kandidaten als Amtsinhaber ins Rennen, in sechs von acht Fällen lagen sie bei den Popularitätswerten deutlich vorne, in allen acht Ländern sollte die SPD nach den untersuchten Wahlkämpfen in die Regierung einziehen, in sechs von acht Fällen stellte sie nach den Wahlkämpfen den Ministerpräsidenten oder die Ministerpräsidentin.

Diese sozialdemokratische Hegemonie soll konstatiert werden, ohne die Gründe dafür kausal erfassen zu können. Ein Grund könnte sein, dass die SPD zum Teil auf seit Jahren und Jahrzehnten profilierte Landespolitiker setzen konnte (*Beck, Böhrnsen, Sellering, Wowereit*), während durchweg alle CDU-Spitzenkandidaten erstmals antraten[262]. Sogar die zwei Amtsinhaber der Union (*Ahlhaus, Mappus*) bestritten ihre jeweils ersten Kampagnen als Spitzenkandidaten. Das wiederum wirft auch ein Schlaglicht auf die Personalpolitik der Union unter der Kanzlerin *Angela Merkel*. Zumindest spielt sich während ihrer Zeit an der Spitze der Bundesregierung ein Personalwechsel an den Spitzen der Landesparteien und zum Teil an den Spitzen der Landesregierungen ab. Das verdeutlicht ein Blick zurück ins Jahr 2005, als *Merkel* ins Amt kam. Damals führte die Union elf von insgesamt 16 Landesregierungen, regierte in vier von acht Fällen in den hier untersuchten Bundesländern und verfügte über etablierte Landespolitiker wie *Roland Koch, Christian Wulff, Jürgen Rüttgers* oder *Peter Müller*. Im Sommer 2013 führt die CDU lediglich sechs der 16 Landesregierungen und mit Sachsen-Anhalt lediglich eine Regierung in den acht hier untersuchten Bundesländern. Dieser sozialdemokratische Vorsprung beim politischen Personal, ausgedrückt in Popularität und Erfahrung, offenbarte sich auch in den hier analysierten Wahlkämpfen.

---

[262] Für Christoph Ahlhaus (Hamburg), Reiner Haseloff (Sachsen-Anhalt), Stefan Mappus (Baden-Württemberg), Julia Klöckner (Rheinland-Pfalz), Rita Mohr-Lüllmann (Bremen), Lorenz Caffier (Mecklenburg-Vorpommern), Frank Henkel (Berlin) und Norbert Röttgen (Nordrhein-Westfalen) waren es jeweils die ersten Kandidaturen als Spitzenkandidat.

Vereinfacht gesagt: Die SPD-Kampagnen nutzten diesen Vorsprung aus und setzten auf Personen.

Dabei spielte den sozialdemokratischen Amtsinhabern mutmaßlich auch der globale Zeitgeist in die Karten, der im fortwährenden Krisenmodus verharrt und die Chance bietet, „mit der Parole ‚No Change' Wahlen zu gewinnen" (Korte 2012: 2). Alle fünf SPD-Regenten blieben auch nach den hier analysierten Landtagswahlen im Amt und alle fünf setzten auf den Wahlkampftypus „Landesvater". Sie profitierten von einem „konservativen Vertrauen auf das Bewährte in turbulenten Zeiten", von der *„Kümmerer-Leadership"* (ebd.).

Auch bei den anderen Parteien ließen sich *länderübergreifende Gemeinsamkeiten* in der Wahlkampfführung feststellen. Das gilt besonders für die Kampagnen der Grünen und der Linke, die gemessen an den hier aufgestellten Kriterien ausnahmslos inhaltliche Kampagnen konzipierten. Natürlich zeigten sich dabei auch Unterschiede: Eine populäre Bundespolitikerin wie *Renate Künast* oder ein profilierter Landespolitiker wie *Harald Wolf* standen mehr im Vordergrund als andere, aber auch hier wurde der grundsätzliche Fokus auf inhaltliche Kampagnen nicht über Bord geworfen. Der Befund, wonach „Spitzenkandidaten bei den Grünen üblicherweise keine herausragende Rolle spielen" (Gothe 2011: 779) bewahrheitete sich in dieser Untersuchung aufs Neue und kann explizit auch auf die Linke ausgeweitet werden. Die CDU hingegen setzte in den Kampagnen meist stark auf ihre Kandidaten und auf einen aggressiven Umgang mit dem politischen Gegner. In fünf von sieben erwarteten Fällen (Hamburg, Baden-Württemberg, Rheinland-Pfalz, Bremen, Berlin) setzten die Wahlkämpfer der Union in ihren Plakatmotiven auf Formen von Negative Campaigning. Bei den inhaltlichen Botschaften konzentrierten sich die CDU-Kampagnen fast durchgängig um explizite Landesthemen. Das unterschied sie in weiten Teilen von der FDP, die flächendeckend auf allgemeine und symbolische Botschaften setzten wie „Leistung belohnen" oder „Positiv denken, positiv handeln".

Darüber hinaus fanden sich *parteienübergreifende Gemeinsamkeiten* in den Bundesländern, die m.E. zum Teil einen bemerkenswerten Einblick in regionale politische Kulturen bieten. Besonders interessant erscheint, dass sich die Aggressivität der Kampagnen in den einzelnen Bundesländern deutlich unterschiedlich darstellte. Eine erste Gruppe bilden die beiden ostdeutschen Länder Sachsen-Anhalt und Mecklenburg-Vorpommern, in denen kein einziges aggressives Wahlplakat zu finden war. In eine zweite Kategorie fallen die westdeutschen Länder Rheinland-Pfalz, Bremen und Nordrhein-Westfalen mit jeweils einer Kampagne, die auf aggressive Motive setzte (CDU Rheinland-Pfalz, CDU Bremen, FDP Nordrhein-Westfalen). Die dritte Gruppe besteht aus den

Großstädten Hamburg und Berlin sowie Baden-Württemberg, in denen mehrfach aggressive Plakate verwendet wurden, zum Teil in 100 Prozent der untersuchten Fälle.

Zusammen mit den anderen Merkmalen regionaler Prägung, die wie ausgeführt in den Wahlkämpfen von Bedeutung waren, lassen sich anhand der Umgangsformen *unterschiedliche politische Kulturen* (Tabelle 32) benennen. Dabei gelten die regionalen Aspekte einer politischen Kultur ausdrücklich als „mentale Grenze" (Wehling 2000: 41), die stets unterschiedlich stark ausgeprägt sein bzw. in einer politischen Auseinandersetzung eher in den Hinter- oder in den Vordergrund treten kann.

In diesem Sinne scheint in den ostdeutschen Bundesländern Sachsen-Anhalt und Mecklenburg-Vorpommern ein *Klima des gemeinsamen Problembewusstseins* zu herrschen, das mit Blick auf wachsenden Politikverdruss, den Kampf gegen rechtsextreme Parteien sowie strukturelle demografische und ökonomische Baustellen keine politische Streitkultur lebt. Dazu passt, dass in beiden Bundesländern sowohl vor als auch nach der analysierten Landtagswahl eine Große Koalition regierte.

Eine weitere gemeinsame Zuordnung erscheint in den beiden westdeutschen Flächenländern Rheinland-Pfalz und Nordrhein-Westfalen angebracht, die beide geprägt sind von einem *Klima des bodenständigen Pragmatismus*. In beiden Ländern lebt die politische Kultur von einer bewussten Eigenständigkeit gegenüber der Bundesebene und in beiden Ländern bevorzugt man Führungspersönlichkeiten, die mindestens das Image haben, sich bodenständig und ideologiefrei zu kümmern. Dazu passt auch, dass der Wahlkampf von *Julia Klöckner* erfolgreicher verlief als der von *Norbert Röttgen*, was möglicherweise auch daran lag, dass sich *Klöckner* dazu bekannte, auch als Oppositionspolitikerin nach Mainz zu wechseln.

Auch in Baden-Württemberg herrscht grundsätzlich eine pragmatische politische Kultur. Allerdings trat – um mit Hans-Georg Wehling zu sprechen – diese mentale Grenze im analysierten Wahlkampf eindeutig in den Hintergrund. Das allgemeine Klima wurde *ideologisch überlagert* von der Debatte um die Atomkraftwerke im Land und im Allgemeinen. Zudem passte der persönliche Kommunikationsstil von Amtsinhaber *Stefan Mappus* sowie dessen politischer Umgang mit dem Streit um das Bauvorhaben Stuttgart 21 nicht so recht zum schwäbischen Bedürfnis nach Harmonie und Überparteilichkeit, dem sein Nachfolger *Winfried Kretschmann* eher entspricht. Insofern kann die Wahl im März 2011 auch als ein Votum der Baden-Württemberger im Sinne ihrer politischen Kultur interpretiert werden.

Drittens lässt sich in dieser Untersuchung in den Stadtstaaten Hamburg und Berlin ein *Klima der urbanen Streitkultur* beobachten. Dieses politische Klima in den beiden Großstädten erscheint überdurchschnittlich aggressiv wie innovativ. Der Wähler akzeptiert und goutiert ein besonderes Maß an politischer Auseinandersetzung und er erwartet gerade in der Plakatkommunikation kreative Motive. Der Wettlauf um Aufmerksamkeit findet in Hamburg und Berlin auf einem deutlich anderen Level statt als in den Flächenstaaten und dreht sich auch um andere Themen, etwa die Multikulturalität oder die städtische Verkehrspolitik. Zudem schwebt das Thema Innere Sicherheit in dieser Streitkultur stets latent im Raum und wird im Wahlkampf zumeist von konservativen Kampagnen aufgegriffen. Das ließ sich auch in den hier analysierten Wahlkämpfen beobachten.

Dem innovativen Charakter der Großstädte entspricht, dass die Volatilität der Wählerstimmen deutlich größer ist als in beobachteten Flächenstaaten. Das zeigte sich im Aufkommen der Berliner Piraten genauso wie in der Tatsache, dass die Hamburger SPD aus der Opposition heraus, in Reaktion auf das bundesweit erste schwarz-grüne Bündnis, die absolute Mehrheit errang. Zudem passt zu diesem spezifischen politischen Klima, dass mit *Olaf Scholz* und *Klaus Wowereit* in den aktuellen Wahlkämpfen zwei Kommunikationstypen reüssierten, die ein hohes Maß an regionaler Authentizität mitbrachten – hanseatisches Understatement einerseits, Berliner Schnauze andererseits.

Als ebenfalls Stadtstaat und Großstadt stellen sich in Bremen ähnliche politische Fragen, auf die jedoch zumeist andere Antworten gegeben werden. Die aktuellen Kampagnen wurden weniger aggressiv und auch weniger kreativ geführt. Mit Wehling scheint in Bremen eine andere Art der regionalen politischen Kultur dauerhaft in den Vordergrund zu treten, eine Kultur, die wie ausgeführt deutlich harmonischer und pragmatischer daherkommt als in Hamburg und Berlin. Dazu passt eine einzigartig parteipolitische wie hohe personelle Kontinuität in der Bremer Politik, die sich wie dargestellt darauf auswirkte, wie sich die Bremer Kandidaten insgesamt im Wahlkampf verhielten. Man könnte bei Bremen von einem *sozialdemokratisierten Sonderfall* sprechen, im Konzert der acht hier analysierten Landtagswahlen und zumal im Vergleich der drei Stadtstaaten.

Auch für das Zusammenspiel der Kandidatenstile mit der regionalen politischen Kultur lassen sich einige *wahlkampfübergreifende Erkenntnisse* resümieren. So erscheint ein Kommunikationstypus „Fachmann" als Ministerpräsident besonders in ein Klima des gemeinsamen Problembewusstseins zu passen. Dort erwartet man tendenziell eine inhaltliche Botschaft und wenige Kontroversen. Als Beispiel könnte *Reiner Haseloff* in Sachsen-Anhalt gelten (Tabelle 33). Besonders gut und über jegliche politisch-klimatischen Grenzen hinweg funktioniert dieser

Wahlkampftypus, wenn der Kandidat auf einen Platz in der zweiten Reihe zielt und nicht die Regierung führen will. Das belegen etwa *Nils Schmid, Lorenz Caffier* oder *Harald Wolf*. Der Kommunikationstypus „Rampensau" passt besonders in die Opposition und in ein politisches Klima, das laute und auch bisweilen raue Töne goutiert. Das demonstrierte etwa *Katja Suding* in Hamburg oder *Julia Klöckner* in Rheinland-Pfalz. Der „Landesvater" hingegen erscheint der klassische Kommunikationsstil eines Amtsinhabers, insbesondere in einem bodenständigem oder harmonischem politischen Klima. Von *Kurt Beck* über *Hannelore Kraft* bis hin zu *Erwin Sellering* finden sich dafür mehrere Exempel.

Der „streitbare" Kommunikationstypus findet sich in Regierung und Opposition, zumeist aber in einer etablierten politischen Streitkultur. Das konnte m.E. mindestens zum Teil bei *Christoph Ahlhaus* in Hamburg und bei *Frank Henkel* in Berlin beobachtet werden. Wahlkampf nach Art der „Problemlöserin" wird zumeist aus dem Oppositionslager betrieben, mit konkreten Lösungs- und Verbesserungsvorschlägen. Das gilt über alle politischen Klimagrenzen hinweg, passt, wie in dieser Arbeit festgestellt wurde, jedoch besonders zu Kandidaten der Grünen (Tabelle 33), etwa zu *Eveline Lemke* und *Daniel Köbler* in Rheinland-Pfalz.

## 9.3 Fazit III: Acht Regeln der Wahlkämpfer

Auf Basis dessen, wie sich die theoretischen Hypothesen in der Wahlkampfpraxis bewährt haben und mit Blick auf die eben zusammengefassten Erkenntnisse zu den Strategien der Parteien, den regionale politischen Kulturen und den Kommunikationstypen im Wahlkampf sollen nun die finalen Thesen für das Handeln der Wahlkämpfer formuliert werden. Sie können als Leitfaden für die Akteure selbst verstanden werden wie als Erklärungshilfe für alle, die Wahlkämpfe prospektiv beobachten oder retrospektiv analysieren. Damit soll dem formulierten Anspruch der Arbeit entsprochen werden, verallgemeinerbare Aussagen über Kampagnenverhalten zu generieren. Man könnte sie als die *acht Regeln der Wahlkämpfer* bezeichnen.

1) „*Amtsbonus nutzen*": Ein wirtschaftlich erfolgreicher Amtsinhaber setzt im Wahlkampf auf diese Bilanz und stellt die Erfolge als gemeinsame Leistungen der Bevölkerung dar. Zusätzlich wird die Kampagne mit offiziellen Symbolen und Marken verknüpft, um den Kandidaten als besonderen Repräsentanten des Staates

erscheinen zu lassen. Die Kampagne des kleinen Koalitionspartners verzichtet auf dieses Vorgehen.

2) *„Alternative anbieten"*: Der Herausforderer eines wirtschaftlich nicht erfolgreichen Amtsinhabers setzt auf eine inhaltliche Kampagne und thematisiert dabei besonders die konkrete Regierungsbilanz. Dafür wird die Mehrheit der Kampagnenkommunikation inhaltliche Botschaften transportieren und nicht die Person des Kandidaten. Dieses Vorgehen wird wahrscheinlicher bei Kampagnen der Grünen und der Linke. Und es wird wahrscheinlicher bei den Kommunikationstypen „Fachmann" und „Problemlöserin".

3) *„Aufwand steigern"*: Wenn eine Partei gemäß den Umfragewerten der Meinungsforschungsinstitute hinter dem direkten politischen Gegner aber noch in Reichweite liegt oder sich ihr weniger realistische Koalitionsoptionen bieten, macht sie mehr Wahlkampf. Diese Kampagnenintensität kann man messen anhand der Zahl der Plakate pro Parteimitglied.

4) *„Auf Angriff schalten"*: Wenn eine Partei gemäß den Umfragewerten hinter dem direkten politischen Gegner aber noch in Reichweite liegt oder sich ihr weniger realistische Koalitionsoptionen bieten, plant sie einen aggressiven Wahlkampf. Dieses Vorgehen wird wahrscheinlicher, wenn wie etwa in den Stadtstaaten Hamburg und Berlin aggressive Wahlkampfformen zur regionalen politischen Kultur gehören und wenn es sich um eine Kampagne der CDU handelt. Zudem wird es wahrscheinlicher bei den Kommunikationstypen „Rampensau" und der „Streitbare".

5) *„Inhaltlich abgrenzen"*: Wenn eine Partei in der Bundesregierung ist, deren Zustimmungswerte niedrig sind, wird sich die Partei im Landtagswahlkampf vorwiegend auf Landesthemen konzentrieren. Das wird wahrscheinlicher, wenn kein beliebter Bundespolitiker aus der Region stammt, sowie bei einer CDU-Kampagne.

6) *„Nicht ins Inhaltliche abgleiten"*: Wenn ein Spitzenkandidat deutlich höhere Popularitätswerte als sein direkter Konkurrent besitzt, wird die Kampagne auf seine Person zugeschnitten und weniger auf rein inhaltliche Aussagen. Das wird wahrscheinlicher bei einem Kommunikationstypus „Landesvater" und wenn

der Gegner über wenig landespolitische Erfahrung verfügt, wie das zuletzt bei zahlreichen CDU-Spitzenkandidaten der Fall war.

7) *„Gesicht zeigen"*: Wenn ein Spitzenkandidat einen geringeren Bekanntheitsgrad besitzt als sein direkter Konkurrent, wird er bemüht sein, das zu ändern. Deshalb wird die Kampagne auf seine Person zugeschnitten sein und weniger auf politische Inhalte. Das wird wahrscheinlicher mit den Kommunikationstypen „Rampensau" und der „Streitbare" sowie, wenn es sich um Kampagnen der CDU handelt.

8) *„Gegner kleinhalten"*: Der direkte Gegner eines Kandidaten mit geringerem Bekanntheitsgrad vermeidet es ausdrücklich, dessen Namen zu nennen. Er wird ihn bei Veranstaltungen und in Interviews tunlichst ignorieren. Dieses Vorgehen wird wahrscheinlicher, wenn sich eine gewisse politische Streitkultur etabliert hat.

## 9.4   Einsicht: Was kann das Modell leisten – und was nicht?

Damit ist das Ergebnis dieser Arbeit zugespitzt formuliert, das nun noch in ein paar abschließenden Sätzen wissenschaftlich eingeordnet werden soll. Die Arbeit versteht sich als ein kleiner theoretischer Beitrag zur Wahlkampfführungsforschung, mit dessen allgemeinen Ergebnissen nun Aussagen über künftige Kampagnen getroffen bzw. zurückliegende Kampagnen beurteilt werden können. Der berühmte Ausspruch „Prognosen sind schwierig, vor allem wenn sie die Zukunft betreffen", meist Marc Twain zugeschrieben, gilt nichtsdestotrotz auch für jede Prognose einer Wahlkampagne. Zu groß ist die Möglichkeit, dass sich Akteure in Kampagnen irrational verhalten. Zu groß ist die Bandbreite an unvorhersehbaren Ereignissen, wie nicht zuletzt die Rückwirkung von Fukushima auf drei der hier analysierten Wahlkämpfe verdeutlichte. Zu groß und verwinkelt ist aber auch das multikausale Ursachengeflecht, das sich um die Kommunikationsstile der Kandidaten, den politischen Status quo und die Parteien spannt.

   Bei aller Vorsicht hat sich das Modell jedoch in einer ersten empirischen Prüfung bewährt und demonstriert, dass seine Aussagen in einem signifikanten Ausmaß zutreffen. Insbesondere dann, wenn die individuellen Bedingungen der Kandidaten und die politisch-kulturellen Gegebenheiten vor Ort Ernst genommen werden. Das erscheint in der heutigen Gesellschaft dringend geboten. Mit Blick auf den regionalen wie persönlichen Hintergrund eines Wahlkämpfers gilt mehr denn je der Satz von *Andrea Ypsilanti*:

> „Biographien prägen politische Denkweisen."

Mithilfe der hier entwickelten Instrumente – einer *Typologie der Kommunikationsstile im Wahlkampf* sowie einer *Klassifizierung der politisch-kulturellen Klimata* in weiten Teilen Deutschlands – soll dies künftig noch besser möglich sein. Darüber hinaus bietet diese Arbeit auch bei der Analyse von Wahlplakaten einen kleinen *Beitrag zur kommunikationswissenschaftlichen Grundlagenforschung* an. Zusätzlich erscheinen ein paar angrenzende Aussagen interessant:

- Die vorliegende Arbeit verdeutlicht, dass sich die Kampagnen im Wahlkampf in hohem Maße an den Ergebnissen der *Meinungsumfragen orientieren*.
- Mit Blick auf die hier analysierten 41 Kampagnen in acht Bundesländern zeigt sich, dass der Person des Spitzenkandidaten eine entscheidende Rolle zukommt und die Plakatkommunikation häufig *auf den Kandidaten zugeschnitten* ist und nicht so häufig auf inhaltliche Themen. Das gilt insbesondere für die Kampagnen der großen Parteien CDU und SPD.
- Dabei lässt sich feststellen, dass die Parteien ihre Plakatkommunikation in vielen Fällen rational konzipieren und *strategisch kohärent* verfolgen.

## 9.5 Aussicht: Wie kann das Modell weiterentwickelt werden?

Das hier entwickelte Modell hat bereits eine erste empirische Prüfung auf der landespolitischen Bühne hinter sich. Gleichwohl soll und muss es sich künftig in anderen Praxistests beweisen, die breiter und insbesondere tiefer angelegt sein sollen, als dies im Zuge der vorliegenden Arbeit möglich war. Das betrifft insbesondere die Analyse von parteiinternen Vorgängen innerhalb einer Wahlkampagne. Der Blick durch das Schlüsselloch auf das Zusammenspiel von Kandidat und Partei, von externen Experten und etablierten Funktionären bietet eine Forschungsperspektive, der diese Arbeit nur theoretisch, aber nicht empirisch gerecht werden konnte. Das gilt auch für die vielleicht noch spannendere Forschungsfrage nach dem Verhältnis mit der Basis.

Wie in Kapitel 6.3 ausgeführt, stellt die parteiinterne Mobilisierung eine höchst spannende Thematik dar, die in dieser Arbeit theoretisch aufgegriffen und mit diesen vier Hypothesen prognostiziert wurde:

*H14: Je mehr ein Kandidat und seine Kampagne mit der Parteibasis kommunizieren, desto höher sind parteiinterne Mobilisierung und Engagement vor Ort.*

*H15: Je mehr selbstständige Aufgaben die Basis bekommt und darin bestärkt wird, desto höher werden parteiinterne Mobilisierung und Engagement vor Ort.*

*H16: Je mehr ein Wahlsieg in Umfragen und Medien vorhergesagt wird, desto höher fallen parteiinterne Mobilisierung und Engagement vor Ort aus.*

*H17: Starke Kritik von außen oder polarisierende Positionen oder Personen beim Gegner erhöhen parteiinterne Mobilisierung und Engagement vor Ort.*

Alle vier Hypothesen – in dieser Arbeit Kommunikations-, Graswurzel-, Sieges- und Gegnerhypothese getauft – verbindet also die gleiche abhängige Variable, nämlich ein *Mehr an innerparteilicher Mobilisierung*, die sich in einem *Mehr an Wahlkampf vor Ort* ausdrückt. Eine solche Mobilisierung kann im Wahlkampf entscheidende Wirkung entfachen, wie *Andrea Ypsilanti* aus dem hessischen Landtagswahlkampf 2007/2008 berichtete:

> „Leute haben Urlaub genommen, um Wahlkampf zu machen. Das hatte es noch nie gegeben. Der Wahlkampf wurde zum Selbstläufer. Wir mussten nicht mehr vom Landesbüro Dinge organisieren, sondern die sind einfach von selbst passiert. Alle haben ihre Netzwerke genutzt, um Wahlkampf zu machen. Wir hatten eine unheimliche Erleichterung am Ende des Wahlkampfs, weil vieles von allein gelaufen ist."

Zu ergründen, wie und warum Parteimitglieder und Parteisympathisanten in einer solchen Form handeln, erscheint äußerst interessant und anhand der hier aus dem Veto-Spieler-Ansatz entwickelten Hypothesen möglich. Dafür gilt es, Zahl und Art der Kommunikationseinheiten zwischen Zentrale und Basis, Umfragedaten und Medienberichterstattung sowie die Schärfe der Auseinandersetzung im Wahlkampf als unabhängige Variablen zu operationalisieren. Gerade der Blick auf die parteiinterne Kommunikation erfordert allerdings ein hohes Maß an Insider-Informationen. Wie diese Top-down-Kommunikation aussieht, zeigt exemplarisch der Auszug aus einer personalisierten Sammelmail von

*Frank-Walter Steinmeier* im Bundestagswahlkampf 2009. Am 9. Juli, 80 Tage vor der Wahl, schrieb Steinmeier an alle SPD-Mitglieder:

> „Gehen wir aktiv auf die Menschen zu. Suchen wir den Kontakt und das Gespräch. Ab sofort. Beim Familien- und Nachbarschaftsfest. Im Verein, in der Fußgängerzone und im Hausflur, im Urlaub, am Strand und am Grill. Verschenken wir keine Gelegenheit und keinen Tag. (...) Lasst uns miteinander aufbrechen in einen kraftvollen, leidenschaftlichen Wahlkampf."

Die Erforschung dieses innerparteilichen Phänomens gewinnt zusätzlich an Bedeutung, weil die Wahlkämpfe und zum Teil Wahlerfolge von *Angela Merkel* stets mit den Begriffen Mobilisierung und Demobilisierung in Verbindung gebracht werden (vgl. Jung e.a. 2009: 14; Jun/Pütz 2010: 211; Blätte 2010). *Merkel* wird eine gezielte „De- und Entpolitisierung des Wahlkampfes" (Tenscher 2009: 82) vorgehalten, eine „asymmetrische Mobilisierung"[263] oder gleich ein „Wahlkampfvermeidungswahlkampf" (Spreng 2010). Diese Strategie passt zu Hypothese 17. Man kann darin den Versuch erkennen, vorauseilend zu vermeiden, dass die Gegnerhypothese zusätzliche Mobilisierung für die andere Seite entfaltet[264] Je relevanter Fragen der Mobilisierung auch in künftigen Wahlkämpfen auf Bundes- und Landesebene werden, desto spannender kann es sein, sich in diesem Feld um wissenschaftliche Antworten zu bemühen.

An zwei weiteren Punkten offenbart diese Arbeit Operationalisierungsdefizite, die künftig behoben werden können. Die Frage, ob und inwiefern Landespolitiker im Wahlkampf auf unbeliebte Bundespolitiker verzichten, wurde von den aktiven Politikern offiziell dementiert. Anonym finden sich, wie gezeigt, solche Stimmen. Auch die nicht mehr aktive SPD-Politikerin *Andrea Ypsilanti* erklärte, dass während der Großen Koalition auf Bundesebene nicht viele SPD-Granden im hessischen Landtagswahlkampf auftraten. Das war weniger dem Zufall als einer bewussten Entscheidung geschuldet. *Ypsilanti* formuliert es so:

---

[263] Diesen Ausdruck prägte nach übereinstimmenden Zuschreibungen Matthias Jung von der Forschungsgruppe Wahlen. Ein konkreter Literaturverweis ließ sich jedoch nicht finden.

[264] Das beschreibt auch Dirk Kurbjuweit vom *Spiegel*, der sich seit Jahren intensiv und analytisch mit Merkels Regierungsstil beschäftigt (2011: 34): „Ihren Wahlkampf 2009 führte sie mit Absicht extrem stumpf, damit sich niemand über sie ärgern musste, also nicht ihretwegen für eine andere Partei stimmte."

"Wir haben da etwas gespart."

Als ebenfalls schwierig erwies sich, den persönlichen Aufwand der Spitzenkandidaten im Wahlkampf herauszufinden. Das lag einerseits an unterschiedlichen Angaben aus den Kampagnen und andererseits an der Fülle von Möglichkeiten, wie ein Kandidat Wahlkampf machen kann. Auch hier kann die Arbeit optimiert werden.

Schlussendlich sei noch auf zwei Ansätze verwiesen, mit denen die Arbeit weiterentwickelt werden kann. Erstens scheint ein regionaler oder sogar lokaler Blick auf unterschiedliche mediale Rahmenbedingungen lohnenswert. Es könnte spannend sein, Kampagnen in Regionen zu analysieren, in denen Zeitungen eine Monopolstellung innehaben und diese mit Regionen im massenmedialen Wettbewerb zu vergleichen. Zweitens könnte man die finanziellen Voraussetzungen von Kampagnen mehr ins Visier nehmen als das hier geschehen ist. Von Radunski (2003: 185) stammt das Credo:

"Zum modernen Wahlkampf braucht man drei Dinge: Geld, Geld, Geld."

Das ist explizit nicht die Sicht dieser Arbeit. Gleichwohl ist die finanzielle Ausstattung natürlich eine notwendige Bedingung für eine Kampagne, die künftig als potentiell intervenierende Variable für die Wahlkampfintensität und den damit zusammenhängenden PP-Index berücksichtigt werden kann.

# Literatur

Aarebrot, Frank / Bakka, Pal (2006): „Die vergleichende Methode in der Politikwissenschaft", in: Berg-Schlosser, Dirk / Müller-Rommel, Ferdinand (Hrsg.): „Vergleichende Politikwissenschaft", Wiesbaden, S. 57-102

Abromeit, Heidrun (1992): „Der verkappte Einheitsstaat"

Ahrens, Gerhard (1982): „Von der Franzosenzeit bis zur Verabschiedung der neuen Verfassung", in: Jochmann, Werner / Loose, Hans-Dieter (Hrsg.): „Hamburg. Geschichte der Stadt und ihrer Bewohner. Band 1: Von den Anfängen bis zur Reichsgründung", S.415-490

Ajzen, Icek (2012): „Values, Attitudes, and Behavior", in: Salzborn, Samuel / Davidov, Eldad / Reinecke, Jost (Hrsg.): „Methods, Theories, and Empirical Applications in the Social Sciences. Festschrift for Peter Schmidt", S.33-38

Alemann, Ulrich von (1985): „Parteien und Wahlen in Nordrhein-Westfalen"

Alemann, Ulrich von (2001): „Parteien und Medien", in: Gabriel, Oscar W. / Niedermayer, Oscar / Stöss, Richard (Hrsg.): „Parteiendemokratie in Deutschland", S.478-494

Alemann, Ulrich von (2002): „Parteien in der Mediendemokratie"

Alemann, Ulrich von (2003): „Das Parteiensystem der Bundesrepublik Deutschland"

Alemann, Ulrich von / Brandenburg, Patrick (2000): „Nordrhein-Westfalen. Ein Land entdeckt sich neu", Schriften zur politischen Landeskunde Nordrhein-Westfalens, B.13

Alexander, Robin (2012): „Röttgen, Löttgen und die Currywurst", Welt am Sonntag, 22.4.2012, S.6

Almond, Gabriel A. / Verba, Sidney (1963): „The Civic Culture. Political Attitudes and Democracy in Five Nations"

Almond, Gabriel A. / Verba, Sidney (1980): „The Civic Culture Revisited. An Analytic Study"

Anonymous (2009): „No, we can't", Der Freitag, 25.9.2009

Aretz, Jürgen (1978): „Katholizismus und deutsche Sozialdemokratie 1949-1963", in: Langner, Albrecht (Hrsg.) „Katholizismus im politischen System der Bundesrepublik 1949-1963", S.61-81

Arnim, Hans-Herbert von (2000): „Das föderative System in Deutschland – Motor oder Hemmschuh notwendiger politischer Reformen?", in: Arnim, Hans-Herbert von / Färber, Gisela / Fisch, Stefan (Hrsg.): „Föderalismus – Hält er noch, was er verspricht? Seine Vergangenheit, Gegenwart und Zukunft, auch im Lichte ausländischer Erfahrungen", S.19-28

Atteslander, Peter (2006): „Methoden der empirischen Sozialforschung"

Backhaus, Michael / Lambeck, Martin S. / Mayer, Walter (2012): „Hier bringen wir die Sorgen der Bürger ins Kanzleramt", Interview mit Angela Merkel, Bild am Sonntag, 2.12.2012, S.8-9

Bailey, Kenneth D. (1994): „Methods of Social Research"

Bajohr, Stefan (2012): „Die nordrhein-westfälische Landtagswahl vom 13. Mai 2012: Von der Minderheit zur Mehrheit", Zeitschrift für Parlamentsfragen, H.3, S.543-563

Bangel, Christian (2011a): „Reiner Haseloff, der Zahlenflüsterer", Zeit Online, 9.3.2011

Bangel, Christian (2011b): „Wulf Gallert: Der verhinderte Landesvater", Zeit Online, 4.3.2011

Balzer, Axel / Geilich, Marvin (2006): „Politische Kommunikation in der Gegenwartsgesellschaft – Politikvermittlung zwischen Kommunikation und Inszenierung", in: Balzer, Axel / Geilich, Marvin / Rafat, Shanim (Hrsg.): „Politik als Marke. Politikvermittlung zwischen Kommunikation und Inszenierung", S.16-34

Barton, Allen / Lazarsfeld, Paul (1993): „Einige Funktionen von qualitativer Analyse in der Sozialforschung" in: Hopf, Christel / Weingarten, Elmar (Hrsg.): „Qualitative Sozialforschung", S.41-90

Bartsch, Matthias (2011): „Rheinland-Pfalz: Blond gegen Bart", Der Spiegel (10), 5.3.2011, S.32

Bauchmüller, Michael / Rossmann, Robert (2012): „Ich bewerbe mich als Spitzenkandidatin", Interview mit Renate Künast, Süddeutsche Zeitung, 18.8.2012, S.5

Baumhauer, Steffen (2009): „Auf der Suche nach dem modernisierten Wahlkampf. Eine vergleichende Betrachtung der SPD-Bundestagswahlkämpfe zwischen 1998 und 2005"

Bausinger, Hermann (1996): „Zur politischen Kultur Baden-Württembergs", in: Ders. u.a.: „Baden-Württemberg. Eine politische Landeskunde", S.14-42

Bebenburg, Pitt von (2002): „Der Mann nach Gysi: Harald Wolf im Berliner Senat", Frankfurter Rundschau, 6.8.2002, S.4

Beck, Kurt (2011): „In Berlin wird zu viel taktiert", Interview, Der Spiegel (9), 28.2.2011

Beck, Ulrich (1982): „Soziologie und Praxis: Erfahrungen, Konflikte, Perspektiven"

Beck, Ulrich (1983): „Jenseits von Stand und Klasse? Soziale Ungleichheiten, gesellschaftliche Individualisierungsprozesse und die Entstehung neuer sozialer Formationen und Identitäten", in: Kreckel, Reinhard (Hrsg.): „Soziale Ungleichheiten", S.35-74

Beck, Ulrich (1996): „Risikogesellschaft: auf dem Weg in eine andere Moderne"

Beck, Ulrich (2001): „Das Zeitalter des ‚eigenen Lebens'. Individualisierung als ‚paradoxe Sozialstruktur' und andere offene Fragen", in: Aus Politik und Zeitgeschichte, H.29, S.3-6

Beck, Ulrich / Beck-Gernsheim, Elisabeth (1993): „Nicht Autonomie, sondern Bastelbiographie. Anmerkungen zur Individualisierungsdiskussion am Beispiel des Aufsatzes von Günter Burkart", in: Zeitschrift für Soziologie, 22, S.178-188

Beck, Ulrich / Beck-Gernsheim, Elisabeth (1994): „Riskante Freiheiten: Individualisierung in modernen Gesellschaften"

Beck, Ulrich / Giddens, Anthony / Lash, Scott (1996): „Reflexive Modernisierung: eine Kontroverse"

Becker, Horst / Hombach, Bodo (1983): „Die SPD von innen. Bestandsaufnahme an der Basis der Partei"

Beckmann, Hanna / Neukirch, Ralf (2008): „Sanfte Melodie", in: Der Spiegel, 1.9.2008, S.38

Behr, Hans-Joachim (1996): „Mehr als ein Mythos – Westfalenbewusstsein heute. Landschaftliche Identität im geeinten Europa", in: Köhler, Wolfram (Hrsg.): „Nordrhein-Westfalen. Fünfzig Jahre später 1946-1996", S.69-87

Bentele, Günter (2002): „Inszenierung als Kulturtechnik. Warum die moderne Gesellschaft ihre Spin Doctors braucht", Vorgänge, 41(2), S. 55-58

Benz, Arthur (2003): „Konstruktive Vetospieler in Mehrebenensystemen", in: Mayntz, Renate / Streeck, Wolfgang (Hrsg.): „Die Reformierbarkeit der Demokratie: Innovationen und Blockaden", S.205-236

Berg, Klaus / Kiefer, Marie-Luise (2002): „Massenkommunikation VI. Eine Langzeitstudie zur Mediennutzung und Medienberwertung 1964-2000"

Berg-Schlosser, Dirk (1994, Hrsg.): „Parteien und Wahlen in Hessen"

Bethscheider, Monika (1987): „Wahlkampfführung und politische Weltbilder. Eine systematische Analyse des Wahlkampfes der Bundestagsparteien in den Bundestagswahlkämpfen 1976 und 1980"

Beyme, Klaus von (1988): „Der Vergleich in der Politikwissenschaft"

Beyme, Klaus von (2000): „Parteien im Wandel. Von den Volksparteien zu den professionalisierten Wählerparteien"

Beyme, Klaus von (2004): „Das politische System der Bundesrepublik Deutschland. Eine Einführung"

Bick, Wolfgang (1985): „Landtagswahlen in Nordrhein-Westfalen von 1947 bis 1985: Trends und Wendepunkte in der politischen Landschaft", in: Alemann, Ulrich von (Hrsg.): „Parteien und Wahlen in Nordrhein-Westfalen", S.189-210

Biehl, Heiko (2006): „Wie viel Bodenhaftung haben die Parteien? Zum Zusammenhang von Parteimitgliedschaft und Herkunftsmilieu", in: Zeitschrift für Parlamentsfragen, H2, S.277-292

Billerbeck, Rudolf (1991): „Parteien und Wahlen im Land Bremen", in: Kröning, Volker / Pottschmidt, Günter / Preuß, Ulrich K. / Rinken, Alfred (Hrsg.): „Handbuch der Bremischen Verfassung", S.119-138

Birnbaum, Robert (2011): „Rette mich, wer kann", Der Tagesspiegel, 25.3.2011, S.3

Blätte, Andreas (2010): „Reduzierter Parteienwettbewerb durch kalkulierte Demobilisierung", in: Korte, Karl-Rudolf (Hrsg.): „Die Bundestagswahl 2009. Analysen der Wahl-, Parteien-, Kommunikations- und Regierungsforschung", S.273-297

Blechschmidt, Peter / Deininger, Roman (2011): „Stilfragen und Animositäten", Süddeutsche Zeitung, 22.3.2011, S.7

Blumenthal, Julia von (2004a): „Freie und Hansestadt Hamburg: Das letzte Feierabendparlament", in: Mielke, Siegfried / Reutter, Werner (Hrsg.): „Länderparlamentarismus in Deutschland. Geschichte – Struktur – Funktionen", S.195-224

Blumenthal, Julia von (2004b): „Die Schill-Partei und ihr Einfluss auf das Regieren in Hamburg", in: Zeitschrift für Parlamentsfragen, H.2, S.271-287

Blumenthal, Julia von / Zahn, Franziska (2010): „Hamburg – liberale Großstadt und (einstmaliger) Heimathafen der Sozialdemokratie", in: Kost, Andreas / Rellecke, Werner / Weber, Reinhold (Hrsg.): „Parteien in den deutschen Ländern. Geschichte und Gegenwart", S.203-218

Boger, Alexander / Menz, Wolfgang (2005): „Das theoriegenerierende Experteninterview", in: Boger, Alexander / Littig, Beate / Menz, Wolfgang (Hrsg.): „Das Experteninterview. Theorie, Methode, Anwendung", S.33-70

Bogumil, Jörg / Schmid, Josef (2001): „Politik in Organisationen: Organisationstheoretische Ansätze und praxisbezogene Anwendungsbeispiele"

Bohnsack, Ralf (2007): „Typenbildung, Generalisierung und komparative Analyse. Grundprinzipien der dokumentarischen Methode", in: Bohnsack, Ralf / Nentwig-Gesemann, Iris / Nohl, Arnd-Michael (Hrsg.): „Die dokumentarische Methode und ihre Forschungspraxis. Grundlagen qualitativer Sozialforschung", S.225-253

Boll, Bernhard / Holtmann, Everhard (Hrsg., 2001): „Parteien und Parteimitglieder in der Region. Sozialprofil, Einstellungen, innerparteiliches Leben und Wahlentscheidung in einem ostdeutschen Bundesland"

Bosch, Thomas (2006): „'Hinten sind die Enten fett'. Der Bundestagswahlkampf der SPD und die Mobilisierung der eigenen Mitglieder", in: Holtz-Bacha, Christina (Hrsg.): „Die Massenmedien im Wahlkampf 2005", S.55-72

Bösch, Frank (2005): „Oppositionszeiten als Motor der Parteireform. Die CDU nach 1969 und 1998 im Vergleich", in: Schmid, Josef/Zolleis, Udo (Hrsg.): „Zwischen Anarchie und Strategie. Der Erfolg von Parteiorganisationen", S.172-184

Bösch, Frank (2007): „Christlich Demokratische Union Deutschlands (CDU)", in: Decker, Frank / Neu, Viola (Hrsg.): „Handbuch der deutschen Parteien", S.201-219

Brandt, Andrea e.a. (2010): „Herr Schrill gegen Frau Still", Der Spiegel (8), 22.2.2010, S.18

Brandt, Hans-Ulrich (2011): „Parteien sammeln Kräfte für den Endspurt", in: Weser Kurier, 13.4.2011

Brauckmann, Patrick (2007): „E-Campaigning als effizientes Instrument der politischen Lobbyarbeit? Eine Analyse am Beispiel der Naturschutzverbände in der Bundesrepublik Deutschland"

Brettschneider, Frank (2002a): „Spitzenkandidat und Wahlerfolg. Personalisierung – Kompetenz – Parteien. Ein internationaler Vergleich"

Brettschneider, Frank (2002b): „Die Medienwahl 2002. Themenmanagement und Berichterstattung", in: Aus Politik und Zeitgeschichte, 49/50, S.36-47

Brettschneider, Frank / Rettich, Markus (2005): „Medieneinflüsse auf das Wahlverhalten", in: Falter, Jürgen W. / Gabriel, Oscar / Weßels, Bernhard / „Wahlen und Wähler. Analysen aus Anlass der Bundestagswahl 2002", S.157-188

Brodbeck, May (1958): „Methodological Individualism: Definition and Reduction", in: Philosophy of Science (25), S.1-22

Brosius, Hans-Bernd / Holicki, Sabine / Hartmann, Thomas (1987): „Einfluss der Gestaltungsmerkmale von Wahlplakaten auf Personenwahrnehmung und Kompetenzzuschreibung", in: Publizistik, 32, S.338-353

Brost, Marc / Kemper, Anna (2012): „Der Frieden von Telgte", Die Zeit, 26.4.2012, S.8

Brück, Dietmar (2011): „Auf die Wahl könnte ein heißer Poker folgen", Rhein-Zeitung, 21.3.2011, S.3

Bruns, Tissy (2011): „Und das ist auch Klaus so. Wowereit versteht Berlin nicht nur, nein: Er ist Berlin", Der Tagesspiegel, 25.8.2011, S.8

Brunsbach, Sandra / John, Stefanie / Volkens, Andrea / Werner, Annika (2011): „Wahlprogramme im Vergleich", in: Tenscher, Jens (Hrsg.): „Superwahljahr 2009. Vergleichende Analysen aus Anlass der Wahlen zum Deutschen Bundestag und zum Europäischen Parlament", S.41-64

Bryde, Brun-Otto (1997): „Verfassungsreform der Länder unter bundesverfassungsrechtlichem Unitarisierungsdruck", in: Eichel, Hans / Möller, Klaus Peter (Hrsg.): „50 Jahre Verfassung des Landes Hessen. Eine Festschrift", S.433-444

Bukow, Sebastian / Rammelt, Stephan (2003): „Parteimanagement vor neuen Herausforderungen: Die Notwendigkeit strategischer Steuerung sowie Anforderungen an parteiinterne Organisation und externe Kommunikation für moderne (Regierungs-) Parteien am Beispiel der Grünen"

Burgard, Jan Philipp (2011): „Von Obama siegen lernen oder ‚Yes, We Gähn!'?: Der Jahrhundertwahlkampf und die Lehren für die politische Kommunikation in Deutschland"

Burkhart, Simone (2005): „Parteipolitikverflechtung. Über den Einfluss der Bundespolitik auf Landtagswahlentscheidungen von 1976 bis 2002", Politische Vierteljahresschrift, 46, S.14-38

Bürklin, Wilhelm / Klein, Markus (1998): „Wahlen und Wählerverhalten. Eine Einführung"

Büschges, Günter (1989): „Gesellschaftstypen", in: Endruweit, Günter / Trommsdorf, Gisela (Hrsg.): „Wörterbuch der Soziologie", S.249-252

Campbell, Angus / Converse, Philip E. / Miller, Warren E. / Stokes, Donald E. (1960): „The American Voter"

Campbell, Angus (1964): „The American Voter. An abridgement"

Caspari, Lisa (2011a): „Julia Klöckner: Die Winzertochter und ihr Traum von Kohls Fußstapfen", in: Zeit Online, 15.1.2011

Caspari, Lisa (2011b): „'König Kurt' braucht keinen Wahlkampf", in: Zeit Online, 15.1.2011

Caspari, Lisa (2011c): „Uns gibt es nur im Original, Herr Beck", Interview mit den Grünen Spitzenkandidaten Eveline Lemke und Daniel Köbler, in: Zeit Online, 18.3.2011

Caspari, Lisa (2011d): „Landtagswahl: Linke in Rheinland-Pfalz hoffen auf Protestwähler", in: Zeit Online, 23.3.2011

Caspari, Lisa (2011e): „Karoline Linnert: Grün, Finanzexpertin, Pragmatikerin", in: Zeit Online, 11.5.2011

Caspari, Lisa (2011f): „Wahl in Berlin: Frank Henkels Problem-Wahlkampf", Zeit Online, 21.7.2011

Chappell, Henry W. jr. / Veiga, Linda Goncalves (2000): „Economics and Elections in Western Europe 1960-1997"

Cohen, Bernhard C. (1963): „The Press and Foreign Policy"

Collier, Ruth / Collier, David (1991): „Shaping the Political Arena"

Coumanns, Bernd / Krämer, Holger (2001): „Kontinuität trotz Wandel. Über die Regierungsbeständigkeit der SPD in Nordrhein-Westfalen", in: Hirscher, Gerhard / Korte, Karl-Rudolf (Hrsg.): „Aufstieg und Fall von Regierungen. Machterwerb und Machterosion in westlichen Demokratien, S.278-307

Crolly, Hannelore (2011): „Es herrscht Wechselstimmung", Interview mit Winfried Kretschmann, Welt am Sonntag, 6.3.2011, S.10

Czerwick, Edwin (1983), Zum Verhältnis von Landtagswahlen und Bundestagswahlen, in: Ulrich Sarcinelli (Hrsg.), Wahlen und Wahlkampf in Rheinland-Pfalz, Opladen, S. 136-154

Dahlkamp, Jürgen / Schmid, Barbara (2012): „Nordrhein-Westfalen: Bei Muttern", Der Spiegel (18), 30.4.2012, S.28

Däubler, Thomas / Debus, Marc (2009): „Government formation and policy formulation in the German states", in: Regional and Federal Studies, 19, S.73-95

Debus, Marc (2007a): „Die programmatische Entwicklung der deutschen Parteien auf Bundes- und Landesebene zwischen den Bundestagswahlen 1998 und 2005", in: Brettschneider, Frank / Niedermayer, Oskar / Weßels, Bernhard (Hrsg.): „Die Bundestagswahl 2005. Analysen des Wahlkampfs und der Wahlergebnisse", S.43-63

Debus, Marc (2007b): „Pre-electoral alliances, Coalition rejections, and Multiparty Governments"

Debus, Marc (2008): „Parteienwettbewerb und Koalitionsbildung in den deutschen Bundesländern", in: Jun, Uwe / Haas, Melanie / Niedermayer, Oskar (Hrsg.): „Parteien und Parteiensysteme in den deutschen Ländern", S.57-78

Decker, Frank (2003): „Zwischen Wahlen. Vorschläge für eine Reform des deutschen Bundesstaates an Haupt und Gliedern", in: Frankfurter Allgemeine Zeitung, 7.2.2003, S.11

Decker, Frank (2004a), „Das parlamentarische System in den Ländern. Adäquate Regierungsform oder Auslaufmodell?", in: Aus Politik und Zeitgeschichte, B 50-51, S.3-9

Decker, Frank (2004b): „Föderalismus an der Wegscheide? Einführung in die Tagung", in: Frank Decker (Hrsg.): „Föderalismus an der Wegscheide? Optionen und Perspektiven einer Reform der bundesstaatlichen Ordnung", S.11-18

Decker, Frank (2005): „Höhere Volatilität bei Landtagswahlen? Die Bedeutung bundespolitischer „Zwischenwahlen", in: Bayerische Landeszentrale für politische Bildungsarbeit (Hrsg.), Bilanz der Bundestagswahl 2005. Voraussetzungen – Ergebnisse – Folgen, S.259-280

Decker, Frank (2009): „Koalitionsaussagen der Parteien vor Wahlen. Eine Forschungsskizze im Kontext des deutschen Regierungssystems", in: Zeitschrift für Parlamentsfragen, H.2, S.431-453

Decker, Frank / von Blumenthal, Julia (2002), Die bundespolitische Durchdringung der Landtagswahlen. Eine empirische Analyse von 1970 bis 2001, in: Zeitschrift für Parlamentsfragen, 1 (33), S. 144-165

Decker, Frank / Lewandowsky, Marcel (2008), „Landtagswahlen als bundespolitische Zwischenwahlen. Der vermeintliche ‚Sonderfall' Hessen", in: Wolfgang Schröder (Hrsg.): „Parteien und Parteiensystem in Hessen. Vom Vier- zum Fünfparteiensystem?", (im Erscheinen)

Deininger, Roman (2011): „Kleinlaut im Ländle", Süddeutsche Zeitung, 7.1.2011, S.2

Delhaes, Daniel (2009): „Was der SPD zum Wahlsieg fehlt", Handelsblatt, 21.8.2009, S.4

Demuth, Christian / Lempp, Jakob (2006, Hrsg.): „Die Parteien in Sachsen"

Der Spiegel (2009): „Personalien: Oliver Möllenstädt", 53, 28.12.2009, S.148

Der Spiegel (2011): „Grüne: Realos gegen Künast", 44, 31.10.2011, S.21

Deth, Jan W. van / Schäfer, Julia (2002): „Ein Haus für alle: Landesgeschichte, Landesbewusstsein, Haus der Geschichte Baden-Württemberg – eine Umfrage"

Detterbeck, Klaus (2002): „Der Wandel politischer Parteien in Westeuropa"

Detterbeck, Klaus (2009): „Mitglieder in professionalisierten Parteien: Wozu brauchen Parteien noch Mitglieder?", in: Schalt, Fabian / Kreitz, Micha / Magerl, Fabian / Schirrmacher, Katrin / Melchert, Florian (Hrsg.): „Neuanfang statt Niedergang. Die Zukunft der Mitgliederparteien", S.289-304

Detterbeck, Klaus (2010a): „Parteien in föderalen Systemen", in: Detterbeck, Klaus / Renzsch, Wolfgang / Schieren, Stefan (Hrsg.): „Föderalismus in Deutschland", S.197-224

Detterbeck, Klaus (2010b): „Sachsen-Anhalt – von häufigen Regierungswechseln, einem gescheiterten Modell und einer christdemokratischen Vormacht", in: Kost, Andreas / Rellecke, Werner / Weber, Reinhold (Hrsg.): „Parteien in den deutschen Ländern. Geschichte und Gegenwart", S.360-374

Detterbeck, Klaus / Renzsch, Wolfgang (2004): „Regionalisierung der politischen Willensbildung: Parteien und Parteiensysteme in föderalen oder regionalisierten Staaten", in: Europäisches Zentrum für Föderalismus-Forschung (Hrsg.): „Jahrbuch Föderalismus, Subsidiarität und Regionen in Europa", S.88-106

Diamond, Edwin / Bates, Stephen (1992): „The Spot: the Rise of Political Advertising on Television" 289-341

Diederich, Nils (1965): „Empirische Wahlforschung"

Diehl, Jörg (2012a): „TV-Duell in NRW: Qualen mit Zahlen", Spiegel Online, 30.4.2012

Diehl, Jörg (2012b): „SPD-Frau Kraft im Wahlkampf: Hannelore Rau", Spiegel Online, 4.5.2012

Diehl, Jörg / Hebel, Christina (2012): „Landesmutter bezwingt Exil-Berliner", Spiegel Online, 13.5.2012

Diekmann, Andreas (2007): „Empirische Sozialforschung: Grundlagen, Methoden, Anwendungen"

Diermann, Melanie (2007): „Politisches Marketing – Die Relevanz des Marketingkonzeptes als Managementstrategie für Wahlkämpfe"

Diermann, Melanie / Karl-Rudolf Korte (2007): „Im Südwesten nichts Neues? Die Kampagnen der CDU-Landesverbände Rheinland-Pfalz und Baden-Württemberg anlässlich der Landtagswahlen 2006", in: Schmid, Josef / Zolleis, Udo (Hrsg.): „Wahlkampf im Südwesten. Parteien, Kampagnen und Landtagswahlen 2006 in Baden-Württemberg und Rheinland-Pfalz", S.66-87

Dietz, Gerhard-Uhland / Matt, Eduard / Schumann, Karl F. / Seus, Lydia (1997): „'Lehre tut viel...': Berufsbildung, Lebensplanung und Delinquenz bei Arbeiterjugendlichen"

Dinkel, Reiner H. (1977): „Der Zusammenhang zwischen Bundes- und Landtagswahlergebnissen", Politische Vierteljahresschrift (18), S.349-359

Dinkel, Reiner H. (1989): „Landtagswahlen unter dem Einfluss der Bundespolitik: Die Erfahrung der letzten Legislaturperioden", in: Falter, Jürgen W. / Rattinger, Hans / Toitsch, Klaus G. (Hrsg.): „Wahlen und politische Einstellungen in der Bundesrepublik", S.253-262

Ditfurth, Jutta (2000): „Das waren die Grünen. Abschied von einer Hoffnung"

Dittberner, Jürgen (2005): „Die FDP: Geschichte, Personen, Organisation, Perspektiven. Eine Einführung"

Doemens, Karl (2010): „Scholzomat war gestern", Frankfurter Rundschau, 30.11.2010, S.7

Donges, Patrick (2000): „Amerikanisierung, Professionalisierung, Modernisierung? Anmerkungen zu einigen amorphen Begriffen", in: Kamps, Klaus (Hrsg.): „Trans-Atlantik – Trans-Portabel? Die Amerikanisierungsthese in der politischen Kommunikation", S.27-42

Dörner, Andreas (2001): „Politainment. Politik in der medialen Erlebnisgesellschaft"

Dörner, Andreas / Schicha, Christian (Hrsg., 2008): „Politik im Spot-Format. Zur Semantik, Pragmatik und Ästhetik politischer Werbung in Deutschland"

Dörner, Andreas / Vogt, Ludgera (Hrsg., 2002): „Wahl-Kämpfe. Betrachtungen über ein demokratisches Ritual"

Dowe, Dieter (1974): „Organisatorische Anfänge der Arbeiterbewegung in der Rheinprovinz und in Westfalen bis zum Sozialistengesetz von 1878", in: Reulecke, Jürgen (Hrsg.): „Arbeiterbewegung an Rhein und Ruhr: Beiträge zur Geschichte der Arbeiterbewegung in Rheinland-Westfalen", S.51-80

Downs, Anthony (1957): „An Economic Theory of Democracy"

Duverger, Maurice (1959): „Die politischen Parteien"

Eilfort, Michael (2003): „Politische Partizipation und politische Kultur in Deutschland und seinen Regionen: Wandel wie Kontinuität", in: Dornheim, Andreas / Greiffenhagen, Silvia (Hrsg.): „Identität und politische Kultur", S.195-202

Eilfort, Michael (Hrsg., 2004): „Parteien in Baden-Württemberg"

Eilfort, Michael (2006): „Landes-Parteien: Anders, nicht verschieden", in: Schneider, Herbert / Wehling, Hans-Georg: „Landespolitik in Deutschland. Grundlagen – Strukturen – Arbeitsfelder", S.207-224

Eilfort, Michael (2007): „Die Parteienlandschaften in Baden-Württemberg und Rheinland-Pfalz", in: Schmid, Josef / Zolleis, Udo (Hrsg.): „Wahlkampf im Südwesten. Parteien, Kampagnen und Landtagswahlen 2006 in Baden-Württemberg und Rheinland-Pfalz", S. 32-47

Eilfort, Michael (2008): „Die Baden-Württemberg-Partei(en)", in: Langewiesche, Dieter / Steinbach, Peter e.a. (Hrsg.): „Der deutsche Südwesten. Regionale Traditionen und historische Identitäten", S.105-122

Eisel, Stephan (2001): „Über den Tag hinaus: Schwarz-Grün. Vom theoretischen Gedankenspiel zur realistischen Option", in: Die politische Meinung, Nr.383, S.33-40

Eith, Ulrich (2000): „Alte und neue Bundesländer im Vergleich: Rheinland-Pfalz und Sachsen-Anhalt", in: Sarcinelli, Ulrich / Falter, Jürgen W. / Mielke, Gerd / Benzner, Bernd (Hrsg.): „Politische Kultur in Rheinland-Pfalz", S.297-313

Eith, Ulrich (2008): „Das Parteiensystem Baden-Württembergs", in: Jun, Uwe / Haas, Melanie / Niedermayer, Oskar (Hrsg.): „Parteien und Parteiensysteme in den deutschen Ländern", S.103-123

Engel, Andreas (1991): „Regionale politische Traditionen und die Entwicklung der CDU/CSU", in: Oberndörfer, Dieter / Schmitt, Karl (Hrsg.): „Parteien und regionale politische Traditionen in der Bundesrepublik Deutschland", S.89-124

Erikson, Erik H. (1988): „Der vollständige Lebenszyklus"

Eschenburg, Theodor (1960): „Staat und Gesellschaft in Deutschland"

Falter, Jürgen W. / Römmele, Andrea (2002): „Professionalisierung bundesdeutscher Wahlkämpfe, oder: Wie amerikanisch kann es werden?", in: Berg, Thomas (Hrsg.): „Moderner Wahlkampf. Blick hinter die Kulissen", S.49-63

Falter, Jürgen W. / Schoen, Harald (Hrsg., 2005): „Handbuch Wahlforschung"

Farrell, David M. (1998): „Political Consultancy Overseas: The Internationalization of Campaign Consultancy", Political Science & Politics (2), S.171-176

Farrell, David M. (2002): „Campaign Modernization and the Western European Party: Shopping in the US-Political Market?", in: Machnig, Matthias (Hrsg.): „Politik – Medien – Wähler. Wahlkampf im Medienzeitalter", S.71-96

Feldenkirchen, Markus (2011): „Berlin: Fluch der Vergangenheit", Der Spiegel (36), 5.9.2011, S.32

Feldenkirchen, Markus / Nelles, Roland (2008): „Sozialdemokraten: Im Ausnahmezustand", Der Spiegel (26), 23.6.2008, S.22

Fengler, Susanne / Jun, Uwe (2003): „Rückblick auf den Wahlkampf 2002: Kopie der Kampa 98 im neuen Kontext", in: Althaus, Marco / Cecere, Vito (Hrsg.): „Kampagne! 2. Neue Strategien für Wahlkampf, PR und Lobbying", S.168-198

Fleiß, Jürgen (2010): „Paul Lazarsfelds typologische Methode und die Grounded Theory. Generierung und Qualität von Typologien", Österreichische Zeitschrift für Soziologie (35), S.3-18

Flick, Martina / Vatter, Adrian (2007): „Bestimmungsgründe der Parteienvielfalt in den deutschen Bundesländern", in: Politische Vierteljahresschrift, H.1, S.44-65

Fliegauf, Mark T. / Novy, Leonard (2009): „,E-bama' – Amerikas erster ,Internetpräsident' und die Rolle des World Wide Web für moderne politische Führung", in: Bertelsmann-Stiftung (Hrsg.): „Lernen von Obama? Das Internet als Ressource und Risiko für die Politik", S.185-199

Forschungsgruppe Wahlen (2012): „Wahl in Nordrhein-Westfalen. Eine Analyse der Landtagswahl vom 13. Mai 2012"

Friedrichs, Jürgen (1990): „Methoden empirischer Sozialforschung"

Frigelj, Kristian (2010): „Gute Miene, große Angst", Welt am Sonntag, 21.3.2010, S.6

Fröchling, Henrike (1998): „Ökonomie und Wahlen in westlichen Demokratien. Eine vergleichende Rational-Choice-Analyse"

Fröhlingsdorf, Michael (2013): „So normal", Der Spiegel (2), 7.1.2013, S.24

Fröhlingsdorf, Michael / Gude, Herbert / Kurbjuweit, Dirk (2012): „Affären: Ende einer Freundschaft", Der Spiegel (34), 20.8.2012, S.18

Frost, Andreas (2011): „Gern auch Zweiter", Der Tagesspiegel, 25.8.2011, S.6

Funkhouser, Ray (1973): „The Issues of the Sixties: An Exploratory Study in the Dynamics of Public Opinion", Public Opinion Quarterly 37, S.62-75

Fürnberg, Ossip / Holtmann, Everhard / Jaeck, Tobias (2007): „Sachsen-Anhalt-Monitor 2007"

Gabriel, Oscar W. / Holtmann, Everhard (2007): „Ober sticht Unter? Zum Einfluss der

Bundespolitik auf Landtagswahlen: Kontext, theoretischer Rahmen und Analysemodelle", Zeitschrift für Parlamentsfragen (3), S.445-462

Gabriel, Oscar W. / Völkl, Kerstin (2007): „Die baden-württembergische Landtagswahl vom 26. März 2006: Schwarzes Land mit bunten Tupfern", Zeitschrift für Parlamentsfragen (38), S.16-31

Gabriel, Oscar W. / Kornelius, Bernhard (2011): „Die baden-württembergische Landtagswahl vom 27. März 2011: Zäsur und Zeitenwende?", Zeitschrift für Parlamentsfragen, (4) S.784-804

Galonska, Christian (1999): „Landesparteiensysteme und Föderalismus. Rheinland-Pfalz und Hessen 1945-1996"

Gathmann, Florian / Popp, Maximilian: „CDU-Wahlsieger Reiner Haseloff: Dr. Unbekannt, übernehmen Sie!", Spiegel Online, 21.3.2011

Geise, Stephanie (2010): „'Unser Land kann mehr...' Visuelle Wahlkampfstrategien in der Plakatkommunikation zur Bundestagswahl 2009", Zeitschrift für Politikberatung (3), S.151-175

Geise, Stephanie (2011): „Vision that matters. Die Funktions- und Wirkungslogik Visueller Politischer Kommunikation am Beispiel des Wahlplakats"

Geise, Stephanie (2012): „Das Wahlplakat: Geschichte, Entwicklung, Wirkung"

Geise, Stephanie / Brettschneider, Frank (2010): „Die Wahrnehmung und Bewertung von Wahlplakaten: Ergebnisse einer Eyetracking-Studie", in: Faas, Thorsten / Arzheimer, Kai / Roßteutscher, Sigrid (Hrsg.): „Information – Wahrnehmung – Emotion: Politische Psychologie in der Wahl- und Einstellungsforschung", S.71-95

Geisler, Alexander / Tenscher, Jens (2001): „Modern, post-modern, pseudo-modern? Eine Überprüfung der Amerikanisierungsthese am Beispiel des nordrhein-westfälischen Landtagswahlkampfes 2000", Landauer Arbeitspapiere und Preprints Nr. 11/01

Gerhardt, Uta (1986): „Patientenkarrieren. Eine medizinsoziologische Studie"

Gerhardt, Uta (1991): „Typenbildung", in: Flick, Uwe e.a. (Hrsg.): „Handbuch Qualitative Sozialforschung. Grundlagen, Konzepte, Methoden und Anwendungen", S.435-439

Gibowski, Wolfgang G. (1991): „Wir wirkt sich die wirtschaftliche Lage auf das Wahlverhalten aus?", in: Schultze, Rainer-Olaf / Wehling, Hans-Georg: „Wahlverhalten", S.122-138

Glaser, Barney G. / Strauss, Anselm L. (1979): „Die Entdeckung gegenstandsbezogener Theorie. Eine Grundstrategie qualitativer Sozialforschung", in: „Hopf C. / Weingarten E. (Hrsg.): „Qualitative Sozialforschung", S.91-111

Glaser, Barney G. / Strauss, Anselm L. (Hrsg., 2005): „Grounded Theory. Strategien qualitativer Forschung"

Glück, Horst (1991): „Parteien, Wahlen und politische Kultur in einer württembergischen Industrieregion"

Gösmann, Sven (2012): „Kraft-Löhrmann? Kraft-Laumann?", Rheinische Post, 5.5.2012, S.1

Gothe, Heiko (2011): „Die rheinland-pfälzische Landtagswahl vom 27. März 2011: Dosierter Machtwechsel in Mainz", Zeitschrift für Parlamentsfragen (4), S.764-783

Grabenströer, Michael (2010): „Medialer und kultureller Wandel", in: Sarcinelli, Ulrich / Falter, Jürgen W. / Mielke, Gerd / Benzner, Bodo (Hrsg.): „Politik in Rheinland-Pfalz. Gesellschaft, Staat und Demokratie", S.124-132

Graber, Doris / Smith, James E. (2005): „Political Communication Faces 21st Century", Journal of Communication (55: 3), S.479-507

Grabow, Karsten (2008): „Das Parteiensystem Mecklenburg-Vorpommerns", in: Jun, Uwe / Haas, Melanie / Niedermayer, Oskar (Hrsg.): „Parteien und Parteiensysteme in den deutschen Ländern", S.265-290

Grass, Karl Martin (2000): „Politischer Stil als Erscheinungsform einer Kultur der Politik. Die Darbietung politischen Handelns am Beispiel rheinland-pfälzischer Ministerpräsidenten", in: Sarcinelli, Ulrich / Falter, Jürgen W. / Mielke, Gerd / Benzner, Bernd (Hrsg.): „Politische Kultur in Rheinland-Pfalz", S.415-435

Greiffenhagen, Martin (1997): „Politische Legitimation in Deutschland"

Greven, Michael T. (1987): „Parteimitglieder. Ein empirischer Essay über das politische Alltagsbewusstsein in Parteien"

Grimm, Dieter (1991): „Die Zukunft der Verfassung"

Gronbeck, Bruce E. (1984): „Functional and Dramaturgical Theories of Presidential Campaigning", Presidential Studies Quarterly (14/4), S.486-499

Gube, Dieter (2004): „Rheinland-Pfalz: Vom armen Retortenbaby zum selbstbewussten Mittelland", in: Wehling, Hans-Georg (Hrsg.): „Die deutschen Länder. Geschichte, Politik, Wirtschaft", S.215-230

Haffner, Sebastian (1987): „Von Bismarck zu Hitler. Ein Rückblick"

Hagen, Manfred (1984): „Werbung und Angriff – Politische Plakate im Wandel von hundert Jahren", in: Bohrmann, Hans (Hrsg.): „Politische Plakate", S.49-69

Hamburger Abendblatt (2010): „Scholz schließt Rot-Rot-Grün aus", 30.11.2010, S.1

Haselberger, Stephan (2011a): „Der stille Herr Schmid", Der Tagesspiegel, 24.3.2011, S.4

Haselberger, Stephan (2011b): „Hoch im Norden: Ein Ministerpräsident ist optimistisch", Der Tagesspiegel, 3.9.2011, S.3

Haselberger, Stephan / Monath, Hans / Muschel, Roland (2011): „Der grüne Teufel", Der Tagesspiegel, 26.3.2011, S.4

Haungs, Peter (1986): „Regierung und Opposition", in: Haungs, Peter / Sperling, Walter / Hudemann, Rainer (Hrsg.): „40 Jahre Rheinland-Pfalz. Eine politische Landeskunde", S.173-220

Hefty, Georg Paul (2012): „Bauch oder Kopf", Frankfurter Allgemeine Zeitung, 17.3.2012, S.10

Hennis, Wilhelm (1956): „Parlamentarische Opposition und Industriegesellschaft. Zur Lage des parlamentarischen Regierungssystems", in: „Gesellschaft – Staat – Erziehung" (1), S.205-222

Hesse, Konrad (1962): „Der unitarische Bundesstaat"

Hibbs, Douglas A. (2000): „Bread and Peace voting in U.S. presidential elections", in: Public Choice (104), S.149-180

Hibbs, Douglas A. (2006): „Voting and the Macroeconomy", in: Weingast, Barry R. / Wittman, Donald A. (Hrsg.): „The Oxford Handbook of Political Economy", S.565-586

Hibbs, Douglas A. (2007): „The Economy, the War in Iraq and the 2004 Presidential Election", in: Revision, 18.4.2007

Hildebrandt, Achim / Wolf, Frieder (2008): „Sechzehn Länder, sechzehn Felder: Erträge des Vergleichs", in: Hildebrandt, Achim / Wolf, Frieder (Hrsg.): „Die Politik der Bundesländer. Staatstätigkeit im Vergleich, S.363-370

Hildebrandt, Tina (2008): „Was ist der Yps-Faktor?", Die Zeit, 11.1.2008, S.5

Hildisch, Volker (2009): „Oskar, der Erste", Der Tagesspiegel, 19.4.2009, S.4

Hillmer, Richard (2009): „Basta-Politik ist nicht mehr durchsetzbar", Interview mit dem Handelsblatt (Beilage), 23.12.2009, S.32

Hilpert, Jörg / Samary, Ursula (2011): „Trittin lehnt Schwarz-Grün im Land ab", Rhein-Zeitung, 11.3.2011, S.1

Himmelreich, Laura (2012): „Der Posterboy", Der Stern (21), 16.5.2012, S.44-46

Hobsbawm, Eric / Ranger, Terence (1983): „The Invention of Tradition"

Hoffmann, Hansjoachim (2004): „Berlin: Bundesland und wieder Hauptstadt", in: Wehling, Hans-Georg (Hrsg.): „Die deutschen Länder. Geschichte, Politik, Wirtschaft", S.71-97

Hoffmann, Kevin P. (2011): „Von der Maus zur Gasturbine: Harald Wolf an seinem letzten Tag als Senator", Der Tagesspiegel, 24.11.2011, S.21

Hoffmann, Markus (2006): „Regierungsstile von Ministerpräsident Johannes Rau 1990 bis 1998. Versöhnen als Machtinstrument"

Hofmann, Bernd (2001): „Zwischen Basis und Parteiführung: Mittlere Parteieliten", in: Boll, Bernhard / Holtmann, Everhard (Hrsg.): „Parteien und Parteimitglieder in der Region. Sozialprofil, Einstellungen, innerparteiliches Leben und Wahlentscheidung in einem ostdeutschen Bundesland", S.155-195

Hoidn-Borchers, Andreas (2012): „Sag laut servus", Der Stern (33), 9.8.2012, S.28

Höll, Susanne (2012): „Politische Farbenspiele", Süddeutsche Zeitung, 16.4.2012, S.6

Holl, Thomas (2012): „Ein seltener Typus", Frankfurter Allgemeine Zeitung, 2.10.2012, S.1

Holtmann, Everhard (1998): „Funktionen regionaler Parteien und Parteiensysteme – Überlegungen für ein analytisches Konzept", in: Benz, Arthur / Holtmann, Everhard (Hrsg.): „Gestaltung regionaler Politik. Empirische Befunde, Erklärungsansätze und Praxistransfer", S.65-76

Holtmann, Everhard (2006): „Landespolitik in Sachsen-Anhalt. Ein Handbuch"

Holtmann, Everhard (2008): „Das Parteiensystem Sachsen-Anhalts", in: Jun, Uwe / Haas, Melanie / Niedermayer, Oskar (Hrsg.): „Parteien und Parteiensysteme in den deutschen Ländern", S.409-429

Holtmann, Everhard / Völkl, Kerstin (2011): „Die sachsen-anhaltinische Landtagswahl vom 20. März 2011: Modifiziertes ‚Weiter so' statt Wechsel", in: Zeitschrift für Parlamentsfragen, H.4, S.745-764

Holtz-Bacha, Christina (1996): „Massenmedien und Wahlen. Zum Stand der deutschen Forschung. Befunde und Desiderata", in: Holtz-Bacha, Christina / Kaid, Lynda L. (Hrsg.): „Wahlen und Wahlkampf in den Medien: Untersuchungen aus dem Wahljahr 1994", S.9-44

Holtz-Bacha, Christina (1999): „Wahlkampf 1998. Modernisierung und Professionalisierung", in: Holtz-Bacha, Christina (Hrsg.): „Wahlkampf in den Medien – Wahlkampf mit den Medien", S.9-23

Holtz-Bacha, Christina (2000a): „Wahlwerbung als politische Kultur. Parteienspots im Fernsehen 1957-1998"

Holtz-Bacha, Christina (2000b): „Wahlkampf in Deutschland. Ein Fall bedingter Amerikanisierung", in: Kamps, Klaus (Hrsg.): „Trans-Atlantik – Trans-Portabel? Die Amerikanisierungsthese in der politischen Kommunikation", S.43-56

Holtz-Bacha, Christina (2002): „Parteien und Massenmedien im Wahlkampf", in: Alemann, Ulrich von / Marschall, Stefan (Hrsg.): „Parteien in der Mediendemokratie", S.42-56

Holtz-Bach (2006a): „Bundestagswahl 2005 – Die Überraschungswahl", in: Holtz-Bacha (Hrsg.): „Die Massenmedien im Wahlkampf. Die Bundestagswahl 2005", S.5-31

Holtz-Bacha, Christina (2006b): „Personalisiert und emotional: Strategien des modernen Wahlkampfes", Aus Politik und Zeitgeschichte (APuZ), H.7, S.11-19

Holtz-Bacha, Christina (2010): „Politik häppchenweise. Die Fernsehwahlwerbung der Parteien zu Europa- und Bundestagswahl", in: Holtz-Bacha, Christina (Hrsg.): „Die Massenmedien im Wahlkampf. Das Wahljahr 2009", S.166-188

Holtz-Bacha, Christina / Kaid, Lynda L. (1996): „'Simply the best'. Parteienspots im Bundestagswahlkampf 1994 – Inhalt und Rezeption", in: Holtz-Bacha, Christina / Kaid, Lynda L. (Hrsg.): „Wahlen und Wahlkampf in den Medien: Untersuchungen aus dem Wahljahr 1994", S.177-207

Honnigfort, Bernhard (2011): „Der letzte Wessi", Berliner Zeitung, 27.8.2011, S.6

Hopf, Christel / Weingarten, Elmar (Hrsg., 1993): „Qualitative Sozialforschung"

Hopkin, Jonathan (2009): „Party matters: devolution and party politics in Britain and Spain", Party politics, 15 (2), S.179-198

Hopkin, Jonathan / van Houten, Pieter (2009): „Decentralization and state-wide parties: Introduction", Party politics, 15 (2), S.131-136

Horst, Patrick (2008): „Das Parteiensystem Hamburgs", in: Jun, Uwe / Haas, Melanie / Niedermayer, Oskar (Hrsg.): „Parteien und Parteiensysteme in den deutschen Ländern", S.217-246

Horst, Patrick (2011): „Die Wahl zur Hamburger Bürgerschaft vom 20. Februar 2011: Ehemalige ‚Hamburg-Partei' erobert absolute Mehrheit zurück", Zeitschrift für Parlamentsfragen (4), S.724-744

Hough, Daniel / Jeffery, Charlie (2001): „The Electoral Cycle and Multi-Level Voting in Germany", German Politics (10), S.73-98

Hough, Daniel / Jeffery, Charlie (2003): „Landtagswahlen: Bundestestwahlen oder Regionalwahlen?", Zeitschrift für Parlamentsfragen (34), S.79-94

Huchel, Philipp / Rausch, Stefan (2011): „Verlieren um zu bleiben – die CDU", in: Koschkar, Martin / Scheele, Christopher (Hrsg.): „Die Landtagswahl in Mecklenburg-

Vorpommern 2011 – die Parteien im Wahlkampf und ihre Wähler", Rostocker Informationen zu Politik und Verwaltung, H.31, S. 43-54

Immerfall, Stefan (1991): „Politische Kommunikation von Parteimitgliedern. Ergebnisse einer schriftlichen Befragung von Mitgliedern der CSU und der SPD in Südostbayern"

Immerfall, Stefan (1996): „Die Grünen in Bayern: Zum politischen und parlamentarischen Selbstverständnis grüner Abgeordneter im bayerischen Landtag", Passauer Papiere zur Sozialwissenschaft (15), S.23-45

Inglehart, Ronald (1977): „The silent Revolution: changing Values and political Styles among Western Publics"

Inglehart, Ronald (1998): „Modernisierung und Postmodernisierung: kultureller, wirtschaftlicher und politischer Wandel in 43 Gesellschaften"

Iyengar, Shanto / Kinder, Donald R. (1987): „News that matters. Television and American Opinion"

Jäckel, Michael (1999): „Medienwirkungen. Ein Studienbuch zur Einführung"

Jahn, Detlef (2005): „Fälle, Fallstricke und die komparative Methode in der vergleichenden Politikwissenschaft", in: Kropp, Sabine / Minkenberg, Michael (Hrsg.): „Vergleichen in der Politikwissenschaft", S.55-75

Jahoda, Marie / Lazarsfeld, Paul F. / Zeisel, Hans (1933): „Die Arbeitslosen von Marienthal. Ein soziographischer Versuch über die Wirkungen langdauernder Arbeitslosigkeit"

Jakubowski, Alex (1998): „Kommunikationsstrategien in Wahlwerbespots", Media Perspektiven (8), S.402-410

Jandura, Olaf / Petersen, Thomas (2009): „Gibt es eine indirekte Wirkung von Wahlumfragen? Eine Untersuchung über den Zusammenhang zwischen der auf Umfragen gestützten und sonstigen politischen Berichterstattung im Bundestagswahlkampf 2002", Publizistik (4), S.485-497

Jansen, Astrid / Bente, Gary / Krämer, Nicole C. (2010): „Wahlkampf 2005: Eine inhaltsanalytische Untersuchung der Inszenierung von Angela Merkel und Gerhard Schröder in den Fernsehnachrichten unter Berücksichtigung des Geschlechterstereotyps", in: Faas, Thorsten / Arzheimer, Kai / Roßteutscher, Sigrid (Hrsg.): „Information – Wahrnehmung – Emotion: Politische Psychologie in der Wahl- und Einstellungsforschung", S.33-50

Jarren, Otfried (1998): „Medien, Mediensystem und politische Öffentlichkeit im Wandel", in: Sarcinelli, Ulrich (Hrsg.): „Politikvermittlung und Demokratie in der Mediengesellschaft", S.74-94

Jarren, Otfried / Donges, Patrick (2006): „Politische Kommunikation in der Mediengesellschaft. Eine Einführung"

Jun, Uwe (1993): „Koalition mit Grünen: Ein Auslaufmodell?", Zeitschrift für Parlamentsfragen (2), S.200-211

Jun, Uwe (1994): „Koalitionsbildung in den deutschen Bundesländern. Theoretische Betrachtungen, Dokumentation und Analyse der Koalitionsbildungen in den deutschen Bundesländern 1949 bis 1992"

Jun, Uwe (2002): „Professionalisiert, medialisiert und etatisiert. Zur Lage der deutschen Großparteien am Beginn des 21. Jahrhunderts", Zeitschrift für Parlamentsfragen (4), S.770-789

Jun, Uwe (2004): „Der Wandel der Parteien in der Mediendemokratie. SPD und Labour Party im Vergleich"

Jun, Uwe / Haas, Melanie / Niedermayer, Oskar (2008, Hrsg.): „Parteien und Parteiensysteme in den deutschen Ländern"

Jun, Uwe (2009): „Organisationsreformen der Mitgliederparteien ohne durchschlagenden Erfolg: Die innerparteilichen Veränderungen von CDU und SPD seit den 1990er Jahren", in: Jun, Uwe / Niedermayer, Oskar / Wiesendahl, Elmar (Hrsg.): „Die Zukunft der Mitgliederpartei", S.187-210

Jun, Uwe (2010): „CDU und SPD: Der Kampf um die politische Dominanz im Lande Rheinland-Pfalz", in: Sarcinelli, Ulrich / Falter, Jürgen W. / Mielke, Gerd / Benzner, Bodo (Hrsg.): „Politik in Rheinland-Pfalz: Gesellschaft, Staat und Demokratie", S.147-164

Jun, Uwe / Höhne, Benjamin (2007): „Erfolgreiche Personalisierung und missglückte Themenorientierung: Die SPD-Wahlkämpfe in Rheinland-Pfalz und Baden-Württemberg 2006", in: Schmid, Josef / Zolleis, Udo (Hrsg.): „Wahlkampf im Südwesten. Parteien, Kampagnen und Landtagswahlen 2006 in Baden-Württemberg und Rheinland-Pfalz", S.88-115

Jun, Uwe / Höhne, Benjamin (2008): „Das Parteiensystem in Rheinland-Pfalz", in: Jun, Uwe / Haas, Melanie / Niedermayer, Oskar (Hrsg.): „Parteien und Parteiensysteme in den deutschen Ländern", S.341-367

Jun, Uwe / Höhne, Benjamin (2010): „Parteien als fragmentierte Organisationen: Erfolgsbedingungen und Veränderungsprozesse"

Jun, Uwe / Pütz, Johannes (2010): „'Die organisierte Unverantwortlichkeit'? Aus dem Innenleben einer Kampagne", Zeitschrift für Politikberatung (3), S.197-215

Junck, Volker (2011): „Endspurt für die Kandidaten", Weser-Kurier, 14.5.2011

Jung, Matthias / Schroth, Yvonne / Wolf, Andrea (2009): „Regierungswechsel ohne Wechselstimmung", Aus Politik und Zeitgeschichte (51), S.12-19

Junge, Christian / Lempp, Jacob (Hrsg., 2007): „Parteien in Berlin"

Kaase, Max (1998a): „Demokratisches System und die Mediatisierung von Politik", in: Sarcinelli, Ulrich (Hrsg.): „Politikvermittlung und Demokratie in der Mediengesellschaft", S.24-51

Kaase, Max (1998b): „Politische Kommunikation – Politikwissenschaftliche Perspektiven", in: Jarren, Otfried / Sarcinelli, Ulrich / Saxer, Ulrich (Hrsg.): „System, Systemwandel und politische Kommunikation", S.97-137

Kaiser, André (1998): „Vetopunkte der Demokratie. Eine Kritik neuerer Ansätze der Demokratietypologie und ein Alternativvorschlag", Zeitschrift für Parlamentsfragen (29), S.525-541

Kaiser, André (2002): „Mehrheitsdemokratie und Institutionenreform: Verfassungspolitischer Wandel in Australien, Großbritannien, Kanada und Neuseeland im Vergleich"

Kaltefleiter, Werner / Nissen, Peter (1980): „Empirische Wahlforschung"

Kamps, Erwin (1999): „Plakat"

Kamps, Klaus (2007): „Politisches Kommunikationsmanagement. Grundlagen und Professionalisierung moderner Politikvermittlung"

Kappmeier, Walter (1984): „Konfession und Wahlverhalten: Untersuchung am Beispiel der Bundestagswahl 1976 und der Landtagswahl 1975 im Saarland"

Katz, Richard S. (2002): „The Internal Life of Parties", in: Luther, Kurt Richard / Müller-Rommel, Ferdinand (Hrsg.): „Political Parties in the New Europe. Political and Analytical Changes", 87-118

Katz, Richard S. / Mair, Peter (1994): „How parties organize: Change and Adaptation in Party organizations in Western democracies"

Katz, Richard S. / Mair, Peter (1995): „Changing Models of Party Organization and Party Democracy, the Emergence of the Cartel Party", Party Politics (1), S.5-28

Katz, Richard S. / Mair, Peter (1996): „Cadre, catch-all or cartel? A rejoinder", Party Politics (2), S.525-534

Katz, Richard S. / Mair, Peter (2009): „The cartel party thesis: a restatement"

Keding, Ole (2011), zitiert in: Binde, Nico / Laufer, Sophie: „Wie gut sind Hamburgs Wahlplakate?", Hamburger Abendblatt, 5.2.2011, S.8

Kelle, Udo (1997): „Theory Building in Qualitative Research and Computer Programmes for the Management of Textual Data", Sociological Research Online 2(2)

Kelle, Udo / Kluge, Susann (2010): „Vom Einzelfall zum Typus: Fallvergleich und Fallkontrastierung in der qualitativen Sozialforschung"

Kellermann von Schele, Dorothee (2009): „Erfolgsfaktor Kampagnenmanagement?: Oppositionswahlkämpfe im Vergleich"

Kepplinger, Hans M. / Gotto, Klaus / Brosius, Hans-Bernd / Haak, Dietmar (1989): „Der Einfluss der Fernsehnachrichten auf die politische Meinungsbildung"

Kilper, Heiderose / Lhotta, Roland (1996): „Föderalismus in der Bundesrepublik Deutschland: Eine Einführung"

Kister, Kurt: „Gefährliche Beziehung", Süddeutsche Zeitung, 1.10.2012, S.4

Kister, Kurt: „Merkels dritter Versuch", Süddeutsche Zeitung, 18.2.2012, S.4

Kitschelt, Herbert (1989): „The Logics of party Formation: ecological Politics in Belgium and West Germany"

Klein, Markus / Falter, Jürgen (2003): „Der lange Weg der Grünen. Eine Partei zwischen Protest und Regierung"

Kleinsteuber, Hans J. / Kutz, Magnus-Sebastian (2008): „Vorreiter auf neuem Kurs?: die Zukunft der elektronischen Medien in den USA"

Klimmt, Christoph / Netta, Petra / Vorderer, Peter (2008): „Entertainisierung der Wahlkampfkommunikation. Der Einfluss von Humor auf die Wirkung negativer Wahlwerbung", in: „Medien & Kommunikationswissenschaft 55 (3), S.390-411

Klingemann, Hans-Dieter / Erbring, Lutz / Diederich, Nils (1995, Hrsg.): „Zwischen Wende und Wiedervereinigung. Analysen zur politischen Kultur in West- und Ost-Berlin 1990"

Klönne, Arno (1985): „Die Sozialdemokratie in Nordrhein-Westfalen. Historische Verankerung und heutiges Profil", in: Alemann, Ulrich von (Hrsg.): „Parteien und Wahlen in Nordrhein-Westfalen", S.69-90

Kluge, Susann (1999): „Empirisch begründete Typenbildung. Zur Konstruktion von Typen und Typologien in der qualitativen Sozialforschung"

Knaut, Annette (2008): „Abgeordnete des Deutschen Bundestages als Politikvermittler. Zwischen Medialisierung und Informalität"

Koch, Susanne (1994): „Parteien in der Region: Eine Zusammenhangsanalyse von lokaler Mitgliederpräsenz, Wahlergebnis und Sozialstruktur"

Koch, Michael / Olbrich, André (2011): „Jetzt oder nie! – Bündnis 90/Die Grünen", in: Koschkar, Martin / Scheele, Christopher (Hrsg.): „Die Landtagswahl in Mecklenburg-Vorpommern 2011 – die Parteien im Wahlkampf und ihre Wähler", Rostocker Informationen zu Politik und Verwaltung (31), S.67-76

Kohl, Christiane (2005): „Wir sind keine Verwaltungsprovinz des Bundes", Interview mit Dieter Althaus, Süddeutsche Zeitung, 23.12.2005, S.10

König, Jens (2011): „Ein schwarzer Grüner", Stern (14), 31.3.2011, S.32-39

Korte, Karl-Rudolf (2000): „Veränderte Entscheidungskultur. Politikstile der deutschen Bundeskanzler", in: Korte, Karl-Rudolf / Hirscher, Gerhard (Hrsg.): „Darstellungspolitik oder Entscheidungspolitik. Über den Wandel von Politikstilen in westlichen Demokratien", S.13-37

Korte, Karl-Rudolf (2004): „Darstellungs- oder Entscheidungpolitik in der modernen Mediendemokratie: Stile des Regierens in der Publikumsgesellschaft", in: Karp, Markus / Zolleis, Udo (Hrsg.): „Politisches Marketing", S.201-220

Korte, Karl-Rudolf (2010): „Regieren und Regierungen in Rheinland-Pfalz – eine vergleichende Betrachtung", in: Sarcinelli, Ulrich / Falter, Jürgen W. / Mielke, Gerd / Benzner, Bodo (Hrsg.): „Politik in Rheinland-Pfalz. Gesellschaft, Staat und Demokratie", S.283-297

Korte, Karl-Rudolf (2012): „Ich kümmere mich", Außenansicht in der Süddeutschen Zeitung, 4.12.2012, S.2

Korte, Karl-Rudolf / Florack, Martin / Grunden, Timo (2006): „Regieren in Nordrhein-Westfalen"

Korte, Karl-Rudolf / Fröhlich, Manuel (2009): „Politik und Regieren in Deutschland: Strukturen, Prozesse, Entscheidungen"

Koschkar, Martin (2011): „Mecklenburg-Vorpommern im Wahljahr 2011 – Ausgangslage und Rahmenbedingungen der sechsten Landtagswahl", in: Koschkar, Martin / Scheele, Christopher (Hrsg.): „Die Landtagswahl in Mecklenburg-Vorpommern 2011 – die Parteien im Wahlkampf und ihre Wähler", Rostocker Informationen zu Politik und Verwaltung (31), S.8-17

Koschkar, Martin / Schoon, Steffen (2012): „Die mecklenburg-vorpommersche Landtagswahl vom 4. September 2011: Bestätigung der Großen Koalition mit sozialdemokratischem Zugewinn", Zeitschrift für Parlamentsfragen (1), S.3-18

Koslick, Max-Stefan (2011): „C wie Zukunft im W wie Wahlkampf", Nordkurier, 2.9.2011

Kost, Andreas (2002): „Nordrhein-Westfalen. Vom Land der Retorte zum ‚Wir-Gefühl'", in: Wehling, Hans-Georg (Hrsg.): „Die deutschen Länder. Geschichte, Politik, Wirtschaft", S.181-194

Kost, Andreas (2003): „‚Wir in NRW'. Aktivitäten und Identitäten", in: Dornheim, Andreas / Greiffenhagen, Sylvia: „Identität und politische Kultur", S.230-238

Kranenpohl, Uwe (2008): „Das Parteiensystem Nordrhein-Westfalens", in: Jun, Uwe / Haas, Melanie / Niedermayer, Oskar (Hrsg.): „Parteien und Parteiensysteme in den deutschen Ländern", S.315-339

Kranert-Rydzy, Hendrik / Städter, Antonie / Gauselmann, Kai: „Kuscheln und Kratzen", Mitteldeutsche Zeitung, 19.3.2011

Krause, Frank (2011a): „'Ein ganz wichtiger Wahlkampf'", Stuttgarter Nachrichten, 31.1.2011, S.6

Krause, Frank (2011b): „Im Endspurt zählen vor allem Emotionen", Stuttgarter Nachrichten, 22.3.2011, S.7

Krebs, Thomas (1996): „Parteiorganisation und Wahlkampfführung. Eine mikropolitische Analyse der SPD-Bundestagswahlkämpfe 1965 und 1986/1987"

Kresse, Rebecca (2011): „Einig nur bei den ersten drei", Hamburger Abendblatt, 10.1.2011, S.8

Krockow, Christian Graf von (1997): „Bismarck. Eine Biographie"

Kroeber-Riehl, Werner (1993): „Bildkommunikation. Imagerystrategien für die Werbung"

Kromrey, Helmut (2009): „Empirische Sozialforschung: Modelle und Methoden der standardisierten Datenerhebung und Datenauswertung"

Kropp, Sabine / Sturm, Roland (Hrsg., 1999): „Hinter den Kulissen von Regierungsbündnissen: Koalitionspolitik in Bund, Ländern und Gemeinden"

Kuckartz, Udo (1988): „Computer und verbale Daten: Chancen zur Innovation sozialwissenschaftlicher Forschungstechniken"

Kuckartz, Udo (2007): „Einführung in die computergestützte Analyse qualitativer Daten"

Kuhn, Heinrich-Christian (2004): „Mecklenburg-Vorpommern: Gemeinsamkeiten trotz unterschiedlicher Geschichte", in: Wehling, Hans-Georg (Hrsg.): „Die deutschen Länder. Geschichte, Politik, Wirtschaft", S.165-181

Kurbjuweit, Dirk (2011): „Die halbe Kanzlerin", Der Spiegel (48), 28.11.2011, S.32

Kurbjuweit, Dirk (2012): „Mann ohne Goldrand", Der Spiegel (40), 1.10.2012, S.36

Kushin, Matthew J. / Kitchener, Kelin (2009): „Getting political on Social Network sites: Exploring online political Discourse on Facebook", First Monday (11), 2.11.2009, http://firstmonday.org

Küpper, Mechthild (2011): „Der ewige Wowereit", Frankfurter Allgemeine Zeitung, 3.8.2011, S.8

Lamnek, Siegfried (2005): „Qualitative Sozialforschung: Lehrbuch. Mit Online-Materialien"

Langguth, Gerd (1995): „Politik und Plakat. 50 Jahre Plakatgeschichte am Beispiel der CDU"

Latsch, Gunther (2011): „Hamburg: Der Interimsbürgermeister", Der Spiegel 5/2011, 31.1.2011, S.36

Lau, Mariam (2011a): „Wahlkampf in Baden-Württemberg: Moses aus Sigmaringen", Die Zeit, 24.3.2011, S.13

Lau, Mariam (2011b): „Wahlkampf in Berlin: Fremd in der eigenen Stadt", Die Zeit, 25.8.2011, S.8

Lau, Richard R. / Sigelman, Lee / Heldman, Caroline / Babbitt, Paul (1999): „The Effects of Negative Political Advertisements: A Meta-Analytic Assessment", American Political Science Review (93), S.851-875

Lawson, Kay (1980): „Political Parties and Linkage", in: Lawson, Kay (Hrsg.): „Political Parties and Linkage. A comparative Perspective", S.3-24

Lazarsfeld, Paul F. (2007): „Empirische Analyse des Handelns: Ausgewählte Schriften"

Lazarsfeld, Paul F. / Berelson, Bernard / Gaudet, Hazel (1968): „The People's Choice. How the Voter makes up his Mind in a Presidential Campaign"

Lazarsfeld, Paul F. / Berelson, Bernard / Gaudet, Hazel (1969): „Wahlen und Wähler. Soziologie des Wahlverhaltens"

Leidecker, Melanie (2010): „Angreifende Plakatwerbung im Wahlkampf – effektiv oder riskant? Ein Experiment aus Anlass der SPD-Europawahlplakate 2009", in: Holtz-Bacha, Christina (Hrsg.): „Die Massenmedien im Wahlkampf. Das Wahljahr 2009", S.117-139

Leif, Thomas (2000): „Langsam gewachsenes Holz bricht nicht so schnell. Rudolf Scharping, der erste sozialdemokratische Ministerpräsident von Rheinland-Pfalz – Werdegang, Amtsverständnis und politische Schwerpunkte", in: Sarcinelli, Ulrich / Falter, Jürgen W. / Mielke, Gerd / Benzner, Bodo (Hrsg.): „Politische Kultur in Rheinland-Pfalz, S.437-460

Lehmbruch, Gerhard (1998): „Parteienwettbewerb im Bundesstaat. Regelsysteme und Spannungslagen im Institutionengefüge der Bundesrepublik Deutschland"

Lehmbruch, Gerhard (2000): „Parteienwettbewerb im Bundesstaat. Regelsysteme und Spannungslagen im politischen System der Bundesrepublik Deutschland"

Lempp, Jakob (Hrsg., 2008): „Parteien in Brandenburg"

Lempp, Jakob (2010): „Berlin – die Parteien im wiedervereinigten Deutschland", in: Kost, Andreas / Rellecke, Werner / Weber, Reinhold (Hrsg.): „Parteien in den deutschen Ländern. Geschichte und Gegenwart", S.161-173

Lessinger, Eva-Maria / Holtz-Bacha, Christina (2010): „'Wir haben mehr zu bieten'. Die Plakatkampagnen zu Europa- und Bundestageswahl", in: Holtz-Bacha, Christina (Hrsg.): „Die Massenmedien im Wahlkampf. Das Wahljahr 2009", S.67-116

Lessinger, Eva-Maria / Moke, Markus (1999): „'Ohne uns schnappt jeder Kanzler über...'. Eine Studie zur Rezeption von Plakatwahlwerbung im Bundestagswahlkampf 1998", in: Holtz-Bacha, Christina (Hrsg.): „Wahlkampf in den Medien – Wahlkampf mit den Medien: ein Reader zum Wahljahr 1998", S.242-262

Lessinger, Eva-Maria / Moke, Markus / Holtz-Bacha, Christina (2003): „'Edmund, Essen ist fertig'. Plakatwahlkampf 2002 – Motive und Strategien", in: Holtz-Bacha, Christina (Hrsg.): „Die Massenmedien im Wahlkampf. Die Bundestagswahl 2002", S.216-243

Leunig, Sven (2012): „Die Regierungssysteme der deutschen Länder"

Lewandowsky, Marcel (2009): „Hypothesen zu Landtagswahlkämpfen unter dem Einfluss der Bundespolitik", Paper zur Tagung: „Nebenwahlen: Wahlen, Wähler und Legitimation in der Mehrebenen-Demokratie", Jahrestagung des Arbeitskreises „Wahlen und politische Einstellungen" der DVPW, 7./8. Mai 2009

Lewis-Beck, Michael S. (1986): „Comparative Economic Voting: Britain, France, Germany, Italy", American Journal of Political Science (30), S.315-346

Lewis-Beck, Michael S. (1996): „Economics & Elections. The Major Western Democracies"

Lewis-Beck, Michael S. / Stegmeier, Mary (2000): „Economic Determinants of Electoral Outcomes", Annual Review of Political Science (3), S.183-219

Leyendecker, Hans (2010): „Implosion einer Regierung", Süddeutsche Zeitung, 20.4.2010, S.4.

Lijphart, Arend (1975): „The Comparable-Cases Strategy in Comparative Research", Comparative Political Studies (8), S.158-175

Lijphart, Arend (1984): „Democracies"

Linden, Markus (2003): „Abschied von den Volksparteien?: zur These von der ‚Personalisierung der Politik'", Zeitschrift für Politikwissenschaft (3), S.1205-1234

Lipset, Seymour M. / Rokkan, Stein (1967): „Cleavage Structure, Party Systems, and Voter Alignments: An Introduction", in: Lipset, Seymour M. / Rokkan, Stein (Hrsg.): „Party Systems and Voter Alignments: Cross-national Perspectives", S.1-64

Lösche, Peter (1994): „Kleine Geschichte der deutschen Parteien"

Lösche, Peter / Walter, Franz (1996): „Die FDP: Richtungsstreit und Zukunftszweifel"

Lutter, Johannes / Hickersberger, Michaela (2000): „Wahlkampagnen aus normativer Sicht"

Machiavelli, Niccolò 1990 (1513): „Der Fürst", aus dem Italienischen von Friedrich von Oppeln-Bronikowski

Machnig, Matthias (2001): „Organisation ist Politik – Politik ist Organisation: moderne Parteistrukturen als Voraussetzung für strategische Mehrheitsfähigkeit", Forschungsjournal Neue Soziale Bewegungen (H.3), S.30-39

Machnig, Matthias (2003): „Den Letzten beißen die Wahlen. Parteien im Wandel der Zeit", in: Sarcinelli /Ulrich / Tenscher, Jens (Hrsg.): „Machtdarstellung und Darstellungsmacht. Beiträge zu Theorie und Praxis moderner Politikvermittlung", S.61-68

Machnig, Matthias / Raschke, Joachim (2009): „Profillose Parteien, ratlose Wähler", Handelsblatt, 21.4.2009, S.9

Maier, Jürgen / Glantz, Alexander (2010): „Parteien, Kandidaten, Themen: Stabilität und Wandel der Determinanten der Wahlentscheidung bei rheinland-pfälzischen Landtagswahlen", in: Sarcinelli, Ulrich / Falter, Jürgen W. / Mielke, Gerd / Benzner, Bodo (Hrsg.): „Politik in Rheinland-Pfalz. Gesellschaft, Staat und Demokratie", S.202-216

Maletzke, Gerhard (1963): „Psychologie der Massenkommunikation"

Malzahn, Claus Christian / Vitzthum, Thomas (2012): „Ab jetzt mehr Kammerton", Interview mit Horst Seehofer, Welt am Sonntag, 18.3.2012, S.6

Manheim, Jarol B. (1998): „The News Shapers. Strategic Communication as a Third Force in News Making", in: Graber, Doris / McQuail, Denis / Norris, Pippa (Hrsg.): "The Politics of News. The News of Politics", S. 94-109

Marcinkowski, Frank (2001): „Politische Kommunikation und politische Öffentlichkeit. Überlegungen zur Systematik einer politikwissenschaftlichen Kommunikationsforschung", in: Marcinkowski, Frank (Hrsg.): „Politik der Massenmedien. Heribert Schatz zum 65. Geburtstag", S.237-256

Martens, Kerstin / Brüggemann, Michael (2006): „Kein Experte ist wie der andere. Vom Umgang mit Missionaren und Geschichtenerzählern", Universität Bremen, Sonderforschungsbereich 597, „Staatlichkeit im Wandel", TranState Working Papers (39), S.1-20

März, Peter (2006): „Ministerpräsidenten", in: Schneider, Herbert / Wehling, Hans-Georg: „Landespolitik in Deutschland. Grundlagen – Strukturen – Arbeitsfelder", S.148-184

Maser, Michael / Scheele, Christopher (2011): „Letzte Chance: Modernisierung – die Linke", in: Koschkar, Martin / Scheele, Christopher (Hrsg.): „Die Landtagswahl in Mecklenburg-Vorpommern 2011 – die Parteien im Wahlkampf und ihre Wähler", Rostocker Informationen zu Politik und Verwaltung, Heft 31, S. 55-66

Maurer, Marcus (2007): „Überzeugen oder überreden? Argumentationsstrategien in den Wahlwerbespots der Bundestagsparteien 1994 bis 2005", in: Dörner, Andreas / Schicha, Christian (Hrsg.): „Politik im Spot-Format. Zur Semantik, Pragmatik und Ästhetik politischer Werbung in Deutschland", S. 129-145

Matz, Klaus-Jürgen (2008): „Über die historische Identität der deutschen Bundesländer: Ein Essay", in: Langewiesche, Dieter / Steinbach, Peter: „Der deutsche Südwesten. Regionale Traditionen und historische Identitäten. Hans-Georg Wehling zum Siebzigsten", S.205-228

Mayntz, Renate (2002): „Zur Theoriefähigkeit makro-sozialer Analysen", in: Mayntz, Renate (Hrsg.): „Akteure – Mechanismen – Modelle. Zur Theoriefähigkeit makro-sozialer Analysen", S.7-43

Mayring, Philipp (2003): „Qualitative Inhaltsanalyse. Grundlagen und Techniken"

McCombs, Maxwell E. / Shaw, Donald L. (1972): „The Agenda-Setting Function of Mass Media", Public Opinion Quarterly 36(2), S.176-187

McNair, Brian (1995): „An Introduction to Political Communication"

Meier, Dominik (2009): „Menschen mobilisieren. Effektiveres ‚Grassroots-Campaigning' durch den Einsatz Neuer Medien", in: Bertelsmann-Stiftung (Hrsg.): „Lernen von Obama? Das Internet als Ressource und Risiko für die Politik", S. 125-154

Meiritz, Annett (2009): „CDU-Spitzenkandidatin in Rheinland-Pfalz: Die Schöne und der Bart", Spiegel Online, 17.11.2009.

Meiritz, Annett (2011): „Wahlkampf in Sachsen-Anhalt: Brutzeln und scherzen", Spiegel Online, 3.2.2011

Menger, Carl (1883): „Untersuchungen über die Methode der Socialwissenschaften, und der Oekonomie insbesondere"

Mergel, Thomas (2010): „Propaganda nach Hitler. Eine Kulturgeschichte des Wahlkampfes in der Bundesrepublik 1949-1990"

Merten, Klaus (2005): „Zur Ausdifferenzierung der Mediengesellschaft. Wirklichkeitsmanagement als Suche nach Wahrheit", in: Arnold, Klaus / Neuberger, Christoph (Hrsg.): „Alte Medien – neue Medien. Theorieperspektiven, Medienprofile, Einsatzfelder", S.21-39

Merton, Robert K. (1985): „Der Matthäus-Effekt in der Wissenschaft", in: ders. (Hrsg.): „Entwicklung und Wandel von Forschungsinteressen", S. 147ff.

Meuser, Michael / Nagel, Ulrike (1991): „ExpertInneninterviews – vielfach erprobt, wenig bedacht. Ein Beitrag zur qualitativen Methodendiskussion", in: Garz, Detlef / Kraimer, Klaus (Hrsg.): „Qualitativ-empirische Sozialforschung", S.441-471

Meyer, Christoph (2011): „Berlin darf nicht die Zeche für die Schulden anderer zahlen", Aufruf zur Wahl, http://www.fdp-berlin.de/Berlin-darf-nicht-die-Zeche-fuer-die-Schulden-anderer-zahlen/1302c1774i1p20/index.html, gesichert am 11.6.2013

Meyer, Peter Ulrich (2010): „GAL sprengt Koalition – Neuwahl im Februar – Scholz (SPD) tritt an", in Hamburger Abendblatt, 29.11.2010, S.1

Meyer, Thomas / Ontrup, Rüdiger / Schicha, Christian (2000): „Die Inszenierung des Politischen. Zur Theatralität von Mediendiskursen"

Meyer, Thomas / Schicha, Christian / Brosda, Carsten (2002): „Die Theatralität des Wahlkampfs. Politische Kampagnen und sozialwissenschaftlicher Theatralitätsbegriff", Vorgänge, 41(2), S.23-31

Meyenberg, Rüdiger (1978): „SPD in der Provinz. Empirische Untersuchung über die soziale Struktur, die politische Aktivität und das gesellschaftliche Bewusstsein von SPD-Mitgliedern am Beispiel des Unterbezirks Oldenburg"

Mielke, Gerd (1991): „Des Kirchturms langer Schatten", in: Schultze, Rainer-Olaf / Wehling, Hans-Georg: „Wahlverhalten", S.139-165

Mielke, Gerd (2000): „Vorwort", in: Kaltenthaler, Heike (Hrsg.): „Das Geheimnis des Wahlerfolges. Negative Campaigning in den USA", S.9-13

Mielke, Gerd (2003): „Platzhirsche in der Provinz. Anmerkungen zur politischen Kommunikation und Beratung aus landespolitischer Sicht", in: Sarcinelli, Ulrich / Tenscher, Jens (Hrsg.): „Machtdarstellung und Darstellungsmacht. Beiträge zu Theorie und Praxis moderner Politikvermittlung", S.87-104

Mielke, Gerd (2005): „Agenda-Setting in der Landespolitik: Anmerkungen zum Paradigma der Mediendemokratie. Ein Werkstattbericht aus Rheinland-Pfalz", in: Häubner, Dominik / Mezger, Erika / Schwengel, Hermann (Hrsg.) „Agenda-Setting und Reformpolitik. Strategische Kommunikation zwischen verschiedenen politischen Welten", S.229-248

Mielke, Gerd / Eith, Ulrich (2000): „Die Landtagswahl 1991: Erdrutsch oder Ausrutscher? Parteienkonkurrenz und Wählerbindunge in Rheinland-Pfalz in den 80er und 90er Jahren", in: Sarcinelli, Ulrich / Falter, Jürgen W. / Mielke, Gerd / Benzner, Bodo (Hrsg.): „Politische Kultur in Rheinland-Pfalz", S.255-280

Mielke, Siegfried / Reutter, Werner (Hrsg., 2011): „Länderparlamentarismus in Deutschland. Geschichte – Struktur – Funktionen"

Mill, John Stuart (1885): „Von den vier Methoden der experimentalen Forschung", in: Mill, John Stuart: „System der deductiven und inductiven Logik. Eine Darlegung der Grundsätze der Beweislehre und der Methoden wissenschaftlicher Forschung", S.86-110

Miller, Warren L. / Mackie, Myles (1973): „The Electoral Cycle and the Asymmetry of Government and Opposition Popularity: An Alternative Model oft the Relationship between Economic Conditions and Political Popularity", Political Studies (21), S.263-279

Mintzel, Alf (1987): „Besonderheiten der politischen Kultur Bayerns – Facetten und Etappen einer politisch-kulturellen Homogenisierung", in: Berg-Schlosser, Dirk / Schissler, Jakob (Hrsg.): „Politische Kultur in Deutschland. Bilanz und Perspektiven der Forschung", S.295-308

Monath, Hans / Mück-Raab, Marion (2008): „Mainz bleibt seins", Der Tagesspiegel, 10.9.2008, S.4.

Mühlhausen, Walter (2006): „Friedrich Ebert 1871-1925. Reichspräsident der Weimarer Republik"

Müller, Marion G. (1996): „Das Visuelle Votum. Politische Bildstrategien im amerikanischen Präsidentschaftswahlkampf", in Jarren, Otfried / Donges, Patrick / Weßler, Hartmut

(Hrsg.): „Medien und politischer Prozess. Politsche Öffentlichkeit und massenmediale Politikvermittlung im Wandel", S.231-250

Müller, Marion G. (1997): „Politische Bildstrategien im amerikanischen Präsidentschaftswahlkampf 1828-1996"

Müller, Marion G. (2002): „Visuelle Kommunikation im Bundestagswahlkampf 1998. Eine qualitative Produktanalyse der visuellen Werbemittel", in: Brosius, Hans-Bernd (Hrsg.): „Kommunikation über Grenzen und Kulturen", S.361-379

Müller, Marion G. (2003): „Grundlagen der visuellen Kommunikation"

Müller, Peter (2010): „Bruder Jürgen", Handelsblatt, 4.3.2010, S.4

Müller, Jochen / Debus, Marc (2010): „Assessing the implications of policy positions on the sub-national level: Evidence from nine European countries", Papier für die 60. Jahreskonferenz der Political Studies Association in Edinburgh, Großbritannien, 29.3.-1.4.2010

Neumann, Arijana (2012): „Die CDU auf Landesebene: Politische Strategien im Vergleich"

Niclauß, Karlheinz (1988): „Kanzlerdemokratie"

Niedermayer, Oskar (1989): „Innerparteiliche Partizipation. Zur Analyse der Beteiligung von Parteimitgliedern am parteiinternen Willensbildungsprozess", Aus Politik und Zeitgeschichte (B11), S.15-25

Niedermayer, Oskar (2000): „Modernisierung von Wahlkämpfen als Funktionsentleerung der Parteibasis", in: Niedermayer, Oskar / Westle, Bettina (Hrsg.): „Demokratie und Partizipation. Festschrift für Max Kaase", S.192-210

Niedermayer, Oskar (2007): „Der Wahlkampf zur Bundestagswahl 2005: Parteistrategien und Kampagnenverlauf", in: Brettschneider, Frank / Niedermayer, Oskar / Weßels, Bernhard (Hrsg.): „Die Bundestagswahl 2005. Analysen des Wahlkampfes und des Wahlergebnisses", S.21-42.

Niedermayer, Oskar (2009): „Parteimitglieder in Deutschland: Version 1/2009", Arbeitshefte aus dem Otto-Stammer-Zentrum, Nr. 15, FU Berlin

Niedermayer, Oskar (2010): „Regionalisierung des Parteiensystems in der Bundesrepublik Deutschland", in: Sarcinelli, Ulrich / Falter, Jürgen W. / Mielke, Gerd / Benzner, Bodo (Hrsg.): „Politik in Rheinland-Pfalz. Gesellschaft, Staat und Demokratie", S.182-201

Niedermayer, Oskar (2012): „Die Berliner Abgeordnetenhauswahl vom 18. September 2011: Grün war die Hoffnung, die Realität ist rot-schwarz", Zeitschrift für Parlamentsfragen, H.1, S.18-35

Noelle-Neumann, Elisabeth (1996): „Öffentliche Meinung"

Noelle-Neumann, Elisabeth (2001): „Die Schweigespirale. Öffentliche Meinung – Unsere soziale Haut"

Nohl, Arnd-Michael (2006): „Interview und dokumentarische Methode. Anleitungen für die Forschungspraxis"

Norris, Pippa (1997): „Introduction: The Rise of Postmodern Political Communications?", in: Norris, Pippa (Hrsg.): „Politics and the Press. The News Media and Their Influence", S.1-21

Oberreuter, Heinrich (2012): „Do Elections Matter? Parteiendemokratie, Kommunikation und Lebenswelten im Wandel", Zeitschrift für Politik (2), S.168-184

Oestreich, Heide (2012): „Das ist moderne Mütterlichkeit", Interview mit Helga Lukoschat, Tageszeitung (taz), 16.3.2012, S.14

Opp, Karl-Dieter (2005): „Methodologie der Sozialwissenschaften: Einführung in Probleme ihrer Theorienbildung und praktischen Anwendung"

Panebianco, Angelo (1988): „Political Parties: Organization and Power"

Pappi, Franz Urban (1979): „Konstanz und Wandel der Hauptspannungslinien in der Bundesrepublik", in: Matthes, Joachim (Hrsg.): „Sozialer Wandel in Westeuropa", S.465-479

Pappi, Franz Urban / Becker, Axel / Herzog, Alexander (2005): „Regierungsbildung in Mehrebenensystemen: Zur Erklärung der Koalitionsbildung in den deutschen Bundesländern", Politische Vierteljahresschrift (46), S.432-458

Patzelt, Werner J. (1998): „Kommentar zum Beitrag von Everhard Holtmann. Die vergleichende Untersuchung von Landesparteien", in: Benz, Arthur / Holtmann, Everhard (Hrsg.): „Gestaltung regionaler Politik. Empirische Befunde, Erklärungsansätze und Praxistransfer", S.77-88

Patzelt, Werner (2005a): „Wissenschaftliche Grundlagen des sozialwissenschaftlichen Vergleichs", in: Kropp, Sabine / Minkenberg, Michael (Hrsg.): „Vergleichen in der Politikwissenschaft", S.16-53

Patzelt, Werner J. (2005b): „Warum verachten die Deutschen ihr Parlament und lieben ihr Verfassungsgericht. Ergebnisse einer vergleichenden demoskopischen Studie", Zeitschrift für Parlamentsfragen (3), S.517-538

Peirce, Charles S. (1991): „Schriften zum Pragmatismus und Pragmatizismus"

Pergande, Frank (2011a): „C wie Zukunft und Z wie Caffier", Frankfurter Allgemeine Zeitung, 30.8.2011, S.4

Pergande, Frank (2011b): „Der Ossi-Versteher", Frankfurter Allgemeine Sonntagszeitung, 11.9.2011, S.14

Perron, Louis / Kriesi, Hanspeter (2008): „Neue Trends in der internationalen Wahlkampfberatung", Zeitschrift für Politikberatung (1), S.15-31

Pfetsch, Barbara (1994): „Themenkarrieren und politische Kommunikation. Zum Verhältnis von Politik und Medien bei der Entstehung der politischen Agenda", Aus Politik und Zeitgeschichte (B39), S.11-20

Pfetsch, Barbara / Mayerhöffer, Eva (2006): „Politische Kommunikation in der modernen Demokratie. Eine Bestandsaufnahme"

Pfetsch, Frank R. (2012): „Theoretiker der Politik: Von Platon bis Habermas"

Pickel, Gert / Pickel, Susanne (2003): „Einige Notizen zu qualitativen Interviews als Verfahren der vergleichenden Methode der Politikwissenschaft", in: Pickel, Susanne / Pickel, Gert / Lauth, Hans-Joachim / Jahn, Detlef (Hrsg.): „Vergleichende politikwissenschaftliche Methoden. Neue Entwicklungen und Diskussionen", S.289-315

Plasser, Fritz (1989): „Medienlogik und Parteienwettbewerb", in: Böckelmann, Frank E. (Hrsg.): „Medienmacht und Politik", S.207-218

Plasser, Fritz / Plasser, Gunda (2003): „Globalisierung der Wahlkämpfe. Praktiken der Campaign Professionals im weltweiten Vergleich"

Podschuweit, Nicole (2007): „Wirkungen von Wahlwerbung. Aufmerksamkeitsstärke, Verarbeitung, Erinnerungsleistung und Entscheidungsrelevanz"

Podschuweit, Nicole / Dahlem, Stefan (2007): „Das Paradoxon der Wahlwerbung. Wahrnehmung und Wirkungen der Parteienkampagnen im Bundestagswahlkampf 2002", in: Jackob, Nikolaus: „Wahlkämpfe in Deutschland – Fallstudien zur Wahlkampfkommunikation 1912-2005", S.215-234

Prakke, Hendricus J. (1963): „Der Schnelldialog des Plakats. Über das Plakat als Kommunikationsmedium", in: Prakke, Hendricus J. (Hrsg.): „Bild und Plakat. Zwei Studien", S.23-36

Prantl, Heribert (2009): „Lob der Langeweile", Süddeutsche Zeitung, 26.8.2009, S.4

Preuss, Susanne (2011): „Leise und fleißig", Frankfurter Allgemeine Zeitung, 29.3.2011, S.16

Prittwitz, Volker von (2000): „Symbolische Politik – Erscheinungsformen und Funktionen am Beispiel der Umweltpolitik", in: Hansjürgens, Bernd / Lübbe-Wolff, Gertrude: „Symbolische Umweltpolitik", S.259-276

Probst, Lothar (2008): „Das Parteiensystem in Bremen", in: Jun, Uwe / Haas, Melanie / Niedermayer, Oskar (Hrsg.): „Parteien und Parteiensysteme in den deutschen Ländern", S.193-215

Probst, Lothar (2010): „Bremen – von der sozialdemokratischen Vorherrschaft zum differenzierten Mehrparteiensystem", in: Kost, Andreas / Rellecke, Werner / Weber, Reinhold (Hrsg.): „Parteien in den deutschen Ländern. Geschichte und Gegenwart", S.188-201

Probst, Lothar (2011): „Die Bürgerschaftswahl in Bremen vom 22. Mai 2011: Triumph für Rot-Grün, ‚Abwahl' der Opposition", in: Zeitschrift für Parlamentsfragen, H4, S.804-819

Przeworski, Adam / Teune, Henry (1970): „The Logic of Comparative Social Inquiry"

Radunski, Peter (1980): „Wahlkämpfe. Moderne Wahlkampfführung als politische Kommunikation"

Radunski, Peter (1996): „Politisches Kommunikationsmanagement. Die Amerikanisierung der Wahlkämpfe", in: Bertelsmann-Stiftung (Hrsg.): „Politik überzeugend vermitteln. Wahlkampfstrategien in Deutschland und den USA. Analysen von Politikern, Journalisten und Experten", S.33-52

Radunski, Peter (2003): „Wahlkampf im Wandel. Politikvermittlung gestern – heute – morgen", in: Sarcinelli, Ulrich / Tenscher, Jens (Hrsg.): „Machtdarstellung und Darstellungsmacht. Beiträge zu Theorie und Praxis moderner Politikvermittlung", S.183-198

Raschke, Joachim (1993): „Die Grünen. Wie sie wurden, was sie sind"

Raschke, Joachim (2002): „Politische Strategie. Überlegungen zu einem politischen und politologischen Konzept", in: Nullmeier, F. / Saretzki, T. (Hrsg.): „Jenseits des Regierungsalltages. Strategiefähigkeit politischer Parteien", S.207-242

Raschke, Joachim / Tils, Ralf (2007): „Politische Strategie. Eine Grundlegung"

Raschke, Joachim / Tils, Ralf (2010, Hrsg.): „Strategie in der Politikwissenschaft. Konturen eines neuen Forschungsfelds"

Reichart-Dreyer, Ingrid (2008): „Das Parteiensystem Berlins", in: Jun, Uwe / Haas, Melanie / Niedermayer, Oskar (Hrsg.): „Parteien und Parteiensysteme in den deutschen Ländern", S.147-166.

Reichertz, Jo (2003): „Die Abduktion in der qualitativen Sozialforschung"

Renzsch / Schieren (1998): „Große Koalition oder Minderheitsregierung: Sachsen-Anhalt als Zukunftsmodell des parlamentarischen Regierungssystems in den neuen Bundesländern?, Zeitschrift für Parlamentsfragen (28), S.391-406

Ristau, Malte (1998): „Wahlkampf für den Wechsel – Die Wahlkampagne der SPD 1997/98"

Rohe, Karl (1982): „Die 'verspätete' Region: Thesen und Hypothesen zur Wahlentwicklung im Ruhrgebiet vor 1914"

Rohe, Karl (1985): „Die Vorgeschichte: Das Parteiensystem in den preußischen Westprovinzen und in Lippe-Detmold 1871-1933", in: Alemann, Ulrich von (Hrsg.): „Parteien und Wahlen in Nordrhein-Westfalen", S.22-47

Rohe, Karl (1990): „Politische Kultur und ihre Analyse. Probleme und Perspektiven der politischen Kulturforschung", Historische Zeitschrift, Bd. 250, H.2, S.321-346

Rohe, Karl (1991): „Regionale (politische) Kultur: Ein sinnvolles Konzept für die Wahl- und Parteienforschung?", in: Oberndörfer, Dieter / Schmitt, Karl (Hrsg.): „Parteien und regionale politische Traditionen in der Bundesrepublik Deutschland", S.17-37

Rohe, Karl (1996): „Parteien und Parteiensysteme in Nordrhein-Westfalen", in: Köhler, Wolfram (Hrsg.): „Nordrhein-Westfalen. Fünfzig Jahre später 1946-1996", S.8-26

Römmele, Andrea (2005): „Direkte Kommunikation zwischen Parteien und Wählern. Professionalisierte Wahlkampftechnologien in den USA und in der BRD"

Rosenfeld, Kerstin / Stephan, Judith (1994): „Die Partei. Das etwas andere Produkt. Wahlwerbung unter mediaplanerischen und marketingstrategischen Gesichtspunkten", Magazin Media-Plakat 3 (1), S.24-28

Roth, Paul A. (1987): „Meaning and Method in the Social Science: a Case for Methodological Pluralism"

Roth, Reinhold / Wiesendahl, Elmar (1986): „Das Handlungs- und Orientierungssystem politischer Parteien: eine empirische Fallstudie"

Röttger, Ulrike (1997): „Campaigns (f)or a Better World?", in: Röttger, Ulrike (Hrsg.): „PR-Kampagnen. Über die Inszenierung von Öffentlichkeit", S.13-34

Ruch, Manfred (2011): „Noch 50 Tage: Wahl-Krimi mit offenem Ende", Rhein-Zeitung, 5.2.2011, S.5

Sänger, Fritz (1965): „Vorwort", in: Sänger, Fritz / Liepelt, Klaus (Hrsg.): „Wahlhandbuch 1965. Sammlung von Texten, Daten, Dokumenten zu Wahlrecht, Wahlkampf, Wahlergebnissen, Wahlkreisen", S.1-4

Sänger, Fritz / Liepelt, Klaus (Hrsg., 1965): „Wahlhandbuch 1965. Sammlung von Texten, Daten, Dokumenten zu Wahlrecht, Wahlkampf, Wahlergebnissen, Wahlkreisen"

Sarcinelli, Ulrich (1987): „Symbolische Politik. Zur Bedeutung symbolischen Handelns in der Wahlkampfkommunikation der Bundesrepublik Deutschland"

Sarcinelli, Ulrich (1994): „Mediale Politikdarstellung und politisches Handeln", in: Jarren, Otfried (Hrsg.): „Politische Kommunikation in Hörfunk und Fernsehen. Elektronische Medien in der Bundesrepublik Deutschland", Sonderheft 8 der Zeitschrift Gegenwartskunde, S.23-34

Sarcinelli, Ulrich (1998a): „Parteien und Politikvermittlung: Von der Parteien- zur Mediendemokratie", in: Sarcinelli, Ulrich (Hrsg.): „Politikvermittlung und Demokratie in der Mediengesellschaft", S.273-296

Sarcinelli, Ulrich (1998b): „Politikvermittlung und Demokratie: Zum Wandel der politischen Kommunikationskultur", in: Sarcinelli, Ulrich (Hrsg.): „Politikvermittlung und Demokratie in der Mediengesellschaft", S.11-23

Sarcinelli, Ulrich (2000): „Politische Kultur: Auf der Suche nach der Identität des Landes Rheinland-Pfalz", in: Sarcinelli, Ulrich / Falter, Jürgen / Mielke, Gerd / Benzner, Bodo (Hrsg.): „Politische Kultur in Rheinland-Pfalz", S.15-30

Sarcinelli, Ulrich (2002): „Politik als „legitimes Theater"? Über die Rolle des Politischen in der Mediendemokratie", in: Vorgänge, 41(2), S.10-22

Sarcinelli, Ulrich (2007): „Parteienkommunikation in Deutschland: zwischen Reformagentur und Reformblockade", in: Weidenfeld, Werner (Hrsg.): „Reformen kommunizieren: Herausforderungen an die Politik", S.109-145

Sarcinelli, Ulrich (2009): „Politische Kommunikation in Deutschland. Zur Politikvermittlung im demokratischen System"

Sarcinelli, Ulrich (2010a): „Zur sozialwissenschaftlichen Vermessung eines Bundeslandes: Rheinland-Pfalz", in: Sarcinelli, Ulrich / Falter, Jürgen W. / Mielke, Gerd / Benzner, Bodo (Hrsg.): „Politik in Rheinland-Pfalz. Gesellschaft, Staat und Demokratie", S.13-17

Sarcinelli, Ulrich (2010b): „Strategie und politische Kommunikation. Mehr als die Legitimation des Augenblicks", in: Raschke, Joachim / Tils, Ralf (Hrsg.): „Strategie in der Politikwissenschaft. Konturen eines neuen Forschungsfelds", S.267-298

Sarcinelli, Ulrich / Hoffmann, Jochen (1999): „Politische Wirkungen der Medien. Modernisierung von Gesellschaft und Demokratie in der Bundesrepublik Deutschland", in: Wilke, Jürgen (Hrsg.): „Mediengeschichte der Bundesrepublik Deutschland", S.720-750

Sarcinelli, Ulrich / Tenscher, Jens (Hrsg., 2003): „Machtdarstellung und Darstellungsmacht. Beiträge zu Theorie und Praxis moderner Politikvermittlung"

Sarcinelli, Ulrich / Werner, Timo (2010): „Rheinland-Pfalz – von der politischen Hegemonie zur Normalisierung des Parteienwettbewerbs", in: Kost, Andreas / Rellecke, Werner / Weber, Reinhold (Hrsg.): „Parteien in den deutschen Ländern. Geschichte und Gegenwart", S.302-320

Saxer, Ulrich (1998): „System, Systemwandel und politische Kommunikation", in: Jarren, Otfried / Sarcinelli, Ulrich / Saxer, Ulrich (Hrsg.): „Politische Kommunikation in der demokratischen Gesellschaft. Ein Handbuch mit Lexikonteil", S.21-64

Scarrow, Susan E. (1993): „Does local Party Organisation make a Difference?: Political Parties and local Government Elections in Germany"

Scarrow, Susan E. (1996): „Parties and their Members. Organising for Victory in Britain and in Germany"

Scharpf, Fritz W. (2000): „Interaktionsformen. Akteurszentrierter Institutionalismus in der Politikforschung"

Scherer, Michael (2004): „Freie Hansestadt Bremen", in: Wehling, Hans-Georg (Hrsg.): „Die deutschen Länder. Geschichte, Politik, Wirtschaft", S.99-118

Schicha, Christian (2003): „Die Theatralität der politischen Kommunikation. Medieninszenierungen am Beispiel des Bundestagswahlkampfes 2002"

Schiffmann, Dieter (2010): „Traditionen und Wirkungen regionaler politischer Kultur", in: Sarcinelli, Ulrich / Falter, Jürgen W. / Mielke, Gerd / Benzner, Bodo (Hrsg.): „Politik in Rheinland-Pfalz. Gesellschaft, Staat und Demokratie", S.31-74

Schiller, Theo (2004): „Der hessische Landtag", in: Mielke, Siegfried / Reutter, Werner (Hrsg.): „Länderparlamentarismus in Deutschland. Geschichte – Struktur – Funktion", S.225-250

Schindler, Jörg (2011): „Der Mann mit den zwei Gesichtern", Berliner Zeitung, 15.9.2011, S.3

Schlegel, Matthias (2009): „Ende der Schonzeit", Der Tagesspiegel, 19.4.2009, S.4

Schlieben, Michael (2011a): „Baden-Württemberg: Merkel und Mappus, die Anti-Grünen", Zeit Online, 29.1.2011

Schlieben, Michael (2011b): „Mecklenburg-Vorpommern: Ein Ossi-Versteher, viele Optionen", Zeit Online, 2.9.2011

Schlieben, Michael (2011c): „Wahl in Berlin: Klaus Wowereit – Platzhirsch und Omi-Knutscher", Zeit Online, 4.8.2011

Schmid, Josef (1990a): „Die CDU: Organisationsstrukturen, Politiken und Funktionsweisen einer Partei im Föderalismus"

Schmid, Josef (1990b): „Bildungspolitik der CDU. Eine Fallstudie zu innerparteilicher Willens- und Machtbildung im Föderalismus", Gegenwartskunde, H.3, S.303-313

Schmid, Josef / Zolleis, Udo (2005): „Zwischen Anarchie und Strategie. Der Erfolg von Parteiorganisationen", in: Schmid, Josef / Zolleis, Udo (Hrsg.): „Zwischen Anarchie und Strategie. Der Erfolg von Parteiorganisationen", S.9-21

Schmid, Josef / Zolleis, Udo (2009): „Parteiorganisationen zwischen Anarchie und Strategie: Politik ist Organisation", in: Schalt, Fabian / Kreitz, Micha / Magerl, Fabian / Schirrmacher, Katrin / Melchert, Florian (Hrsg.): „Neuanfang statt Niedergang. Die Zukunft der Mitgliederparteien", S.271-288

Schmidt, Manfred G. (1980): „CDU und SPD an der Regierung: Ein Vergleich ihrer Politik in den Ländern"

Schmidt-Urban, Karin (1981): „Beteiligung und Führung in lokalen Parteieinheiten"

Schmitt, Karl (1991): „Parteien und regionale politische Traditionen. Eine Einführung", in: Oberndörfer, Dieter / Schmitt, Karl (Hrsg.): „Parteien und regionale politische Traditionen in der Bundesrepublik Deutschland", S.5-13

Schmitt, Karl (Hrsg., 2008): „Parteien in Thüringen"

Schmitt-Beck, Rüdiger / Faas, Thorsten / Wilsing, Ansgar (2010): „Kampagnendynamik bei der Bundestagswahl 2009: die Rolling Cross-Section-Studie im Rahmen des ‚German Longitudinal Election Study' 2009", Mannheimer Zentrum für Europäische Sozialforschung, Arbeitspapiere (134); S.1-26

Schneider, Herbert (2001): „Ministerpräsidenten: Profil eines politischen Amtes im deutschen Föderalismus"

Schneider, Jens (2011): „Nah dran", Süddeutsche Zeitung, 27.8.2011, S.5

Schneider, Johannes (2009): „Gruscheln wie Obama", Der Tagesspiegel, 4.5.2009, S.4

Soldt, Rüdiger (2011): „Der Boxer", Frankfurter Allgemeine Zeitung, 24.3.2011, S.3

Schoon, Steffen (2010): „Mecklenburg-Vorpommern – Pragmatismus und Kontinuität bei struktureller Schwäche", in: Kost, Andreas / Rellecke, Werner / Weber, Reinhold (Hrsg.): „Parteien in den deutschen Ländern. Geschichte und Gegenwart", S.242-254.

Schön, Bärbel (1979): „Quantitative und qualitative Verfahren in der Schulforschung", in: Schön, Bärbel / Hurrelmann, Klaus (Hrsg.): „Schulalltag und Empirie. Neuere Ansätze in der schulischen und beruflichen Sozialisationsforschung", S.17-29

Schoen, Harald (2004): „Der Kanzler, zwei Sommerthemen und ein Foto-Finish. Priming-Effekte bei der Bundestagswahl 2002", in: Brettschneider, Frank / Deth, Jan van / Roller, Edeltraud (Hrsg.): „Die Bundestagswahl 2002. Analysen der Wahlergebnisse und des Wahlkampfes", S.23-50

Schoen, Harald (2005): „Wahlkampfforschung", in: Falter, Jürgen W. / Schoen, Harald (Hrsg.): „Handbuch Wahlforschung", S.503-542

Schoen, Harald (2007a): „Ein Wahlkampf ist ein Wahlkampf ist ein Wahlkampf? Anmerkungen zu Konzepten und Problemen der Wahlkampfforschung", in: Jackob, Nikolaus (Hrsg.): „Wahlkämpfe in Deutschland. Fallstudien zur Wahlkampfkommunikation 1912-2005", S.34-45

Schoen, Harald (2007b): „Landtagswahlen in Bayern 1966 bis 2003: verstärkte bundespolitische Durchdringung aufgrund der Doppelrolle der CSU", in: Zeitschrift für Parlamentsfragen, S.503-512

Schoen, Harald / Weins, Cornelia (2005): „Der sozialpsychologische Ansatz zur Erklärung von Wahlverhalten", in: Falter, Jürgen W./ Schoen, Harald (Hrsg.): „Handbuch Wahlforschung", S.187-242

Schroeder, Wolfgang (2001): „Ursprünge und Unterschiede sozialdemokratischer Reformstrategien: Großbritannien, Frankreich und Deutschland im Vergleich", in: Schroeder, Wolfgang (Hrsg.): „Neue Balance zwischen Markt und Staat. Sozialdemokratische Reformstrategien in Deutschland, Frankreich und Großbritannien", S.251-273

Schroeder, Wolfgang (Hrsg., 2008): „Parteien und Parteiensystem in Hessen. Vom Vier- zum Fünfparteiensystem?"

Schulz, Winfried (1998): „Wahlkampf unter Vielkanalbedingungen", Media Perspektiven, H.8, S.378-391

Schulz, Winfried (2008): „Politische Kommunikation: theoretische Ansätze und Ergebnisse empirischer Forschung"

Schulze, Hagen (1977): „Otto Braun oder Preußens demokratische Sendung. Eine Biographie"

Schümer, Anne-Louise (2006): „Die Stellung des Ministerpräsidenten in den Bundesländern im Vergleich"

Schumpeter, Joseph A. (1987): „Kapitalismus, Sozialismus und Demokratie"

Schütz, Alfred (1974): „Der sinnhafte Aufbau der sozialen Welt: eine Einleitung in die verstehende Soziologie"

Schwennicke, Christoph (2009): „Warum die SPD den kalkulierten Eklat suchen muss", in: Spiegel Online, 13.7.2009

Siegert, Gabriele / Brecheis, Dieter (2005): „Werbung in der Medien- und Informationsgesellschaft. Eine kommunikationswissenschaftliche Einführung"

Sirleschtov, Antje (2012): „Der Mann, den sie Zugpferd nannten", Der Tagesspiegel, 11.5.2012, S.3

Solar, Marcel (2010): „Nordrhein-Westfalen – das Erbe des politischen Katholizismus und der Mythos vom sozialdemokratischen Stammland", in: Kost, Andreas / Rellecke, Werner / Weber, Reinhold (Hrsg.): „Parteien in den deutschen Ländern. Geschichte und Gegenwart", S.275-301

Spiegel Online: „Gefühlsausbruch: Wahlkämpferin Clinton den Tränen nah", 7.1.2008, Meldung ohne Autorenangabe

Spreng, Michael (2010): „Eine Samtpfote fährt die Krallen aus", www.sprengsatz.de, 21.3.2010

Stauss, Frank (2013): „Höllenritt Wahlkampf. Ein Insider-Bericht"

Steffen, Tilman (2011): „Jens Bullerjahn: Der Kumpeltyp aus dem Harz", Zeit Online, 14.3.2011

Stegner, Ralf (1992): „Theatralische Politik made in USA. Das Präsidentenamt im Spannungsfeld von moderner Fernsehdemokratie und kommerzialisierter PR-Show"

Stoldt, Till-R. (2012a): „Die Show beginnt", Welt am Sonntag, 25.3.2012, NRW1

Stoldt, Till-R. (2012b): „Der neue Ehrgeiz der Liberalen", Welt am Sonntag, 22.4.2012, NRW1

Strohmeier, Gerd (2002): „Moderne Wahlkämpfe – wie sie geplant, geführt und gewonnen werden"

Suckow, Achim (1989): „Lokale Parteiorganisationen – angesiedelt zwischen Bundespartei und lokaler Gesellschaft: ein Beitrag zum Organisationsproblem politischer Parteien und zur politischen Kultur der Bundesrepublik"

Süddeutsche Zeitung (2011): „Mappus gegen Schwarz-Rot", 24.1.2011, S.6, Meldung ohne Autorenangabe

Süddeutsche Zeitung (2012): „Seehofer: Keine Rückfahrkarte für Röttgen", 16.3.2012, S.1, Artikel ohne Autorenangabe

Stuttgarter Nachrichten (2011): „FDP schließt Ampelkoalition nach der Wahl aus", 25.2.2011, S.6, Artikel ohne Autorenangabe

Swanson, David L. / Mancini, Paolo (1996): „Politics, Media and Modern Democracy: An International Study of Innovations in Electoral Campaigning and their Consequences"

Tenscher, Jens (2002): „Partei- und Fraktionssprecher. Annäherungen an Zentralakteure medienorientierter Parteienkommunikation", in: Alemann, Ulrich von / Marschall, Stefan (Hrsg.): „Parteien in der Mediendemokratie", S.116-146

Tenscher, Jens (2003): „Professionalisierung der Politikvermittlung? Politikvermittlungsstrategien im Spannungsfeld von Politik und Massenmedien"

Tenscher, Jens (2007): „Professionalisierung nach Wahl. Ein Vergleich der Parteienkampagnen im Rahmen der jüngsten Bundestags- und Europawahlkämpfe in Deutschland", in: Brettschneider, Frank / Niedermayer, Oskar / Weßels, Bernhard (Hrsg.): „Die Bundestagswahl 2005. Analysen des Wahlkampfes und der Wahlergebnisse", S.65-95

Tenscher, Jens (2010): „Salto mediale? Medialisierung aus der Perspektive deutscher Landtagsabgeordneter", in: Politische Vierteljahresschrift, S.375-395

Tenscher, Jens (2011): „Defizitär – und trotzdem professionell? Die Parteienkampagnen im Vergleich", in: Tenscher, Jens (Hrsg.): „Superwahljahr 2009. Vergleichende Analysen aus Anlass der Wahlen zum Deutschen Bundestag und zum Europäischen Parlament", S. 65-95

Tenscher, Jens (2012): „Haupt- und Nebenwahlkämpfe in Deutschland und Österreich", Zeitschrift für Parlamentsfragen, H.1, S.113-131

Tenscher, Jens / Grusell, Marie / Moring, Tom / Mykkänen, Juri / Nord, Lars (2010): „The Paradox of Campaign Professionalisation in EU Election Campaigns", Paper auf der Third ECREA Conference, Hamburg, 12-15.10.2010

Tilgner, Daniel (2004): „Freie und Hansestadt Hamburg", in: Wehling, Hans-Georg (Hrsg.): „Die deutschen Länder. Geschichte, Politik, Wirtschaft", S.133-144

Timm, Andreas (1999): „Die SPD-Strategie im Bundestagswahlkampf 1998"

Törne, Lars von (2011): „Mit Marx auf dem Markt", Der Tagesspiegel, 15.1.2011, S.10

Träger, Hendrik (2011): „Die ostdeutschen Landesverbände in den Bundesparteien. Personelle, inhaltlich-programmatische und finanzielle Beziehungen (1990-2007)"

Trent, Judith S. / Friedenberg, Robert V. / Denton, Robert E. jr. (2011): „Political Campaign Communication. Principles & Practices"

Tretbar, Christian (2009): „Alles auf eine Karte", Der Tagesspiegel, 16.7.2009, S.2

Tsebelis, George (1995): „Decision Making in Political Systems: Veto Players in Presidentialism, Parliamentarism, Multicameralism and Multipartyism", British Journal of Political Science (25), S.289-326

Tsebelis, George (1999): „Veto Players and Law Production in Parliamentary Democracies: An Empirical Analysis", American Political Science Review 93 (3), S.591-608

Tsebelis, George (2002): „Veto Players. How Political Institutions Work"

Tufte, Edward R. (1975): „Determinants of the Outcomes of Midterm Congressional Elections", American Political Science Review 69 (3), S.812-826

Tuma, Thomas (2011): „Vielosoph to go", Der Spiegel (34), 22.8.2011, S.136

Unger, Simone (2012): „Parteien und Politiker in Sozialen Netzwerken: Moderne Wahlkampfkommunikation bei der Bundestagwahl 2009"

Völkl, Kerstin / Schnapp, Kai-Uwe / Gabriel, Oscar W. / Holtmann, Everhard (Hrsg., 2008): „Wähler und Landtagswahlen in der Bundesrepublik Deutschland"

Volkmann-Schluck, Philip (2011): „GAL-Spitzenkandidatin übernimmt Verantwortung und verzichtet auf Fraktionsvorsitz", Hamburger Abendblatt, 24.2.2011, S.12

Voogt, Gerhard (2012): „Grüne gegen Minderheitsregierung", Rheinische Post, 20.3.2012

Wagner, Uli e.a. (2012): „Politics, Evidence, Treatment, Evaluation, Responsibility – The Models PETER and PETER-S", in: Salzborn, Samuel / Davidov, Eldad / Reinecke, Jost (Hrsg.): „Methods, Theories, and Empirical Applications in the Social Sciences. Festschrift for Peter Schmidt", S.13-18

Wasmund, Klaus (1986): „Politische Plakate aus dem Nachkriegsdeutschland. Zwischen Kapitulation und Staatsgründung"

Wintermann, Ole (2008): „Bürger und Föderalismus. Eine Umfrage zur Rolle der Bundesländer", Bertelsmann-Stiftung

Weber, Max (1904): „Soziologie – Weltgeschichtliche Analysen – Politik"

Weber, Max (1919): „Politik als Beruf"

Weber, Max (1921): „Wirtschaft und Gesellschaft"

Weber, Reinhold (2010): „Baden-Württemberg – ‚Stammland des Liberalismus' und Hochburg der CDU", in: Kost, Andreas / Rellecke, Werner / Weber, Reinhold (Hrsg.): „Parteien in den deutschen Ländern. Geschichte und Gegenwart", S.103-126

Wehling, Hans-Georg (1984): „Regionale politische Kultur in der Bundesrepublik Deutschland. Eine Einführung", Der Bürger im Staat (34), H.3, S.150-152

Wehling, Hans-Georg (1991): „Ein Bindestrich-Land? Verbundenes und Unverbundenes in der politischen Kultur Baden-Württembergs", in: Wehling, Hans-Georg / Langewiesche, Dieter u.a. (Hrsg.): „Baden-Württemberg. Eine politische Landeskunde, Teil II.", S.13-26

Wehling, Hans-Georg (2000): „Das Konzept der regionalen politischen Kultur", in: Sarcinelli, Ulrich / Falter, Jürgen W. / Mielke, Gerd / Benzner, Bernd (Hrsg.): „Politische Kultur in Rheinland-Pfalz", S.25-43

Wehling, Hans-Georg (2004): „Politische Kultur, Wahlverhalten und Parteiensystem in Baden-Württemberg", in: Eilfort, Michael (Hrsg.): „Parteien in Baden-Württemberg", S.201-218

Wehling, Hans-Georg (2006a): „Föderalismus und politische Kultur in der Bundesrepublik Deutschland", in: Schneider, Herbert / Wehling, Hans-Georg: „Landespolitik in Deutschland. Grundlagen – Strukturen – Arbeitsfelder", S.87-107

Wehling, Hans Georg (2006b): „Baden-Württemberg: Zur Geschichte eines jungen Bundeslandes", in: Weber, Reinhold / Wehling, Hans-Georg (Hrsg.): „Baden-Württemberg. Gesellschaft, Geschichte, Politik", S.9-32

Weiland, Severin (2010): „Rheinland-Pfalz: FDP-Wahlkämpfer verzichten auf Westerwelle", Spiegel Online, 15.12.2010

Welz, Wilfried (2004): „Sachsen-Anhalt. Das Land ‚mittendrin'", in: Wehling, Hans-Georg (Hrsg.): „Die deutschen Länder. Geschichte, Politik, Wirtschaft", S.271-279

Werz, Nikolaus / Hennecke, Hans-Jörg (2000): „Parteien und Politik in Mecklenburg-Vorpommern"

Wiesendahl, Elmar (2002): „Die Strategie(un)fähigkeit politischer Parteien", in: Nullmeier, Frank / Saretzki, Thomas (Hrsg.): „Jenseits des Regierungsalltags. Strategiefähigkeit politischer Parteien", S.187-206

Wiesendahl, Elmar (2006): „Mitgliederparteien am Ende?: Eine Kritik der Niedergangsdiskussion"

Wiesendahl, Elmar (2009a): „Zwischen Wende und Ende – zur Zukunft der Mitgliederparteien", in: Schalt, Fabian / Kreitz, Micha / Magerl, Fabian / Schirrmacher, Katrin / Melchert, Florian (Hrsg.): „Neuanfang statt Niedergang. Die Zukunft der Mitgliederparteien", S.233-258

Wiesendahl, Elmar (2009b): „Die Mitgliederparteien zwischen Unmodernität und wieder entdecktem Nutzen", in: Jun, Uwe / Niedermayer, Oskar / Wiesendahl, Elmar (Hrsg.): „Die Zukunft der Mitgliederpartei", S.31-51

Wilke, Jürgen / Schäfer, Christian / Leidecker, Melanie (2011): „Mit kleinen Schritten aus dem Schatten: Haupt- und Nebenwahlkämpfe in Tageszeitungen am Beispiel der Bundestags- und Europawahlen 1979-2009", in: Tenscher, Jens (Hrsg.): „Superwahljahr 2009. Vergleichende Analysen aus Anlass der Wahlen zum Deutschen Bundestag und zum Europäischen Parlament", S.155-179

Wittrock, Philipp (2013): „Merkels Start in den Wahlkampf: Peer wer?", Spiegel Online, 14.8.2013

Wolf, Werner (1987): „Wahlkampf – Normalfall oder Ausnahmesituation der Politikvermittlung", in: Sarcinelli, Ulrich: „Politikvermittlung. Beiträge zur politischen Kommunikationskultur"

Wolf, Werner (1999): „Wahlkampf und Demokratie"

Wolton, Dominique (1990): „Political Communication. The Construction of a Model", European Journal of Communication 5(1), S.9-28

Zastrow, Volker (2009): „Die Vier: Eine Intrige"

Zeh, Reimar (2010): „Wie viele Fans hat Angela Merkel? Wahlkampf in Social Network Sites", in: Holtz-Bacha, Christina (Hrsg.): „Die Massenmedien im Wahlkampf – Das Wahljahr 2009", S.245-257

Zerssen, Detlev von (1973): „Methoden der Konstitutions- und Typenforschung", in: Thiel, Manfred (Hrsg.): „Enzyklopädie der geisteswissenschaftlichen Arbeitsmethoden" (9), S.35-143

Ziegler, Rolf (1973): „Typologien und Klassifikationen", in: Albrecht, Günter / Daheim, Hans-Jürgen / Sack, Fritz (Hrsg.): „Soziologie. Sprache – Bezug zur Praxis – Verhältnis zu anderen Wissenschaften. René König zum 65. Geburtstag", S.11-47

Zuckerman, Harriet (2010): „Dynamik und Verbreitung des Matthäus-Effekts. Eine kleine soziologische Bedeutungslehre", Berliner Journal für Soziologie, Bd. 20, S.309-340

Zürn, Michael (2013): „Die schwindende Macht der Mehrheiten – Weshalb Legitimationseffekte in der Demokratie zunehmen werden", in: WZB-Mitteilungen, Heft 139, März 2013, S.10-13

# Anhang

Abbildung 6: Personalisiertes Identitätsplakat (SPD, Nordrhein-Westfalen 2012)

Abbild. 7: Symbolisches Identitätsplakat (Grüne, Europawahl 1979)

Abbildung 8: Argumentplakat I (Linke, Nordrhein-Westfalen 2012)

Abbildung 9: Argumentplakat II (Grüne, Sachsen-Anhalt 2011)

Abbildung 10: Argumentplakat III
(FDP, Baden-Württemberg 2011)

Abbildung 11: Moderates Angriffsplakat I
(SPD, Bundestagswahl 2009)

Abbildung 12: Moderates Angriffsplakat II
(CDU, Hamburg 1997)

Abbild. 13: Aggressives Angriffsplakat I
(SPD, Europawahl 2009)

Abbildung 14: Aggressives Angriffsplakat II
(Grüne, Bundestagswahl 2009)

Abbildung 15: Kommunikationsmuster
Amtsträger (CDU, Hamburg 2011):
„Unser Bürgermeister"

Abbildung 16: Kommunikationsmuster
Kollektive Erfolge (CDU, Hamburg 2011):
„Bilanz für Hamburg"

Abbildung 17: Kommunikationsmuster
Konfrontation I (CDU, Hamburg 2011):
„Teure Versprechen"

Abbildung 18: Kommunikationsmuster Konfrontation II (CDU, Hamburg 2011): „Citymaut und Schulchaos"

Abbildung 19: Kommunikationsmuster Konfrontation III (Linke, Hamburg 2011): „Millionäre zur Kasse"

Abbildung 20: Wahlplakat „Weder Bundes- noch Landespolitik" (FDP, Hamburg 2011)

Abbildung 21: Wahlplakat „Wirtschaftsaffin" (SPD, Hamburg 2011)

Abbildung 22: Wahlplakat „Persönlich-emotionale Botschaft" (FDP, Hamburg 2011)

Abbildung 23: Wahlplakat „Inhaltlicher Fokus" (Linke, Sachsen-Anhalt 2011)

Abbildung 24: Wahlplakat „Atomausstieg" (Grüne, Sachsen-Anhalt 2011)

Abbildung 25: Wahlplakat „Weder Bund noch Land" (FDP, Sachsen-Anhalt 2011)

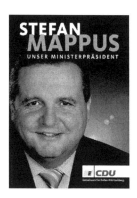

Abbildung 26: Wahlplakat „Persönliche Übergabe" (CDU, Sachsen-Anhalt 2011)

Abbildung 27: Kommunikationsmuster Amtsträger (CDU, Baden-Württemberg 2011): „Unser Ministerpräsident"

Abbildung 28: Kommunikationsmuster Kollektive Erfolge (CDU, Baden-Württemberg 2011): „Nr.1"

Abbildung 29: Kommunikationsmuster Konfrontation I (Grüne Baden-Württemberg 2011): „Nicht verlängern"

Abbildung 30: Kommunikationsmuster Konfrontation II (CDU, Baden-Württemberg 2011): „Nicht mit links"

Abbild. 31: Kommunikationsmuster Konfrontation III (Linke, Baden-Württemberg 2011): „Arroganz"

Abbildung 32: Wahlplakat „Bürgerbeteiligung" (SPD, Baden-Württemberg 2011)

Abbildung 33: Wahlplakat Volksabstimmung (Grüne, Baden-Württemberg 2011)

Abbild. 34: Kommunikationsmuster Amtsträger (SPD, Rheinland-Pfalz 2011): „Der Ministerpräsident"

Abbildung 35: Kommunikationsmuster Kollektive Erfolge I ( SPD, Rheinland-Pfalz 2011): „Beschäftigung"

Abbildung 36: Kommunikationsmuster Konfrontation I (CDU, Rheinland-Pfalz 2011): „Ohne Bart"

Abbildung 37: Kommunikationsmuster Konfrontation II (CDU, Rheinland-Pfalz 2011): „16 Jahre sind genug"

15. Dezember 2010, 06:32 Uhr
Rheinland-Pfalz
**FDP-Wahlkämpfer verzichten auf Westerwelle**
Von Severin Weiland

Abbildung 38: Schlagzeile *Spiegel Online* (FDP, Rheinland-Pfalz 2011): „Verzichten auf Westerwelle"

Abbildung 39: Wahlplakat „Landespolitischer Fokus" (CDU, Rheinland-Pfalz 2011)

Abbildung 40: Wahlplakat „Symbolische Aussage" (FDP, Rheinland-Pfalz 2011):

Abbildung 41: Wahlplakat „Kreative Kommunikation" (Grüne, Rheinland-Pfalz 2011)

Abbildung 42: Kommunikationsmuster
Konfrontation (CDU, Bremen 2011):
„Rote Laterne"

Abbildung 43: Wahlplakat
„Persönlich-emotionale Ansprache"
(FDP, Bremen 2011)

Abbildung 44: Wahlplakat „Schöner Urlaub"
(Linke, Mecklenburg-Vorpommern 2011)

Abb. 45: Wahlplakat „C wie Zukunft"
(CDU, Mecklenburg-Vorpommern 2011)

Abbildung 46: Wahlplakat „Supranationaler Fokus" (FDP, Mecklenburg-Vorpommern 2011)

Abbildung 47: Wahlplakat „Lokaler Fokus" (Grüne, Mecklenburg-Vorpommern 2011)

Abbildung 48: Wahlplakat „Inhaltlicher Fokus" I (CDU, Berlin 2011): „Nur nicht in Berlin"

Abbildung 49: Wahlplakat „Inhaltlicher Fokus II (Grüne, Berlin 2011): „Da müssen wir ran"

Abbildung 50: Kommunikationsmuster Konfrontation I (CDU, Berlin 2011): „Verbranntes Auto"

Abbildung 51: Kommunikationsmuster Konfrontation II (FDP, Berlin 2011): „Mit dem Fahrrad zum Kreißsaal"

Abbildung 52: Wahlplakat „Berlin verstehen: Wowereit und Schnappi" (SPD, Berlin 2011)

Abbildung 53: Wahlplakat „Soja und Soljanka" (Grüne, Berlin 2011)

Abbildung 54: Kommunikationsmuster Konfrontation III (Linke, Berlin 2011): „Wild-West"

Abbildung 55: Wahlplakat „Köfte und Klopse" (Grüne, Berlin 2011)

Abbildung 56: Wahlplakat „Medienaffin" (Piratenpartei, Berlin 2011)

Abbildung 57: Wahlplakat „Systemkritik" (Piratenpartei, Berlin 2011)

Abbildung 58: Kommunikationsmuster Konfrontation I (FDP, Nordrhein-Westfalen 2012): „Teure Ideologie"

Abbildung 59: Kommunikationsmuster Konfrontation II (FDP, Nordrhein-Westfalen 2012): Nicht gleicher"

Abbildung 60: Wahlplakat „Kämpfen für Arbeitsplätze" (SPD, Nordrhein-Westfalen 2012)

Abbildung 61: Wahlplakat „Currywurst" (SPD, Nordrhein-Westfalen 2012)

Abbildung 62: Wahlplakat „Industriestandort"
(SPD, Nordrhein-Westfalen 2012)

Abbildung 63: Wahlplakat
„Rot-grünes Projekt"
(Grüne, Nordrhein-Westfalen 2012)

Abbildung 64: Wahlplakat
„Frauen machen den Haushalt"
(Grüne, Nordrhein-Westfalen 2012)

Abbildung 65: Wahlplakat
„Aus den Augen unserer Kinder"
(CDU, Nordrhein-Westfalen 2012)

Tabelle 24: Wirtschaftlicher Erfolg der Bundesländer

| Bundesland / ökonom. Erfolg | Bruttoinlandsprodukt (Jahr) | Arbeitnehmerentgelt (Jahr) | Arbeitslosigkeit (Monat) | Bilanz |
|---|---|---|---|---|
| durchschn. Anstieg 2009 | -3,7% | 0,0% | | |
| durchschn. Anstieg 2010 | +4,5% | +2,0% | | |
| durchschn. Anstieg 2011 | +3,8% | +3,0% | | |
| Hamburg (T1) | -5,0% (pos. Viertel) | +0,8% (pos. Viertel) | 8,1% (kein Viertel) | Keine Aussage |
| Hamburg (T2) | -5,0% (pos. Viertel) | +0,8% (pos. Viertel) | 7,4% (kein Viertel) | Erfolgreich |
| Sachsen-Anhalt (T1) | -3,3% (neg. Viertel) | +1,6% (neg. Viertel) | 11,5% (neg. Viertel) | Nicht erfolgreich |
| Sachsen-Anhalt (T2) | +4,1% (neg. Viertel) | +1,8% (neg. Viertel) | 13,1% (neg. Viertel) | Nicht erfolgreich |
| Baden-Württemberg (T1) | -7,5% (kein Viertel) | -1,4% (pos. Viertel) | 4,6% (pos. Viertel) | Keine Aussage |
| Baden-Württemberg (T2) | +6,8% (kein Viertel) | +2,6% (pos. Viertel) | 4,7% (pos. Viertel) | Erfolgreich |
| Rheinland-Pfalz (T1) | -2,3% (kein Viertel) | +0,8% (kein Viertel) | 5,3% (pos. Viertel) | Erfolgreich |
| Rheinland-Pfalz (T2) | +4,4% (kein Viertel) | +2,0% (kein Viertel) | 6,1% (pos. Viertel) | Keine Aussage |
| Bremen (T1) | -9,3% (pos. Viertel) | 0,0% (kein Viertel) | 11,5% (neg. Viertel) | Keine Aussage |
| Bremen (T2) | +7,3% (pos. Viertel) | 1,3% (kein Viertel) | 11,9% (neg. Viertel) | Keine Aussage |
| Mecklenb.-Vorpommern (T1) | +2,4% (neg. Viertel) | +1,3% (neg. Viertel) | 14,3% (neg. Viertel) | Nicht erfolgreich |
| Mecklenb.-Vorpommern (T2) | +2,4% (neg. Viertel) | +1,3% (neg. Viertel) | 11,7% (neg. Viertel) | Nicht erfolgreich |
| Berlin (T1) | +2,4% (kein Viertel) | +1,7% (kein Viertel) | 14,0% (neg. Viertel) | Nicht erfolgreich |
| Berlin (T2) | +2,4% (kein Viertel) | +1,7% (kein Viertel) | 13,5% (neg. Viertel) | Nicht erfolgreich |
| NRW (T1) | +4,0% (kein Viertel) | +1,8% (kein Viertel) | 7,6% (kein Viertel) | Keine Aussage |
| NRW (T2) | +3,8% (kein Viertel) | +2,7% (kein Viertel) | 8,2% (kein Viertel) | Keine Aussage |

Tabelle 25: Koalitionsoptionen der Landesparteien

| Bundesland/ Ländertrend | Koalitions- optionen | CDU | SPD | FDP | Linke | Grüne |
|---|---|---|---|---|---|---|
| Allgemein | Ideologisch | 5 | 7 | 4 | 2 | 5 |
| Hamburg (T2) | Ideologisch u. demoskopisch | 2 | 7 | 3 | 2 | 4 |
| Hamburg (T2) | Ideologisch, demoskopisch und regional | 2 | 5 | 3 | 0 | 3 |
| Sachsen-Anhalt (T1 & T2) | Ideologisch, demoskopisch und regional | 2 | 3 | 1 | 2 | 2 |
| Baden-Württemberg (T1) | Ideologisch, demoskopisch und regional | 3 | 4 | 2 | 1 | 5 |
| Baden-Württemberg (T2) | Ideologisch u. demoskopisch | 4 | 4 | 3 | 1 | 5 |
| Baden-Württemberg (T2) | Ideologisch, demoskopisch und regional | 3 | 2 | 2 | 1 | 4 |
| Rheinland-Pfalz (T1) | Ideologisch, demoskopisch und regional | 3 | 4 | 2 | 1 | 5 |
| Rheinland-Pfalz (T2) | Ideologisch u. demoskopisch | 3 | 4 | 2 | 1 | 5 |
| Rheinland-Pfalz (T2) | Ideologisch, demoskopisch und regional | 1 | 2 | 0 | 0 | 1 |
| Bremen (T2) | Ideologisch u. demoskopisch | 3 | 5 | 2 | 2 | 5 |
| Bremen (T2) | Ideologisch, demoskopisch und regional | 1 | 5 | 1 | 2 | 3 |
| Mecklenb.-Vorpommern (T1) | Ideologisch, demoskopisch und regional | 1 | 5 | 1 | 2 | 3 |
| Mecklenb.-Vorpommern (T2) | Ideologisch, demoskopisch und regional | 1 | 4 | 1 | 2 | 2 |
| Berlin (T1 & T2) | Ideologisch, demoskopisch und regional | 3 | 5 | 2 | 2 | 5 |
| NRW (T2) | Ideologisch u. demoskopisch | 3 | 4 | 2 | 1 | 5 |
| NRW (T2) | Ideologisch, demoskopisch und regional | 3 | 3 | 2 | 0 | 4 |

Tabelle 26: Zeitreihe der Sonntagsfrage auf Bundesebene

| Datum | CDU | SPD | FDP | Linke | Grüne | Piraten | Koalition | Opposition |
|---|---|---|---|---|---|---|---|---|
| 01.07.10 | 33 | 30 | 5 | 10 | 17 | | 38 | 57 |
| 23.07.10 | 33 | 30 | 5 | 10 | 17 | | 38 | 57 |
| 05.08.10 | 31 | 31 | 5 | 10 | 17 | | 36 | 58 |
| **20.08.10** | 31 | 31 | 5 | 10 | 16 | | **36** | 57 |
| 02.09.10 | 32 | 30 | 5 | 10 | 17 | | 37 | 57 |
| **17.09.10** | 32 | 29 | 5 | 10 | 18 | | **37** | 57 |
| **30.09.10** | 33 | 29 | 5 | 10 | 18 | | **38** | 57 |
| 07.10.10 | 32 | 27 | 5 | 11 | 20 | | 37 | 58 |
| 15.10.10 | 31 | 28 | 5 | 10 | 21 | | 36 | 59 |
| 04.11.10 | 32 | 27 | 5 | 9 | 22 | | 37 | 58 |
| **12.11.10** | 31 | 26 | 5 | 10 | 23 | | **36** | 59 |
| 02.12.10 | 32 | 27 | 5 | 10 | 21 | | 37 | 58 |
| **10.12.10** | 33 | 27 | 5 | 10 | 20 | | **38** | 57 |
| 06.01.11 | 36 | 26 | 4 | 9 | 19 | | 40 | 54 |
| **21.01.11** | 34 | 28 | 4 | 8 | 19 | | **38** | 55 |
| 03.02.11 | 36 | 25 | 5 | 8 | 19 | | 41 | 52 |
| 13.02.11 | 35 | 26 | 5 | 9 | 19 | | 40 | 54 |
| 18.02.11 | 37 | 25 | 5 | 8 | 18 | | 42 | 51 |
| Wahl in HH | | | | | | | | |
| 24.02.11 | 35 | 27 | 6 | 8 | 17 | | 41 | 52 |
| **10.03.11** | 35 | 28 | 6 | 9 | 15 | | **41** | 52 |
| **18.03.11** | 35 | 28 | 5 | 7 | 20 | | **40** | 55 |
| Wahl in SA | | | | | | | | |
| 24.03.11 | 35 | 27 | 5 | 7 | 21 | | 40 | 55 |
| Wahl in BW & RLP | | | | | | | | |
| 07.04.11 | 33 | 27 | 5 | 7 | 23 | | 38 | 57 |
| 15.04.11 | 33 | 26 | 4 | 8 | 24 | | 37 | 58 |
| 05.05.11 | 35 | 26 | 4 | 7 | 23 | | 39 | 56 |
| 13.05.11 | 33 | 26 | 5 | 8 | 22 | | 38 | 56 |
| 22.05.11 | 33 | 26 | 4 | 8 | 23 | | 37 | 57 |
| Wahl in BRE | | | | | | | | |
| 10.06.11 | 33 | 25 | 5 | 8 | 24 | | 38 | 57 |
| 24.06.11 | 34 | 26 | 4 | 7 | 23 | | 38 | 56 |
| **07.07.11** | 32 | 26 | 5 | 8 | 23 | | **37** | 57 |
| **22.07.11** | 33 | 27 | 4 | 8 | 23 | | **37** | 58 |
| 04.08.11 | 32 | 28 | 4 | 8 | 23 | | 36 | 59 |
| 19.08.11 | 34 | 27 | 5 | 7 | 21 | | 39 | 55 |
| 01.09.11 | 35 | 28 | 4 | 7 | 20 | | 39 | 55 |
| Wahl in MV | | | | | | | | |

| | | | | | | | | |
|---|---|---|---|---|---|---|---|---|
| 09.09.11 | 35 | 30 | 3 | 7 | 18 | | 38 | 55 |
| 16.09.11 | 33 | 30 | 5 | 7 | 19 | | 38 | 56 |
| Wahl in BER | | | | | | | | |
| 26.09.11 | 34 | 30 | 4 | 6 | 18 | 4 | 38 | 58 |
| 06.10.11 | 32 | 30 | 3 | 6 | 17 | 8 | 35 | 61 |
| 28.10.11 | 33 | 32 | 3 | 7 | 14 | 7 | 36 | 60 |
| **03.11.11** | 34 | 31 | 4 | 6 | 15 | 7 | **38** | 59 |
| 25.11.11 | 35 | 30 | 3 | 7 | 14 | 7 | 38 | 58 |
| 01.12.11 | 35 | 30 | 3 | 7 | 16 | 6 | 38 | 59 |
| 23.12.11 | 36 | 30 | 3 | 6 | 16 | 6 | 39 | 58 |
| 05.01.12 | 35 | 30 | 2 | 6 | 16 | 6 | 37 | 58 |
| 19.01.12 | 36 | 29 | 3 | 7 | 15 | 6 | 39 | 57 |
| 02.02.12 | 36 | 29 | 3 | 7 | 15 | 6 | 39 | 57 |
| 17.02.12 | 36 | 29 | 3 | 7 | 16 | 6 | 39 | 58 |
| 01.03.12 | 37 | 28 | 3 | 7 | 14 | 7 | 40 | 56 |
| **16.03.12** | 37 | 30 | 3 | 7 | 13 | 6 | **40** | 56 |
| 04.04.12 | 35 | 27 | 3 | 7 | 14 | 10 | 38 | 58 |
| 12.04.12 | 35 | 27 | 3 | 6 | 14 | 11 | 38 | 58 |
| 03.05.12 | 34 | 28 | 4 | 6 | 14 | 11 | 38 | 59 |
| Wahl in NRW | | | | | | | | |

Tabelle 27: Bekanntheit der Spitzenkandidaten

| Bundesland Ländertrend | CDU | SPD | FDP | Linke | Grüne | Piraten |
|---|---|---|---|---|---|---|
| Hamburg | Christoph Ahlhaus | Olaf Scholz | Katja Suding | Dora Heyenn | Anja Hajduk | - |
| T2 | 17 | 18 | 80 | 71 | 30 | - |
| Sachsen-Anhalt | Reiner Haseloff | Jens Bullerjahn | Veit Wolpert | Wulf Gallert | Claudia Dalbert | |
| T1 | 69 | 82 | 24 | 44 | 14 | - |
| Baden-Württemberg | Stefan Mappus | Nils Schmid | Ulrich Goll | Marta Aparicio Roland Hamm | Winfried Kretschtschmann | - |
| Keine allgemeinen Werte | | | | | | |
| Rheinland-Pfalz | Julia Klöckner | Kurt Beck | Herbert Mertin | Tanja Krauth Robert Drumm | Eveline Lemke Daniel Köbler | - |
| Keine allgemeinen Werte | | | | | | |
| Bremen | Rita Mohr-Lüllmann | Jens Böhrnsen | Oliver Möllenstädt | Kristina Vogt Klaus-R. Rupp | Karoline Linnert | - |
| T2 | 44 | 86 | 38 | 25 | 64 | - |
| Mecklenb.-Vorpommern | Lorenz Caffier | Erwin Sellering | Gino Leonhard | Helmut Holter | Silke Gajek Jürgen Suhr | - |
| T1 | 75 | 90 | 16 | 64 | 16 (G) | - |
| T2 | 71 | 90 | 17 | 66 | 21 (G) | - |
| Berlin | Frank Henkel | Klaus Wowereit | Christoph Meyer | Harald Wolff | Renate Künast | - |
| T1 | 58 | 3 | 82 | 43 | 10 | - |
| T2 | 56 | 3 | 80 | 44 | 8 | - |
| Nordrhein-Westfalen | Norbert Röttgen | Hannelore Kraft | Christian Lindner | Katharina Schwabedissen | Sylvia Löhrmann | Joachim Paul |
| Keine allgemeinen Werte | | | | | | |

Tabelle 28: Umfragewerte der Landesparteien

| Bundesland/ Ländertrend | CDU | SPD | FDP | Linke | Grüne | Piraten |
|---|---|---|---|---|---|---|
| Hamburg | | | | | | |
| 13.12.2010 | 22 | 43 | 4 | 7 | 19 | - |
| Sachsen-Anhalt | | | | | | |
| 21.09.2010 | 30 | 21 | 5 | 30 | 9 | - |
| 19.01.2011 | 32 | 22 | 4 | 28 | 8 | - |
| Baden-Württemberg | | | | | | |
| 08.09.2010 | 35 | 21 | 5 | 5 | 27 | - |
| 03.02.2011 | 39 | 21 | 6 | 5 | 24 | - |
| Rheinland-Pfalz | | | | | | |
| 21.09.2010 | 34 | 36 | 4 | 5 | 16 | - |
| 25.01.2011 | 37 | 37 | 5 | 5 | 13 | - |
| Bremen | | | | | | |
| 13.05.2011 | 20 | 36 | 3 | 7 | 24 | - |
| Mecklenburg-Vorpommern | | | | | | |
| 12.04.2011* | 27 | 34 | 3 | 20 | 10 | - |
| 29.06.2011* | 30 | 34 | 4 | 17 | 8 | - |
| Berlin | | | | | | |
| 05.04.2011 | 21 | 26 | 3 | 15 | 28 | - |
| 05.07.2011 | 23 | 29 | 3 | 14 | 24 | - |
| Nordrhein-Westfalen | | | | | | |
| 14.10.2011 | 31 | 35 | 3 | 4 | 16 | 7 |
| 15.03.2012 | 34 | 38 | 2 | 4 | 14 | 5 |

(*Bei den Umfragen in Mecklenburg-Vorpommern kam die NPD auf 3 bzw. 4 Prozent der abgegebenen Stimmen, wurde aber aus den genannten Gründen nicht berücksichtigt.)

Tabelle 29: Popularität der Spitzenkandidaten

| Bundesland Ländertrend | CDU | SPD | FDP | Linke | Grüne | Piraten |
|---|---|---|---|---|---|---|
| **Hamburg** | Christoph Ahlhaus | Olaf Scholz | Katja Suding | Dora Heyenn | Anja Hajduk | - |
| T2 (Duelle) | 19 | 66 | - | - | - | - |
| **Sachsen-Anhalt** | Reiner Haseloff | Jens Bullerjahn | Veit Wolpert | Wulf Gallert | Claudia Dalbert | - |
| T1 (Duelle) | 34/44* | 41 | - | 15 | - | - |
| T2 (Profil) | 42 | 48 | - | 29 | - | - |
| **Baden-Württemberg** | Stefan Mappus | Nils Schmid | Ulrich Goll | Marta Aparicio Roland Hamm | Winfried Kretschmann | - |
| T2 (Duelle) | 39/43* | 36 | - | - | 36 | - |
| **Rheinland-Pfalz** | Julia Klöckner | Kurt Beck | Herbert Mertin | Tanja Krauth Robert Drumm | Eveline Lemke Daniel Köbler | - |
| T1 | 32 | 54 | - | - | - | - |
| T2 | 34 | 50 | - | - | - | - |
| **Bremen** | Rita Mohr-Lüllmann | Jens Böhrnsen | Oliver Möllenstädt | Kristina Vogt Klaus-R. Rupp | Karoline Linnert | - |
| T2 (Duelle) | 12 | 70/66* | - | - | 18 | - |
| **Mecklenb.-Vorpommern** | Lorenz Caffier | Erwin Sellering | Gino Leonhard | Helmut Holter | Silke Gajek Jürgen Suhr | - |
| T1 (Duelle) | 15 | 65 | - | 18 | - | - |
| T2 (Duelle) | 12 | 67 | - | - | - | - |
| **Berlin** | Frank Henkel | Klaus Wowereit | Christoph Meyer | Harald Wolff | Renate Künast | - |
| T1 (Duelle) | 19 | 67/55* | - | - | 30 | - |
| T2 (Duelle) | 20 | 60/62* | - | - | 23 | - |
| **Nordrhein-Westfalen** | Norbert Röttgen | Hannelore Kraft | Christian Lindner | Katharina Schwabedissen | Sylvia Löhrmann | Joachim Paul |
| T1 (Duelle) | 30 | 52 | - | - | - | - |
| T2 (Duelle) | 26 | 57 | - | - | - | - |

(*Die unterschiedlichen Angaben erklären sich durch die Fragemethodik der Direktwahl-Duelle, siehe auch Fußnoten 133 zu Sachsen-Anhalt und 177 zu Berlin.)

Tabelle 30: PP-Index der Landesparteien

| Bundesland PP-Index | CDU | SPD | FDP | Linke | Grüne | Piraten |
|---|---|---|---|---|---|---|
| Hamburg | 3800/ 9495 = **0,40** | * | 3300/ 1363 = **2,42** | 4970/ 1502 = **3,31** | 5000/ 1605 = **3,12** | ** |
| Sachsen-Anhalt | Keine Angabe der Partei | 9950/ 4067 = **2,45** | 22.400/ 1837 = **12,19** | 12.200/ 5427 = **2,25** | 12.560/ 607 = **20,69** | ** |
| Baden-Württemberg | 37.500/ 71.000 = **0,53** | Keine Angabe der Partei | 13.064/ 8034 = **1,63** | 60.140/ 3021 = **19,91** | 35.000/ 7390 = **4,74** | ** |
| Rheinland-Pfalz | 60.800/ 50.000 = **1,22** | 46.757/ 41.583 = **1,12** | 30.750/ 5216 = **5,90** | 25.000/ 1700 = **14,71** | 17.820/ 2668 = **6,68** | ** |
| Bremen | 8480/ 3062 = **2,77** | * | 2400/ 419 = **5,73** | 2010/ 500 = **4,02** | 3671/ 699 = **5,25** | ** |
| Mecklenb.-Vorpomm. | 5200/ 6010 = **0,87** | * | 11.000/ 983 = **11,19** | 13.030/ 5200 = **2,51** | 15.000/ 500 = **30** | ** |
| Berlin | * | 22.000/ 16.424 = **1,34** | 17.500/ 3400 = **5,15** | 18.250/ 8000 = **2,28** | 22.000/ 5000 = **4,4** | ** |
| Nordrhein-Westfalen | * | 98.000/ 125.000 = **0,78** | 65.700/ 15.500 = **3,24** | 67.000/ 7909 = **8,47** | 45.000/ 12.571 = **3,58** | 33.000 /3700 = **8,92** |

(*nicht benötigte Angaben; ** Die Piraten spielten zu diesen Zeitpunkten keine Rolle.)

Tabelle 31: Ergebnisse der Hypothesenprüfung

| | HH | SA | BW | RLP | BRE | MV | BER | NRW |
|---|---|---|---|---|---|---|---|---|
| H1 | **CDU** *Grüne* | | **CDU** *FDP* | **SPD** | | | | |
| H2 | **CDU** *Grüne* | | **CDU** *FDP* | **SPD** | | | | |
| H3 | | **Linke** | | | | **Linke** *Grüne* | *CDU* *Grüne* | |
| H4 | | *SPD* | *SPD* **Linke** **Grüne** | *FDP* **Linke** | | **Linke** *Grüne* | *CDU* **FDP** **Linke** **Grüne** | *FDP* **Linke** **Piraten** |
| H5 | | *SPD*** | *SPD* **Linke** **Grüne** | *FDP* **Linke** | | **Linke** *Grüne* | *CDU* **FDP** Lin-ke*** **Grüne** | *FDP* **Linke** **Piraten** |
| H6 | **CDU** **Linke** | *CDU* *FDP* **Linke** | **CDU** | **CDU** *FDP* **Linke** | **CDU** *FDP* | *CDU* | **CDU** **Linke** | *FDP* **Linke** **Piraten** |
| H7 | *CDU* **Linke** | *CDU*** *FDP* Lin-ke** | *CDU* | **CDU** *FDP* **Linke** | *CDU* *FDP* | *CDU*** | **CDU** Lin-ke*** | *FDP* **Linke** **Piraten** |
| H8 | **CDU** **FDP*** | **CDU** **FDP*** | **CDU** **FDP*** | **CDU** **FDP*** | **CDU** **FDP** | **CDU** *FDP* | **CDU** **FDP*** | |
| H9 | *CDU* *FDP* | *CDU* *FDP* | *CDU* *FDP* | *CDU* *FDP* | *CDU* *FDP* | *CDU* *FDP* | *CDU* *FDP* | *CDU* *FDP* |
| H10 | | **CDU** **SPD** | | **SPD** | | **SPD** | **SPD** *Grüne* | **SPD** |
| H11 | | *Grüne* | **Linke** | | | **CDU** **Linke** | **CDU** **Linke** | **CDU** **FDP** **Linke** |
| H12 | | Grü-ne* | **Linke** | | | **CDU** **Linke** | *CDU** **Linke*** | **CDU** **FDP**** **Linke** |
| H13 | | *CDU* | **CDU** **SPD** | | | *Grüne* *FDP* | **SPD** | *SPD* **Linke** *Grüne* |

(**fett** = bestätigte Hypothese; *kursiv* = unbestätigte Hypothese; * = Weder noch-Angabe; ** = keine Überprüfung möglich; *** = keine Aussage möglich)

Tabelle 32: Regionale politische Klimata

|  | Bundesländer | Aggressivität der politischen Auseinandersetzung | Merkmale |
|---|---|---|---|
| **Klima des gemeinsamen Problembewusstsein** | Sachsen-Anhalt, Mecklenburg-Vorpommern | Kein einziges aggressives Wahlplakat | -Wachsender Politikverdruss<br><br>-gemeinsamer Kampf gegen rechtsextreme Parteien<br><br>-Strukturelle demografische und ökonomische Baustellen |
| **Klima des bodenständigen Pragmatismus** | Rheinland-Pfalz, Nordrhein-Westfalen, (Baden-Württemberg) | Vereinzelt aggressive Wahlplakate (Sonderfall Baden-Württemberg, vgl. S.243) | -Bewusste Eigenständigkeit gegenüber dem Bund<br><br>-Betont regionale Verbundenheit<br><br>-Persönlichkeiten, die sich bodenständig und parteiübergreifend kümmern. |
| **Klima der urbanen Streitkultur** | Hamburg, Berlin | Zahlreiche aggressive Wahlplakate; etablierte politische Streitkultur | -Überdurchschnittlich aggressive wie auch innovative Kampagnen<br><br>-Wähler goutieren ein besonderes Maß an politischem Streit.<br><br>-Thema Innere Sicherheit als konservativer Dauerbrenner |

Tabelle 33: Kommunikationstypen der Spitzenkandidaten

| Bundesland Kommuni-kationstypus | Der Fachmann | Die Rampensau | Der Landesvater | Der Streitbare | Die Problem-löserin |
|---|---|---|---|---|---|
| **Hamburg** | | | | | |
| Regierung | | | | Christoph Ahlhaus | Anja Hajduk |
| Opposition | Olaf Scholz | Katja Suding | | | |
| **Sachsen-Anhalt** | | | | | |
| Regierung | Reiner Haseloff | Jens Bullerjahn | Jens Bullerjahn | | |
| Opposition | | | Wulf Gallert | | |
| **Baden-Württemb.** | | | | | |
| Regierung | | | | Stefan Mappus | |
| Opposition | Winfried Kretschm. Nils Schmid | | Winfried Kretsch-mann | | |
| **Rheinland-Pfalz** | | | | | |
| Regierung | | | Kurt Beck | | |
| Opposition | | Julia Klöckner | Julia Klöckner | | Eveline Lemke Daniel Köbler |
| **Bremen** | | | | | |
| Regierung | | | Jens Böhrnsen | | Karoline Linnert |
| Opposition | Rita Mohr-Lüllmann | Oliver Möllenstädt | | | |
| **Mecklenb.-Vorpomm.** | | | | | |
| Regierung | Lorenz Caffier | | Erwin Sellering | | |
| **Berlin** | | | | | |
| Regierung | Harald Wolf | | Klaus Wowereit | | |
| Opposition | | Frank Henkel | | Frank Henkel | Renate Künast |
| **Nordrhein-Westfalen** | | | | | |
| Regierung | | | Hannelore Kraft | | Sylvia Löhrm. |
| Opposition | Norbert Röttgen | | | | |

356